图书在版编目(CIP)数据

天津外国语大学研究生论坛. 第1辑 /《天津外国语大学研究生论坛》编辑委员会主编. —天津：南开大学出版社，2015.7

ISBN 978-7-310-04856-4

Ⅰ. ①天… Ⅱ. ①天… Ⅲ. ①社会科学—文集 Ⅳ. ①C53

中国版本图书馆 CIP 数据核字(2015)第 159892 号

南开大学出版社出版发行

出版人:孙克强

地址:天津市南开区卫津路 94 号　　邮政编码:300071

营销部电话:(022)23508339　23500755

营销部传真:(022)23508542　　邮购部电话:(022)23502200

*

北京楠海印刷厂印装

全国各地新华书店经销

*

2015 年 7 月第 1 版　　2015 年 7 月第 1 次印刷

210×148 毫米　32 开本　19.625 印张　2 插页　559 千字

定价:42.00 元

如遇图书印装质量问题,请与本社营销部联系调换,电话:(022)23507125

天津外国语大学研究生论

（第一辑）

主编　《天津外国语大学研究生论坛》编辑委员会

南开大学出版社
天　津

目 录

语言学研究部分

文学研究部分

翻译学研究部分

语言教育学研究部分

社会经济文化研究部分

语言学研究部分

韩国语条件连接语尾‘-면’的语用学分析

2011级 亚非语言文学 安柳莹

摘 要：韩国语条件连接语尾是指连接两个独立的分句，使之呈现一定条件关系的连接语尾。条件连接语尾‘-면’除了表示基本的条件语法意义——“假设”之外，在不同的语境中又可以表达话者不同的说话意图，本文主要以“21世纪语料库”中的语料为研究对象，从话语分析的角度对‘-면’条件句中发话人的意图进行分析。

关键词：条件连接语尾；-면；话语分析；说话意图

一、前言

（一）研究目的

韩国语条件连接语尾除了表示条件关系之外，在不同的语境中又可表达说话人不同的意图。本文主要以韩国语条件连接语尾‘-면’为对象，从语义学的角度来研究‘-면’条件句中发话人的意图。

（二）研究方法

本文主要采用话语分析的研究方法对条件连接语尾‘-면’的语用学意义进行分析。

Searle（1975）将话语行为主要分为五种[①]，即：确认话语行为、指示话语行为、言约话语行为、情表话语行为、宣言话语行为[②]。本文以确认话语行为、指示话语行为、言约话语行为为中心来研究‘-면’条件句中发话人的意图。确认话语行为表示提及、反驳、确认、同意、

① Searle, J. R. *Indirect speech acts*. New York: Academic Press, 1975.

② 박용익.『대화분석론』, P85-88. 백산서당，2010.

主张、断言等意图。指示话语行为表示指示、命令、邀请、强制、指导、忠告、拜托等意图。言约话语行为表示表明态度、约定、允许、让步、保证、感叹等意图。

二、条件连接语尾‘-면’的语用学分析

本章主要从确认话语行为、指示话语行为、言约话语行为、情表话语行为四大方面对条件连接语尾‘-면’条件句中话者意图进行分析。

（一）确认话语行为

（1）P1:잘 써지구.
P2:응 굵기도 적당하구.
P1:굵기도 딱 적당하구.
P2:그래 갖고 열 받아 가지구.
P1:야.열 받으면 그거 빨강색 파랑색도 사 버려.
（确定话语行为——反驳）

（1）是 P1 和 P2 关于对已经买到衣服的谈话。P2 虽然感觉买到的衣服很合适，但是略带有不太满意的态度。此时 P1 认为 P2 如果不满意就应当把那件红色的买下来，是对 P2 话语的一种反驳。

（2）P1:용이가 처음에 좋아하는지 안 좋아하는지 모른단 그런 말 했을 때 좀 되게 섭섭했는데，생각해 보니까 나두 그런 느낌이 있는 거 같드라구.
P2:그래?
P1:음.
P2:응: 내가 이런 말을 말하면 남들이 다 헤어지지!
（确定话语行为——否认）

（2）中 P1 对于永一说因不确定自己是不是喜欢对方而感到焦急表示同感。P2 认为如果自己对对方说出这样的话对方不会有同感而会提出分手，是对 P1 所表达态度的否认，间接地表达了自己的想法。

（3）P2:자기 친구가 그랬어.
P1:우리가 문구 모든 문구를 이십 프로나 할인해 준다. 근데 이게 백오십 원인데 이십 프로 할인하면.

P2:그러면 얼마야?

P1:백삼십 원이야.

（确认话语行为——确认）

（3）是 P1 和 P2 关于朋友家开的文具店里文具价格的谈话。P1 对朋友家开的文具店打折时比其他文具店里文具更贵，从价格上进行了确认，并略表示了自己不满的态度。

上述语料可以看出‘-면’在确认言语行为中可以表示话者“反驳”“否认”“确认”等言语行为，并比较中立地表明自己的立场。

（二）指示话语行为

（4）P1:야 그렇게 하지 말래니까. 그~두꺼운 걸로 그리라구 줬더니만 기껏.

P2:아.그래서 준 거야? 나는 그거~

P1:그걸로 <u>하면</u> 헷갈리잖아.

P2:나는 이거 이거.

（指示话语行为——强制）

（4）是 P1 想要送给 P2 一件衣服但是 P2 想要另外一件，P1 担心与自己的衣服混淆而要求 P2 拿走这件，这里主要表示 P2 对自己想法的强调。

（5）P1: 좀 큰 게 좋아，약간. 너무 딱 맞으면 진짜~

P2: 반지 꼈을 때 손이 좀 부었지.

P1:그렇지.

（指示话语行为——忠告）

（5）是 P1 和 P2 关于买戒指时买多大尺寸合适的话题的讨论，P1 根据自己的经验忠告 P2 买大一点的戒指。

以上语料可以观察到‘-면’在指示言语行为中可以表示话者的“强制”“忠告”等言语行为，当对象是比自己年龄较大的长者时带有谦恭的态度。

（三）言约话语行为

（6）P1:그리구 막~ 또 막~ 내 방 책 같은 거 건드리는 거 내가 되게 싫어했는데，나중에 막~ 그거 뭐~

없어지면 괜히 할아버지한테 짜증내고 이랬는데, 나중에 보니까 그 빈자리가 그게 제일 티가 나드라구.

P2:음.

（言约话语行为——担心）

（6）是 P1 告诉 P2 自己爷爷清扫自己房间时的状况的谈话。P1 担心爷爷打扫自己房间时会把东西弄丢，一直很抵触爷爷打扫，表达了自己的一种担心。

（7）P1:아 요새 아침에 안 좋아, 서울시내 공기가 워낙 탁해서. 아침에 다 가라앉아 있는데 그~ 그걸 막~ 헤치구 다니면서 다 마시라구, 너는 그러구 싶어?

P2:평생 운동 못하지 뭐~ 그럼.

P1:응.

P2:서울 안에 있으면.

（言约话语行为——感叹）

（7）是 P1 和 P2 关于首尔空气质量的讨论。P2 感叹首尔的空气质量越来越糟糕，几乎到了不能运动的地步了。P1 对此表示同感。谈话主要表达了话者对现状的感慨。

从以上谈话可以看到连接语尾‘-면’在言约言语行为中可以表示话者的“担心”“感叹”等言语行为，‘-면’条件句中表达话者多种意图，但表示担心的情况较多。

三、结论

条件连接语尾‘-면’在确认言语行为中可以表示话者“反驳”“否认”“确认”等言语行为，并比较中立地表明自己的立场。在指示言语行为中可以表示话者的“强制”“忠告”等言语行为，当对象是比自己年龄较大的长者时带有谦恭的态度。在言约言语行为中可以表示话者的“担心”“感叹”等言语行为，表达话者多种意图，但表示担心的情况较多。

参考文献：

[1]Searle, J. R. *Indirect speech acts*[M]. New York: Academic Press, 1975.

[2]YAN HUANG, 『화용론』[M]. 이해윤 역, 한국외국어대학교출판부, 2009.

[3]Ian Mason, 『담화와번역가』[M]. 최진실 외 2 명 역, 동인출판사, 2011.

对日本政治讨论节目和娱乐访谈节目话题转换频率的考察

2010 级　日语语言文学　毕宁

摘　要：本文是基于从日本政治讨论节目和娱乐访谈节目中收集到的资料和统计结果，来考察性质不同的谈话节目在话题转换频率方面的特征。研究结果表明，娱乐访谈节目和政治讨论节目相比，话题转换频率更快，这与谈话节目本身的主题对应性和话题扩张性密切相关。

关键词：访谈节目；话题转换频率；主题对应性；话题扩张性

一、引言

谈话是人与人之间进行交流的重要手段。而谈话离不开话题的构建和话题转换。作为特殊的谈话类型——访谈节目中嘉宾和主持人为了达到预期的期待和效果，话题转换方面应该呈现与日常会话不同的特征。本文从话题转换频率的角度出发，以政治讨论节目和娱乐访谈节目中的谈话内容作为考察对象，来探讨性质不同的谈话节目有关话题转换频率的不同点和原因。

二、先行研究和问题提起

在 20 世纪 80 年代，以英语作为考察对象出现了最初关于话题转换的研究。此后从 90 年代开始日语学界中关于话题转换的研究渐渐多了起来，但多是从日常会话的角度来考察话题转换时的主要语言表现。比如中井（2003）将实现话题转换的要素分为「相互行为指标表现」

「终助词」「のだ句」「音韵上的变化」和「相互行为」，分别考察了这5类要素在话题开始和话题结束时的使用率。指出在话题开始时，谈话者倾向于使用相互行为指标表现、终助词（よ、ね、よね)、のだ句、音韵上拖长语尾的母音等。在话题结束时，倾向于使用终助词（ね、よね）等。

以谈话节目作为研究语料的山本（2003)，考察了日语和英语的谈话节目中在话题转换的类型和生起频率上的共同点。指出日英节目中90%的话题转换是「利用先行表现型」「联想型」「另开型」和「导入新规型」。

三、调查资料和研究目的

本文选取了日本NHK电视台的《NHK彻底讨论——TPP日本该何去何从》(2011年11月18日)（以下简称《NHK彻底讨论——TPP》）和朝日电视台的《彻子的小屋——北川景子》(2010年6月16日）两期节目作为研究语料。基于主持人和嘉宾的谈话内容，以话题转换频率作为切入点，探讨性质不同的访谈节目在话题转换频率方面的不同点和原因。

四、对话题转换频率的考察

关于话题转换频率的定义，在目前的研究中还没有提及，以下将通过比较节目中话题数的多少，结合节目时长来探讨话题转换频率的规则。

表1是《NHK彻底讨论——TPP》中话题数的统计结果。

表1 《NHK彻底讨论——TPP》中话题数的统计

话题数
(1) 有民众认为政府还没有就TPP问题进行充分说明。
(2) 有民众认为无法看到国家的未来发展前景。
(3) 如何看待野田首相的决定?
(4) 加入TPP有助于日本经济的恢复吗?

续表

话题数
（5）内阁提出的日本加入 TPP 后拉动经济增长数据的根据是什么？
（6）加入 TPP 和东亚的经济合作。
（7）中日韩的东亚经济合作。
（8）加入 TPP 后农业面临的挑战。
（9）农业改革势在必行。
（10）关税废除后，农业怎么办？
（11）TPP 谈判中关于农业问题如何交涉？
（12）日本有必要这么迫切地急于加入 TPP 吗？
（13）TPP 日美谈判中令人担心的问题。
（14）日本该如何与 TPP 成员国进行谈判？
（15）在现今民主党内部意见分歧的情势下，日本如何与 TPP 各成员国谈判？
（16）在中国和美国的夹缝中，日本的出路在哪里？

从表 1 中可以看出在 73 分钟的节目时长内共包含 16 个话题，也就是说在整个节目中共进行了 16 次的话题转换。

下面是《彻子的小屋——北川景子》中关于话题转换的统计结果。

表 2 《彻子的小屋——北川景子》中话题数的统计

话题数	
（1）入选最美女演员第一位，开心吗？	（25）平时注意皮肤的保养吗？
（2）景子的脸型分布很匀称。	（26）随着年龄的增长感受到皮肤保养的必要。
（3）对自己的长相满意吗？	（27）黑柳彻子年轻的时候也几乎不化妆。
（4）平时自己化妆吗？	（28）工作后和学生时代的朋友见面吗？
（5）小时候会经常被人说可爱吗？	（29）朋友们大学毕业后的就业问题。
（6）小时候是一个梦想成为医生的普通女孩子。	（30）朋友如何看待景子的工作？

续表

话题数	
（7）喜欢学理科。	（31）毕业后踏入社会的感受。
（8）小时候想过长大当演员吗？	（32）第一次担任主角的电影。
（9）景子的家乡。	（33）关于导演森田芳光。
（10）为什么星探当时会发现这么一个几乎不化妆、不打扮的女孩子？	（34）导演所给予的鼓励和帮助。
（11）被星探在哪里发现的？	（35）阪神大地震的亲历者，家人幸存。
（12）当时是怎么被发现的？	（36）发生地震时当时的年龄。
（13）星探当时是什么样子？	（37）朋友在地震中丧生。
（14）踏入娱乐圈的第一份工作是什么？	（38）对生命意义的重新理解。
（15）几岁正式踏入娱乐圈？	（39）经常会思念去世的朋友。
（16）进入娱乐圈后的感受。	（40）地震发生那一刻，家人的反应。
（17）和先前的学生身份相比，心情的不同。	（41）一年的被疏散经历。
（18）父母的反对。	（42）地震当时的食物供给。
（19）为什么选择上大学？	（43）这段经历对日后作为演员的借鉴作用。
（20）考入明治大学商学部。	（44）在最近拍摄的电影《瞬》中出演一个由于交通事故丧失十分钟记忆的角色。
（21）从大学顺利地毕业。	（45）Pink Lady 也曾经有过丧失记忆的经历。
（22）自身的努力和事务所的协助。	（46）景子的宠物：一只三岁的雄猫。
（23）毕业后关于未来的考虑。	（47）猫的名字。
（24）上大学对于演员工作有什么帮助？	（48）情人节收到巧克力。

从表2中可以看出在23分钟的节目时长内共包含48个话题，也就是说在整个节目中共进行了48次的话题转换。综合表1和表2可见，

相对于政治讨论节目，娱乐节目的话题转换频率更快。这主要是由于访谈节目本身的性质所决定的。具体而言，主要呈现出两种倾向性。

一是主题的对应性。政治讨论节目里，绝大多数的场合中被赋予了明确的主题，因此主持人和嘉宾间的谈话内容的对应性比较强。比如，在《NHK 彻底讨论——TPP》中节目的主题是 TPP，因此主持人和嘉宾间必须围绕着 TPP 问题展开讨论。而在娱乐访谈节目中通常嘉宾本身就是谈话的主题，因此不会有这种明确的主题限制。比如，在《彻子的小屋——北川景子》中，身为主持人的黑柳彻子所提出的所有话题都是围绕嘉宾北川景子的，因此谈话是在一个更加宽广的层面上展开的。

二是话题的扩张性。在政治讨论节目中，由于主题本身的明确性，在这种大的框架下，所能提出的话题选择范围相对较小。比如在表 1 中，主持人和嘉宾间围绕着 TPP 问题，主要是通过日本民众对加入 TPP 的反应、经济层面、农业层面、如何和 TPP 成员国谈判以及日本的出路这 5 个方面展开话题的。而在表 2 中，主持人则是分别从北川景子的明星脸、儿时的梦想、如何被星探发掘、对娱乐圈的感受、选择上大学、日常的皮肤保养、大学毕业后的就业选择、初次出演的电影《间宫兄弟》、阪神大地震、最近新拍的电影《瞬》、宠物猫和情人节的礼物共 12 个方面展开话题的。显然，娱乐节目相对于政治节目的话题选择范围更加广泛，也就是说话题本身的扩张性更强。

综合以上两点可以看出，日本的娱乐访谈节目相对于政治讨论节目，话题转换更加灵活，话题转换频率更快。

五、结语及今后的课题

本文概述了日本性质不同的访谈节目（包括政治讨论节目和娱乐访谈节目）在话题转换频率方面的不同点和原因，得出娱乐访谈节目的话题转换频率更快的结论。但是中国不同性质的访谈节目是否也存在这样的特点，中日访谈节目在话题转换频率上存在怎样的共性和特性，这些问题有待于今后进一步考察。

参考文献：

[1]中井阳子，初対面日本語会話の話題開始部/終了部において用いられる言語的要素[J]. 早稲田大学日本語研究教育センター紀要，2003，（16）：71-95.

[2]山本·綾，話題転換についての一考察——アメリカと日本のテレビのトーク番組を資料として［J］. えちゅーど，2003，（33）：57-81.

《老友记》中言语反讽的认知语用阐释

研究生院　蔡淼（老师）

摘　要：本研究以 Sperber & Wilson（1981）提出的回声提述论和 Yus（2000a）反讽理解模式为理论框架，采用定性分析方法，以由英语情景喜剧《老友记》收集的语料为研究对象，旨在探究语境在反讽识别中所起到的作用，进而从认知语用学视角对反讽的产生和理解作出解释。

关键词：关联理论；回声提述论；言语反讽；语境激活；《老友记》

一、引言

作为一种有趣的语言现象，反讽已经被学者们从多种角度分析研究。现代语言学从语义学、语用学、心理语言学等角度都对该语言现象做了比较广泛的研究。历来言语反讽被认为是说话者所说的与其想表达本义相反，或是所说的与所表达的不是同一个意思。以 Myers Roy（迈尔斯·罗伊）以及一些言语行为理论者为代表的学者，从语义学的角度研究反讽，在此视角下，对反讽的研究不考虑交际环境和交际主体，着重分析孤立语句的语义结构特征①。"Myers Roy 从纯语义学角度并结合观察反讽的句法特征来研究反讽的语义特征，认为任何可能的反讽句都有语义焦点，该焦点可以出现在主句，或者既出现在主句也出现在从句当中，但从来不单独出现在从句"（曾，2004）。

语言哲学家 Grice（格赖斯）开创了从语用学角度研究反讽的先

① Myers Roy, A. (1977). Toward a definition of irony. In R.W. Fasold & R. W. Shuy (Eds.), *Studies in language variation* (pp. 171-183). Washington, DC: Georgetown University Press.

河[①]。他依据语境含意来重新分析比喻意义的概念。根据 Grice 的会话合作原则，反讽者违反了合作原则的质的准则，隐含与字面相反的含义。反讽者说出了“他自己都不相信的话，而听众也明白说话人自己知道这在听众看来是显而易见的事实”。通过说出大家认为不是真实的话，说话人使听众放弃了所说话语的字面含义，而是需找话语的隐含意义。Grice 的理论对之后的反讽研究有着巨大的贡献。但是，这种理论假设还有局限性和不足之处：首先，把反讽仅仅视为对质的准则的违背，违反其他准则也可以产生反讽，除此之外，不违反任何准则同样可以产生反讽（Kaufer, 1981）；其次，Grice 关于反讽的研究，并不能解释为什么说话者更喜欢用讽刺的话语表达，而不是用更明显直接的字面意思；第三，Grice 对反讽的语用解释并不充分。

近些年来对反讽研究最有影响的莫过于 Sperber（斯皮伯）和 Wilson（威尔逊）的回声提述论[②]。他们提出了“回声”（echo）概念[③]。因此，识别反讽的关键在于找到话语的回声性和说话者对话语所持的贬抑态度。Sperber 和 Wilson 在认知语用学的视角下探究反讽，他们强调百科知识在产生和理解反讽中的作用。反讽话语都提述先前或未来交际双方共有过的事件、思想（1981）。尽管该理论可以解答许多问题，具有较强的解释力，但还有待于修正和扩展。首先，回声概念非常笼统和模糊，以至于听众很难识别出过去曾经表达过的想法和观点；

① Grice, H. P. (1975). Logic and conversation. In P. Cole & J. Morgan (Eds.), *Syntax and Semantics* (pp. 113-128). New York: Seminar Press.

Grice, H. P. (1978). Further notes on logic conversation. In P. Cole & J. Morgan (Eds.), *Syntax and Semantics* (pp. 113-128). New York: Academic Press.

② Sperber, D., & Wilson. D. (1981). Irony and the use-mention distinction. In P. Cole (Ed.), *Radical Pragmatics* (pp. 295-318). New York: Academic Press.

Sperber, D. (1984). Verbal Irony: Pretense or echoic mention? *Journal of Experimental Psychology,* 113, 130-136.

Sperber, D., & Wilson. D. (1986). *Relevance: Communication and Cognition*. Oxford: Basil Blackwell.

Sperber, D., & Wilson. D. (1998). Irony and relevance: A reply to Seto, Hamamato and Yamanashi. In R. Carston & S. Uchida (Eds.), *Relevance Theory: Application and Implications* (pp. 283-294). Amsterdam: John Benjamins.

Sperber, D., & Wilson. D. (2001). *Relevance: Communication and Cognition* (2nd ed.). Beijing: Foreign Language Teaching and Research Press.

Wilson, D., & Sperber. D. (1992). On verbal irony. *Lingua 87*(1-2), 53-76.

③ 认为是对先前某种意义的回声式解释，传递一种对回声意义的贬义态度。

其次，它没有解释识别回声的过程中激活了哪些机制；第三，它没有解释决定对话双方识别反讽所需的互知程度需要使用什么标准。

在关联理论认知语境观的基础上，Yus（尤斯）（2000）对回声提述论加以补充和扩展，提出了反讽理解的语境激活模式和最佳可及性标准。本文援引 Yus 的反讽理解模式，对美国著名情景喜剧《老友记》的反讽话语进行实例分析，验证了回声提述论及 Yus 提出的反讽理解模式并扩大了反讽研究领域，为深入研究反讽提供了新的佐证材料，同时，通过对英语情景喜剧中反讽语言的具体分析，帮助非英语母语观众更好地欣赏英语情景喜剧中的反讽。

二、Yus 反讽观的基本内容

（一）反讽理解的语境激活

Yus 认为反讽理解的典型特征之一便是反讽话语回声了另一个通常为说者更加期待的语境，即仅对话语做字面理解的语境。因此，语境因素在产生和理解反讽中起重要作用。它们的关系表现为“命题内容与一项或多项语境信息之间存在某种程度的不相容性（incompatibility）”（Yus, 2000a：30）。正是这种不相容性引导听者努力从非字面意思的方向寻求话语与语境间的关联并加以推理，从而使话语产生最佳语境效果，达到理解的目的。在反讽的交流中，命题内容所激活的语境信息越多，反讽越容易被识别，即听者能察觉到的命题内容与语境信息之间的不相容性越多，越容易识别反讽。

Yus（2000a, 33）将与反讽有关的语境信息分为 7 类，分别是：

（1）百科、事实信息（Encyclopedic, factual information）：指人们储存在大脑中的心理表征和原形的情景和事件，也就是我们通常所说的框架、图式和脚本等。这些心理表征是处理新信息的背景。

（2）互显的客观环境和场景（Mutually manifest physical environment）：指在交谈时对话双方从周边的物理区域中所获得的信息。

（3）说者的非言语行为（Speaker’s nonverbal behavior）：包括声调、语调等声音因素或微笑、手势、眨眼等视觉因素。

（4）有关说者的背景知识（Addressee's background knowledge of addresser's biographical data）：指听着具备的有关说者的具体的百科知识，如好恶、习惯、信念和观点等。

（5）相互知信（Mutual knowledge）：此处专指在对话开始之前存在的为交际双方所共享的、进而往往心照不宣的信息。

（6）对话中的前序话语（Precious utterances in conversation）：它来自同一对话或先前的对话，指的是刚刚说过的话或曾经某个时间说过的话。

（7）语言线索（Linguistic cues）：指说者所选择的能够表达其反讽意图的语法、词汇线索。

（二）反讽理解的最佳可及性标准

Yus（2000）认为正是上述7类中的一项或多项语境信息与话语命题间的某种不相容性凸显了说者对回声话语所持的贬义态度，而且听者所探察到的、同时存在的不相容性越多，识别说者态度所需的认知努力越少，话语与语境间的关联性越大，反讽意图越容易被识别。在每个意欲传达反讽意图的对话语境中都存在一项极易提取的语境信息，其可及程度至少要比其他语境信息高。它“与话语所表达的命题之间的不相容性足以使听者识别说者的不赞成态度并实现反讽理解，该单一语境叫主导语境（leading contextual source）。此外，还存在一项或多项附加语境信息，它们再次确证反讽理解的假设，提供高度的信息支持，从而加速反讽话语的理解。它们被称为辅助语境（supportive contextual sources）”（Yus, 2000a: 47）。例如：

a. [Two people walk into an empty bar.]

b. “It sure is lively here tonight!”

c. [Smiling, with a distinctive intonation] “It sure is LIVELY here tonight!”

在该例中，室内空无一人这一即时语境与“lively”存在明显的不相容性，足以触发对（b）的反讽理解。它是该话语高度凸显的主导语境信息。此外，同时激活的其他语境信息，如说者的非言语行为（“smiling”，“with a distinctive intonation”）和语言线索（“sure is…”）

都是辅助语境信息，使听者更容易识别说者的贬抑态度。

究竟这 7 类语境中哪一类能成为主导语境取决于言语情景的性质、话语本身、听者的推理能力和认知资源。可见，Yus 的反讽理解模式在很大程度上依赖语境，这不仅表现在反讽的识别上，还表现在处理反讽所需的认知努力上。对此，Yus 提出了反讽理解的最佳可及性标准（criterion of optimal accessibility to irony）[①]。

三、对《老友记》中反讽的分析

我们把从《老友记》中列举的例子分成三种情况，根据其语境信息在反讽识别中所具有的不同作用——主导语境和辅助语境，即（1）通过一个主导语境和若干个辅助语境，人们成功识别出反讽；（2）通过两个主导语境信息，识别反讽；（3）在没有主导语境的情况下，仅通过若干辅助语境，识别出反讽。

（一）主导语境和辅助语境

[Scene: At Chandler and Joey's apartment, they're entering to find boxes strewn about the apartment.]

Joey: Ross?

Ross: (entering from the bathroom) Hey roomies!

Chandler: <u>I love what you've done with the place</u>.

Ross: Oh, yeah I know, I know, it's a lot of boxes, but again I really appreciate you guys letting me stay here.

(Episode 7, Season 5)

Ross 搬到 Chandler 和 Joey 的公寓与他们同住，他刚刚把箱子搬进公寓还没来得及收拾整理，这时，Chandler 和 Joey 刚好从外面回来，发现 Ross 的箱子乱七八糟地摆得到处都是，走路都不方便。于是，在

① 反讽理解的最佳可及性标准：理解意欲表达的反讽意义所需的处理努力会随着同时激活的语境信息与话语表达的命题间的不相容性的数量（和质量）的增加而递减（Yus, 2000a: 50）。当这种不相容性达到一定冗余程度，反讽触发语（irony trigger）便被激活，听者不用付出多大努力便可推知说者对命题所持的贬抑态度。因此，反讽丝毫没有离开正常的交际原则，遵循努力与效力之间力求取得最佳平衡的认知过程。

见到 Ross 从盥洗室出来，Chandler 说了这样一句话。屋子的杂乱无章（客观环境和场景）与 Chandler 这句话产生明显的不相容性。这个单独的语境信息足可够让听者认识到 Chandler 是故意说的反讽话语。听者很容易就能察觉到说话者的贬抑态度，进而成功地识别反讽。所以，客观环境和场景这一语境，在该例子的反讽识别中所起的作用是主导语境。

若干辅助语境与 Chandler 所说的话也产生了不相容性。人们都喜欢整洁舒服的环境（百科、事实信息），听者知道说话者对于房间的意见（有关说者的背景知识），这些辅助语境使反讽理解起来更加容易和迅速。

（二）主导语境和主导语境

Phoebe: Hi!

Joey: Hey!

Chandler: Hey! Do we have a baby name yet?

Phoebe: Ugh! No! This is so hard! I went through this whole book (Holds up a book) and found nothing! I want a name that's really like, y'know strong and confident, y'know? Like-like Exxon.

Chandler: Well, it certainly worked for that Valdez kid.

Joey: Ooh-ooh, Pheebs, you want a strong name? How about, The Hulk?

Phoebe: <u>No, I'm-I'm not sure about Hulk, but I like the idea of a name starting with "The."</u>

(Episode 18, Season 4)

在这个场景中，Phoebe 非常想给她的侄子取个好名字，她的朋友 Chandler 和 Joe 非常乐意帮她一起取名字。Joe 甚至用电影《绿巨人》（The Hulk）给婴儿命名。听到这个奇怪的名字后，，Phoebe 说了这句话。听者能感觉到话语的字面意思与此语境的不相容，因为 Phoebe 的话语与人们的百科、事实信息矛盾——人们从来不会以“the”取名字；同时，听者对说话者的背景知识对识别反讽具有至关重要的作用。

Phoebe 以一种奇怪的声音语调说出这句话（说者的非言语行为）有助于帮助识别讽刺意义。在这个对话中，百科、事实信息和对说话者的背景知识在识别反讽中是主导语境，说者的非言语行为的作用是辅助语境。

假设听者在对话的过程只激活了两种语境信息，即百科、事实信息和说者的非言语行为，听者仍然能成功地识别出反讽。因为 Phoebe 所说的话明显与约定俗成的社会规范相矛盾，名字不会以"the"（百科、事实信息）开头，这种明显的不相容性足可以推断出说话者的贬抑态度。百科、事实信息起到了主导语境的作用。另一方面，Phoebe 希望给孩子取个好名字的强烈愿望（有关说者的背景知识）与话语字面意义的不相容性触发了对反讽的识别。这个单独的语境信息帮助人们成功地识别反讽。在这种情况下，有关说者的背景知识也是主导语境。

（三）辅助语境和辅助语境

Rachel: Oh for God sake just pick a piece!

Chandler: All right, I'll pick that one. (Points.)

Rachel: That's also the smaller piece. (Puts the piece onto a plate.) Okay, there you go. Enjoy your half my friend, but that is it. No sharing. No switching, and don't come crying to me if you eat your piece too fast. (As she's saying that she is backing out the door, when she finishes she turns around to return to her place, stumbles and drops the cheesecake on the floor.) Oh!!!!

Chandler: (gloatingly and holding his piece) Ohhh!

Rachel: Okay, you gotta give me some of your piece.

Chandler: Oh-ho-ho-ho-no! No! <u>No switching! No sharing, and don't come crying to me! Ha-ha-ha!</u>

在这个对话场景中，Chandler 和 Rachel 因为美味的芝士蛋糕起了一番小争执。他们决定把蛋糕一分为二，每人一半。Rachel 得到了较大的一份，为了让 Chandler 感到后悔，Rachel 故意说了"不交换，不分享，如果你吃得太快，把你的那份吃完了，别冲着我哭”。这句话可以看做是他们之间达成的一个共识。Rachel 这是在警告 Chandler 别想吃她的那半蛋糕。不幸的是，当她转身的时候，把蛋糕掉到了地上，于是她让 Chandler 把他的蛋糕再分给自己点。Chandler 当然不愿意这么做，于是他回声 Rachel 之前的话来讽刺她。

这句话涉及几个语境信息：Rachel 知道 Chandler 在重复她的话（对话中的前序话语），他们之前达成一致意见——不交换，不分享（相互知信），当 Chandler 回答的时候，他脸上出现讨厌的笑容（说者的非言语行为）。所有这些语境信息使识别反讽意图变得非常容易。

在这个例子中，没有任何一个语境信息能够独立地触发反讽意图的识别，因为这其中并不存在主导语境，只有通过把几个语境信息放在一起分析，才能成功地识别反讽意义。Rachel 之前说过的话就成了 Chandler 回声的来源。他们之间达成的一致意见“不交换，不分享，如果你吃得太快，把你的那份吃完了，别冲着我哭”是互相知信语境信息。这个语境信息帮助听者识别出 Chandler 的贬抑态度。听者必须把两个语境信息放在一起分析，才能识别出反讽。这两个辅助语境对于反讽识别起到了至关重要的作用。

四、结语

本研究基本观点是激活对话者的语境信息对识别反讽起到至关重要的作用。为了验证这一观点，本研究首先在关联理论框架下介绍了回声提述理论（Sperber & Wilson, 1981）以及 Yus（2000a）提出的与反讽相关的 7 种语境信息，接着在理论基础上以英语情景喜剧《老友记》为文本，分析在反讽交际中听话者如何识别说话者的贬抑态度，从而为言语反讽分析提供事实论据。本研究结论如下：语境信息与命题内容所提供的信息之间某种不相容性能帮助听者识别话语反讽意图；在理论上本研究不仅验证了回声提述论及 Yus 提出的反讽理解模式并扩大了反讽研究领域，为深入反讽研究提供了新的佐证材料；在实践上通过对英语情景喜剧中反讽语言的具体分析，帮助非英语母语观众更好地欣赏英语情景喜剧中的反讽。

参考文献：

[1]Kaufer, David S. Understanding ironic communication [J]. Journal of Pragmatics, 1981 (5): 495-510.

[2]Yus, F. (1998). Irony: Context accessibility and processing effort. Pragmalinguistica 5-6, 391-411.

[3]Yus, F. (2000a). On reaching the intended ironic interpretation. International Journal of communication, 10(1-2), 27-78.

[4]Yus, F. (2000b). Literal/nonliteral and the processing of verbal irony. Pragmalinguistica, 8-9, 349-374.

[5]胡加圣. 反讽理解的语境激活和最佳可及性标准——《傲慢与偏见》反讽话语之关联理论视角. 外语与外语教学，2008（8）：21-25.

[6]曾衍桃. 国外反讽研究综观. 西安外国语学院报，2004（9）：3-7.

[7]赵虹. 言语反讽的关联理论研究——《傲慢与偏见》个案分析. 山东：山东大学出版社，2008.

汉语接尾词「師」「員」的日汉对照研究

日语学院　陈静静（老师）

摘　要：目前对于汉语接尾词的研究主要集中在「的」「化」「風」「式」等，对于既可单独使用，又有词根用法的接尾词的研究并不多见。「師」和「員」离纯粹的“接尾辞”稍远，但它们接在词或二字词根后添加次要意义、改变词性的特征也非常明显，作为接尾词的「師」和「員」均表示从事某种职业的人。本论文将以先行研究为基础，称其为“汉语接尾词”，网罗「師」「員」派生词的数量，探讨「師」「員」作为接尾词的意义、用法，并与汉语进行对照，调查日汉之间的异同。希望对中国的日语学习者能有一些启示。

关键词：汉语接尾词；師；員；日汉对照

一、引言

在日语中汉语接尾词「師」「員」既有像「師匠」「恩師」「動員」「復員」这样在词语中占据中心地位的词根用法，又可以像「師の恩は海よりも深く、山よりも高く」「イエスの師」「徳川慶喜討伐の師」「三十六員の雷将」「員に備わるのみ」这样作为词单独使用。「師」表示主要教授学问、技艺的老师、师傅；或指从事僧侣、神父、牧师等职业的人，表敬意；或指作为团体的军队。「員」指特定的人或物的数量。「師」和「員」离纯粹的“接尾辞”稍远，但它们接在词或二字词根后添加次要意义、改变词性的特征也不容忽视。

野村雅昭（1978）从狭义视角来定义接辞。野村将「御」「的」「未」「化」「式」等命名为“接辞性词根”，又细分为“接近于接尾辞的”“接近于词的”和“两者之间的”三类。「師」「員」被分为“两者之间的”一类中。虽没有使用“汉语接尾词”这一个名词，仍提示了汉语接尾词的特征，即接在词或词根后、表示形式的意义、具有决定词根词性的功能。山下喜代（2006）中将「師」「員」「士」「手」「婦」「家」「官」「商」「職」「者」「夫」「工」「司」「医」「農」「吏」分类为表示职业的接尾词。本文主要选取其中造词能力较强的「師」和「員」进行研究。像「魔術師」「公務員」这样，接在二字词根后产生的派生词有同一词性化倾向，容易判断其为接尾词，故本论文主要围绕「師」和「員」的三字派生词进行。但并非所有三字词词尾的「師」「員」都是接尾词。「教職員」就是「教員」和「職員」组合简化而成为一个「混成語」[①]的。另外，「香具師」虽然表面上看是典型的三字派生词，但其有「こうぐし」和「やし」两种读音，读作「やし」时，划分为单纯词一类，非本文研究对象。

汉语学界称典型的接尾词为“后缀”，公认的后缀只有“子”“儿”“头”“们”“的”“得”。对于其他汉语接尾词的研究有吕叔湘（1979），朱亚军（2001），王洪君、富丽（2005）等。称“师”“员”等汉语接尾词为“类词缀”或“准词缀”，并对其定义、特征、范围、分类等进行了研究。曾立英（2008）利用数据库对类词缀的造词频率等进行研究，得出了丰硕的研究成果。本文将以先行研究为基础，对汉语接尾词「師」「員」派生词进行日汉对照研究。

二、日汉「師」、「員」派生词

岩波书店辞典编辑部所编辑的『逆引き広辞苑』第五版（1999）中收录的接尾词「師」「員」派生词如表1所示。「総動員」「教職員」「現在員」中的「員」在词义上均占据中心地位，为词根用法，因此未列在此表中。

① 斎賀秀夫（1957）『語構成の特質』により、陶磁器、青少年、給排水、原水爆、微苦笑、祖父母、絹糸布、暴風雨などは、混成語またはカバン語と称せられる結合である。

表1 接尾词「師」「員」的派生词（日语）

接尾词	三字派生词	词数
～師	荒事師 居合師 俳諧師 鋳物師 色事師 浮世師 打物師 背負師 陰陽師 御物師 家具師 演歌師 仕事師 美容師 宣教師 茶筅師	116个
～員	公務員 運動員 外交員 会社員 工作員 戦闘員 添乗員 特派員 従業員 乗務員 通信員 評議員 放送員 審判員 組合員 参与員	21个

与此相对，汉语部分搜索了几乎同时期分别由日中两国学者编纂的词典，上野惠司、相原茂等所编『逆引き中国語辞典』（1993）和中国社会科学院语言研究所词典编辑室所编《倒序现代汉语词典》（1987）中所收录的接尾词“师”“员”的汉语三字派生词归纳如表2。“指战员”“教职员”“伤病员”和“总动员”4个词中的“员”均为词根用法，未列在此表中。

表2 接尾词“师”“员”的派生词（汉语）

接尾词	收录词典	三字派生词	词数
～师	『逆引き中国語辞典』 p427	工程师 药剂师 会计师 麻醉师	4个
	《倒序现代汉语词典》 p1073-1074	工程师 会计师	2个
～员	『逆引き中国語辞典』p590-591	治安员 辅导员 理发员 售货员 售票员 炊事员 研究员 陪审员 技术员 邮递员	39个
	《倒序现代汉语词典》p293-295	办事员 保育员 裁判员 承审员 乘务员 从业员 服务员 公务员 陪审员 审判员①	36个

对比表1、表2，可以看出汉日两种语言里「師」「員」的造词能

①“审判员”、“陪审员”两词未作为词条列出，出现在“人民陪审员”的词义解释中。

力的差异，日语中「師」的造词能力比「員」强，汉语里“员”的造词能力比“师”强；汉语中“师”的派生词只有2～4个，而日语中「師」的派生词达到116个，造词能力极强，“员”在造词数量上汉语是日语的两倍左右。

近些年，随着经济的不断发展，像「整体師」「化粧師」「見張員」「警備員」“摄影师”“化妆师”“设计师”“美容师”“宇航员”“程序员”“收银员”“出纳员”“采购员”等表1、表2中未收录的新词不断出现，增加词汇量的同时，给现代语言带来了巨大活力。曾立英（2008）所统计的收录于《现代汉语语法信息词典》数据库里的“员”的三字派生词数为159个，造词频率排在汉语接尾词①的第6位，“师”排在119位，造词数在20个左右。

三、汉语接尾词「師」「員」的意义

（一）汉语接尾词「師」「員」的意义

根据『日本語教育事典』(1982)，「師」的意义有两个，一个是表示具有特定技能的人，另一个是接在表示宗教家、艺人等词语或该身份、职位的人的名称后表示敬意。『デジタル大辞泉』中「員」的意义为加入某组织的人、在组织中起某种作用或担任某职务的人②。比如，「銀行員」「評議員」「係員」等。『日本国語大辞典』第二版（2001）中也明确记录了「師」「員」作为“接尾辞”的意义。下面考察本文所涉及的「師」「員」的三字派生词的意义。

首先，看接尾词「師」的意义。「師」表示拥有某种技术、技能并作为职业的人，从技术、才能面来看，必须有能够示人的才能、技术。或者说不是某领域的专家就不能成为「～師」。如，「美容師」是以施美容术为业的人，除需有过人的技术，甚至还需考取一些公认的资格。「理髪師」「理容師」「薬剤師」「手品師」「奇術師」等均属此类。从社会地位来看，或多或少含有一些敬意。另一方面，「暖簾師」并非制作门帘的人，也不是出售门帘的人，而是兜售假货的奸商，不含敬意，

① 曾立英（2008）中称为“类词缀”。

② 以上两处意义为笔者译。

可以说是对坏人的称呼。还有「詐欺師」、「道中師」等均属此类。

下面，看接尾词「員」的意义。作为加入某组织的人、在组织中起某种作用或担任某职务的人的「員」，在技术方面的要求没有「師」那么高，只要是从事该工作的人即可，如，「事務員」「公務員」「厩務員」等。「員」前接组织、团体名词时，派生词表示隶属于该组织、团体或为该组织、团体的成员。如，「会社員」「組合員」。接在动作性名词（或サ变动词词干）后，表示执行该动作并以此为职业的人，如，「戦闘員」「代議員」「通信員」「通信員」「陪審員」「指導員」「評議員」等。「特派」一词也表示动作，但派生词「特派員」却不是执行该动作的人，而是为办理某事而特别派遣到某地的人员，也就是该动作的接受者。「工作員」表示从事谍报活动、秘密活动的人。「運動員」也不是运动、锻炼的人，而是为了达到某种目的而奔走、活动的人。细分如下表 3 所示。

表 3　「師」「員」派生词的意义（日语）

接尾词	意义	三字派生词
～師	以～的制造为业的人	鋳物師　甲冑師　土器師　具足師　陶物師　足袋師　茶筅師　刃物師　檜物師　焼物師　弓弦師　楊弓師　蒔絵師
	以～的制造、贩卖为业的人	家具師　香具師　葬具師
	表宗教家、艺人等词语或该身份、职位的人的名称后（表示敬意）	祈祷師　教授師　散華師　呪願師　呪禁師　唱導師　説経師　宣教師　伝道師　祝詞師　梵論師　荒事師　居合師　演歌師　神楽師　狂歌師　狂言師　軍談師　講釈師　講談師　猿楽師　実事師　能楽師　放下師　和事師
	擅长～的人、～的专家	連歌師　俳諧師　理容師、薬剤師、手品師、奇術師
	欺骗、偷盗别人财物的人、奸商（俚语）	暖簾師　詐欺師　道中師

续表

接尾词	意义	三字派生词
～員	隶属于某组织、团体、从事某职业（动作名词＋員）	戦闘員　代議員　通信員　評議員　放送員　審判員
	担当某业务的人员（业务内容＋員）	公務員　事務員　用務員　厩務員　乗務員
	某团体的构成人员	会社員　組合員　添乗員　乗組員
	担当特定的工作的人员	運動員　外交員　工作員　参与員
	从事某职业的人的总称	従業員
	被～的人员	特派員

表4 "师""员"派生词的意义（汉语）

接尾词	意义	三字派生词
～师	指专精某种技艺的人、某方面的专家	工程师　会计师　药剂师　麻醉师
～员	从事某职业（动作名词＋员）	辅导员　理发员　售货员　售票员　投递员　记工员　研究员　陪审员　邮递员　收购员　司令员　潜水员　观察员　运动员　司号员　裁判员　驾驶员　战斗员　指挥员　评判员　办事员　服务员　通信员　飞行员　通讯员　饲养员　营业员　播音员　保育员　打字员
	担当某业务的人员（业务内容＋员）	治安员　炊事员　技术员　卫生员　交通员　乘务员　勤务员　航标员　列车员
	从事某职业的人的总称	从业员
	被～的人员	特派员

对比以上两表，受收录词数的限制，汉语中的"师"的意义远没有日语中的多样。"会计师""麻醉师"等4词在技艺方面要求都较高，并须通过相关等级考试才可从业，这一点与日语基本相同，但没有像「暖簾師」那样的俚语义项，保持了原本的敬意。"员"也没有日语中「会社員」「組合員」等作为某组织成员的义项。

（二）汉语接尾词「師」「員」的用法

1. 词根的语种

关于词根的语种，汉语词根的语种仍为汉语，本节仅就日语进行探讨。据『日本語教育事典』（1982）中记录接尾词「師」前所接成分的语种主要是汉语、和语。将表 1 中的「師」「員」三字派生词词根进行分析，考察结果如表 5 所示。

表 5 「師」「員」派生词词根的语种

接尾词	词根语种	三字派生词	词数
～師	汉语	威儀師 陰陽師 傀儡師 家具師 演歌師 甲冑師 邯鄲師 伎楽師 奇術師 祈祷師 軌範師 狂歌師 狂言師 教授師 曲馬師 公事師	69 个
	和语	荒事師 居合師 鋳掛師 鋳物師 色事師 浮世師 打物師 背負師 御物師 思惑師 神楽師 唐紙師 軽業師 土器師 際物師 蔵宿師	40 个
	混种语	木地師 猿楽師 下地師 実事師 相場師 茶染師 檜物師	7 个
～員	汉语	公務員 運動員 外交員 会社員 戦闘員 添乗員 特派員 代議員 通信員 評議員 放送員 用務員 工作員 事務員 従業員 乗務員	19 个
	和语	組合員 乗組員	2 个
	混种语	无	—

通过表 5 可以看出「師」除了可接汉语、和语词根以外，也可接在混种语词根后，但词数不多。还可接在外来语词根后，如「マッサージ師」，非本论对象，暂不多述。「員」主要接在汉语词根后，接在和语词根后的派生词仅 2 个，不能接在混种语词根后。更明确表示如表 6。

表6 词根的语种

	汉语	和语	混种语
～師	○	○	○
～員	○	○	—

2. 汉语接尾词「師」「員」的语法功能

考察接尾词「師」「員」的语法功能前，必须先看一下词根的词性。「師」「員」的词根几乎都是体言类和用言类，其中体言类占绝大多数，即纯名词和动词性名词（サ变动词词干）。接在动词后的词例很少，但也存在，只是没有接在动词的原形后，而是接在连用形后，如「請負師」「鋳掛師」就是在动词「請負う」「鋳掛ける」的连用形后接「師」构成的。「乗組員」是在「乗り組む」的连用形后接「員」构成的。汉语接尾词“师”“员”的情况基本相同，

总之，「師」「員」接在名词词根后，不改变词性，添加次要意义；接在动词连用形后，添加次要意义之外，还起到将词性名词化的作用。「師」、「員」的派生词均为名词，接尾語「師」「員」具有名词化功能。

四、结语

通过与汉语进行对照，对汉语接尾词「師」「員」的派生词数量、意义、用法等的考察，基本可以明确以下几点：（1）表示从事某职业的人的汉语接尾词「師」「員」在日中两种语言造词方面都做出了重要贡献，在造词能力上又有区别。日语中的「師」（116 词）、汉语中的“员”（39 词，或曾氏的 159 词）的造词能力非常强。（2）意义方面，日语比汉语义项稍多。「師」有「暖簾師」这样的俚语用法，汉语里没有。「員」有「会社員」这样的表示某集体的成员的义项，汉语里也没有。（3）用法方面，日语中「師」「員」的词根语种方面较为丰富，接在名词词根、动作名词（サ变动词词干）、动词连用形词根后，添加次要意义，并将词性名词化。今后，将就「師」「員」的日中两语言间的差异产生的原因、两语言之间的交涉等通时性研究，「師」「員」以外的汉语接尾词做继续研究。

参考文献：

[1]野村雅昭. 接辞性字音語基の性格[J]. 電子計算機による国語研究IX. 秀栄出版，1978.

[2]原田芳起. 接尾語・形式名詞・辞[J]. 語文. 文進堂，1954.

[3]森岡健二. 接辞と助辞[J]. 日本語学. 明治書院，1986.

[4]山下喜代. 意図的語彙学習のための方法と教材——人物を表す接尾辞を例にして[J]. 講座日本語教育. 早稲田大学日本語教育研究センター，2006.

[5]劉凡夫. <教える人>を表す語の日中語彙の交渉史——近世以後を中心に. 文芸研究，1988.

[6]吕叔湘. 汉语语法分析问题[M]. 商务印书馆，1979.

[7]王洪君，富丽. 试论现代汉语的类词缀[J]. 语言科学，2005 年第 5 期.

[8]朱亚军. 现代汉语词缀的性质及其分类研究[J]. 汉语学习，2001 年第 2 期.

[9]曾立英. 三字词中的类词缀[J]. 语言文字应用，2008 年第 2 期.

多义反义词「近い/遠い」的不对称性考察

2011 级　日语语言文学　陈雯

摘　要：本文以多义反义词「近い/遠い」为对象，结合前人对「近い」和「遠い」的多义性分析，通过语料库分析两者在实际运用中的差异。经考察发现，成对反义词「近い/遠い」的多个义项基本对称，但在实际语言运用中，两者在使用频度、各义项使用状况、前接格助词等方面存在明显差异。

关键词：多义反义词；「近い/遠い」；前接格助词；不对称性

一、引言

「近い/遠い」是表示事物距离远近与关系亲疏的一组形容词。「近い」表示事物之间的距离近，关系亲近。「遠い」则表示事物之间的距离远，关系疏远。由此可知，「近い」和「遠い」在语义层面上处于同一范畴的两极，是对立关系。

对于「近い」和「遠い」，丹保（1991）通过各类词典的分析认为两者在语义层面上是对称的。但「近い/遠い」在实际语言运用中是否在某些特定语言形式中存在不对称现象？

因此，本文以多义反义词「近い/遠い」为研究对象，借助语料库的大量实例，从使用频度、各义项使用分布状况以及前接格助词等侧面观察多义反义词「近い」和「遠い」的不对称现象。

二、先行研究

对于反义词的研究，主要是荻野・野口（1988）和周彤（2012）。

荻野·野口（1988）主要从反义词联想来研究反义词的不对称性，并指出反义词的联想具有方向性，对于积极的、贴近身边的事物更易联想得知。周彤（2012）则从词组学的观点来分析形容词的前接格助词。其中涉及了「近い/遠い」与ニ、カラ、ト格助词的结合能力和各类组合的范畴化特征以及组合条件。文中提及了「近い」和「遠い」在与ニ格、カラ格助词结合时的数量差，并指出这差异是由两者的指向性以及ニ格的视点侧重于起点，而カラ格的视点则侧重于终点所致。

三、问题点及调查方法

上节简要概述了关于反义词「近い/遠い」的主要先行研究，虽然在一定程度上说明了反义词的不对称性，但也并非尽善尽美。总体而言，前人的研究侧重于从宏观层面分析某一词类反义词的不对称性，缺乏对「近い/遠い」这一具体多义反义词的各个侧面的差异分析。鉴于此，本文将根据「近い/遠い」的多义分析，并借助于语料库观察大量实例，分析两者实际运用中的差异，以期对反义词的不对称现象提供更多实证支持。

在调查时，本文主要使用了日本国立国语研究所公开的「現代日本語書き言葉均衡コーパス（少納言）」（2004 年—2005 年且 yahoo！除外）[①]。在检索例句时，考虑到日语标记多样性，主要使用了「近い」「ちかい」「遠い」「とおい」等关键词。

四、「近い/遠い」的多义性

关于成对反义词「近い/遠い」的多义性分析，本文综合丹保（1991）和周彤（2012）关于「近い/遠い」的多义分析得知，两者的词义由其基本义项空间距离扩展至时间距离、事态距离、类似关系、类缘关系以及人际关系。

空间距离是指两事物在空间维度中距离的远近，包括具体的空间距离、抽象的空间距离，也包括「目が近い/遠い」「耳が近い/遠い」

① 因现代日语「近い/遠い」的用法比较稳定，故此只选取了 2004 年至 2005 年的例句。再者，yahoo！中属于网上微博类例句，其正确性有待考证，故暂不作为考察对象。

「気が遠くなる」等惯用用法。

(1) そのなかまの者たちを、みな都から遠い地方へ、位をおとして流された。(十八史略詳解 2005)

(2) インフラなど日々生活に近い分野の企業ほど支援が優先される。(日経ビジネス 2005 年 01 日 17 日号)

时间距离是指在时间维度上两个时间点间隔的大小、时间的远近。

(3) 春の終りに近い頃の、いやにドンヨリと曇った日で、...(探偵小説と日本近代　2004)

(4) 帝国主義時代の到来は、...... 遠い過去のことにしてしまった。(議会の多数を得ての革命　2004)

事态距离是指事情的进展状况与期望值或目标值的距离，或表示事情正朝着目标接近的一种状态。

（5）一つだけ、理想像に遠いことがある。

（6）強度スケールでいうと 0 に近いものです。

类似关系则是指两事物在性质、内容等方面的相似程度。

(7) この使い方が集合の要素数を指す複数名詞本来の使い方にもっとも近いだろう。(言語の数理 04　2005)

(8) 両者の立場は遠いようで実は近い。(私は美人　2005)

类缘关系则是指事物或组织之间的关系的亲疏程度。

(9) 本業の証券ビジネスに遠い銀行業務もやめようと思っている。(日経ビジネス　1988)

（10）そのうち三か所は厚生年金病院と非常に近い関係にあって、...(国会会議録第 162 回国会　2005)

人际关系包括两方面：其一表示血缘关系的远近，其二表示人与人之间的亲疏关系。

（11）子供たちは王家の血筋に最も近いことになり......(ダ・ヴィンチ・コード　2004)

（12）上野に近い友人によれば、夫妻が米国の首内外に持つ家屋敷は 10 軒余りに上がる。(日経ビジネス 2004 年 08 月 30 日号)

通过实际例句考察得知，反义词「近い」除了「気が遠くなる」

这一惯用用法外，其余义项都能与「遠い」构成反义关系。

五、「近い/遠い」的不对称性表现

（一）使用频度

通过对现代日语均衡语料库（2004 年—2005 年）的实例考察，「近い」及其反义词「遠い」的使用频度具体如下表所示：

表 1 「近い/遠い」的使用频度

	用例数
近い	1742
遠い	618

从上表中可得知，多义形容词「近い」的使用频度是其反义词「遠い」的近三倍。由此可见，成对反义词「近い/遠い」在使用频度上有很大的差异性。

（二）各义项的使用率

第一节中分析了成对反义词「近い/遠い」的多义性，两者除了「気が遠くなる」这一习惯用法，各义项均能构成反义词。「近い/遠い」各义项虽然相同，但各义项的使用频率却有很大的差异。具体数据如下图：

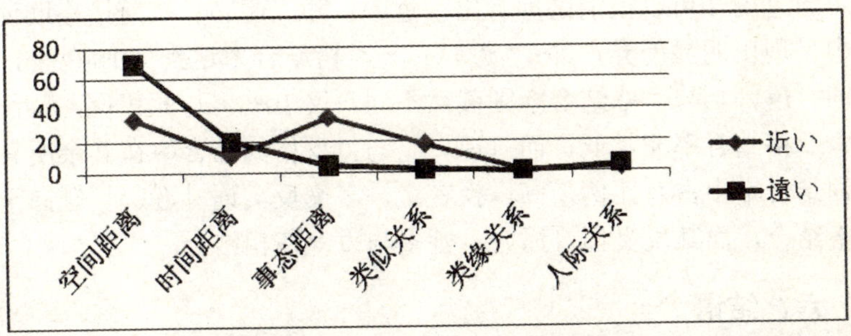

图 1 「近い/遠い」各义项的使用率

从图 1 数据中我们可以知道：（1）多义反义词「近い」使用最频繁的义项是事态距离和空间距离，其反义词「遠い」使用最频繁的义项则是空间距离；（2）多义反义词「近い」的各义项使用状况分布相对比较分散，而其反义词「遠い」则集中于空间距离这一基本义项。

（三）前接格助词

日语形容词中，多义反义词「近い/遠い」的前接格助词形式相对于其他形容词来说更加丰富。「近い」和「遠い」前都能与格助词ガ、ニ、カラ、ト、マデ、ヨリ等形式相结合。因此，本节考察了「近い/遠い」的前接格助词的具体使用情况。在「近い」和「遠い」例句中，前接形式为上述6种格助词的例句分别为1208例、147例。下面是两者的各前接格助词的分布使用率。

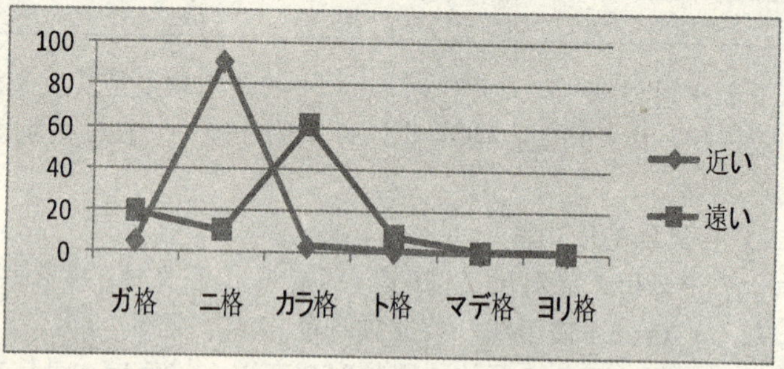

图2 「近い/遠い」前接格助词的分布状况

通过图2可以很清楚地看出「近い」和「遠い」在前接格助词形式中呈现出明显差异，即：「近い」与ニ格结合率达到90%以上，反义词「遠い」与ニ格结合率则截然不同，仅10%。与此相反，「近い」与カラ格结合率非常低，而「遠い」与カラ格的结合率在其余所有格助词结合率中占有比例最高。换言之，多义反义词「近い」倾向于与ニ格结合，而其反义词「遠い」则多与カラ格相结合。

六、结语

本文通过分析成对反义词「近い/遠い」的多个义项得出，两者不仅基本义项构成反义词，除去「気が遠くなる」这一惯用用法，其扩张的多个义项也能构成反义词。然而，通过对「近い/遠い」的语料分

析发现，在实际语言运用中，两者在使用频率、各义项的使用状况分布以及前接格助词三方面却呈现出明显的不对称性。

参考文献：

[1]周彤. 现代日语形容词词组研究[M]. 北京大学出版社，2012.

[2]荻野綱男・野口美和子.反対語意識の構造[J]. 日本語研究 16，1996.

[3]丹保健一. 多義語における語義の区切り方をめぐって：位置形容詞「高い、低い、遠い、近い」の場合[J]. 三重大学教育学部研究紀要，第 42 巻，1991.

[4]森田良行. 基礎日本語意味と使い方[M]. 角川書店，1976.

[5]森田良行. 意味分析の方法[M]. ひつじ書房，1996.

关于《新撰字镜》中《尔雅》引用的考察
——以异体字的使用为中心

2011级 日语语言文学 杜占青

摘 要：《尔雅》是中国训诂学的奠基之作，全书19篇，自考证词义至解释草木虫鱼鸟兽等名物，所蕴含的知识极为广博。《尔雅》约平安时代传入日本后，作为大学“纪传道”的教材之一，为知识分子阶层所学习，同时对日本古辞书的形成产生了积极影响。

《新撰字镜》十二卷成于昌泰年间，据其序，编者昌住参考、借鉴了《玉篇》《切韵》《一切经音义》等中国的字书、韵书、类书等等。另据研究表明，《新撰字镜》“重点”部的文字摘自《尔雅》释训篇者实繁。但前贤并未就此全面展开研究，其研究价值值得进一步挖掘。

关键词：新撰字镜；尔雅；词条；对比；异体字

一

关于《新撰字镜》与《尔雅》的引用关系的研究，日本学者贞苅伊德取得了巨大的成就。贞苅伊德（1960）[①]指出《新撰字镜》重点部的“明明斤斤并察也”到“燕燕粊粊居居息也”共计67个词条皆出自于《尔雅》释训篇。

本文以天治本《新撰字镜》与天禄琳琅丛书所收宋监本《尔雅注》为底本，运用陈垣先生所归纳的校勘方法“对校法”与“他校法”[②]进

① 贞苅伊德.《新撰字鏡の解剖（要旨）付表（上）》，训点語と训点資料 14，p63-82，训点語学会，1960.

② 对校法：以同书之祖本或别本对读，遇不同之处，则注于其旁。他校法：以他书校本书。陈垣《校勘学释例》，p144-146，中华书局，1959.

行分析比较。将《新撰字镜》重点部与《尔雅注》释训篇收录词条加以对比分析，探讨二者的词条在字形、字义等方面的异同，着重探讨异体字的运用。

二

通过对67个词条逐个进行分析，可以看出《新撰字镜》和《尔雅》两者完全相同的只有一例，即“3 條條秩秩　智也”，是作者昌注将《尔雅》中的词条原封不动地照搬过去的。其余的66例都有若干不同点，概括起来有以下几点：

（一）大量采用异体字。这是《新撰字镜》的一大特色，异体字不仅仅在前面的天部、日部、肉部、雨部等出现[①]，而且在重点部也大量出现。“2哓哓 懼也”“5 諸諸 辨也”“8 兢兢　戒也悘也敬也戒慎也堅強之皀”“9 戰戰蹌蹌　并動也儛踊也”“12 畨畨矯矯　并勇也”“15濬濬　心也”“21 他他 美也”“22怟怟揚揚 并愛也”“23荞荞躍躍 并迅也”“27 稱稱格格 并舉也”“28猒猒媞々 安也”“30 祁祁遲々 并徐也”“31 存存萠萠 並在也”“34 庯庯慅慅 並勞也”“35 瞿瞿　[②]並儉也”“37 夢夢　　並乱也”“38 懪懪　　並悶也又煩悶也”“41 爞爞 兒音兒也”“42 居居宄宄 並　”“44 仳仳璪璪 並小”“46　　惕也？憂痛也敏也貪也”“48 惸惸慱慱京京忡忡炳炳 皆憂也”“50　　田也”“57 湰湰　淅”“62穰穰　衆多皀福也”“64 萋萋　臣　力也”“65維維喈喈並民協服”“67 燕燕粲粲 居居息也”共计28个词条运用了异体字。涉及到的异体字有“哓”“辨”“悘”“皀”“儛”“畨”“濬”“心”“美”“怟”“荞”“稱”“猒”“遲”“並”“慅”“　”“　”“乱”“　”“兒”“　”“璪”“　”“京”“　”“湰”“穰”“　”“維”“粲”，共计31个。由此我们也可以管窥到当时异体字的使用情况。

（二）“并”字或者“並”字的增加。由以上的论述我们知道了“並”是“并”的异体字。《尔雅·释训》中收录的几乎都是连绵词，一般都是将意义相近的两个连绵词作为一个词条列出，如“1 明明斤斤　察

① 张磊《〈新撰字镜〉研究》，浙江大学2010年博士学位论文。

② “　”表示无法辨识的汉字，以下同。

也”。郭璞在作注时，以“皆××”的形式，如对“明明斤斤 察也”作注曰“皆聪明鑒察”。昌住在创作《新撰字镜》时，采用的是一种相似的形式，如上文提到的“明明斤斤 察也”，以“明明斤斤 并察也”的形式被收录。“并”“皆”表示的意义是一样的。增加了“并”字的有“1 明明斤斤 并察也”“9 戰戰蹌蹌 并動也儛踊也”等16例，增加了“並”字的有“31 存存萠萠 並在也”“33 懋懋莫莫 並勉也篤也”等13例，两者共计29例。

（三）“又”字的增加。当《新撰字镜》中的词有多个义项时，采用“○○又△△”的形式。如“4 肅肅 敬也静也又恭也”“38 懪懪 並悶也又煩悶也”等。此类的词条还有“47 瘖瘖瘐瘐 並病又疲”，共计3例。

（四）“也”字的省略。“也”字在古代汉语里通常作为表示判断的语气词来使用。《尔雅》在解释词义时，经常在句末加“也”字。以上文提到的“明明斤斤 察也”为例，“明明斤斤”意为“察”，其后加“也”，是用来表判断语气，无实际意义。《新撰字镜》中也可见到，如“條條秩秩 智也”等。但是，不少词条却将“也”略去，如“52 郝郝 耕”“53 繹繹 生”“55 挃挃 護”等。此类的词条包括“36 旭旭蹻蹻 並驕”“42 居居究究 並 ”“43 仇仇敖敖 並傲”“44 仳仳瑑瑑 並小”“53 繹繹 生”等共计14例。

（五）《新撰字镜》出现有的词条是将《尔雅》的一个词条拆成两部分，作为两个词条来收录。例如，《尔雅》中“委委佗佗美也”是一个词条，而到了《新撰字镜》里却分成了两个词条，分别为“20 委委 美也”和“21 他他 羙也”。属于此类情况的还有“45 悄悄 愠也憂皀”和“46 愓也？憂痛也敏也貪也”，“48 愽愽慱慱京京忡忡炳炳 皆憂也”和“49 欽欽 憂也樂進也然也聲也”，一共3组。还有一种情况是《新撰字镜》只取《尔雅》的词条的其中一部分来收录。例如，在《尔雅》中出现了“廱廱優優和也”的词条，《新撰字镜》中只收录了“優優 和也”，却不见“優優”。这样的例子还有“哓哓 懼也”“諸諸辨也”“翼翼 慎敬也恭也盛也閑也正也治也好也明也”等共计9例。

（六）较之《尔雅》义项增加。将出处虽不同、同一词语的义项放在一起是《新撰字镜》的一大特色[①]。《新撰字镜》的《尔雅》引用部分也验证了这一点。《新撰字镜》的词条中不仅引用了《尔雅》原文的内容，还引用了郭璞所作的注。如，“38 懪懪　　　並悶也又煩悶也”中，“悶也”来自《尔雅》原文，而“煩悶”却是郭璞之注。

但是，有的词条的义项在《尔雅》原文及注、疏中均未见到，却在某些字书、韵书等书中有记载。如，“8 兢兢 戒也忍也敬也戒慎也堅強之皀”的义项之一的“敬也”“堅強之皀”和《尔雅》的原文以及郭璞的注均不一致。“敬也”与《说文解字》的解释“　　競也 一曰兢敬也”有相同之处，而“堅強之皀”则与『集韻』所载“兢　兢兢堅彊貌”相似。虽不能武断地认为两个义项就出自上述字书、韵书，但可以认为出自于这些字书、韵书相关联的书，包括已经散佚的尔雅古注。属于此类情况的词条有“4 肅肅 敬也静也又恭也”“翼翼 慎敬也恭也盛也閑也正也治也好也明也”“9 戰戰蹌蹌 并動也儛踊也”等共计 14 例。

以上几点在《新撰字镜》中并不是单独使用的，而是偶有交叉。如“兢兢 戒也忍也敬也戒慎也堅強之皀”不仅采用了异体字“忍”，而且增补了“堅強之皀”这一义项。

三

本文通过分析《新撰字镜》和《尔雅》中的词条，指出了二者的异同，总结概括出了昌住在编纂《新撰字镜》、引用《尔雅》时所遵循的几种体例，最突出的特点是《新撰字镜》中运用了大量的异体字。从中可以看出《尔雅》对《新撰字镜》成书所带来了巨大的影响。

本文通过探讨、分析，发现《新撰字镜》相对于《尔雅》来说，有些词条的义项有了增补。由于有的义项的出处还并不明确，搞清楚这些义项的出处将是今后的研究课题。

---

① 贞苅伊德.《新撰字鏡の解剖（要旨）－その出典を尋ねて－》，訓点語と訓点資料 12，1959.

参考文献：

[1]郭璞（注）. 尔雅. 天禄琳瑯丛书第一集第 7 册，故宫博物院，1931.

[2]京都大学文学部国语学国文学研究室. 新撰字鏡：天治本附享和本・群書類從本編. 临川书店，1967.

[3]张磊. 新撰字鏡研究. 浙江大学博士学位论文[D]，2010.

[4]贞苅伊德. 新撰字鏡の解剖（要旨）ーその出典を尋ねてー，训点语と训点资料 12，1959.

[5]贞苅伊德. 新撰字鏡の解剖（要旨）付表（上），训点语と训点资料 14，1960.

韩汉语“友情”隐喻比较研究
——以相同点为中心

2011级　亚非语言文学　范嘉瑞

摘　要：隐喻本质上是一种认知活动，但同时也蕴涵着丰富的文化特征。本文以人类基本情感中的“友情”为研究对象，采用比较分析法重点对韩汉语“友情”隐喻的相同点进行系统地研究，并将相同点归因于韩汉隐喻理论共有的认知基础。

关键词：“友情”隐喻；韩汉比较；认知共性

一、引言

在传统修辞学中，隐喻只是被当作一种修辞格来看待。而在新兴起的认知语言学中，隐喻学占据着中心的地位。它被当作一种重要的认知工具来帮助我们更好地了解世界。

近年来，韩中两国语言学家对情感隐喻十分关注。其中，韩国有代表性的包括：임지룡（2000，2002）、용은미（2000）、김향숙（2003）、백경순（2009）等；中国有代表性的包括：林书武（1998）、张辉（2000）、陈家旭（2007）、齐振海（2006）等。他们的研究表明：情感概念主要是通过隐喻来表达的；韩汉“爱情”“喜悦”“愤怒”隐喻呈现出很大程度的跨文化相似性[①]。相比之下，对韩汉“友情”隐喻的研究稍显欠缺。韩国语中只有서종석（2002）对法语语料中的友情隐喻进行研究；汉语中谭丽萍（2010）对英汉友情概念隐喻进行了对比研

---

① 王寅（2006）认为隐喻既是基于相似性的，也可以创造相似性，隐喻与相似性之间存在一种辩证的关系。

究。本文仅以“友情”隐喻作为研究对象，基于大量的韩汉语料，重点对韩汉语“友情”隐喻的相同点进行系统的比较研究，并对二者之间相同的原因进行探讨，以丰富人们对情感隐喻的认知。

二、认知语言学隐喻理论概述

认知语言学认为，隐喻是“人类用某一领域的经验来理解和体验另一领域经验的认知活动”。其中用来理解和体验的领域被称为源域；需要理解和体验的领域成为目标域。隐喻的实质即是从源域到目标域的映射。例如，在隐喻“友情是建筑物（우정은 건축물）”中，把“建筑物”作为源域，抽象的“友情”作为目标域；将大家熟知的“建筑物”的结构经验映射到抽象的“友情”上去，就有了“坚固的友情”“建立了友情”等隐喻表达。

莱科夫和约翰逊（Lakoff & Johnson）将隐喻分为三大类型：结构性隐喻、方位性隐喻和本体性隐喻。结构性隐喻中源域的结构可系统地转移到目标域中，后者可按前者结构来理解，如上文提到的“友情是建筑物”；方位性隐喻指参照上下、内外、前后、深浅、中心—边缘等空间概念组织另一概念系统，如：“交情浅了”，“亲密的友情”等；本体性隐喻将抽象模糊的情感、心理活动、事件、观点等无形的概念看成有形的实体和物质，特别是人本身。最常见的本体性隐喻是容器隐喻，如“友情是容器中的液体”。

三、韩汉友情隐喻的对比研究

（一）研究方法和数据收集

本文将采用比较分析的方法，分析韩汉语“友情”隐喻的相同点。本文的语料来自 21 世纪世宗计划书面语语料库和北京大学现代汉语语料库。

（二）主要相同点及认知共性分析

① 우정은 유기체[①]

① Kővecse（2000）将友情隐喻分为“所有物、粘着剂、经济交换、有机体”等。

有机体隐喻是语料库中频繁使用的隐喻之一。这一隐喻包含了友情的开始、发展、可能发生的终结、二次开始、成长、成熟等友情的发展一系列过程。

ㄱ. 우정은 동료 관계로부터 생길 수 있다.

ㄴ. 극중 소년들의 선감원 생활은 처참하기 짝이 없지만, 제 작진 은 그 와중에 싹트는 우정등 나이 어린 소년들의 심성을 묘사하는 데도 공을 들인다.

ㄷ. 这一夜，我翻来覆去地睡不着，心想，这次两人相见莫非友情发芽了？

ㄹ. 这种时代总算是过去了，真正的友谊又开始复苏。

有机体的萌芽作为经验存储于我们的头脑之中，它预示着新生命的开始。在上例中，有机体的萌芽作为源域映射到目标域——友情的开始，所以友情可以‘생길 수 있다’，‘싹트는’，“友情发芽了？”，“开始复苏”。

② 우정은 소유물

ㄱ. 그런데 그것이 자칫 잘못되면 날에는 ‘돈 잃고 친구 잃는다’는 불행한 결과를 가져오는 수가 있다.

ㄴ. 소중한 친구 한 명을 빼앗긴 거 같은 슬픔에 말야.

ㄷ. 一旦没了友情，这世界还会存在吗？

ㄹ.朋友失去容易得来难。

人们如果失去自己珍爱的东西会感到难过，用这一生活体验来理解友情，将朋友间的离别看成是所有物的丧失，所以会出现“失去”，“没了友情”，‘친구 잃는다’，‘빼앗긴’的表达。

③ 우정은 건축물

ㄱ. 우정은 만들기는 어려워도 깨트리기 쉽다.

ㄴ. 굳건한 우정.

ㄷ. 爱读同样书籍的人，结交最快，友谊也最巩固。

ㄹ. 战绩永载史册，友谊历久弥坚。

进入农耕社会后，人类抛弃了原有的洞穴生活，开始兴建房屋，进行农业生产。这一经验深深的根植于人们的头脑当中，所以人们将友情也看成建筑物，友情可以“建立”，建筑物的强度看成是友情的稳固程度，友情越“巩固”“历久弥坚”就越持久。

④ 우정은 접착제

ㄱ.전정한 우정은 인생으 폭풍을 뚫고 나아갈 수 있는 유대이다.

ㄴ.멤버들은 친구사이로 얽혀 있어요.

ㄷ.友情的纽带在这些小圈子中最能体现出来。

粘着剂的强度越大两物体的连结就越紧密；将这一经验映射到友情行，友情的“粘着度越大”朋友间的关系越紧密。所以以上例句中会出现“纽带”、‘얽혀’、‘유대’来表达友情。

⑤ 우정은 경제적 교환

ㄱ.두 사람 사이에 우정의 교환 같은 것은 없었다.

ㄴ.热情，盲目善良，友情一直挥霍不尽。

ㄷ.付出劳动获取报酬确实理所当然。但钱不能代替一切，钱买不到友情。

随着社会的发展，人类生产出更多的粮食，人类将余下的粮食进行物物交换，产生了经济观念；当今社会存在各种形式的交换。在友情中两个朋友相互连接，可以通过各种方式来相互作用。将友情概念化为经济的交换，以上例句中把友情表现为“挥霍不尽”，“买不到”，‘우정의 교환’。

可见，韩汉语对“友情”情感的认知主要以对物质世界的体验为基础，显示了语言间的共性，隐喻映射具有经验基础，它根植于人类的身体体验和生活经验。情感语言主要是隐喻化的，它源于人们对周围世界的物质经验。同时，韩汉两民族对世界的认识和感知的基本规律是一致的，因而韩汉语中存在相同的友情概念隐喻。

四、结束语

通过对韩汉语“友情”隐喻的比较研究和分析，本文得出如下结论：韩汉语友情隐喻呈现出很大的相似性，主要表现在都将友情概念化为“有机体”“粘着剂”和“建筑物”等。这主要归因于韩汉两民族对友情情感共有的身体体验和对物质世界基本相同的体验和认知规律，即情感隐喻共有的认知基础。

参考文献：

[1]北京大学现代汉语语料库[EB].

[2]王寅．认知语言学[M]．上海外语教育出版社，2006.

[3]Kövecse．은유와 감정[M]．김동환， 최영호 옮김．동문선，2009.

[4]21 세기 세종계획 최종성과물 현대 문어 말뭉치[CD]，2011.

语言与思维辩证关系研究

2012 级　英语语言文学　黄莎莎

摘　要：语言与思维的关系一直是语言学界争论的热点。现有 6 种观点并存：语言先于思维；思维先于语言；语言决定思维；思维决定语言；语言与思维等同；语言与思维相互独立又相互作用。本文通过评析各观点，认为：思维先于语言且决定语言，之后语言开始反作用于思维，影响思维的发展。该研究不仅让人类全面认识语言与思维的关系，而且使其借助这一关系提升自我。

关键词：语言；思维；相互作用

根据《现代汉语词典（双色版）》的定义，语言是人类所特有的用来表达思想、交流思想的工具。思维是在表象、概念的基础上进行分析、综合、判断、推理等认识活动的过程。语言和思维这两个普通的名词，由于它们之间错综复杂的关系，成为语言学界争论不休的热点。笔者通过分析针对语言与思维关系的 6 种观点，得出结论：思维先于语言存在，且思维决定语言，但语言可以反作用于思维，影响其发展。在该研究的基础上，个人可根据自身情况，利用思维创新语言，改善生活，同时更好地利用语言拓展思维。

一、语言与思维的关系

持有语言先于思维存在这一观点的代表人物是法国哲学家孔狄亚克。该观点认为语言是人类感觉和情绪转化为更高层次的思维活动的工具，语言的结构反映了思维的结构。没有语言，人类就没法主动控制思维活动，无法有意识地记住过去，语言使人类可以运用自然赋予的思考能力。孔迪亚克认为野人是没有记忆的，因为他们只能想象，这种想象是他们不能自由支配的（Wells，1987）。

思维先于语言这一观点的代表人物是皮亚杰。第六种观点，即“语言与思维相互独立又相互作用”，也可以追溯到他。皮亚杰认为：幼儿还没有语言，但已经可以进行动作思维；语言是最佳的符号系统，除了语言之外，还有图画、造型、动作模仿、意象、手势和身势等符号系统，语言符号系统与其他系统协调统一，使思维达到较高水平。

语言决定思维的典型代表言论是萨丕尔—沃尔夫假说。该假说包含两部分：语言决定论和语言相对论。前者的意思是人的思维完全由母语决定，其只能根据母语中编码设定的范畴和区别定义来认识世界，语言不同，其思维方式就完全不同。后者认为语言的结构多式多样，一种语言系统中既定的范畴和区别定义各不相同，语言反映思维、信念、态度等，语言不同，其思维方式在一定程度上有差异（Bussmann，2000）。

思维决定语言论的代表人物是前苏联学者维果斯基。他通过对类人猿和人类婴幼儿的研究发现，它们都存在“前语言阶段”和“前思维阶段”，从而得出结论：语言和思维并不是同时产生的，思维先于有声语言而存在。

语言与思维等同论观点的持有者华生认为，思维和语言一样，是一种习惯。思维是无声的说话，语言是出声的思维。世界上不存在没有语言的思维，也不存在没有思维的语言。

二、观点评析

对于存在先后问题，即第一、二种观点。显然思维先于语言的说法更合理。野人没有记忆，但是野人已经可以根据经验来判断哪种食物可以吃，哪里相对安全，这些都是要经过思维来进行推理的。人类长大之后对小时候（5 岁之前）的记忆几乎完全遗忘，但儿童 2～5 岁这段时间已经有语言了，只是记忆留存时间短，没有记牢，这期间的活动绝对是经过大脑思维的，跟野人没有记忆就没有思维存在之说不相符。

另外，马福全在《语言与思维的关系研究对幼儿教育的启示》中指出，9 个月大的婴孩，会通过简单的肢体动作向大人表明自己想要的东西，这说明他已经有了思维活动。根据常识，婴孩没有语言，却可以通过其他途径告知成人自己的所需所求，而且稍小一些，约 5 个月时，小孩同样没有语言，但已经可以认人、挑玩具，这些都是通过一定的思维过程产生的行动。而且，伍铁平先生也从个体发生学和系统发生学的角度，经过科学的观察记录，得出结果：幼儿总是先学会动作，如手势、面部表情等，然后才学会语言。因此，思维先于语言存在。

就语言决定论来说，如果语言不同，思维方式完全不同，那么世界上信仰某一特定宗教的人群应该说同一种语言。但众所周知，在中国以及日本都存在着基督教信仰者，而在美国、韩国也都有佛教信仰者。而且，两个说不同语言的人，虽然不能以语言途径交流，但是，通过简单的肢体动作或是面部表情，可以进行一定的沟通理解。这证明语言不同，思维也有相通之处。语言决定论可以推翻。相比之下，语言相对论有可取之处，因为语言确实对思维有影响。比如，学习英语的人，学得越久，学得越好，其思维方式的西式化越明显。然而，这只能说明，语言可以反作用于思维，与“语言不同，其思维方式在一定程度上有差异”这种语言主位式的陈述是有差别的。

思维决定语言这一观点更具说服力。从人类发展史可知，人类是先有生产劳动，然后由于实践需要才开始给新事物命名，劳动要以思维为基础才可以取得成果。为了更好地服务实践，语言会产生变化。例如，每种语言中每年都会有一定数量的新词出现，它们的产生都是因为实践中出现了新事物或者新的现象，像“汽车旅馆”motel 和“早中餐”brunch，如果语言决定思维，这种情况不会发生。反而，正是实践促进思维认知的发展，人类才得以造新词，创新法。因此，思维不仅先于语言存在，而且决定语言。

语言与思维等同论其实跟萨丕尔—沃尔夫假说的语言决定论以及前苏联心理学家卢利亚所持有的“思维依赖语言论”（该理论认为语言

与思维有着密切的关系，人类的思想依赖于语言，离开了语言，逻辑思维是不存在的）有相似之处。该观点不仅跟前文所述的思维先于语言论相悖，更不符合人类社会的事实。聋哑人说不出语言，听不到声音，但是他们可以进行思维活动。而失语症患者（因大脑受伤造成语言障碍的病患）可以进行思维活动，比如他们知道电话的用途，也知道怎么用，但是说不出“电话”二字。这些都证明世界上存在没有语言的思维。又比如，人在高兴时唱歌、哼曲儿，嘴里虽然说着话，脑子其实没在转。那么语言也是可以独立于思维之外的，因此思维与语言并不等同。

至于语言与思维相互独立又相互作用这一观点，有可取之处。例如，我国心理语言学家桂诗春经过研究证明，语言发展中存在着非思维阶段，思维发展中存在着非语言阶段。语言和思维也确实可以脱离彼此存在。比如，常见的呓语和“说话不经过大脑”等，都是语言脱离思维存在的事实；而欣赏画作以及大自然的美景时，产生的思维活动都是不必用言语描绘的；还有“词不达意”“只可意会不可言传”等现象是思维脱离语言存在的事实。但是，这一表述过于宽泛、模糊，没有突出主客体。主客体之分前面已经有详实解释，这里不再赘述。

由此看来，思维先于语言存在，而且思维决定语言，但是，语言会反作用于思维，影响人类的思维方式。

三、语言与思维关系的启示

正确全面地认识语言与思维之间的辩证关系，人类可以借助语言与思维之间的关系改善提升生活水平，完善自我。例如，利用思维先于语言，且决定语言，人类设计了计算机语言，并逐渐改进，实现电脑作业。

最初复杂的DOS系统，只有少数精通计算机者才能操作大型计算机。为满足实践需要，简便的计算机语言应运而生：机器语言、汇编语言、高级语言、BASIC、C语言等，这大大方便了智能机器的发展和应用。之后，像人类语言与思维的关系一样，计算机语言诞生以后，后学者就必须学习这些语言，才可以运用它们，使计算机产生相应的思维运算——语言开始影响思维。

明了语言与思维的关系，同样可以帮助人类完善自我。例如，提高学习语言的效率。由于多年沿用同一种语言，这种语言的句法结构是一定的，人们会用特定的方式表达自己的想法即思维。那么在学习语言的时候，学习者要重视异语的文化与思维，知道异语表达的“所以然”。学习外语最有效的方法，应该是大量接触最自然的该种语言，形成接受异语思维。听过地道表达，再仿照着说，看过了类似的异语，再下笔写，才不会出现乱用、自造的现象。为开阔视野，个人也可以多学习几门语言，试着用不同的眼光看世界。

综上所述，思维先于语言且决定语言，之后语言会反作用于思维，影响思维。全面认识语言与思维的辩证关系，人类会得益匪浅。总之，理论是服务实践的，语言学家对语言与思维关系的研究要多用来指导服务生活，才更有价值。

参考文献：

[1]Bussmann, H. *Routledge Dictionary of Language and Linguistics* [M]. 外语教学与研究出版社，2000.

[2]Wells, George Albert. *The Origin of Language: Aspects of the Discussion from Condillac to Wundt* [M]. Open Court, 1987.

[3]桂诗春. 新编心理语言学[M]. 上海外语教育出版社，2000.

[4]马福全. 语言与思维的关系研究对幼儿教育的启示[J]. 理论建设，2005,（11）：5-7.

[5]伍铁平. 普通语言学概要[M]. 高等教育出版社，2006.

关于中日同形词“科学”的对照分析
——以使用实态为中心

2011级　日语语言文学　黄祥婕

摘　要：本文以中日同形词“科学”一词为考察对象，从中日两国词典中对“科学”一词的释义出发，分别考察了“科学”在汉日两种语言中的不同使用实态，并得出“科学”一词逆输入中国后，其使用实态与日语产生不同的原因。

关键词：科学；同形词；使用实态

一、引言

我们常常在报纸或新闻中看到这样的记载：

（1）科学发展观

（2）科学社会主义

而我们在把在以上的词组或句子中出现的“科学”翻译成日语时，往往是这样的：

（1）科学的な発展観

（2）科学社会主義

但是，当日语母语者看到这样的翻译时，常常会不知所云，或许会产生这样的疑问：「科学的な発展観」，到底是什么样的发展观才称得上是“科学”的呢？「科学社会主義」，为什么社会主义之前要用“科学”来修饰？

由上可知，中日两国在使用“科学”一词时，存在着明显差异。同时，根据中日同形词的界定方法，认定其根本标准是“视觉上的统一性”①的原则，“科学”一词属于中日同形词的范畴。

因此，关于中日同形词“科学”一词，中日两国之间在对其使用上究竟存在何种差异，以及导致差异存在的原因又是什么，本文将对此进行简单探讨。

二、先行研究

迄今为止，关于中日同形词的研究，中日两国研究者的研究已经不胜枚举。自 1977 年至今，在中日同形词的对比研究发展的三个阶段②中，研究类型可以分为 4 个③：语义对照型研究、概说型或综合型研究、数量型研究、辞典类研究。

在以个例为中心进行异同研究的类型中，关于“科学”一词的来源问题，以及关于“科学”一词于 20 世纪初在中国的传播问题等论题上已经有许多研究。但是中日语言中的“科学”一词作为名词使用时，因其意思相同而被看作是同形同义词，所以先行研究中对“科学”一词的对照研究并不多见。

但据笔者考察分析，“科学”一词在实际使用中，中日语言中却存在不同的用法。因此，本文将对“科学”这一同形同义词的实际使用情况进行考察，分析其产生不同的原因。

三、词典中对“科学”的解释

在汉语中，“科学”一词既可以作为名词存在，也可以作为形容词存在。其在《现代汉语词典》（第 5 版）的释义如下：

---

① 荒川清秀的《「中国語と漢語」－文化庁「中国語と対応する漢語」の評を兼ねて》[J]. 中有这样一段话：「同書はまた、時間的制約もあって、比較の対象を、日本語の場合、漢字音読語に限定しているが、日中同形語研究が『視覚的同一性』の上に成立する以上、漢字音読語に限定する必要が全然ない」。

② 孙文《汉日同形词对比研究的回顾与展望》中，汉日同形词对比研究大致可分为三个阶段：1977 年以前为第一阶段，主要为日本学者对日语中的汉字和汉语词的研究，为后来的汉日同形词对比研究积累了一定基础；1978 年到 1996 年为第二阶段，汉日同形词对比研究逐渐得到中日学者（包括港台及在日华人学者）的关注，取得了一些突破性的研究成果；第三阶段从 1997 年至今，研究成果不断增多，研究内容逐渐丰富，取得的成绩较为显著。

③ 参照王灿娟（2009）《日中同形語“工作”の異同に関する一考察－現代の意味と用法を中心に－》[J].

《现代汉语词典》（第5版）

1名 反映自然、社会、思维等的客观规律的分科的知识体系。

2形 合乎科学的 科学种田 这种说法不科学 革命精神和科学态度相结合

而日语中，“科学”一词只作为名词存在。其在《大辞林》（第二版）中的解释如下：

《大辞林》（第二版）

1学問的知識。学。個別の専門分野から成る学問の総称。「分科の学」ないしは「百科の学術」に由来する。

2 自然や社会など世界の特定領域に関する法則的認識を目指す合理的知識の体系または探求の営み。実験や観察に基づく経験的実証性と論理的推論に基づく体系的整合性をその特徴とする。研究の対象と方法の違いに応じて自然科学・社会科学・人文科学などに分類される。狭義には自然科学を指す。

很显然，对于名词而言，“科学”一词无论是在汉语中还是在日语中，都表示某种合理的、正确的知识体系。然而，作为形容词词性，“科学”一词只能在汉语中使用。尽管在日语中“科学”加上后缀“的”能构成“ナ形容词”，并与“科学”在汉语中的形容词功能接近，但构成的是“科学的”，与“科学”并不一致，不属于同形词的范畴了。

四、“科学”的使用实态

那么，“科学”一词在汉日语言中，除去形容词这一不同的词性外，其作为名词使用时，是否就表达相同的意思呢？

我们不妨来看下面的例子：

面向经济建设，加快科技进步。在当代条件下，科学技术作为第一生产力的作用越来越突出，成为推动经济社会发展和国家强盛的决定性因素。经济建设必须依靠科学技术，科学技术工作必须面向经济建设。 《96人大报告》

当科学出现在类似于中央文件性质的文本中时，科学不仅具有正确的、合理的这一特征，更加具备了不可抗拒的权威性，要求绝对的服从的特征。

再看日语中的例子：

正確ということがありえましょうか？いいえ、われわれの知識は絶対ではありません。科学の正確さにも限界があるのです。

《時間の歴史一物理学を貫くもの》

在日语中，虽然词典中解释“科学”为“合理的知识体系”，但是对科学的态度似乎没有如中国般狂热，没有要求对科学的绝对信仰，没有认为只要是“科学”都是正确的。

由上可知，汉语的“科学”在实际使用中，往往带有绝对正确的褒义感情色彩，而日语中的“科学”则不带感情色彩，属于中性词。

五、差异产生的原因

根据“科学”一词是日本的舶来品之说，为何“科学”在逆输入中国之后，带上了绝对正确的褒义感情色彩？

胡适在《科学与人生观序》(1932）中这样写道：这三十年来，有一个名词在国内几乎做到了无上尊严的地位；无论懂与不懂的人，无论守旧和维新的人，都不敢公然对他表示轻视或戏侮的态度。这段话里出现的“他”即指“科学”。那么，为何“科学”一词在当时能具有“无上尊严”的地位？

20世纪初，五四运动以及新文化运动有力地加速了中国儒家传统制度的垮台，而成为五四运动和新文化运动有力武器的正是科学。在与根深蒂固的儒家传统世界观进行激烈斗争之时，“科学”在不知不觉中便带上了极具颠覆性的、绝对正确的褒义感情色彩。同样作为名词，却与日语不同，汉语中的“科学”带有绝对褒义的感情色彩，其原因便在于此。

结语

本文从中日两国的词典中对“科学”的解释入手，得出“科学”一词除汉语中有“形容词词性”之外，在作为名词时，汉语和日语的“科学”在意义上基本一致。其次，从汉日两种语言对“科学”的实际使用出发，分别找出实例，得出汉语中“科学”一词带有绝对正确的褒义感情色彩，而日语中“科学”则不带感情色彩这一结论。最后，从“科学”逆输入时的社会背景出发，找出了“科学”一词在中国传播时词义发生变化的原因，即新文化新思想与儒家传统文化及思想进行激烈斗争的结果。因此，由于“科学”在汉日语言中词义一致而导致的错误翻译屡见不鲜。希望能在了解“科学”在汉日语言中实际使用的不同感情色彩之后，在翻译中对不同感情色彩的词汇多加注意，做到尽量避免类似错误的发生。

参考文献：

[1]梁志平.“科学”一词在中国的早期传播[J]. 湖北函授大学学报，2013：第26卷第01期.

[2]周程.“科学”一词并非从日本引进[J]. 中国文化研究，2009：2009年夏之卷.

[3]周程.“科学”的起源及其在近代中国的传播[J]. 科学学研究，2010：第28卷第4期.

[4]荒川清秀.「中国語と漢語」ー文化庁「中国語と対応する漢語」の評を兼ねて[J].

[5]王灿娟. 日中同形語“工作”の異同に関する一考察ー現代の意味と用法を中心にー[C]. 山东大学，2009.

现代英语中的分析语特征
——跨语言视角下的对比研究

2011 级　英语语言文学　李纯寅

摘　要：从句法的角度，传统的语言类型学将语言分为两大类：分析型和综合型。现代英语因为名词格系统的丧失和动词变位的部分消失而主要依靠多种介词和词序来表征句法关系。按照定义，现代英语已经具备了某些分析语的主要特征。本文尝试采用跨语言的视角对现代英语中所呈现的分析语特征进行对比研究。

关键词：现代英语；分析语；跨语言视角

一、引言

从传统语言类型学的角度，按照句法关系，语言可以分为两大类：分析语和综合语。分析型语言的语法中主要是通过功能词（语法功能词，主要指虚词中的介词、连词和助词）还有词序来表示句法关系，典型的如汉语、越南语；而综合型语言则通过词形屈折变化和词缀及词根的紧密结合来表示句法关系，例如拉丁语、希腊语、俄语、德语和阿拉伯语等（金立鑫，2011: 11）。英语的发展史大致可以分为三个阶段：古英语、中古英语和现代英语。英语自形成开始便从综合型语言向分析型语言转化（Fennell，2005: 131）。古英语属于日耳曼语族的一支，是典型的综合型语言。笔者认为：在名词和动词的句法使用上体现着分析语和综合语最明显的差异。因此，本文从这两个方面分别做跨语言的对比，试图通过对比说明现代英语已经具备了显著的分析语特征。

二、对比研究

（一）名词

现代英语中的名词既没有格的变化又没有性的区分，但是保留了数的词形上的差异，比如“书”的单数 book，它的复数形式发生变化，在其后加词缀-s，变成 books。这是与典型的分析语——现代汉语的名词最大的不同。作为典型综合语的拉丁语，其名词最为复杂。名词有 6 个格：主格（第一格）、属格（第二格）、与格（第三格）、受格（第四格）、夺格（第五格）、呼格（第六格）；有 3 个性：阳性、阴性和中性；有 2 个数：单数和复数。以下的列表是拉丁语中阴性名词 patria（祖国，故乡）的详细变格（Morwood，1999: 23）。单数有 6 个格，复数也有 6 个格。

例如：patri-a，ae，f. 祖国，故乡

	单数	复数
1. 主格	patri-a	patri-ae
2. 属格	patri-ae	patri-arum
3. 与格	patri-ae	patri-is
4. 受格	patri-am	patri-as
5. 夺格	patri-a	patri-is
6. 呼格	patri-a	patri-ae

以这个词组成的句子如下（数字表示它在句子中是第几格，每个句子下面是对应的表达相同意思的英语和汉语）：

1. a. Patria mihi Sina est.

   b. My homeland is China.

   c. 我的祖国是中国。

2. a. Flores patriae sumus.

   b. We are the flowers of our homeland.

   c. 我们是祖国的花朵。

3. a. Servire Patrae.

   b. Work for our homeland.

c. 为祖国服务。

4. a. Patriam amamus.

b. We love our homeland.

c. 我们爱祖国。

5. a. A patria venit.

b. He comes from the homeland.

c. 他从祖国来。

6. a. Patria, te amo.

b. My homeland, I love you.

c. 祖国，我爱你。

第一格主格和第四格受格：

拉丁语句子 1.a 逐字翻译成汉语为：祖国 我的 中国 是；4.a 为：祖国 我们爱。综合语中由于名词的格可以明显地标记其句法关系，所以词序的任意性加大。而在没有格标记的语言里，如英语和汉语，只能借助于严格的词序，"我爱你"和"你爱我"是两个表达不同意义的句子。应该注意到，英语中的人称代词还保留了一些格标记。主格 I, we, he, she, they，其对应的宾格形式 me, us, him, her, them。从这些词上亦可以看到英语从综合语向分析语转化的痕迹。有学者指出体现在人称代词上的这种转化还在继续：主宾格的混用（程先富，2000: 32）。在现代英语中，I 和 me 的混用的例子有很多；who 在许多地方已经取代了陈旧古板的 whom，这已为语法学家所承认。

第二格，属格：

属格，也即所有格，表达所属关系。拉丁语 2.a 逐字翻译为汉语是：花 祖国的 我们是。可以看出，拉丁语中表达所属关系完全是靠名词的屈折变化实现的。现代英语中有两种方式，一种是用分析性的 of-structure，比如 students of the university; 另一种是综合性的 N's + NP，比如 John's sister。程先富（2005：45-48）对于现代英语中这两种手段的使用情况和发展趋势做了详细的研究，并探讨了所有格发展中的三种制约机制：英语的分析性进化趋向、与谈话人接近的象似性原则、信息性原则。而汉语则是依靠单独的助词"的"，这样词序就很重要。父亲的母亲和母亲的父亲显然不是指同一个人。而拉丁语中 Flores patriae（祖国的花朵）两个词可以换位置而不改变意思。

第三格，与格：

名词的与格基本上是做间接宾语，表示谓语动词的动作是“给谁”或者“为谁”的问题。例如，我给你这本书，用拉丁语是 Do tibi librum，其中 do 是动词，表示“我给”，librum 是“书”的受格形式，表示直接宾语，tibi 就是“你”的与格形式，表示在句中做间接宾语。现代英语中则是依靠词序和两个介词 to 和 for。在这一点上，现代英语、法语与汉语就较为接近了，也就是更加倾向于采用分析性表达手段。

I give the book to you. I give you the book.

Je donne ce livre à vous. Je vous donne ce livre.

我把这本书给你。 我给你这本书。

I do not want to work for money.

Je ne peux pas travailler pour argent.

我不想为了钱而工作。

汉语中习惯上使用各种各样的虚词来表现这种关系，在以下的夺格中尤甚。

第五格，夺格：

名词的夺格所表征的关系比较繁杂，可以细分为多种情况。现代英语中名词夺格的表现是依靠介词和词序。以下是两种情况的英法汉对比。

a. The window is broken by the boy.（表示被动态）

La fenêtre est cassée par ce garçon.

窗户是被那个男孩打破的。

b. The boy broke the window with a football.（表示工具）

Ce garçon a cassé la fenêtre avec un football.

那个男孩用足球打破了窗户。

从以上的对比中可以看出现代英语和法语中名词夺格关系的表征更倾向于采用分析型语言的手段，借助于严格的词序和多种介词。

总结以上的对比论述，语言中设置名词的句法关系可以有两种不同的手段：依靠不同屈折形式变化的格标记；严格的词序加上独立虚词。现代英语中名词的格系统已经完全消失，所以在表征名词的句法关系时，更倾向于利用严格的词序配上独立的介词这样的分析性手段。这是从名词的角度分析得出的结论。现代罗曼语族包括法语、西班牙语、意大利语等，这些语言都是从通俗拉丁语经过漫长的历史演变而来的，它们名词的格系统也消失了。但是，与这些语言不同，英语的分析语特征还进一步体现它的动词上。

（二）动词

从动词上来观察，英语的分析语特征主要表现在两个方面：其一，动词的屈折形式大大简化；其二，在表达时态和语气上更倾向于利用助动词和情态动词。

现代英语中的动词屈折变化只有现在时的第三人称单数，规则动词在词尾加-s；一般过去时形式以及现在分词和过去分词。较之古英语和中古英语时期的动词已经大大简化，与典型的综合语相比，英语中动词的屈折变化已经逐步退化。没有了屈折变化的意义区分，在一个句子中，动词只能更加依赖词的相对位置，也就是严格的词序来维持与其他成分之间的句法关系。这一点更像汉语。

现在普遍认为，英语中的动词时态只有现在时和过去时，而将来时的表达则要依靠固定的动词和词组，像 will 和 be going to。这一点也更接近于汉语的习惯表达，而与法语有较大差异。法语依靠动词本身的屈折变化即可表达将来的意义。例如：

a. I will go to French to teach Chinese next year.

明年我将要去法国教汉语。

J'irai en France pour enseigner le chinois la prochaine année.

（irai 是动词“去”aller 的第一人称单数的简单将来时）

b. I am going to write him a letter.

我将要给他写一封信。

Je lui écrirai une lettre.

（écrirai 是动词“写”écrire 的第一人称单数的简单将来时）

三、结语

本文主要采用跨语言的视角分析了现代英语中越来越显著的分析型语言的特征。从名词和动词两个角度出发，通过多语言的对比论述，发现在现代英语的句子中，词间句法关系的表征方式更倾向于采取分析性手段，即借助于严格的词序和不同的功能语法词。自古英语到中古英语再到现代英语，这一语言逐步地从综合型语言向分析型语言转化。对于是什么原因造成了这样的发展趋势，又有哪些因素在期间发挥着重要作用等问题，都值得对此感兴趣的学者进行深入的研究和思考。

参考文献：

[1]程先富. 英语从综合性向分析性的演变 [J]. 安徽师大学报，2000,（3）：32-36.

[2]程先富. 英语所有格进化过程中的逆向机制探析[J]. 山东外语教学，2005,（5）：45-48.

[3]金立鑫. 什么是语言类型学[M]. 上海：上海教育出版社，2011.

[4]Fennell, B. *A History of English: A Sociolinguistic Approach* [M]. Beijing: Peijing University Press, 2005.

[5]Morwood, J. *A Latin Grammar* [M]. Oxford: Oxford University Press, 1999.

韩国语双重主语句研究——以叙述节为中心

2011 级　亚非语言文学　李繁

摘　要：在韩国语中，双重主语句现象比较普遍。本文通过“21世纪世宗计划”[①]搜集双重主语句的语料并用叙述节的相关观点来对其进行分析，本文旨在通过对所属关系类双重主语句语料的分析，阐明叙述节是双重主语句制约条件。

关键词：双重主语句；叙述节；制约条件；所属关系

一、前言

在韩语里面句中各成分之间的格关系由格助词来表达，韩语主语就是带主格助词“이/가”的名词性成分。在双重主语句里就有两个名词性成分带主格助词。如：

（1）내가 마음씨가 곱다.

所以本文用“NP1 이-NP2 이-VP”[②]来代表韩语双重主语句的基本结构。

南基心、高永根（1985）在谈到韩语特点时指出韩语语法一个比较突出的特点，即一个句子无需添加任何语法手段直接充当另一个句子的谓语，这样就出现了一个句子拥有两个主语的现象。韩语中“一个句子无需添加任何语法手段直接充当另一个句子的谓语”的成分被

①“21 世纪世宗计划”是韩国文化观光部与国立国语院等相关机构一起编订的韩语电子语料库，这个项目始于 1998 年，到 2011 年才最终完成。

② 在对双重主语句进行研究时，林东勋（임동훈）（1997）把具有“NP1 이-NP2 이-VP”结构的句子作为研究对象，并且认为双重主语句是一种“叙述节包孕句”。本文认同林东勋的观点，所以在本文中把“NP1 이-NP2 이-VP”设定为双重主语句的基本结构。

称为叙述节，以林东勋为代表的韩国学者认为，双重主语句是一种“叙述节包孕句”，对此本文持赞同的观点，本文认为双重主语句形成的制约条件是叙述节。

本文主要是通过大量搜集双重主语句的语料进行定性定量分析，尝试将双重主语句的研究从理论研究的层面深入到实际运用的层面。本文主要选择双重主语句中的所属关系类进行研究，阐明叙述节是双重主语句制约条件。

二、关于叙述节的理论

在韩国语语法学界里面，关于叙述节的认定一直是一个颇有争议的话题。学者们的观点基本分为承认叙述节和否认叙述节两种。在否认叙述节的学者里面，代表人物是南基心。

南基心（2001）曾就否认叙述节提出了一系列的论证。针对其论证，承认叙述节的代表学者林东勋提出了反驳：1）叙述节是通过位于句子末尾来标示自己，不能因为没有节标志而否认其存在；2）由于叙述节本身的特殊性，所以叙述节的命名也没有问题；3）叙述节的主语与主语的位置也是不可以随意互换的，有的时候会导致句意不通顺，而有时会改变句子原意；4）认为双重主语句是叙述节包孕句，首先第二个主语与谓语形成叙述节，然后再与第一个主语构成一个包孕句。

所以，本文认为，叙述节位于句子的末尾（叙述节没有节标志）、叙述节的主语位置也不可以随意移动、句子主语与叙述节之间也存在选择制约，如果满足以上三个条件，就承认叙述节成立，那么双重主语句的制约条件就是叙述节。

三、叙述节是双重主语句成立的制约条件

上节中我们主要讨论了关于叙述节成立的三个条件，那么在第三节中，我们主要利用关于叙述节成立的三个条件来分别对所属关系类双重主语句进行分析。

（一）主语间的关系

（2）“맨 꼭대기 ^할아버지가^ ^고집이^ 세다.”（BTEO0325 바

닷가 아이들-권정생）

（3）^대나무가^ ^속이^ 비었다.（BTHO0393 신화 속의 한국정신-이어령）

例 2 中，“고집”是“할아버지”的性格，性格是所属于爷爷的；例 3 中，“속”与“대나무”也是所属关系。因此，两个主语之间是所属关系的双重主语句我们把它们划为所属关系类双重主语句。本文主要以此类双重主语句，作为研究对象。所以，本文从“21 世纪世宗计划”语料库中，选择满足“NP1 이- NP2 이-VP”结构和两个主语间是所属关系的双重主语句来作为研究对象。

（二）第一主语是动作发出者

（4）^내가^^화가^ 난다.（BTBA0233 월간조선 158 호）

（5）그 ^애가^^눈이^ 더욱 커진다.（BTEO0325 바닷가 아이들-권정생）

例 4 中，NP2“화”与谓语“나다”构成叙述节，位于句尾，然后叙述节“화가 나다”修饰 NP1“나”，最终构成一个完整的双重主语句。在这里 NP2 只是谓语动词的受动对象，而谓语动作的发出者是 NP1，所以，这一类是 NP1 为动作发出者的所属关系双重主语句。例 5 也是一样的。例 5 中的叙述节“눈이 더욱 커지다”也是位于句尾，用来修饰 NP1，同样的，例 5 中的真正的动作发出者也是 NP1。

（三）第一主语不是动作发出者

（6）^내가^ 좀 ^나이가^ 들었다.（BTGO0357 무진기행-김승옥）

（7）^그가^^기분이^ 좋지 않다.（BREO0292 햄릿의 연인-김지혜）

例 6 中，NP2“나이”与谓语“들다”构成叙述节，位于句尾，然后叙述节“나이가 들다”修饰 NP1“나”，最终构成一个完整的双重主语句。不过，在 2.2 类的双重主语句里面，叙述节是对 NP1 的状态的一种描写，所以，这里的 NP1 跟上一类句子中的 NP1 不一样，只是一个被描述的对象，而不是动作的发出者。例 7 中的叙述节“기분이 좋지 않다”位于句尾，是对于 NP1“그”的心理状态的一种描写，NP1 不是动作发出者。

（四）主语位置的移动

（8）^중동의 평화가^ ^허구임이^ 세상에 다시 알려지게 된다.（BTGO0347 다영이의 이슬람 여행-정다영）

（8'）? ^허구임이^ ^중동의 평화가^ 세상에 다시 알려지게 된다.（BTGO0347 다영이의 이슬람 여행-정다영）

叙述节中主语的位置是不可以随意与第一主语的位置互换的，因为随意变动主语的位置有时会造成句意不明确。比如例8'，就属于主语位置变动后使句意不明确的例子。

（五）第一主语与叙述节的选择制约关系

（9）^모두가^ ^군침이^ 절로 나왔습니다.（BTEO0325 바닷가 아이들-권정생）

（10）^대통령이^ 경제 문제에 관해서는 할 ^애기가^ 많다.（BTBA0233 월간조선 158호）

主语与叙述节之间也是有选择制约关系的。如例9中，叙述节是"군침이 절로 나다"，那么主语就应该是会流口水的有情名词类。例10中，叙述节是"경제 문제에 관해서는 할 애기가 많다"，那么正常情况下，主语肯定是人物类的词汇了。这样，我们可以知道，其实叙述节与句子第一主语之间的选择制约是存在的，也是可以探讨的。

四、结语

以上笔者从叙述节成立的三个条件出发，对所属关系类双重主语句进行了分析，探讨了双重主语句形成的制约条件。通过上面的论述，可以得出双重主语句是叙述节包孕句的结论，即叙述节是双重主语句的制约条件。

参考文献：

[1]말뭉치. 21세기 세종계획（최종 성과물）(2011.12）[Z]. 문화체육관광부·국립국어원.

[2]남기심.『통사론』[M]. 태학사，2001.

[3]임동훈. 이중 주어문의 통사 구조[J]，한국문화 19，1997.

[4]윤종열(Yoon, Jong-yurl). Korean Syntax and Ge-neralized X-Bar Theory[J]. Hanshin Publishing，1990.

[5]김용하. Over Case and Cover Case in Korean[J]. Studies in Generative Grammar，1998：Vol. 8-1, 177-237.

关于「たい」和“want”的认知性对比
——以主语的人称问题为中心

2012 级　日语语言文学　李丽丽

摘　要：「～したい」和“want”都表示对某事态实现的希望。但日语中的「たい」在使用上有人称限制，而英语的“want”既能用于第一人称也能用于第三人称。对于这种现象，以往的研究大都停留在用法的总结上，将语言与人的认知机制分离开来，单纯对语言进行分析。作者认为，「たい」和“want”出现这种人称上的不同是因为在表达内在心理状态时，日本人习惯用「主観的事態把握」，而英语使用者习惯用「客観的事態把握」。

关键词：たい；想/想要；人称限制；认知语言学

一、引言

（1）I want to go to France.（Yahoo！知恵袋）

（2）I don’t want to go to school today.（副島隆彦『英文法の謎を解く』）

（3）The dog wants to come in.（Yahoo！知恵袋）

（4）Jack always wants to do things in his own way.（小笠原林樹『日本人英語の誤用診断事典』）

（5）ボクは死にたい。（ダニエル・キイス（著）堀内静子（訳）『24 人のビリー・ミリガンある多重人格者の記録 下』）

（6）お茶を飲みたい。（アンドリュー・テイラー（著）越前敏弥（訳）『天使の遊戯』）

（7）？彼は死にたい。

（8）？あの人はお茶を飲みたい。

从例句可以看出，在形式上，英语中表示愿望的“want”既可以直接用于第一人称又可以用于第三人称，而日语中的「たい」在表示第一人称的愿望时可以直接用于句末，但是像例句（7）、（8）那样表示第三人称愿望时就不能以「たい」的原形结尾。认知语言学理论认为，语言的存在与人的认知活动相关，对事态的认知方式不同，转化成语言后的表达方式也就不同。作者认为，出现以上用法的不同是因为日英两种语言的使用者在表达主观感情时的认知方式和表达习惯不同。在表达内在心理状态时，日本人习惯用主观性[①]表达，即对心理愿望表达这一事态采用「主観的把握」，而以英语为母语的人习惯用客观性表达，即采用「客観的把握」。

二、日汉语的认知和表达习惯考察

池上（2003，2006，2011）等一系列研究认为：由于认知主体的认知方式不同，对事态的把握方法也不同，所以将事态转化为语言后的表达方式也不同。日语的认知主体习惯以说话者自己为中心，主观地把握事态；而英语的认知主体则是习惯置身事态之外，客观地把握事态。对日英这一表达习惯的不同，上原（2011）中也有总结：日语的心理状态表达主观性更强，而英语的心理状态表达客观性更强。所以同为内心愿望的表达，在日英两种语言中却出现了如以上（1）—（8）的不同。

（一）英语的客观性把握

第一人称做主语时，虽然说话者表达的是自身的希望，但说话者可以进行自我分身，将自己「客体化」[②]，跟客观描述他人希望一样用「客観的事態把握」。如自己可以看到自己一样，原本处于事态中的主

① 认知语法中的“主观性/客观性”的对立，与把握事态时的视点的位置有关，而不是モダリティ论中常提到的“表示说话者的主观感情的要素/表示客观世界的命题要素”的对立。

② 这里的「客体」与「主体」相对，指认知过程中被认知的客体。「客体化」就是指认知主体移到被认知的客体事态中，成为被认知的客体。

体即第一人称的“I”可以分身，一部分仍留在事态中做事态的主体，另一部分移到事态之外，作为事态的旁观者，客观地描述事态。例如“I want to drink.”这句话是认知主体的内心愿望的表达，但认知主体不是将这一愿望直接抒发出来，而是把内心的“希望”当成脱离于自己的事态，将“I”和“He，She”同等看待，即认知主体可以分裂成两部分，一部分是被认知的事态中的动作主体，另一部分是在事态之外客观描述事态的说话者。也就是说，这时认知主体被客体化，转化成语言后即句中的“I”。这句话的认知图示如图 1。

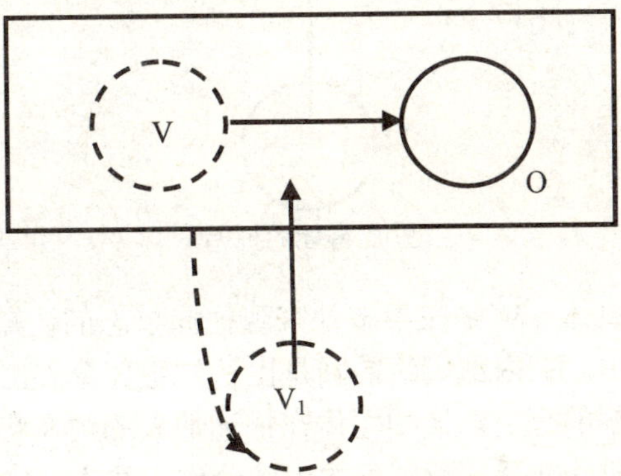

图 1 「自己分裂」的图示

如图，V 是“want to drink”这一事态的认知主体，O 是被认知的客体事态，V 本来处于事态中，但在客观性把握的情况下可以分身，分裂出图中的 V_1，V 仍留在事态中做“want to drink”这一愿望的经验主体，即句子的主语。V_1 从事态中分离出来，做事态的观察者及客观描述者。所以“I want to drink”这句话的叙述者（说话者）是图中的 V_1，主语“I”是图中的 V。

主语为第三人称时，如“He wants to drink”。“He”处于被认知的客体事态中，是事态的动作主体；说话者是事态的认知主体，处于事态之外，客观地把握事态。这是典型的「客観的把握」。“He wants to drink”这句话是他人内心希望的表达，本来他人的内心希望是其内在的、最隐私的、只有其本身才知道的感觉，但说话者却用肯定的语气确定地表达出来。这是因为，这时认知主体依然分裂成两部分：一部分进入事态主体“He”的内部，了解其内心状态；另一部分留在事态之外客观地观察事态。其认知图示如下图：

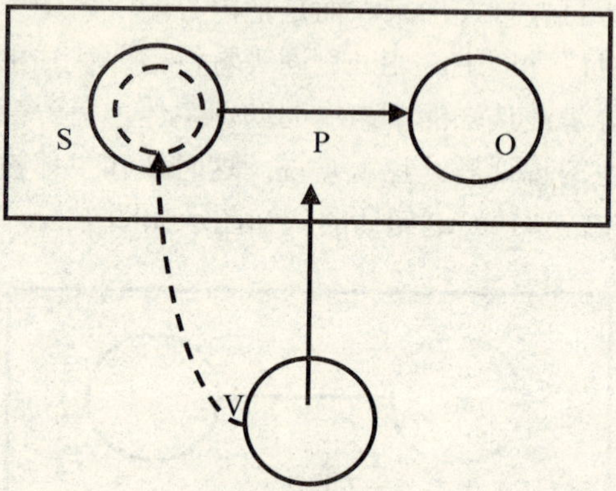

图 2 客观的把握

O 是事态主体，V 是在事态外客观把握事态的认知主体，S 是事态内的动作主体，S 内部虚线的圆是由认知主体分裂出来进入到事态主体“He”内部的分身。认知主体在描述他人的内在状态时，如上所述可以将自己的一部分分裂到事态内的动作主体中，了解其内心状态，再将了解到的主体的内在状态传达给事态外的认知主体，由认知主体将其接收到的信息表达出来。所以，在英语中，认知主体可以用断定的语气描述第三者的内心状态，“He wants to drink”这样的表达是成立的。

英语中人们在表达内心愿望时，都是置身事态之外，作为旁观者采用客观描述的方式进行的。认知主体无论对自身还是对他人都能进行客观分析和描述，所以英语中表示心理状态的词既能用于第一人称也能用于第三人称，没有专门表示第一人称内在心理状态的词，所以“want”的主语为第三人称的表达是成立的。

（二）日语的主观性把握

日语习惯采用以自己为中心的事态把握方法，所以，日语的内心感情表达方式与英语不同，有两种，一种是“主观性把握”，另一种是

“客观性把握”，前者一般用于说话者自身的内心状态表达，后者一般用于说话者以外的主体的内心状态表达。当然也有例外，由于篇幅关系，在此暂不予展开。

日语中人们在表达自己的内心愿望时，说话者即认知主体本身就处于事态中，与事态融为一体。「たい」的典型用法就是表示说话者自身的愿望，比如自己觉得口渴了，就很自然地说：「水が飲みたい」。这时说话者不像英语那样将自己分身，是自己看不到自己的，是以自己为中心，把自己的亲身经验、感受原原本本地抒发出来。以「水が飲みたい」为例，其认知图示如下图所示：

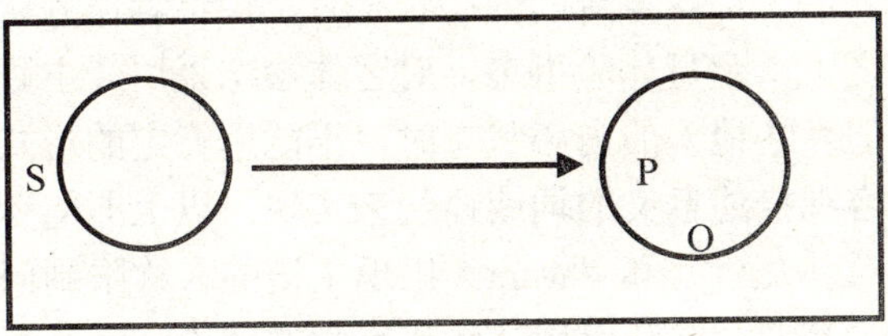

图 3　主観的把握

S 是希望的主体（体验者），P 是希望的内容，O 是事态的主体。这时事态之外没有客观观察者，说话者保持自己的认知主体的地位，将自己置身于事态中，与被认知的客体事态融为一体，把自己的内心希望用「主観的把握」的方法直接表达出来。所以在说话者自身的希望表达中，主语经常被省略。即使有主语也不是客观性表达，是表示对比或强调的用法。

第三人称做主语时，日语与英语一样，认知主体用「客観的把握」的方法表达。但由于说话者不进行自我分裂，不能透视到他人的内心中，确定他人的内心状态，所以不能像英语那样说话者直接肯定地描述第三者的内心状态，须添加表示传闻、推测等意义的词，这也是日语中「そうだ・ようだ・らしい」等形式发达的原因。

由以上分析可知，日语中说话者自身的内心状态通常用「主観的把握」的方法表达，在表达他人的内心状态时，说话者处于事态之外，无法透视进他人的内心，只能通过观察或听说的方式了解，客观地把握事态。所以，在表达他人的内心希望的时候，所以必须通过有客观描述意义的词或语气来实现。

三、总结

在英语中，无论是说话者自身的希望表达，还是说话者描述他人的内心愿望，说话者作为认知主体都是置身事态之外，采用客观的事态把握方法。所以英语中有内心状态的表达方式，但没有专门表示第一人称内心状态的表达，所以英语的“want”不存在人称限制的问题。而日语在表达自己的内心状态和表达他人的内心状态时的表达方式不同。因为，表达说话者自身的内心状态时，说话者作为认知主体融入到客体事态之中，亲身体验事态，对客体事态采用「主観的把握」的把握方法；但表达他人的内心状态时，不能用肯定的形式直接表达，必须通过有客观描述意义的词或语气来实现。以上即笔者从「事態把握」的角度对「たい」和“want”出现主语的人称限制问题的原理性分析。今后，笔者会继续运用认知语言学的理论，对「たい/たがる」的人称限制及使用区别进行分析。

参考文献：

[1]池上嘉彦. 言語における＜主観性＞と＜主観性＞の言語的指標（1）. 認知言語学論考 No.3[M]. ひつじ書房，2003.

[2]池上嘉彦.〈主観的把握〉とは何か[J]. 言語，2006（5）：20-27.

[3]池上嘉彦. 日本語と主観性・主体性. 沢田治美（編）ひつじ意味論講座主観性と主体性[M]. ひつじ書房，2011.

[4]上原・聡. 主観性に関する言語の対象と類型. 澤田治美（編）ひつじ意味論講座主観性と主体性[M]. ひつじ書房，2011.

[5]除・愛紅. 希望表明形式による意志表示[J]. 日本語教育，2001（109）：70-79.

论语言在博尔赫斯作品中的重要性

——以《特隆、乌克巴尔、奥比斯·特蒂乌斯》为例

2012级　西班牙语语言文学　李小晔

摘　要：本文以王铭玉教授在《语言符号学》一书中提出的“语言是思维的重要工具”这一观点为切入口，以在西班牙语文学界具有重要影响力的作家博尔赫斯为例，分析其作品中语言的作用。因为思维活动需要借助甚至依赖语言及其转化形式进行信息处理，而博尔赫斯本人也对语言有自己的理论，因此研究大师的语言是十分必要的。正如著名的博尔赫斯研究专家阿尔图罗·埃切维里亚曾说：“《特隆、乌克巴尔、奥比斯·特蒂乌斯》（以下简称《特隆》），是这位阿根廷作家整个小说创作中的一篇关键性作品。”[①]因此，本文对于理解博尔赫斯的语言乃至思想具有一定的积极作用。

关键词：语言；博尔赫斯；哲学思想

豪尔赫·路易斯·博尔赫斯（1899—1986）是享有盛誉的阿根廷文学家，是继塞万提斯之后世界公认的20世纪最具影响力的西班牙语作家，也是为拉丁美洲文学吸引世界目光的著名作家。他的名字总会同卡夫卡、乔伊斯联系在一起。他著作中的话语以及所表现的思想在许多哲学家的文章中被引用与转述。在一定程度上来讲，博尔赫斯是一名怀疑主义者，同时是一位东方玄学家。叔本华和尼采是对博尔赫斯影响最深的哲学家。而这位文学大师在作品《诗人》中无不煽情地

---

① 转引自陈众议《博尔赫斯》，华夏出版社2001年10月，第86-87页。

把叔本华的思想和英语并列为最有价值的东西。[1]他在自传中也说，如果一定要他选择一位哲学家，那他就选叔本华。博尔赫斯还受到他的朋友——马赛多尼奥·费尔南德斯的影响，这位作家“博览群书，包括大卫·休谟和叔本华的作品，同北美实用主义哲学家威廉·詹姆有通信联系”[2]。由于博尔赫斯在哲学上的广泛涉猎，使得他在创作时，尤其是 20 世纪 40 年代的转型创作大都从哲学理论中受到启发。这也正是为什么在读这位作家的文学作品时，总有文字同读者相距甚远的感受。因为要真正读懂博尔赫斯，光掌握西班牙语是不够的，首先要有基本的哲学思维才能走入他的世界。也正是这种别致的思想和创作方式，让这位阿根廷文学家将自己同其他的同时期拉美作家区分开来，开创出一种独特的“博尔赫斯”体。

从博尔赫斯作品发表开始就有评论家对这位文学大师进行评论和研究，然而卷帙浩繁的关于博尔赫斯作品的研究大都致力于研究其哲学思想、玄学思想抑或是数理思想等，只有零星的一些旨在分析其作品的语言。然而正如上文所说，语言不同于一般的工具，它是思维的重要工具。语言使人类获得抽象思维的能力，使人类同世界关联起来[3]。著名博尔赫斯研究学者阿尔图罗·埃切维里亚在他的著作《博尔赫斯语言及文学中》说：“对于所有作家来说，语言是一个既复杂又问题重重的重要工具。”[4]因此，语言在博尔赫斯的作品中的重要地位也就显而易见了。

这位阿根廷文学大师从青年时期便一直思考如何处理语言，才能使文章更有自己的特点。他提出了“语言不完美性”（la insuficiencia de la lengua）这一概念，认为语言不能完全表达作者的思想意图。他认为语言有极大的限制性，克服语言的这种限制性同作者理解语言的方式有重要联系。博尔赫斯曾在文章《诗歌的空谈》中这样说道：“我坚

① 博尔赫斯著：《博尔赫斯全集·诗歌卷（上）》，林之本、王永年译，浙江文艺出版社 1999 年版，第 209 页。

② 詹姆斯·伍德尔著：《博尔赫斯——书镜中人》，王纯译，中央编译出版社 1999 年，第 61 页。

③ 王铭玉著：《语言符号学》，高等教育出版社 2004 年 5 月，第 30 页。

④ Arturo Echavarria, Lenguay Literatura de Borges, Iberoamericana, 2006.

持语言都有创造性这一理论，我也会故意创造语言。世界的面貌极为复杂，而语言却仅仅能够表达它的一小部分。为什么不创造一个词，仅仅一个词语，来表达诸如‘遥远天际傍晚的太阳正在落坡’这一景色呢？”在《无穷尽的语言》一文中，博尔赫斯曾论述了他是如何创造语言的：“我忠于语言的语法，因为它是能够让人信服的一种人们长期的习惯。我幻想可以在词汇上大动手脚。以下是我认为可行的几种方法：（1）从所有的名词中衍生出与之对应的形容词、动词和副词。（2）将不可分割的介词短语分割出来。（3）从词源学出发，严谨地创造新词语。”①在这之中，博尔赫斯用的最多的便是第三种。我们可以从他的语言运用的手法，概括出这位文学大师对语言的理解：（1）所有语言的性质是任意的。它是一种符号，不同作家可以赋予这种符号新的自我的意义。（2）人类没有足够的能力完全克服语言的不完美性，即通过语言描绘出最真实的世界。值得一提的是，博尔赫斯对语言的见解十分巧合地同当代法国结构主义的一些理论吻合。美国评论家Foster 认为博尔赫斯先于结构学派提出这些理论，是因为作家年轻时曾读过费尔迪南·德·索绪尔的作品。因为“1916 年《普通语言学教程》的出版引起了年轻博尔赫斯的极大兴趣”。他曾这样写道：

Borges and structuralism have arrived, and any coincidence between them bespeaks the broadly-based validity of recognizing the latter as a distinct intellectual and cultural attitude and the justification of seeing the former as a central spokesman of some very contemporary problems, problems which he recognized and fictionalized well before the mainstream of our culture was able to recognized them.②

可以看出，为了能够表达出自己的独特思想，博尔赫斯在语言的雕琢上下了巨大的功夫。本文将以他的巅峰时期文章《特隆》为例，分析博尔赫斯是如何克服语言的不完美性进而用他的文学理论创作出这篇作品的。

① Borges, *El Tamaño de Mi Esperanza*, Buenos Aires: Emece, 1926.

② Foster, William David: Borges and Structuralism: Toward an Implied Poetics, Modern Fiction Studies, 1973.

1. 再创造词汇从而获得新的概念

《特隆》一文结构清晰，分为三个部分。第一部分，写的是博尔赫斯即文中的“我”，与好友，同时也是一位阿根廷作家——比奥伊·卡萨雷斯，在一本百科全书上发现了“乌克巴尔”的条目。所有其他的资料，包括阿根廷国立图书馆、专业地理学家详细绘制的地图，甚至其他本的《英美百科全书》都找不到乌克巴尔一点蛛丝马迹，唯有比奥伊在降价处理时买的那套多出来的四页就是乌克巴尔的条目。第二部分，写的是博尔赫斯发现了工程师赫伯特·阿什死后留下的一本书是《特隆第一百科全书》的第十一卷。首页和覆盖彩色插图的一张薄页纸上盖了一个椭圆形的图章，图章上有“奥比斯·特蒂乌斯”几个字。奥比斯·特蒂乌斯，拉丁文为 Orbis Tertius，即第三星球的意思。最后一个部分是后记，透露到那个旨在建立国家的神秘团体开始于 17 世纪初卢塞恩或者伦敦，乔治·贝克莱是成员之一，因为遭到迫害，该团体中断两个世纪后在美国田纳西州的孟菲斯重新出现。百万富翁埃兹拉·巴克利说在美国建立国家未免可笑，不如建立一个星球。

博尔赫斯在文章中寻找一个虚假的世界，即“乌克巴尔”——一个根本不存在的世界。在描绘这个世界的过程中，作者开始了他对语言的处理。首先在描绘乌克巴尔的边界时他是这么说的：乌克巴尔的边界是由这个地区的河流、火山口山脉组成的。显而易见，文章中的边界的含义颠覆了我们通常所理解的意义，因为它的参考点仅仅是内部地区。我们常说的边界是分开一个国家同另一个国家的外部和内部的地区。如果仅仅只限内部的地区，边界一词也毫无意义了。另外，当作者在强调乌克巴尔的历史时他说：正统教在受到 13 世纪宗教追捕时，寻找了一处庇护的岛屿，在那里，挖掘石头镜子并不稀奇。[①]文 246a 中提到的“石头镜子”，在我们真正的世界中并不存在。石头和镜子本来是一对相互矛盾的物体。因为镜子不可能是石头做的，石头不会有反射，因此它不会成为镜子的原材料。在描绘乌克巴尔的著作中提到的特隆时，作者说，著名的杂志大肆宣传特隆的动物园和地质

① Borges, *Ficciones*, Buenos Aires, Emece. 1956.

学。而他却认为它的透明老虎和血塔不值得认为对它持续地进行关注。这些颠覆常理的概念，通过作者创造新的名词的手段，让读者感觉是自然而然地存在在世界中。并且作者的口吻十分平淡，似乎在平铺直叙一件再正常不过的事情。因此，博尔赫斯也轻易地把读者带到了他的世界中。这位文学大师曾说：词语的意义完全取决于运用它的作者。譬如莎翁笔下“月亮”便意味着炫耀，对于高蹈派诗人月亮便是坚硬的，如“石月”。

2. 创造唯一词表达感知和认识的世界

在《特隆》一文中，博尔赫斯创造了一些唯一词，比如特隆、乌克巴尔、奥比斯·特蒂乌斯，而在对这三个词进行的描述中他分别这样说道：“在《英美百科全书》多出的四页里有乌克巴尔的条目。乌克巴尔文学有幻想的特点，它的史诗和传说从不涉及现实，只谈穆勒纳斯和特隆两个假象地区……最初特隆只是一团混乱，一种不负责任的狂想……首页和覆盖彩色插图的一张薄页上盖了一个椭圆形的图章，图章上有奥比斯·特蒂乌斯几个字。”①

上文提及过，博尔赫斯希望用一个词来表达一种复杂的概念。曾有学者这样解读博尔赫斯创造唯一词的目的：对文字的崇拜和一再地追寻内化为博尔赫斯神秘主义的一部分，促使他不断地去寻找那个统领一切文字、包含了世界与人存在秘密的唯一的“词”，也就是文字的终极形式。这个“词”是世界的本质与本源，既是本质，又是表象；它包含一切，又隐于一切。在犹太神秘主义中，文字是隐秘上帝的化身之一。受叔本华唯意志论的影响，博尔赫斯却以唯一的“词”作为上帝的对等物，树立了一个新的全能的上帝——唯一的“词”。他用唯一的“词”替代了犹太神秘主义的“上帝”和叔本华的“意志”，正如叔本华用“意志”代替了柏拉图的原型“理念”，而博尔赫斯的统领一切文字的唯一的“词”才是其至高无上的“上帝”。从这点上可以说，博尔赫斯深受叔本华的影响。②本文认为，唯一词的创造，正是博尔赫斯在克服“语言不完美性”上所做出的努力。笔者认为他想要表现哲

① 博尔赫斯著：《虚构集》，王永年译，浙江文艺出版社 2008 年 2 月，第 10-13 页。

② 何隽：《作为文字形式的上帝》，四川大学，2002 年。

学世界神奇且抽象的特点，普通的语言或许不能让一般读者理解和接近，而单单一个“特隆”可以包含所有。特隆是一个世界，是博尔赫斯的精神世界。他或许是柏拉图的乌托邦，抑或是《理想国》中对现实世界的投影。同时，《特隆》一文也表达了作者对现实世界的讽刺：我们的世界不过是文字堆砌而成的假象王国，我们对于事物的了解是通过对百科全书的阅读来实现。有时候对于局外人荒唐可笑的现实，我们自己或许会深陷其中，执迷不悟。

通过以《特隆》为例对博尔赫斯语言及其思想的粗略而简短的分析，我们可以看到作家十分重视语言这门工具。作者循序渐进的语言，让我们进入了一个迷宫般错乱的假想世界，一个真正的属于博尔赫斯自己的文学世界，在那里，语言俨然已经变成了这个世界的一部分了。

参考文献：

[1]博尔赫斯. 博尔赫斯全集. 诗歌卷（上）[M]. 林之本，王永年译. 浙江文艺出版社，1999.

[2]陈众议. 博尔赫斯[M]. 华夏出版社，2001.

[3]王明玉. 语言符号学[M]. 高等教育出版社，2004.

[4]詹姆斯·伍德尔. 博尔赫斯——书镜中人[M]. 王纯译. 中央编译出版社，1999.

中韩网络用语比较分析

2011 级　亚非语言文学　李燕

摘　要：随着科学技术的发展，电脑和网络日益普及成为人们生活必不可少的一部分，对人们的生活产生了巨大影响。本文对网络用语中由音韵变化得来的现象进行分析整理，总结中韩两种语言的异同。通过韩中网络对比和分析来看对于网络用语我们应该采取怎么样的对待方式，对于网络用语的发展采取怎样的引导。

关键词：网络用语；音韵；韩中对比

一、绪论

进入 21 世纪，电脑科学技术取得了长足发展，电脑和网络日益普及成为人们生活必不可少的一部分，对人们的生活产生了巨大影响。随着电脑和网络的普及，衍生出来一种新的网络用语。最近十年网络用语大量增加，这些词语不仅仅在网络上的普遍流传，甚至延伸到现实生活中，而且对人们的日常生活产生了一定的影响。甚至有些时候由于对网络语言理解不足还造成沟通上障碍。对于网络用语的结构和使用形式的研究能够促进人们对网络语言的理解，可以解决交流上的问题。所以在此种层面来说网络用语的研究是很有实用价值的。

网络用语虽然显示出只在网络上使用时的特殊性，但是也依然具有日常生活语言的特性。本文通过网络用语此种特性的分析，对韩中两国网络语言进行比较。网络用语可以分为两种，一种是专门的网络用语，另外一种是为了表达意思在网络上使用的日常用语，这种日常用语被赋予了网络的专门意义。网络用语具有表达自己个性，同时也

可以体现网络聊天的乐趣。本文要是以网络意思疏通中的网络聊天、公告、博客等用语为主进行调查。并且对十分流行的 bbs、猫扑、天涯、百度贴吧等论坛出现的例子进行收集。韩国主要是针对 네이트和사이월드[①]进行了收集。而且对于这些网络用语的解释，韩国词汇主要采用韩国最大的搜索网站“네이버”“네이버 오픈사전”以及“네이버 지식 in”的解释，中国的词汇主要采用中国的“百度百科”和“百度知道”的解释。

本文首先看网络用语的概念和特征，根据汉语和韩语网络用语的语言特征进行音韵方面的分析，以此找出两者之间的异同；其次，根据网络用语的使用调查对两种语言进行比较来了解网络用语对社会语言的影响，探讨对网络语言日后发展的对策。

二、网络用语的主要特性

在通信发达的今天网络日益受到人们的青睐，网络用语反映出其使用者的个性，并且发生了巨大的变化网络语言的特征大部分是因其通信环境而产生的，即网络语言开始是以电脑为媒介进行传播电脑通信语言和普通语言就体现出了差异性。下面是网络用语的主要特性：

第一，网络用语对于书面语和口语的区分没有特别明显的界限，两者混合使用，两者性质兼有。

第二，网络用语不是声音语言，而是文字语言。

第三，网络用语具有匿名性。

第四，网络用语具有很强的经济性。

三、中韩网络用语音韵比较

一直以来我们认为，语言的作用是传达人的意思和思想。网络用语同时具有口语和书面语的特性。语言是由文字语言和声音语言构成，为了更好地理解文字语言，记号和数字无疑是最好的辅助。网络语言虽然出现了音韵的变化，却提高了人们对文字语言的直观理解。

① 韩国最常用的论坛和搜索引擎。

韩语是表音文字，可以直接进行分析。汉字母却是表意文字，无法直接对文字进行分析，只能对汉语拼音进行分析。音韵性的标记网络用语的一个重要的特征是，按照发音进行标记。韩国的网络用语也有很多是按照发音直接输入文字，这样输入文字的时候更加方便。

例如①[①]：

一般用语	网络用语
싫어	시러
좋아	조아
축하	추카

如上述表格所显示，收音直接连到后面以元音为开始的音节上面进行标记。把这种连音打成连写是网络语言中十分普遍的现象。汉语网络用语中经常出现的是借音现象，为了体现出可爱或者与众不同，网民会把和正常语言中发音相似的字与之替换。

例如②[②]：

一般语言	网络语言
喜剧	洗具
什么	神马

如例所提到的，“喜剧”用发音一样的“洗具”代替，“什么”用发音近似的“神马”来代替，体现出了与生活正常用语不一样的娱乐作用。

网络用语还经常借用数字的谐音。例如韩文中“어서어서”和“5454”发音十分相似，“천사”和“1004”恰巧发音相同，网民拿来进行应用，成为日常生活中也常常会见到的用语。中文中的“521”和“我爱你”发音相近，直接影响到现在有不少年轻人直接拿 5 月 21 日作为表白或者约会日子。

音节的脱落和缩略也是网络用语的一种变化形式。

① 네이버 지식 in。
② 猫扑，百度贴吧等论坛高频出现词汇。

“쓰어”写成“써”，“따르아”变为“따라”是韩语中非常常见的现象。

韩语网络用语中音节脱落和缩略十分常见。例如“죄송”缩写为“ㅈㅅ”，“수고”缩写为“ㅅㄱ”，“감사”缩写为“ㄳ”，每一个都取了辅音作为代表。缩略现象如“아무튼”缩写为“암튼”，“선생님”缩略为“쌤”，“무지하게”变为“무쟈게”都体现出了网络用语的经济性原则。

中文中网络用语的缩略现象也十分普遍。中文中一般是音韵字母脱落或者是变化剩下的拼音进行再组。主要是受方言的影响出现这种缩略语。第一种情况是同一个单词的缩略，例如“这样子”按照南方人的发音习惯而且说的比较快的时候发音更加近似于“酱紫”，“不要”也被缩读成“表”。

音韵的添加也是网络用语中非常常见的现象。“오세요”在最后一个音节添加一个收音“ㅇ”变为“오세용”，“네”在音节后添加收音“ㅂ”变成“넵”。添加音之后，此类网络用语比一般语言多了撒娇和可爱的意味在里面。

音节的交替是网络用语产生的另外一种方式。

四、小结

上文总结了韩中网络用语标记上音韵的特征，大概分为按照发音进行标记、脱落和缩略、交替和添加。韩语和中文网络用语的变化共同点是都借用了数字谐音和缩略。但是据笔者的统计，韩语中由音韵变化而来的网络词语远远超过汉语。因为韩语是表音文字，汉语是表意文字，韩语的语音变化相对于中文更加活跃。这种语言的变化使网络语言丰富多彩，但是网络用语对于人们的日常沟通等产生很大的影响，网民和网络管理员要积极营造良好的网络环境，让网络语言对生活产生积极的影响，注意减少其负面影响。

参考文献：

[1]何洪峰. 浅析网络语言中的符号网络语[J]. 现代语言，2009.

[2]黄永红，刘汉霞. 中国网络语言初探[J]. 北京教育学院学报，2002年04期.

[3]시정곤. 사이버 언어의 조어법 연구[C]. 한국어학，한국어학회，2006.

[4]이재현. 인터넷 채팅에서의 언어 사용에 대한 어학적 고찰[N]. 한민족 문화연구 제15집，2004.

[5]전병철. 채팅언어에 대한 연구[J]. 개신어문연구 17，개신어문화회，2000.

从阿拉伯语的屈折特性
看阿拉伯人的语言逻辑性

2012 级　阿拉伯语语言文学　李云海

摘　要：对学习外语的人而言，阿拉伯语号称世界上最难学习的语言之一。阿拉伯语作为一种屈折语，有着丰富的派生词汇和复杂的格位变化，这往往令学习者感到困难。但同时，阿拉伯语也具有逻辑严整的特性。阿拉伯人经常给人以“能言善辩，出口成章”的印象，这与其语言是否有关联呢？本文试图从阿拉伯语的属性入手，对这个问题进行探讨。

关键词：阿拉伯语；屈折语；语言逻辑

一、引言

阿拉伯语属于闪含语系闪语族，是这个语系的语言中目前在世界上使用最广泛的语言，以阿拉伯语为母语的人数超过两亿一千万人；同时，阿拉伯语也是全世界穆斯林的宗教语言，阿拉伯语在全世界范围内的使用者超过四亿人。

二、阿拉伯语的屈折特性

具体来说，阿拉伯语属于闪含语系闪语族中的南部支语。

闪语有六大特点：（1）具有能区分其语言的特别的字母：ض, ظ, ط, ح, خ;（2）没有印欧语系里的合成式名词；（3）闪语中的代名词不仅有独立分离词，还有印欧语中没有的连接代名词；（4）闪语组词依据元音；（5）闪语是通过元音变化或增减字母产生各种形式的派生词；（6）闪语中有专门表示阴性的字母"ة"（塔乌）。

闪语族分成三大语支：西北支、东北支和西南支。西北支包括阿拉米语、古叙利亚语、古希伯来语等，东北支是阿卡德语及其两种主要方言巴比伦方言和亚述方言，西南支有阿拉伯语、古也门语、马耳他语、埃塞俄比亚语。阿拉伯语产生较晚，在很长时间里只有言语，没有文字。目前发现的年代为公元前5世纪到公元4世纪的用阿拉伯南部方言记载阿拉伯语的铭文残片，大多只是单词或短句。真正用专属于阿拉伯语的字母来记载的残片，最早可追溯到公元328年。作为一种年轻的闪族语言，阿拉伯语保留了闪语的基本特征和大约300个基本词汇（陈中耀，2001：2）。阿拉伯语的字母共28个，代表辅音，元音由辅音字母加上特定符号（由辅音字母加上开口符、齐齿符、合口符而形成开口短元音、齐齿短元音和合口短元音，以及由辅音字母加上这三种符号，再分别加上ألف，ياء，واو而变成的开口长元音、齐齿长元音和合口长元音）表示。

作为闪族语言，阿拉伯语与早期的闪语更为接近。阿拉伯语的元音系统由三个短元音和三个长元音组成。阿拉伯语将派生构词法、三个格的情况、双数等古闪语里的语言现象发展到成系统的程度。动词的词法变化在阿拉伯语里更为复杂和规范（陈中耀，2001：3）。

阿拉伯语的词汇量丰富，有大量词汇是通过派生而来。仅名词复数一项，就有大量的破碎式复数，经常令阿拉伯语的初学者记忆起来感到十分困难。但细看起来，虽然破碎式复数形式多样，但依然有规律可循，在经历了最初学习阶段的记忆之后，再接触新的名词复数的时候就不会感到太过棘手。而通过基本名词派生而来的主动名词、被动名词、张大名词、指小名词、比较名词、时空名词、工具名词等派生名词，无一不是通过一定格式的变换而得来的。阿拉伯语正是通过这样的派生法则，创造出大量的新生词汇，而且这些词汇比较容易记忆，即使是不认识这个词汇本身，通过由其基本字母构成的词汇再加上其词形，就不难推断出这个词汇的意思。

在句子构成方面，阿拉伯语属于VSO（谓主宾）的形式。虽然阿拉伯语中有动词句与名词句的形式，但阿拉伯人更习惯用动词句，这与多数其他语言在用语习惯上有较大区别。在构成句子的时候，要注意到词汇的三个格的情况以及双数、复数的情况，这都会让学习阿拉伯语的人感到十分不习惯。虽然经过一定时间的训练和适应，在运用上会变得相对熟练，但尤其是在口语方面，要在说话的瞬间同时关注到词汇的性数格指的正确运用，对于学习阿拉伯语的人来说依然是一个不小的挑战。

三、阿拉伯语的逻辑性的形成原因

阿拉伯语的句子，讲究各成分之间外在的语法形式所体现出来的逻辑关系。这个特性，与阿拉伯语在形成和传播过程中，阿拉伯人的风俗习惯以及《古兰经》的影响是分不开的。

阿拉伯语自古就有诗歌语言和日常口语的区别。前者讲究用词和组织，富有表达力和旋律感，这种口头文学艺术深受人们的喜爱。随着诗歌语言的传播，各地都存在语言的双重性：诗歌语言逐渐发展成标准的阿拉伯语，而各地区和各部落的方言作为日常口语这个共同生活的交际工具而存在，它和作为更高精神生活的工具的诗歌语言和谐并存，相互影响（陈中耀，2001：4）。

生活在沙漠地区的阿拉伯民族，自古以来就有吟诗、崇尚诗歌的传统。早在贾希利叶时期（也称蒙昧时期），即公元5世纪到6世纪，伊斯兰教尚未在阿拉伯半岛创立和传播的时候，半岛上的人们就开始进行口头文学的创作。这种口头文学感情充沛，富于说服力，很能让人产生兴趣。蒙昧时期的文学作品主要是以古莱氏方言传播下来的，主要形式以诗歌为主，比如著名的七首《悬诗》，以及乌姆鲁·盖斯、昂泰拉等诗人创作的大量诗歌。在当时阿拉伯半岛上的各部落中，诗人的地位是非常高的，诗人甚至成为部落的喉舌。每个部落都希望能拥有一个能与它的首领、演说家并驾齐驱，或者比首领和演说家更高明的诗人。一旦某个部落涌现出一位诗人，全部落都会为他摆宴席庆贺，其他部落也都前来为它出现一位能言善辩、维护尊严、记载光荣历史的诗人而祝贺（汉纳·法胡里，2008：25，26）。诗歌的内容也演化为很多种，包括颂扬诗、攻讦诗、哀悼诗、饮酒诗等等。

伊斯兰教兴起以后，《古兰经》的诞生和其定本的出现，以其具有新含义的语汇提高了阿拉伯语，标志着标准阿拉伯语的形成。《古兰经》对语言和文学产生了重大影响，它是使语言统一，将古莱氏语变为通用语，并扩大了它的范围的一个原因；它是使阿拉伯语作为语言保存下来并在各地传播的最有力因素；同时它也是使语言得到提炼、表达变得柔和的一个因素（汉纳·法胡里，2008：100）。虽然《古兰经》十分庞杂，包括了格言、警告、训诫、故事、劝道等等很多种内容，但依然是建立在具有很强的格律和形式美基础上的经文。有的短小精悍，音韵起伏而激烈，用于训教；而有的雄浑流畅，音韵优美而和谐，用于比喻和表达。同时，《古兰经》在修辞方面也达到了极高水平，被称为阿拉伯修辞的典范。这正是由于这种种特点，可以说《古兰经》非常符合阿拉伯人的审美和阿拉伯语的运用，这也使得阿拉伯语得以通过伊斯兰教和《古兰经》广为传播。

在当今的阿拉伯世界，诗歌依然作为一项重要的艺术形式得以保存。虽然受到小说等文学体裁兴起的影响，诗歌在当代阿拉伯世界逐渐有逐渐边缘化的趋势，但其影响力相对世界其他地区而言依然要大很多。在阿拉伯国家，写诗写得好的人被称为“诗王”（أمير الشعراء）。当今很多阿拉伯国家每年都会举办“诗王大会”，这是一种诗人们互相较量和交流的平台。提到“诗王”，最有名的就是埃及的诗人艾哈迈德·邵基（1868—1932），他的诗形式完美、富有节奏、音韵错落、选词精炼，是阿拉伯诗歌的杰出代表。

四、阿拉伯人的语言逻辑性

正是由这种诗歌语言逐渐发展而来的阿拉伯标准语，形式严密，结构严谨，有大量的连接词和从句将句子连接起来。其逻辑性通过这些连接词和层层嵌套的从句，表达得清楚而外化。相对而言，阿拉伯语的日常口语和方言，则是另一种风格。句子短促精炼，连接词和从句较少，经常是通过几个词或短句就能把意思表达清楚。但即使如此，在运用中依然体现出句子中清楚的逻辑关系。

如阿语句子：

مر أمير من الأمراء بقرية صغيرة،

فأمر بحفر بئر، ليسرب المار.

（译文：一位王子路过一个小村庄，于是命人挖一口井，来让路过的人喝水。）

这个句子由三个分句组成，句子间使用表示顺接的连词ف和表示因果关系的ل相连，虽然短小但逻辑关系非常清楚。

因此，在日常生活中，阿拉伯人的谈话经常给我们以能言善辩的感觉。他们的言语可以从一个话题顺畅自然而又逻辑清楚地转到下一话题。虽然这种现象有些类似于语言决定论，即语言决定思维这一强假设的成分存在，但也从一方面证明，阿拉伯语经过长期的运用和发展，也确实对阿拉伯人的思维模式存在着一定程度的影响，使阿拉伯人的语言逻辑性得以增强。

参考文献：

[1]陈中耀，虞晓贞，周文巨. 阿拉伯语语言与修辞[M]. 上海外语教育出版社，2001.

[2]汉纳·法胡里. 阿拉伯文学史[M]. 郅溥浩译. 宁夏人民出版社，2008.

[3]朱立才. 从汉语、阿拉伯语的不同句法结构看汉、阿心理文化差异[J]. 阿拉伯世界，1997（01）：76-79.

[4]陈中耀. 阿拉伯语句法结构的表义功能[J]. 阿拉伯世界，1997（03）：60-63.

[5]虞晓贞. 阿拉伯语言知识讲座（一）[J]. 阿拉伯世界，1994（01）：58.

[6]姚维新. 阿拉伯语为何难学[J]. 北京第二外国语学院学报，1995（02）：40-44.

[7]金立鑫. 语言类型学——当代语言学中的一门显学[J]. 外国语，2006（05）：33-41.

类义语辨析
——论「うるさい」与「やかましい」之异同

2013 级　日语语言文学　刘续洋

摘　要：在日语形容词中有很多类义语，对日语学习者来说很容易造成混淆。因而，在日语学习过程中掌握这些类义语的词义特征是十分重要的。它不仅可以避免因用词不当而造成的误会，还可以帮助我们提高用词的准确性，进而更好地用日语表达我们的感受。本文就日语感觉形容词中与听觉相关的一组的类义语「うるさい」和「やかましい」进行词义辨析，希望能为日语学习者提供一些参考。

关键词：うるさい；やかましい

一、基本词义的解释

（一）「うるさい」

①音が大きいのがじゃまになる。音が大きいのでやりきれない。/ 由于声音大，嘈杂而难以忍受，吵得慌。

● 工場の騒音がうるさい。/ 工场的噪音很吵。

● うるさい。静かにしろ。/ 好吵啊，安静一下。

②しつこくて，やりきれない。/ 烦人恼人的，纠缠不休难以忍受。

●うるさい蠅 / 烦人的苍蝇

●うるさく質問する／问得令人心烦；缠住问个没完。

③小さいことまで，いちいち文句を言うのでいやだ。口やかましい。/ 话多，爱唠叨人。

● うるさいおやじ / 爱唠叨的老爷子

● 母は何も言わないが，父がうるさい。／妈妈没说什么，爸爸却唠叨个没完。

④物事に対して見識をもっていて，細かいところまで気にするさま。/ 说三道四，挑剔。

● 彼は料理にはうるさい。/ 他对饭菜很挑剔。

● 彼女はワインにはなかなかうるさい。/ 她总是对红酒很挑剔。

⑤面倒くさくて，いやだ。わずらわしい。/ 麻烦而令人讨厌。

●うるさい問題が起こったものだ。／发生了麻烦的事情。

●その人はいつもうるさそうにインタビューを拒否している。/ 那个人总是很不耐烦似地拒绝采访。

（二）「やかましい」

①音や声が大きすぎて，不快に感じられる。さわがしい。/ 声音太大而感到不快。

●やかましい、黙っていろ。/ 太吵了，别说了！

●おやかましゅうございました。/ 太打搅您了。

②世間で人々が口々に言い立てている。/ 议论纷纷，哄动一时，传为话题。

●公害問題がやかましく論じられる。/ 人们对公害问题议论纷纷。

●いじめ問題がやかましくなっている。/ 欺负问题成了议论纷纷的话题。

③手加減なく相手を拘束しようとするさまである。きびしい。/ 严格，严厉。

●子どものしつけにやかましい。/ 对孩子管教得严。

●こんどの先生は発音にたいへんやかましい。/ 新来的老师对发音要求很严格。

④自分の趣味に固執してあれこれ言い立てるさまである。好みがむずかしい。/ 讲究，好挑剔。

●食べ物にやかましい。/ 挑食，讲究吃。

●礼儀にやかましい人。/讲究礼节的人。

⑤煩わしい。面倒だ。／罗嗦，麻烦，繁杂。

●手続きはたいへんやかましい。/手续很繁杂（罗嗦）。

●書類の整理がやかましい。/文件的整理很繁杂。

二、用法对比

通过基本词义的解释，我们可以看出「うるさい」和「やかましい」两词都有的词义是“由于声音大而吵得慌”。结合两组例句理解如下所示：

●ゆうべ寮の中は夜遅くまでうるさかったです。しかし、今朝は静かになりました。/昨晚宿舍里一直到很晚还很吵闹，但是今天早上就变得很安静了。

●やかましいと勉強ができません。静かだとよく勉強ができます。/如果很吵闹的话就没法学习。要是安静的话就能很好地学习。

对比两组例句会发现，「うるさい」和「やかましい」都是与静かだ（安静）相对比使用的。而且在两句例句的范围内，两词互换使用也没有任何问题。可见即使在类义语中两词的类似程度也是相当高的。可是两词毕竟不是同一个词，所以在语义方面就一定有一些微妙的差别，此时例子是最能说明问题的。下表总结了多个词典中解释两词词义时所举的例子中比较有代表性的对象。

	うるさい	やかましい
A	車の（エンジン） 宣伝カー オートバイ ジェット機（の騒音） 飛行場 工事 機械 爆音	車 電車 （暴走族の）オートバイ ジェット機 工事 くいを打つ音 工場 さわぎ
B	ステレオ ラジオ テレビ	テレビ 音楽
C	（隣の部屋の・客席の）話し声 いびき 犬 まわり	隣の部屋 隣のクラス 子供 赤ん坊 泣き声 犬 通り
D	蚊の羽音 時計 水の音	

A 组各对象的声音很明显都属于音量很大的声音，即噪音的范畴。B 组各对象的声音的音量都是可以调整的。C 组是不只其声音大小的方面，其声音持续时间长短等方面都可能造成うるさい或やかましい。D 组是うるさい所特有的对象。这样我们可以看出两词在形容 A、B、C 三组对象时「うるさい」和「やかましい」两词基本可以互换，D 组则不可以。D 组中各对象的声音都是很小的，反映在例句中更加直观形象，如：

●蚊のブーンという羽音がうるさい。/ 蚊子嗡嗡的翅膀声很吵。

●眠れぬときには時計の音も耳についてうるさい。 / 睡不着的时候连时钟的声音也老是能听到感觉很吵。

●夜中に蛇口から垂れる水の音がそう大きくはないが、うるさくてかまわない。 / 深夜十分，水龙头滴水的声音虽然不大但是也吵得人快受不了了。

很显然两组例句中出现的时钟的声音和水滴声的音量都没有那么大，但还是让人感到很吵，那是因为两者都持续且反复进行着。这样我们就可以得出下表所示的结论（可以使用的用“○”表示，不能使用的用“×”表示）：

	うるさい	やかましい
音量 大	○	○
小	○	×

另外还需要注意一点就是，虽然两者词义中都包含有因声音引起的不快，但是在形容与声音无关的「規制」「世間」「髪」「装飾」等等引起人感觉不快时更常用的是「うるさい」。尤其是「親がうるさい（やかましい）」「味にうるさい（やかましい）」这样的例子中，从语感的角度来看，虽然两者可以互换使用，但是比起「うるさい」来，「やかましい」总给人一种过分指责、不自然的感觉。

同时我们也会发现，如果单独只看一个词典的词义解释和例子是无法发现两词的微小区别的。所以笔者认为在编写词典时，无论是在词义的辨析上还是在用例的选择上都应该多加斟酌，争取能够更加全面地表达出每个词的意思和特色，给学习者以更加科学的参考。在这里，笔者根据自己的理解重新总结了两词在表达听觉方面的词义和例句，如下所示：

「うるさい」：由于声音大或声音反复持续进行而感觉被打扰心情不悦。

●息子がパソコンのボリュームをいっぱいに上げて音楽を聴いているのでうるさくて、電話の声が聞こえない。／因为儿子把电脑的音量调得高高的在听音乐，吵得我连电话的声音也听不到。

●ホテルに泊まったら、隣の部屋でいつまでもひそひそ話し込んでいる声がうるさくて眠れなかった。／在宾馆住下后，隔壁房间总是有窃窃私语的声音吵得我睡不着觉。

「やかましい」：由于声音大、嘈杂而感到不快。

●うちのテレビは古くなったので、敲かないといつもやかましい音を立てる。／我家的收音机因为变旧了的缘故，不使劲敲它就会发出很大声音。

●毎日この時間になると、町の中で犬の吠え声があちこちから聞こえてやかましい。／每天一到这个时间，街上就能听到各处传来的狗叫声，真是吵得慌。

参考文献：

[1]大辞林. 第三版[K]. 三省堂. 2006.

[2]新明解辞典. 第六版[K]. 三省堂. 2004.

[3]佐尾ちとせ. 現行辞書例における用例について[Z].

试论日语中的「若者言葉」

2013级　日语语言文学　刘续洋

摘　要:「若者言葉」即年轻人用语，是现代日语不断发展变化的一种结果。在日语研究中如何正确认识、对待「若者言葉」这一新生事物是我们共同的课题。本文将对「若者言葉」的语言定位和词形特征进行分析，进而讨论它们流行的原因。

关键词：若者言葉；定位；词形特征；原因

说起日语中的「若者言葉」，对其进行过系统研究的米川明彦教授在『若者語を科学する』一书中是这样定义的：

若者言葉とは中学生から 30 歳前後の男女が、仲間内で会話促進・娯楽・連帯・イメージ伝達・隠蔽・緩衝・浄化などのために使う、規範から自由と遊びを特徴に持つの語や言い回しである。個々の語について個人の使用、言語意識にかなり差がある。またに時代によっても違う。若者語とも言う。

从以上的定义来看，我们可以将「若者言葉」简单描述为从中学生到30岁左右的年轻人在伙伴圈内使用的，以娱乐、促进交流、传递信息、缓和关系、隐讳等为目的的，融自由性和趣味性为一体的一种特殊用语。

一、「若者言葉」的语言定位

在任何语言当中，由于说话者的身份或者说话场合的不同，语言的表达形式也会有所不同。在日语中这一现象尤为明显，即由于语言使用者所属的社会集团或者语言使用的场合不同，往往需要选择不同的语言表达形式，这种现象叫做语言的“位相”。语言使用者的年龄、性别、职业、心理状态等，都会造成与其他使用者的语言差异。根据人们的政治、经济、文化属性可以将社会划分为多个功能性的社会集团，而某个集团的共同语言被称作“集团语”，其中青年人集团所使用的语言就是「若者言葉」。而且这里所说的青年人集团不仅包括在校学生，还包括一部分已经迈入社会的青年。为了更好地理解「若者言葉」“位相语”之下的“集团语”这一定位，笔者部分引用了米川明彦所制的表格。表格中将「若者言葉」和「業界用語」（行业用语）进行了对比，如下所示。

	若者言葉	業界用語
使用者	主に学生・生徒	社会人（ 大人）
相手	親しい仲間	同業者
目的	会話の娯楽・推進	業務の効率化・秘密保持
重視すること	笑い・テンポ・インパクト	業務の効率・対人関係
語の寿命・新旧	短い・新しい	長い・古い
	使用する言葉	
略語	非常に多い	非常に多い
「る」言葉	多い	多い
強調表現	多い	少ない
流行語	多い	ない
隠語	少ない	多い
頭字語	多い	多い
捩り	多い	少ない
転義	多い	少ない
類義語	多い	少ない
意味	曖昧	限定
類推の造語	多い	少ない
言葉の遊び	多い	少ない

从上表的对比中我们不难看出「若者言葉」和「業界用語」各自的特点和明显的区别。「若者言葉」作为日语中"位相语"之下的"集团语"的一种，与「業界用語」是并列存在的，两者皆为"集团语"的一个子集。尤其关于「若者言葉」，我们可以进一步发现它并非突然产生的新事物，而是在传统日语的背景之下不断发展变化而来的。

二、「若者言葉」的词形特征

「若者言葉」最显著的特征就体现在其词形上。从词形特点上看「若者言葉」大致可分为以下几类。

（一）缩略词

词语的缩略是「若者言葉」中最常见的一种现象，这比较符合年轻人简练、快捷的行事风格。缩略的形式多种多样，有汉语词汇的缩略，如：「朝一（朝一番）」指早上第 1 节课或出席早上第 1 节课，「学食（学生食堂）」指学生餐厅，「就活（就職活動）」指就职活动。外来语词汇的省略，如：「デジカメ（デジタルカメラ）」指数码相机，「ストパー（ストレートパーマ）」指直板烫发，「ホムペ（ホームページ）」指网站主页。词组或惯用句的省略，如：「きもい（気持ち悪い）」意为"感觉不舒服或恶心"，「あけおめ（あけましておめでとうございます。）」意为"新年好"，「ベルサ（ベルが鳴ったら、さっさと帰る。）」意为"下课铃一响就离开"。还有头文字，即把几个单词的打头字母拼在一起的表达方式，常见的如：「KY」——kuuki ga yomenai（空気が読めない）指不会看气氛，「H/K」——hanashi wo kaete（話を変えて）指转换话题，「NP」——nabe party（鍋パーティ）指火锅派对。

（二）「る」词

这类词在「若者言葉」中也为数不少，其中一部分是省略单词的中间部分后再添加动词化的词尾「る」。如「コクる（告白する）」指告白，「タクる（タクシーに乗る）」指打的，「オケる（カラオケにいく）」指去唱卡拉 OK，「コピる（コピーする）」指复制或复印，「ぱにくる（パニックになる）」指陷入慌乱，「ごちる（ごちそうする）」指请客，「マクル（マクドナルドで食事をする）」指在麦当劳吃饭。

还有一些「る」词是词义已经固定下来为青年群体所常用的，如「キレる」:「主に対人関係において昂ぶった怒りの感情が、我慢の限界を超えて一気に露わになる様子を表す。」翻译为成汉语指因愤怒而失控并付诸暴力。「カモる」:「ゲームセンターなどの対戦台で弱そうな人が入ってきたらわざと乱入して勝ち、勝利の喜びに浸ること、つまり弱い人を倒すこと。」汉语即故意对弱者下手并获得利益之意。

（三）强调词

「若者言葉」中的强调词主要是为了增强话语的传递效果和烘托相互交流的气氛。日本年轻人在想表达程度强烈或夸张的心情时尤其爱用此类词语。比如使用接头词「超」来代替日语中原有的表达“很，非常”之意的「とても」、「本当に」等词，具体的实例有「超気持ちいい」、「超面白い」、「超感動した」等。另外还有发源于大阪方言的「めっちゃ」也逐渐被年轻人们广泛使用起来，用作副词来表示强调，如「めっちゃかわいい」等实例。较常见的强调词还有以下例子:「鬼ほど」、「かなり」、「ばりばり」、「スーパー」等。

（四）其他词形

1. 形容词、形容动词化

此类词语常在已有的一些词汇之后加上形容词、形容动词的词尾「い」、「ぽい」、「レス」、「ってる」等。常见的如「ナウい：十い現代的で生かす感じ」、「いまい：今では最新。」、「夏っぽい」、「馬鹿っぽい」、「元気レス：元気がないさま」、「根拠レス：根拠がないさま」、「らりってる：睨み合って対立して、対峙の状態」、「ごりってる：ゴリラのような様子」。

2. 名词化

此类词语与前面一类相类似，通过添加诸如「ング」、「君」、「男」、「ちゃん」之类的的词尾以达到词汇功能的变化。如:「我慢ニング：我慢している」、「サボリング：サボっている」、「困りリング：こまっている」、「キープ君：本命の男が現れるまでのつなぎの男性」、「ナル男：ナルシシストの男性」、「バナナちゃん：帰国子女、見た目は黄色いが中身は白い」、「オーちゃん：酸素0のように存在感のない男性」。

三、「若者言葉」流行的原因

上文说过「若者言葉」是日本年轻人集团内的特殊用语，因而考虑其流行的原因首先可以想到的就是年轻人群体自身。「若者言葉」区别于规范的标准日语，简洁明了又独具个性的语言特色既是由年轻人所催生而来，又充分体现了这个年龄层的人重视伙伴而且表现自我的特性。因而越来越多的年轻人正在使用并不断创新发展着「若者言葉」。

其次，电视、手机、网络等现代媒体和通信手段也促进了「若者言葉」的流行与发展。忙碌的现代人尤其是年轻人越来越多地依靠手机和网络进行交流，邮件和短信的往来次数繁复，只有依靠伙伴间才懂的密语或极其省略的短语才能高效率地发出邮件和短信。渐渐地这些词也会渗透到口语中，变为整个年轻人圈子普遍使用的语言表达方式。

最后，日语本身的特点也使得「若者言葉」易于被创造和发展。日语在发音时音节是单独的，所以通过删减音节或改变音节的位置很容易就创造出新的词汇。而且日语属于粘着语，是具有词形变化的一种语言类型，可通过在词汇上添加不同的词缀来实现词汇功能的变化进而产生大量新词。前文中所列举的许多「若者言葉」就是通过这种方式被创造出来的。

「若者言葉」的流行是现代日语不断发展的一种现象，但也给标准日语带来了一些不良影响，因而常常受到批判。我们在研究「若者言葉」时要抱着从多角度看问题的态度，既要看到它创新发展的一面，又要不断探讨它与标准日语之间的不同点和有必要改进的地方，更重要的是还要从语言的发展中看到社会环境和文化对其的影响。「若者言葉」的形成与发展与现代日本的社会文化密切相关，也在一定程度上反映了现代社会环境和社会文化的发展，并逐渐成为年轻人文化的一部分。

参考文献：

[1]徐曙. 现代日语中的“若者言葉”特征分析[J]. 同济大学学报，2006.

[2]皮细庚. 日语概说. 上海：上海教育出版社，2005: 276.

[3]米川明彦. 若者語を科学する[M]. 日本：明治書院 1997: 15.

[4]米川明彦.「集団語ー若者語から業界語へー」.『日本語学』. 東京：明治書院，1996：38.

关于话语标记「どうせ」的认知语用研究

2011 级　日语语言文学　刘杨

摘　要：本文从认知语用学的角度出发，利用关联理论对话语标记“どうせ”的功能进行考察。根据结果可知在“どうせ P。Q”中，“どうせ”不参与命题内容的构成，而是编码程序性信息，作为话语标记指示 P、Q 两命题间的语用关系。同时，“どうせ”具有语境假设构建功能和推理限制功能。

关键词：话语标记；どうせ；认知语用学；关联理论；推理

一、关于话语标记“どうせ”

话语标记包括部分连词（如 and, therefore, because 等）、副词（如 actually, incidentally 等）、感叹词（如 well, oh 等）以及某些短语或小句（如 you know, I mean 等），它们传递的不是命题意义或语义意义，也就是说它们不构成话语的语义内容，而是为话语理解提供信息标记，从而产生对话语理解起引导作用的程序性信息。功能上，话语标记可从局部上或整体上对话语理解起引导或路标作用，帮助听话人识别话语间的各种语用关系，从而在认知上对话语理解进行限制。Maynard（1994）将“どうせ”定义为“谈话方式指示词（discourse modality indicator）”，指出“どうせ”发话的解释需要构建相应的语境假设。Takeuchi（2000）将“どうせ”视为“谈话连接词（discourse connectives）”，指出①[①]在“どうせ P。Q”中，“どうせ”标记 P、Q 两命题间的语用

① 本文规定“どうせ”发话的话者为听话人，“どうせ”发话的听者为听话人。

关系，②[①]“どうせ”不编码概念性信息，而是通过操纵语境假设编码程序性信息，且限制推理过程。

本文基于以上先行研究，从认知语用学的角度出发，利用关联理论进一步考察“どうせ”在具体的谈话中如何通过构建语境假设来连接P、Q两命题间的语用关系，以及如何对推理产生限制作用。

二、认知语用学与关联理论

认知语用学是一门融合语用学和认知语言学的学科。语用学注重具体语境中符号的使用效果，认知语言学注重具体语境中意义的符号化过程。两者共同点是与大脑活动有关。认知语用学的目标之一是利用大脑的认知原理和认知概念来分析属于语用学范畴的课题。其研究范围包括推理、意图传达、话语的生成和解释等（林宅男 2009）。

关联理论认为，交际是一个说话人的明示（explicature）与听话人的推理（implicature）的过程。说话人的明示交际行为，比如话语生成，目的是为了让听话人明白自己的信息意图，最终实现交际意图。听话人话语理解的目的就是寻找对自己的语境假设来说是关联的信息。每一个明示的交际行为都应该设想它具有最佳关联性（optimal relevance），使得在信息处理时，听话者能够以最少的努力去获取最大的认知效果。这一过程中，话语标记的作用是增强“推理过程”的明示性（何自然，冉永平 2002）。

三、语境假设构建功能

根据关联理论，在交际过程中形成的各种假设称为认知语境假设。对话语理解起作用的就是构成听话人认知语境的一系列假设。语境假设就是认知假设，根据说话人的明示信息，听话人凭借认知语境中的逻辑信息、百科信息和词语信息等三种信息作出语境假设。语用学观点认为“どうせ”作为话语标记，作用是构建谈话内容所需要的语境假设，连接起发话间的逻辑关系。本文认为在“どうせ P。Q”这一成

① 相对于程序性信息，概念性信息是指参与句子命题内容构成，有语义的成分（S&W 1993）。

句类型中，说话人通过 “どうせ”指示听话人构建出符合 P 的语境假设并将 P 理解为 Q 的原因或理由。例如：

（1）孫:「有難う、これ、約束の電気自動車？」

祖父:「そうだ、欲しがってたドイツ製のだょ。」

孫:「ほんとう？凄いや、お祖父ちゃまはどうせパパと大切なお話があるんでしょ、ぼく、お部屋で動かしてみるょ。」

（『華麗な一族』）

（1）′ P：お祖父ちゃまはどうせパパと大切なお話があるんでしょ。

Q：ぼく、お部屋で動かしてみるょ。

孙子的发话（1）′ 产生了语境效果，可导出一些结论。推理过程简略如下：

a. 祖父と父親は大切な話がある。

b. 祖父と父親は大切な話があると孫が推測している。

c. 大人の相談に子供は必要としない。

d. 子供としての自分は大人としての祖父と父親の相談に必要としない。

孙子的发话的明示信息、推理信息分别如（1a）′、（1b）′所示。根据关联理论，此发话产生语境效果，使听者构建认知语境假设，即百科（常识性）信息（1c）′。语境假设（1c）′与明示信息（1a）′、高阶明示信息（higher-level explicature）（1b）′相互作用，导出推理信息（1d）′，以此将后续发话 Q 的主张（有可能不礼貌的行为）正当化。换言之，“どうせ”的关联性体现在导入命题 P 将后续发话 Q 的主张正当化，而符合最佳关联性的理解是将 P 理解为 Q 的原因或理由。话语标记“どうせ”的作用是指示听话人将“どうせ”发话的内容理解为原因或理由，将“どうせ”发话的后续发话理解为结论，即先行发话成为后续发话的理由。

（2）「ひとつ、お繁という女との関係を話してくれませんか」

「話しましょう。どうせわれわれは聖人君子じゃない。…」（『本陣殺人事件』）

此例中“どうせ”出现的位置不是先行发话而是后续发话。根据“どうせ”发话的明示信息“われわれは聖人じゃない”，听话人构建认知语境假设，即百科信息“聖人でない人は人のうわさをしゃべっても構わない”。这个语境假设的作用是作为原因或理由，将先行发话的主张“話しましょう”正当化。此时，后续发话成为先行发话的原因或理由。由此可知，无论“どうせ”出现在先行发话还是在后续发话，话语标记“どうせ”始终指示听话人将“どうせ”发话的内容理解为原因或理由。

基于以上分析，本文认为“どうせ”的程序性信息是在“どうせP。Q”中，指示听话人构建符合P的语境假设，将P理解为Q的原因或理由。

四、推理限制功能

根据关联理论，发话的处理阶段分为明示和推理。听话人通过明示信息和语境假设推理出说话人的意图。为了有效获得信息就必须对推理进行限制。即谈话双方为追求最佳关联性，听话人期待以最小的努力构建最合适的语境假设。本文认为，在“どうせ”发话构建出的语境假设（P是Q的理由或原因）的基础上，P可对推理进行限制，以此有效地获得信息。即“どうせ”指示听话人结合语境假设还原发话者想传达的意图。

例（3）中Q是非明示信息，根据最佳关联性，为减少听话人理解发话时所付出的努力，话语标记“どうせ”将限制听话人的认知活动，指示听话人把P理解为原因或理由，以此把Q作为结论推理出来。

(3)「あの女にも恋人がいたんだな」と、太田健一が奇妙な声を出した。

「バカ野郎。今ごろの若い娘で男のいないやつがあるか」

「だが、今までついぞあんな男を見かけなかったな」

「どうせ金持のドラ息子に違いねえ。」(『絢爛たる流離』)

例（3）中，“どうせ”发话的说话人的真实意图并非在于对女子恋人的情况做一个说明，而是要传达“別に特別なものじゃない”“別に話に値しない”等信息。虽然Q不是明示信息，但是“どうせ”指示听话人将P作为原因或理由推理出Q，并将Q理解为P的结论。通过“どうせ”发话，还可以推理出说话人对话题不感兴趣的态度，进一步产生“拒绝”的语境效果。

五、结语

根据考察结果，可知在“どうせP。Q”中，“どうせ”不参与命题内容的构成，而是编码程序性信息，作为话语标记指示P、Q两命题间的关系。“どうせ”具有语境假设构建功能和推意限制功能。前者是指 “どうせ”发话的听话人在“どうせ”的指示下构建出符合P的语境假设并将P理解为Q的原因或理由。后者是指在Q非明示时，“どうせ”对推意产生制约作用，指示听话人将 P 作为原因、理由来推测Q的内容。

参考文献：

[1]何自然，冉永平. 语用学概论（修订本）[M]. 湖南教育出版社，2002.

[2]林宅男. 「認知語用学」の理論的基盤とその方向性 [J]. 桃山学院大学総合研究紀要，2009（3）：63-83.

[3]武内道子. 関連性への意味論的制約「しょせん」と「どうせ」をめぐって [C] //武内道子. 副詞的表現をめぐって. ひつじ書房，2005: 63-87.

[4]Maynard, S. K. *Discourse modality: subjectivity, emotion, and voice in the Japanese language*[M]. Amsterdam: John Benjamin, 1994: 140-148.

[5]Takeuchi, Michiko. The Japanese adverbial DOOSE[C]. *Festschrift for the Retirement for Testsuya kunihiro. Kanagawa University Studies of Language,* 2000 (22): 13-30.

浅析语言和言语对立统一关系及其在语言教学中的应用

2011级　西班牙语语言文学　刘羽东

摘　要：语言和言语二者既对立又统一。对立表现在，它们的概念和社会属性不同，语言是抽象的、规范的集合；而言语是具体的被实际使用的。统一性表现在语言要依附于言语的存在才可以发挥出价值，而言语也在反作用于语言，无时无刻不在影响着它。而这种和谐关系可以应用到现代语言教学中，可以对语言的学习者，尤其是针对外语学习者起到很好的指导作用。使他们摆脱掉传统的功利性的语言学习，真正地学以致用，以语言作为指导，言语作为实践，相辅相成。

关键词：语言；言语；语言教学

在人类的历史长河中，语言是一个不可或缺的载体，因为它记载了人类历史的辉煌与衰败。无论哪一种文明，缺少了文字的记录和增色是无法得到延续以及被世人敬仰的。此外语言也是将人类与其他一切动物区分开，而凸显出其高等的必要条件。“语言就是口头的和书面的语言和言语，它包含一个民族的语言系统和规则，还包含着按照这一语言规则所进行的言语活动及其所形成的言语作品。”[①]古往今来，有不少的学者都在研究人类的语言，大到一个国家、一个民族，小到一个部落、一个村庄都是语言的使用者。那么我们不禁要问，我们都是某官方语言的使用者，但是每个人所说出的话却又不尽相同，难道

---

① 乔灵：《浅谈语言和语言的关系》，《内蒙古经济与科技》，2000年第S1期，第一页。

我们每个人的语言都不一样吗？这样的话如何进行研究呢？其实很简单，这是因为每个人的言语是不一样，因此研究语言首先就要搞清楚和理清语言和言语二者的关系。

什么是语言呢？广义来说，语言就是人们相互之间由于沟通需要而制定的具有统一编码解码标准的声音讯号。严格来说，整体语言是社会产物，其存在是个体可以运用整体语言。索绪尔说："语言是人类进行交流活动的自然语言，是需要通过后天的学习才能够掌握的。"[①]它是一个体系，更是一种标准，有固定的词法、句法还有语法，是一个相对抽象的概念。通过语言，人们交流着自己的感情，表达出自己的意见、思想等等，也是人类开展一切社会活动，如政治、文化、教学等的基础。

而言语又是个什么概念呢？听起来好像和语言挺像，只是读音换了个位置，也有很多人把这两个概念搞混。其实它和语言有着本质上的区别。言语是指人们通过后天习得的语言，按照一定的语法规则所进行的具体而又特殊的交流活动。说它具体是因为它是将语言付诸于实践，特殊表现在它是个体行为，其中必然会夹杂着许多主观的心理活动、思想意识，以及一些客观的环境影响等。因此，它比语言更难以捉摸，也更飘忽不定。

基于概念上的区别，我们可以看出语言是一个抽象概念，是一个潜移默化的存在于每个说话者脑海里的一个客观事物。每一种语言都有它自己的一套语法体系，是被标准化了的言语的集合。由此产生出了语言学，这可以笼统地概括为言语经过一代又一代人的积累和总结，反反复复的筛选和比较所形成的一门学问。而且一旦形成的话，是较为稳定的存在，不以人的意识为转移的。

而言语更多的则是一种心理活动，特别是心理层面上的交流。人们按照所学到的语言规范先来构思（这种构思往往是一种条件反射，瞬间形成的），然后通过主观的心理活动、周围的环境以及听话者的身份形成特定的、唯一的、不可替代的话语。总而言之，是通过主观的

① 费迪南德·德·索绪尔：《索绪尔第三次普通语言学教程》，上海人民出版社，2007 年 3 月，第 75 页。

反映来表达客观的印记。因此，我们认为言语是不稳定的，也是多变的。正如古希腊哲学家赫拉克利特的这句名言："人不能两次踏入同一条河流。"它的内在含义是因为河水在不断地运动，当人第二次踏入这条河流时，接触的已经不是原来的东西了，而是变化了的新的河流。他是用这句话阐明世界万物变化的绝对性。这句古谚语可以很好地解释言语区别于语言的不稳定性。即使是我们自己每天所要说的同一句话语，比如"你好!"，其实也都是不一样的，因为客观事物和我们自己无时无刻不在发生着变化。

索绪尔确定了语言的研究对象，包括语言、言语和语言行为三个层面。

言语行为是一个包罗万象具体的概念，有个人因素，也有社会因素，有生理现象，更有心理现象，是一个很难精确把握的概念。因此，可以说言语是个体对成系统语言的一种应用。而语言是一种抽象了的社会概念，是个体需要被动地接收而记忆消化的一种法则。它存在于个人意识之外，并且不以个人意识为转移，也是使用此种语言的所有社会成员都必须要遵守的一种规范，更是一种社会心理现象。

因此，语言和言语虽然社会属性不同，然而二者却有着千丝万缕的联系，它们相辅相成，互相渗透和影响着，互为前提。每个人都要说话，说出的话是要被听话者所听懂所接受的，所以必须要使用正常的语法规则来进行表达。然而每一个人的思想活动在不同的时期都是不一样的，听话者的身份也有所不同，他说出的话就是他自己的言语了，因此言语是语言的实际体现。那么我们可以认为使语言发生变化的是言语。所以，语言既是言语的工具，又是言语的产物，但这并不妨碍它们之间的联系。

索绪尔认为，应该将现有的学科再进行细分，分为语言学和言语学。为了强调语言的同质性和系统性，索绪尔还提出了内部语言学和外部语言学的区分，一切跟语言的机构、系统有直接关系的要素都属于内部语言学的研究范围。

语言和言语之间的联系在于二者是静态和动态的联系、概括和具体的联系、系统和形式的联系。它们二者之间的联系，就像人和一个具体的人比如是“小红”，“人”是对“小红”的抽象概括，人有躯体，有大脑，会思考，会说话等等的一切生理和心理活动都是对“小红”这个具体人的概括。语言和言语的关系也是如此。语言存在于言语之中，它是虚拟的，是看不见摸不着的，只有通过言语这个媒介才能够显现出来。

语言存在于言语当中，就像鱼儿离不开水，花草树木离不开阳光一样。索绪尔认为：“人众汇聚于集市广场；在这般人众内，抽象的整体语言以什么方式存在与构成这般众人的每个人的大脑中，这般事物，虽则是每个个体内在固有的，却同时也是集体的，位于个体意志不可及之处。”[①]没有了语言的使用者把它变成言语，它就会失掉生命力。因此，语言存在于每一个社会成员的话语中，每一个人的言语往往也会对语言起着反作用。这一点在当今网络信息高速发展的时代表现得尤为明显，一些流行开来的时髦网络语如“给力”、“坑爹”、“航空 Style”丰富着我们的词汇。所以可以说对语言的研究也必定要从言语来入手，以言语作为基本的研究对象。

最后一点是言语依赖于语言，言语是要被听话人所理解的。设想一下，来自不同国家的人们如何使用不同的语言来交流呢？需要说话者和听话者有共同的语言基础，操相同的语言，才能够进行正常的交流。语言作用于言语，这在实际生活中表现得尤为明显。即使是操同一口语言的人们，也需要按照一定的规范的语法规则来进行沟通，才能够被理解。因而语言对言语有强制的规范性。

语言和言语之间的和谐关系，可以对词汇学的研究，继而对一些特殊言语体裁研究进行多角度全方位的指导。把语言词和言语词进行区分，可以将静态的词和动态的词对立统一起来，使得词汇学的研究对象不再是孤立的语言词或是孤立的言语词。把二者都作为研究对象，可以使研究成果相互对照，相互说明，相得益彰。

对语言和言语和谐关系的把握，帮助我们树立正确的语言观。我们的汉语无时无刻不在发生着变化，一些词汇逐渐淡出，而另一些新

① 费迪南德·德·索绪尔：《索绪尔第三次普通语言学教程》，上海人民出版社，2007 年 3 月，第 107 页。

鲜的词汇进了我们的视野。这需要我们用规范的语言来把它们整合，使之“合法化”，表意明确，出现场合适当。

更为重要的一点是，对于语言和言语关系的正确把握，有助于对外语教学的研究工作。无论是中国人学习外语，还是外国人学习汉语，道理基本上都是一样的。一直以来，都存在着一个误区，以英语学习为例，很多人认为学好外语就是学好语法，多背单词。这是很致命的误区。许多功利化的考试然我们忽略了学好一门外语的精髓为“语言—言语—语言—言语—语言……”。由于是第二外语，绝大多数人是进入小学甚至初中才开始学习的，因此也就错过了语言开发的黄金年龄（一般为婴儿时期）。首先要学好规范的语法，积累一定的词汇，但这往往是不够的，需要用言语来将这些表达出来，运用到实际中，这样才有它的价值，即所谓的听说能力。学语言不是科学运算，语法也不等于数学公式，语法是随时随地变化的。如西班牙语，拉美人所说的西语和西班牙人所说的西语就有很多不同之处。这都是需要我们通过言语来提炼和掌握的，是没有语法记载的。在达到一定驾驭听说能力之后，我们便可以进行深层次广泛的语言学习。如语言学研究、语言文化研究、翻译理论研究，这些都是一些抽象的具体的语法。随后再与实际结合变成言语，再回到理论语言中。这是一个无穷的循环，体现了语言和言语的和谐对立关系。

可见，弄清语言和言语的对立统一关系，不仅对我们说话者的应用有所帮助，更对语言教学起着指导和帮助的作用。

参考文献：

[1]费迪南德·德·索绪尔. 索绪尔第三次普通语言学教程[M].上海人民出版社，2007.

[2]胡壮麟. 语言学教程（第四版）[M]. 北京大学出版社，2011.

[3]乔灵. 浅谈语言和语言的关系[J]. 内蒙古经济与科技，2000，(1)：19-20.

[4]王铭玉. 语言符号学[M]. 高等教育出版社，2005.

[5]王希杰. 语言和言语的对话[J]. 渤海大学学报哲学社会科学版，2005，(2)：20.

[6]周杨. 语言和言语的关系及其对外语教学的启示[J]. 考试周刊，2011（72）：11.

韩国语连接语尾‘-고’的终结语尾用法研究
——以语义·语用学研究为中心

2011 级　亚非语言文学　麻密

摘　要：我们把连接语尾像终结语尾一样，位于句末起到终结语句功能的功能叫做连接语尾的终结语尾用法。本文重点以连接语尾‘-고’的终结语尾用法为研究对象，通过语料调查分析法以语义学、语用学使用环境为重点进行系统研究，从而得出‘-고’的终结语尾用法的语义环境条件及所其拥有的丰富的语用功能。

关键词：连接语尾的终结语尾用法；语义；语用

一、引言

韩国语作为典型黏着语，其发达的语尾可以根据位置不同分为先语末语尾和语末语尾，而语末语尾又可以根据功能的不同分为终结语尾和非终结语尾。最后，终结语尾可以分为连接语尾和转成语尾。[①]其中连接语尾不仅可以起到连接前后两个语节的作用，还有如下用法：

（1）a. 비가 오니까 우리 빨리 집에 가자.

　　 b. 점심은 내가 살게,　오늘 월급을 받았으니까.

如例句（1a）中所示，‘-니까’是附着在第一个语节上，连接前后语节的连接语尾。而在例句（1b）中‘-니까’则位于句末，且具有了终结语句的作用。我们把这种位于句末且具有终结语句作用的连接语尾叫做连接语尾的终结语尾用法。

---

① 남기심・고영근（1989），「표준국어문법론」.

在既往的研究中，大多学者着眼于这一语法现象的概念的界定、句法实现过程，以及对韩国语教学的启示等，但对这一语法现象的语义、语用环境研究却相对较少。因此，本文将以‘-고’为中心，就连接语尾的终结语尾用法的语义及语用环境展开论述。

二、连接语尾‘-고’的终结语尾用法的语义环境

“21 世纪世宗计划”统计结果显示，在具有终结语尾用法的连接语尾中，‘-고’的使用频度最高。在口语中，当‘-고’位于句末时，通常发音为‘-구’。

（2）①？[①]아 진짜 괴롭대니까. 진짜 섬찟하구.（两种以上事实的罗列）

②？저희들로, 주님의, 전에 한 공동체로 불러 주셔서 감사합니다. 함께 모이게 하시고.（两种以上事实的罗列）

③？이 땅을 살아가며 주님이 저희로 함께 하시여. 홀로 두지 않고.（相反事实的罗列）

④ *나중에 밥 먹을 때 조용히 밥 묵어야 된다. 딱 끄고.（时间的先后顺序）

⑤？임금은 신하들 앞에서 으스댔어요. 오늘도 새 옷을 입고.（前一动作进行后状态的持续）

⑥문을 활짝 열어 주고 말았어요. 아기 양들은 엄마인 줄알고.（因果关系）

⑦ *싶어요？뭐 먹고.（补助型连接语尾）

以上例句（2）均为‘-고’做连接语尾时前后语节位置倒置后的例句。当‘-고’位于句末时，表示因果关系的例句⑥最为流畅自然。而例句④通过倒置后时间先后关系产生矛盾，故而为错句。例句⑦中‘-고’做补助型连接语尾时，前后语节发生倒置后为错句。其他例文虽然通过前后语节的倒置实现了终结，但是‘-고’已经丧失了作为连接语尾时的意义，添加了新的语用含义。

---

① ?表示的句子在句法上不完全成立或以‘-고’做连接语尾时的意义解释不成立；*表示的句子为不成立的错句。

（3）①진짜 섬찟하구（괴롭다）[①].

②? 저희들로，주님의，전에 함께 모이게 하시고.

③이 땅을 살아가며 주님이 저희로 홀로 두지 않고（함께 해 주신다）.

④? 나중에 밥 먹을 때 딱 끄고.

⑤? 임금은 오늘도 새 옷을 입고.

⑥아기 양들은 엄마인 줄알고 (문을 열어 주었다).

⑦? 뭐 먹고?

以上（3）均为‘-고’做连接语尾时将第二个语节进行省略后的例文。例句①在语尾‘-구’后，可以补充如‘괴롭다’等和‘섬찟하다’词性相同且意义相近的表示否定含义的形容词，使语句含义更加完整。相反，同样表示罗列关系的例句②则与①不同，对‘-고’后面的内容的补充很困难，因此不能看作终结化连接语尾。例句③中，当罗列相反意义的事实时，也可以推测出‘함께 해 주신다’这样包含相反意义的内容。再如例句⑥可以根据语句前后的因果关系的判断对文章后半部分的内容进行补充。例句⑦在一定的语境中虽然通顺，但是‘-고’已经失去了补助型连接语尾时的含义，具有了新的语用含义。其他例文在没有语境的情况下对连接语尾‘-고’后面的内容补充较困难，或‘-고’做连接语尾时的意义已经消失，被赋予了新的语用含义。这时，不能将其看作连接语尾的终结语尾用法。

三、连接语尾‘-고’的终结语尾用法的语用环境

如上面对连接语尾‘-고’的意义环境分析所示，当连接语尾位于句末时，有时会被赋予新的语用含义。在 Levinson（1983）的论述中，也指出语用学是对语义学无法涉及的含义的研究。因此，对连接语尾‘-고’终结语尾用法的语用含义研究十分必要。

（4）①（P2 와 P3 이 식당에서 메뉴를 정하고 있다. P2·P3-30 대여，친）

① （ ）里表示对句子可以进行补充的内容。

P2: 배가 고프니까. 저번에 집에 아저씨하고， 명동 갔을 때도 우리 명동에 일할때 그때 배고파 명동칼국수 가 세 개 시켰거든.

P3: 들이마시는 숨，

P2: 결국 하나는 못 먹고.（说明）

例句①中，说话者 P2 在去明洞点了三份面条的先行行动后添加说明了最终有一碗没有吃完的会话结果。因说话者进行了补充说明，给听话人提供了一定量的会话信息，符合 Grice 合力原理中为对方提供相当量信息的量的对话规律。

②（P1 과 P2 가 녹음하는 것이 자신 생활에 대한 영향을 대화하고 있다. P1-20 대여， P2-20 대 남， 소）

P1: 했어. 구현정 선생님이 추천해서 재학 오빠 했는데 재학 오빠랑 같이 하자고 해서 한 거라구. 음 그러면서 김동욱 선생님 해 주더군.

P2: 아，우울한 얘기 고만하고（提议、命令），아니 근데，오늘민자 결혼식 하는데 안 가서 그렇다 마음이.

例句②中，'-고'具有命令的语用功能。但这时的命令比使用直接命令型语尾'-（으）십시오'，'-（으）세요'，'-어/아/여라'强度更弱，因此更加委婉。例句②中说话者 P2 利用语尾'-고'委婉地表达了不想再就语料收集的事情进行讨论的态度。在给听话人减轻负担的同时，让双方对话自然进入下一个话题。因此，例句②符合负担最小化的对话规律。

③（P1 과 P2 가 외국어에 대하여 대화하고 있다. P1·P2-20 대 남，친）

P2: 정보 종합반 실전 종합반， 유야수 선생이라구 있거든，그 사람이 토익 다섯번을 만점 받았어. 작살이야 진짜，

P1: 야 근데 토익은 제일 좋은 점수지， 평균치가 아니고?（疑问，确认）

P2: 음 무조건 제일 좋은 점수.

疑问句③通过'-고'的上升语调实现了向听话人确认的语用功

能。根据 Grice 的合力原理中质和量的对话规律，为了使听话者 P2 获得关于托业考试正确完整的信息，这样包含‘-고’的补充疑问句是很必要的。

四、结束语

‘-고’作连接语尾时，位于两个语节中间，起到并列连接作用。但并不是指‘-고’作为连接语尾的所有意义都可以通过前后语节的倒置和后语节省略实现终结语尾用法，即连接语尾‘-고’实现终结语尾用法是有条件的。而‘-고’的终结语尾用法最常起到对先行内容进行补充和添加的作用，符合合力原理中量的对话规律。此外，‘-고’还含有命令和嘱咐功能，可以减轻听话者负担，符合礼貌原理。最后，‘-고’还通过批评、确认等多种语用功能实现说话人的对话策略。

参考文献：

[1]冉永平. 语用学：现象与分析[M]. 北京大学出版社，2006.

[2]남기심・고영근. 표준국어문법론[M]. 탑출판사，1989.

[3]Brown, Penelope, Stephen C. Levinson. *Politeness: Some Universals in Language Usage*[M]. Cambridge University Press, 1983.

[4]21 세기 세종계획 최종성과물 현대 문어 말뭉치[CD]. 2011.

韩国语味觉形容词“달콤하다”的认知语义分析

2012级　亚非语言文学　孟庆鑫

摘　要：本文以认知语言学的相关理论为基础，通过语料库定量分析的方法，考察韩国语味觉形容词“달콤하다”与名词的搭配关系，进而分析其语义扩展的具体特征。论文认为，“달콤하다”的语义扩展路径反映了人类由具体的生理体验到抽象的心理体验的认知发展过程。

关键词：“달콤하다”；语料库；语义扩展

一、引言

作为自然语言中最为基本的一类词汇，味觉词历来是语言学的研究焦点之一。传统研究大多侧重于对其语义成分的分析和语义场体系的构建，并未深入探究其语义背后的生成机制。味觉词基于人类的感觉体系，来源于人对味觉的直接认知，与人的身体体验密切相关。作为一门以体验主义为哲学基础、研究语言普遍原则与人的认知规律之间关系的新兴语言学说，认知语言学为我们研究味觉词提供了崭新的视角和思路。

本文以韩国语味觉形容词“달콤하다”为例，结合认知语言学的相关理论，通过语料库实证的方式考察其与名词的搭配关系，试析其语义扩展的具体特征。

二、研究方法

本文以“달콤하다”为检索关键词，对取自“21世纪世宗计划”

形态分析语料库（2007 年版）[①]的语料进行定量分析，统计“달콤하다”的搭配形式，具体结果如下表所示。

表 1 “달콤하다”搭配形式分类统计

搭配方式	出现次数（百分比）
달콤하다＋名词	110（67.9%）
名词＋달콤하다	24（14.8%）
달콤함	11（6.8%）
달콤하다＋动词	10（6.2%）
달콤하다＋것	5（3.1%）
달콤하다	2（1.2%）
合计	162（100%）

由表 1 可知，在“달콤하다”所有的搭配形式中，“달콤하다＋名词”的出现频率最高，可见形容词“달콤하다”在句子中主要充当定语成分。据此，本文以“달콤하다＋名词”的搭配形式为主，对“달콤하다”修饰的名词进行了分类整理（表 2）。

表 2 “달콤하다＋名词”组合中的名词分类

<table>
<tr><th colspan="2">语义领域</th><th>名词（按韩文字母顺序排列）</th></tr>
<tr><td colspan="2">味觉</td><td>녹말덩어리，맛，사과，생크림，술，아편，액체，열매，영양주사액，오렌지 주스，음식，참외，코디얼，포트 와인，홍시……</td></tr>
<tr><td rowspan="3">其他感觉</td><td>嗅觉</td><td>냄새，향기……</td></tr>
<tr><td>听觉</td><td>가락，록 발라드，목소리，음성，음악……</td></tr>
<tr><td>视觉</td><td>러브신，미소，시선……</td></tr>
<tr><td rowspan="2">情感心理</td><td>积极</td><td>기억，꿈，날，마음，밀월，사랑，생각，생활，여행，추억，환상……</td></tr>
<tr><td>消极</td><td>미끼，음모，죄책감，함정……</td></tr>
</table>

① 该语料库是韩国文化观光部与国立国语院共同开发的“21 世纪世宗计划”项目的部分成果，共计 7364815 语节。

三、“달콤하다”的语义分析

（一）基本语义

从表 2 中我们可以看出，与“달콤하다”构成组合的名词多为食品或饮料，如：

（1）들리지는 않았을까 또한 근심했다. “주인 양반이 얼마 전에 디저트용으로 달콤한 포트 와인을 가지고 오셨답니다.”

（성석제， 문학과지성사， 2002）

（2）…하시며 내 손을 잡고 홍시가 가득 열린 감나무 밭으로 가서는 달콤한 홍시를 따 주셨다.

（좋은생각， 좋은생각， 2000）

『표준국어대사전』对“달콤하다”的第一条解释是“감칠맛이 있게 달다”。例如：

（3）담배 연기를 한껏 빨아들이고는 있지만 아까의 그 달콤하던 맛이 어땠는지조차 기억해 낼 수 없었다.

（천금성， 허무의 바다）

（4）입술이 파래지도록 시큼하면서도 달콤한 찔레 순을 벗겨 먹었었다.（한승원，해일）

据此我们可以确定，表示甜味的语义是“달콤하다”一词的基本义。

（二）扩展语义

1. 其他感觉领域

除了表示甜味的基本义之外，“달콤하다”还向其他感觉领域发生了语义扩展。

（5） 민지네 집은 문을 열면 언제나 달콤한 냄새가 납니다.

（이혜경， 문학과지성사， 2002）

（6）하얀 목덜미에， 부드러운 피부에 입술 자국을 남기기 시작했다. 그녀의 피부에서 달콤한 멜론 향기가 났다.

（김지혜，영언문화사，2001）

例（5）和例（6）是“달콤하다”向嗅觉领域发生语义扩展的例

句。在这里，“달콤하다”修饰名词“냄새”和“향기”，表示一种给人带来愉悦之感的嗅觉刺激。

(7) 창밖엔 눈발이 그들이 마주앉은 자리를 포근하게 감쌌고 달콤한 영화 음악이 그들을 덮은 정적에 추억의 빛깔을 곱게 들였다. (복거일，문학과지성사，2001)

(8)아하스 페르츠의 그 같은 중얼거림 속으로는 새침했으나 겉으로는 여전히 부드럽고 달콤한 목소리로 어루듯이 말했다.

(이문열，민음사，1989)

例（7）和例（8）中，“달콤하다”用来表示听觉。“달콤한 영화 음악”表示美妙动听的电影音乐声，“달콤한 목소리”表示人温柔、悦耳的嗓音。不论是音乐声还是人的嗓音，“달콤하다”都表示一种让人内心充满愉悦的听觉刺激。

(9) “잠깐만요.” 입가에 달콤한 미소를 머금은 채 그녀는 내 어깨를 스쳐지나갔다. (한강， 문학과지성사，2002)

(10) 그녀는 여전히 미소를 머금은 채，마치 유혹자의 그것처럼 달콤한 시선으로 남자의 얼굴을 올려다보고 있었다.

(한강，문학과지성사，2002)

除了嗅觉和听觉之外，“달콤하다”还可以用来表示视觉。例（9）和例（10）中，“달콤하다”修饰的均为视觉领域的名词。“미소”和“시선”在“달콤하다”的修饰下，均给人一种赏心悦目的视觉感观。

2. 情感及心理领域

通过语料分析我们发现，表示味觉的“달콤하다”除了向其他感觉领域发生语义扩展外，还向人的情感及心理领域发生了语义扩展。

(11) 달콤한 날들은 지나갔으니 이제 지새야 할 밤이다.

(김열규， 궁리출판， 2001)

(12) 곧 미국으로 떠날 꿈과， 돌아와서 니꼴라이의 땅을 사겠다는 희망과， 수잔나와의 달콤한 사랑이 있다.

(송하춘， 고려대학교 출판부， 2002)

(13) 나는 그런 고모의 어쩐지 쓸쓸하면서도 달콤한 마음을 그녀가 가지고 있는 생활의 비늘 같은 것으로 이해하고 있었다.

（한수산，문학사상사，1996）

在上述例句中，“달콤하다”修饰的均为表示人类情感世界以及心理层面的抽象名词，表示一种“愉悦、温暖、舒适”的美好感受。然而值得注意的是，“달콤하다”在向情感心理领域进行语义扩展时，不光具有以上积极的语义，还表示部分消极的语义。

（14）사랑은 함정이요 덫이었다. 달콤한 함정，슬픔이나 고통마저도 달콤하고 지루함마저 기꺼운 덫.

（최인석，문학과지성사，2001）

（15）쾌락의 문턱에 다다를 때까지는 감언이설로 속이고，달콤한 미끼로 낚지만 일단 목적만 달성하고 나면 그야말로 헌신짝처럼 버리고 달아나는데...

（김동길，유안진 외，삼성출판사，1992）

在例（14）和例（15）中，“달콤한 함정”、“달콤한 미끼”均表示“诱惑”之意。在汉语中亦有类似的表达，如“糖衣炮弹”、“甜言蜜语”等。我们认为，之所以出现这种情况，和人对甜味的生理感知不无关系。在酸、甜、苦、咸等基本味觉中，只有甜味能够给人以愉悦之感。可以说，对甜味的偏爱是人类的天性。因此，甜味也就自然成为了诱惑他人的最佳手段之一。

四、结语

임지룡（1997）总结出以下六种语义扩展路径：①人类→动物→生物→非生物；②具体→抽象；③空间→时间→抽象；④物理→社会→心理；⑤一般性→比喻性→惯用性；⑥实词→虚词。

综合前文的分析，我们不难发现，“달콤하다”的语义扩展正遵循着“具体→抽象”、“物理→心理”的路径，即由具体的生理（物理）体验扩展到抽象的心理体验。这也充分反映了人类由身体性体验向心理性体验的认知发展过程。

参考文献：

[1]姜红. 基于语料库的日语形容词词语搭配及语义的认知研究[J]. 外语教

学与研究，2012，(6)：845-854.

[2]李福印. 认知语言学概论[M]. 北京大学出版社，2008：14.

[3]국립국어연구원. 표준국어대사전[K]. 두산동아，1999.

[4]요자자. 한·중 맛그림씨의 인지의미론적 대조연구[D]. 부산대학교 석사학위논문，2010.

[5]임지룡. 인지의미론[M]. 탑출판사，1997：240-241.

具有民族语言特色的俄语广告语分析

2012 级　俄语语言文学　潘瑞

摘　要：前苏联语言学家 Кохтев Н. Н.[①]曾说过："广告创作是一门复杂的艺术。"广告的本质是传播，而这种传播的实现离不开语言的参与，所以归根结底广告是语言的艺术，广告语是广告的灵魂所在。此外，广告有地域性的特点，在俄语广告语言中或多或少会涉及俄罗斯民族的心理和审美，因此具有民族语言特点的广告语更具有研究价值。

关键词：俄语广告语言；民族文化；语言现象

作为语言范畴的一类，广告语必须遵循最基本的语言规则，即要想受众第一时间准确无误地领悟广告的创意，撰写者就必须正确地选词和造句。但是同时广告创作是一种主观性极强的特殊艺术活动，这就决定了广告语具有其他语言所不具备的特性。广告语在传达广告的内容时，需要吸引人们的注意力，激起人们强烈的购买欲望。

语言是文化的镜像，语言反映文化。俄语广告语中不乏一些反映俄语中独特语言现象的例子，本文将通过对俄语广告的分析，来研究存在于广告语中的民族语言现象。

一、巧用俄语词的语法意义

词的语法意义是同类词或词的同类语法形式具有的概括、抽象的语言意义，在形式上通过特定的、统一的语法手段表示出来。

---

① Кохтев Н. Н., Реклама и речевая норма, Русская ручь, 1991, С59.

（一）名词的性的变化

俄语中各类名词都有自己的词形变化和句法组合特点，名词性的对立以单数形式表现出来，全部有单数形式的名词都分别归属于阳性、阴性和中性。请看下面两个例子：

例 1. Водка мужского рода.

这是一则伏特加酒的广告，句中 Водка 一词为阴性，撰者却用 мужской род（阳性）做其定语，从语法层面上看似乎矛盾。而 род 一词还有“性质，风格”之意，即男性品质。这样一来，则感觉 Водка 是一种品质之选。这则广告就是通过俄语名词的性的转换来吸引消费者眼球。可尝试译为“伏特加——彰显男人本色”。但这样的译法虽强调了伏特加作为一种烈性酒的品质，却由于缺乏矛盾的碰撞而不够精妙。

例 2. Не для каждого. Не для каждой.

消费者在看到这一条广告时会对其产品产生好奇，当得知这是一条出售男士内衣的广告时则会恍然大悟。前半句 Не для каждого，指不是给每一个人，突出选择个性，暗示有品位的人会选择我们的产品。后半句 Не для каждой——不是为每一个女人，用诙谐幽默的表达来强调产品的受众人群，不为悦人，只为悦己，让消费者在会心一笑中记住产品，新颖独特。

（二）巧用动词

俄语中的动词具有体、态、时、人称等的语法范畴。一个动词的不同词形会产生不同的含义，俄语广告撰写者往往从这一点入手，使产品形象更加鲜活。请看下面两个例子：

例 1. Управляя – выбирай.

这是一家汽车经销商打出的广告。Управляя 是 управлять 的未完成体副动词形式。俄语中未完成体副动词基本用法是表示和句中谓语动词的动作同时进行的动作。在这条广告中，“驾驶”和“选择”是同时发生的两个动作，意在只要你驾驶了本店所售汽车，就会去选择购买它。本广告语用未完成体副动词这一形式突出了销售者对产品的自信，激发购买欲。

例 2. Можно смотреть, а можно видеть.

这是一则索尼公司打出的电视机广告。广告中用到两个关于“看”的动词 смотреть 与 видеть。其中 смотреть 指把视线投向某人或某物，不强调注意力的集中，也没有仔细观察之意，侧重看的动作。Видеть 一词则在强调将“看”作为一种状态，同时注重信息的接受、理解和掌握。这条广告通过语义的层层递进，点出这款电视机可以让你在看到一切的同时也提供给你接收和理解世界的窗口，层次分明，有感染力。

二、活用俄语惯用语

“俄语惯用语”是口语中经常使用的、在意义上整体化和抽象化了的、相当于词的固定词组。它在修辞上起着单词不可替代的重要作用：使语言丰富多彩，并能表达出最深刻的涵义。由于惯用语具有大众化、口语化以及简练等特点，使其颇受广告撰写者的青睐。

如雀巢公司在2009年新年之际推出一则广告：С добрым годом! С новым утром!（拥有有美好的一年，拥有新鲜的早晨！）。在俄语中用 С новым годом!来表达新年祝愿，用 С добрым утром!则是“早上好”的意思。这条广告语将这两句惯用语相互融合，向消费者表达新年祝福，同时传递了产品信息——品味雀巢咖啡让你的一天充满活力，因而不落俗套，富有新意。

再如 BROOKE BOND 茶公司在俄罗斯投放的广告：“Бодрый день!”（朝气蓬勃的一天）我们知道在俄语中 добрый день！指“早上好！”之意，广告中将字母顺序改变，добрый 变为 Бодрый，却依然朗朗上口。同时，Бодрый 的发音与公司名 BOND 近似，起到宣传品牌的目的，可谓一举多得，简短易记。

又如这家名为 Opel 股票经纪公司的广告：“Ура! Кризис! Бросай всё и беги к дилеру Opel!”俄语中 Ура 一词用作冲锋时的呐喊或欢呼声，也用来表示精神振奋、赞美的欢呼声。广告中将它与 Кризис 放在一起，通过模拟人们在看到这个消息时发出的惊叹声间接表明提供服务的质量和效能，同时运用感叹句式，鲜明醒目，提升广告关注度。

三、妙用词形

首先需要了解一个概念：镶嵌。镶嵌是一种传统的修辞手法，主要是指有意识地在语言中插入某些有特殊意义的字、词、句，用来强调插入的词语、句子，或者使插入的词语等形式特定的意义。广告语言的镶嵌是指将广告要素如企业名称、品牌名称或与品牌有关的语词，以整体或拆散形式分别插入广告语中，以突出品牌效应。

俄语广告中则多利用俄语词汇的词形特点，将词义融合其中，具有很强的识别性。

如 БОДРОСТЬ 茶叶公司的一则广告：ОтЧАЯнная бодрость!这条广告语将 чай（茶）巧妙嵌入 отчаянный 一词中，同时公司名称也出现在广告语中，直观地给予消费者以下信息：这是一条茶叶广告；喝了此品牌的茶叶令你精神饱满；这家茶叶公司名叫 БОДРОСТЬ。信息量大却简洁易懂，颠覆平淡。

类似的广告还有：茶广告 Любовь не случАЙна.

再如 НАСТОЯЩАЯ ВОДА 矿泉水公司的广告：НА100%ЯШАЯ ВОДА. 俄语中 сто 即为数字 100，因而此广告撰写者将 наСТОящая 换为 на100%ящая，意在说明该公司生产的水百分之百纯净，同时又宣传了公司名称，让人印象深刻。

类似的广告还有远东啤酒公司（дальневосточное пиво）的广告：ДВижение к лучшему. 这则广告是将公司名称的缩写 ДВ 嵌入广告语中。

四、融合国情文化

语言是文化的载体。广告语对这些文化知识加以运用，能够起到提升产品文化内涵、引起消费者兴趣和心理认同的作用。

例 1：СЛАВЯСКАЯ 公司推出的一则伏特加酒的招贴广告：

这则广告创意是来源于普希金作品《斯金卡·拉辛之歌》的内容。画面中斯金卡·拉辛在站在船上伸出手高举着一位波斯公主，准备将她扔进河中，悬空的公主手上拿着酒杯和酒瓶在倒酒。配有的广告文

字是 На весу не наливать!

广告语涉及俄罗斯的一些餐桌礼仪，即不能将酒杯举到半空去倒酒。这样做是不礼貌和不吉利的，预示着生活也将会是一个没有着落的状态。这则广告语意在说明：即使你身份尊贵，也需要尊重伏特加酒。酒的品牌地位彰显无遗。

这则广告通过加入一些民族文化元素，诙谐生动，富有戏剧性。

例 2：Ять. Качество на Пять! 这是 Ять 公司的伏特加酒的广告。

我们知道在俄罗斯学校普遍实行五级分制的考试制度，五分即为优秀。广告中用“质量——五分”来说明该伏特加酒有质量保证，品质上乘。

五、总结

很多具有民族语言特色的俄语广告语是很难被贴切地翻译为另一种语言的。但丁在评论《圣经 · 诗篇》的拉丁文译文时说：“任何富于音乐、和谐感的作品都不能被译成另一种语言而不破坏其全部优美和谐感。”然而，由于广告具有地域性的特点，即俄语广告的受众一般为以俄语为母语的人（носитель русского языка），因而在研究俄语广告语言时基本可以忽略这种“文化的痛苦”（不可译性），更多地体会“只可意会”的妙处。

广告的地域性特点使得广告创意与消费者心理紧密相连，在俄语广告语言中会涉及俄罗斯民族的心理和审美，因此具有民族语言特点的广告语更具有研究价值。

参考文献：

[1]张家骅. 新时代俄语通论[M]. 商务印书馆，2006.

[2]张会森. 当代俄语语法[M]. 北京：商务印书馆，2010.

[3]张英岚. 广告语言修辞原理与赏析[M]. 上海外语教育出版社，2000.

[4]王秉钦. 文化翻译学——文化翻译理论与实践（第二版）[M]. 南开大学出版社，2006.

关于韩语속담中形象处理问题的研究

2011级　亚非语言文学　亓新红

摘　要：韩语속담中存在大量的形象词，它们作为文化的承载要素，在翻译中起着至关重要的作用。本文结合奈达的功能对等理论，探讨了韩语俗语在翻译中的形象处理问题，希望对韩中双语学习者有帮助。

关键词：속담；形象；功能对等

一、引言

속담作为凝结的语言形式，包含本民族的文化、习俗等。形象词的运用不仅表达了特定的文化，而且使俗语表达更为生动。但是这些形象的差异给翻译带来了巨大难题，处理好形象的意义尤为重要。本文将试图探讨韩语속담在翻译成汉语时的形象处理问题。

二、韩中形象差异

受本民族文化的影响，韩语和中文俗语中的形象词有诸多异同点。例如，“熊”这一形象在中文中常表示笨拙、强大、有力量，很多情况下象征男人；但在韩语中，受檀君建国神话的影响，熊还可以表达忍耐性，象征女人。再比如，“猪”这一形象在中文中常表达愚笨、懒惰之意；韩语中“猪”的汉字词写法为“豚（돼지 돈）”，与“돈”（钱）音近，因此韩语中“猪”有表达吉祥、财富和幸运的意思。由此可以看出受文化的影响，表达同一形象的词语，其联想意义也不尽相同。但另一方面，中韩同属汉语文化圈，加之韩国在历史发展中吸收了大

量的中国文化，因此也存在很多相同点。如“桃”这一形象在两国语言中都可以象征长寿；“凤凰”皆可表达吉祥、优秀人才等之意。

三、形象处理

为使源语和目的语之间的转换有一个标准，减少差异，尤金·A.奈达从语言学的角度出发提出了“动态对等”翻译理论，即“功能对等”。在这一理论中，他指出“翻译是用最恰当、自然和对等的语言从语义到文体再现源语的信息”。①奈达有关翻译的定义指明翻译不仅是词汇意义上的对等，还包括语义、风格和文体的对等，翻译传达的信息既有表层词汇信息也有深层的文化信息。“动态对等”中的对等包括四个方面：（1）词汇对等，（2）句法对等，（3）篇章对等，（4）文体对等。在这四个方面中，奈达认为“意义是最重要的，形式其次”。②

功能对等理论强调效果对等，即目的语读者与文字之间的关系同源语读者与文字之间的关系基本相同。换句话说，译文读者对作品中的形象和思想感情所产生的联想和感受与原文读者的反应是相同的。就俗语而言，译者应该恰当处理其生动的形，在目的语中找到最接近、最自然的对等语，能引起译文读者与原文读者的共鸣。按照奈达的功能对等理论，可分为三种处理方式。

1. 保留

根据奈达的功能对等理论，应寻求目的语与源语之间最大的对等效果，直译无疑是最佳选择。保留形象既可以在语义上达到对等，也可以在情感上取得等效。但是这种方式所受限制较多，一般所涉及的形象在源语与目的语中的字面意思和隐含意义都相同的情况下使用。具体举例分析。

例 1. 韩语：개미가 정자나무 건드린다.

汉语：蚂蚁撼大树

这个俗语中用表示微小存在的“개미”撼动大树，以此比喻不自量力。用直译法保留“개미”和“정자나무 ”的形象，生动表达了其

① 郭建中，2000，P65.

② 郭建中，2000，P67.

思想意义，同时易于引起汉语读者的共鸣。再如，

例 2. 韩语：우물 안 개구리.

汉语：井底之蛙

例 3. 韩语：벼는 익을수록 고개를 숙인다.

汉语：稻谷越成熟，谷穗越低头

例 2 和例 3 中分别保留了“우물”“개구리”“벼”这些形象，使得汉语读者更能形象地了解其思想意义，且没有文化隔阂。

2. 替换

功能对等所追求的是通过寻找与源语最接近的等价语来达到最自然的对等，这里的等价语不是完全相同的词语，而是功能对等。翻译俗语时要尽量寻找两种语言间的等价词汇，以此不仅在语义上，更是在文化上实现最自然的对等。韩语中有些形象虽然相同，但其文化内涵却不同。反之，不同的形象可能会传达相似的文化意义。形象的文化内涵是建立在对本族文化的深刻理解之上的，转换成另一种语言后，目的语接受者会按照本民族文化对译语进行解码。因此，必须根据文化差异和语言表达形式进行适当调整，从而适应译语读者的信息接受渠道。例如韩语俗语中有“꿀 먹은 벙어리”一说，但其对应的中文翻译应该是“吃黄连的哑巴（即哑巴吃黄连）”而非直译“吃蜜的哑巴”。再如，

例 4. 韩语：서울 가서 김서방 찾기

汉语：大海捞针

例 4 若保留形象直译则为“到首尔找金氏”，对于不理解韩国国情与文化的外国人来说，理解起来有些困难。韩国“김”为人数最多的姓氏，作为首都首尔人数则相比来说更多，用“到首尔找金氏”来形象地表达寻找困难。但如果在只译出其深层意义“极难寻找”而舍弃形象，句子就会大为失色。这里用“针”、“大海”的形象分别代替了原文的“김서방”“서울”，既保留了原文鲜明的形象性，语义和句法也基本达到了对等。

例 5. 韩语：더운 죽에 파리 날아들 듯

汉语：飞蛾扑火

用“飞蛾扑火”这一常用中文表达来表示“더운 죽에 파리 날아들듯”，易于引起情感上的等效。

例 6. 韩语：쇠귀에 경 읽기

汉语：对牛弹琴

用“弹琴”替换“读经”，表达效果更佳。

3. 省略

韩语中某些形象的文化意义在另一语言中没有与之相似意义时，就只能舍弃原语形象，而以意译为主。如“울며 겨자 먹기”，直译为“哭着吃芥末”，那么中国读者肯定会迷惑不知所云。由于芥末很辣，即使哭着祈求不吃也得吃，以此表达“极不情愿、勉强做某事”。再如，

例 7. 韩语：금강산도 식후경

汉语：民以食为天

韩国金刚山景色非常美丽，但即使再美丽也要在吃饱之后才有心情欣赏，因此上述俗语喻意为再好的景色也是吃饱了才有意思，饿着肚子什么都做不了。汉语中没有与之对等的形象表述，因此舍弃后采用意译的方法翻译。

例 8. 韩语：감 놓아라 배 놓아라 한다.

汉语：指手画脚，多管闲事

“감 놓아라 배 놓아라 한다”原为祭祀时指示别人在这里放柿子，在那里放梨，这样那样的管闲事。汉语中没有这样的表达，则意译为“指手画脚，多管闲事”。

例 9. 韩语：친구 따라 강남 간다.

汉语：人云亦云

跟着朋友去江南，比喻没有主见跟随别人。意译为“人云亦云”。

四、结论

本论探讨了韩语俗语翻译成汉语时的形象处理问题，分别是形象保留、替换和省略。由于各民族文化的独特性，在跨文化翻译和交际中，俗语的翻译应尽可能照顾到原语的形象，并根据目的语文化及语言习惯作相应的调整，采取恰当的译法， 以准确而得体的形式在译入

语中再现原语的信息，以达到文化交流的目的。

参考文献：

[1]강신도. 한중 속담관용어사전[K]. 黑龙江：朝鲜民族出版社，2010.

[2]수잔 바스넷（Susan Bassnett）（저）. 김지원，이근희 공역. 번역학 이론과 실제[M]. 한신문화사，2004.

[3]Eugene A. Nida. Language culture and translating[M]. 上海外语教育出版社，1993.

[4]Eugene A. Nida. The Theory and Practice of Translation[M]. 上海外语教育出版社，2004.

[5]郭建中. 当代美国翻译理论[M]. 湖北教育出版社，2000.

「漢語」在日本人日常生活中的重要作用

2011级　日语语言文学　邵丽勤

摘　要：为了探寻汉字在日语中的前景，本文在先行研究的基础上将考察角度放在了日本人的日常生活。通过分析汉字在阅读、娱乐和起名字时起到的重要作用，来表明汉字在日语中的不可替代性。

关键词：汉字；日常生活；重要作用

在看到原本同属汉字文化圈的越南和韩国纷纷抛弃汉字之后，不禁担心起汉字今后在日语中的命运。特别是日本历史上也曾经大力提倡过“汉字废止论”，而且像日本首位文部大臣森有礼、被誉为“小说之神”的志贺直哉以及“宪政之神”的尾崎咢道这样极具社会影响力的人物也曾在提倡者之列。事实上1946年日本内阁也公布了以全面废弃汉字为目标的“当用汉字表”。那么为什么汉字能够经受历史的考验沿用至今是我们必须思考的问题。现在日本人也还是会觉得汉字很难很不方便，可是他们始终没法抛弃汉字的原因到底在哪里，这是笔者本文想要研究的问题。

一、先行研究以及问题点

有关日语中汉字作用的先行研究研究很多，主要围绕汉字的表意性特征，谈到了在造词、同音不同义词语的辨别、汉字的构词能力以及新词语义推测等方面的重要性。但是以往的研究普遍存在这样的问题，首先专门研究汉字在日语中重要地位的研究很少，大都是在研究汉字时有所涉及；另外对汉字作用的描述多是广泛列举，缺乏系统性。

所以笔者才想将这个课题拿出来重新研究，并且将着眼点放在了以往较少涉及的汉字在日本人日常生活中所起的作用上，立足于现实生活看日语中的汉字作用。

二、汉字在日本人日常生活中的作用

（一）汉字为日本人的阅读提供了方便

比起假名和字母,汉字确实由于其复杂性使其不方便书写和音读。可是进入计算机时代以后，汉字书写问题早已得到了很大的解决，再复杂的汉字也可以用电脑轻松写出。至于音读上的困难也没有给现实生活带来很大的不便。因为事实上我们日常生活中音读的机会很少，大部分是靠默读来获取信息。这一点駒井明（1987：14）有更详细的说明。而说到默读，汉字的重要作用则是任何表音文字无法取代的。早在 1916 年的「言と字と文」中三宅雪嶺就谈到汉字的这一作用。「仮名より目読し易き羅馬字も、漢字ほど目を刺戟せず、一目瞭然たる者さへ、漢字の如く感動を与へず。…漢字に慣れたる者には、漢字ほど読み易きは無く、真に一見一行を解すべく、時として数行を解すべし。」同样，日本民俗学家柳田国男也表达过同样的看法。「日本の本が非常に速く読める。つまり、そのページを開けてみて漢字を探せばいい。漢字だけを覚えてサッサッと読めば、その本に書いてある大体の意味が分かる。」由此可见，汉字不但不是像部分人误解的那样复杂、低效率，反而是提高人们日常生活效率的重要存在。

这一重要性从日本报纸中汉字的使用率上也可以看出。共同通信社曾经将 1971 年 7 月 15 日到 21 日的 4252 篇文章作为调查对象，对其中使用的文字类型进行了统计分析，其结果如下：

表 1 新聞における文字の使用率（『図解日本語』p 206）

文字種類	漢字	ひらがな	カタガナ	ローマ字	数字	その他
異なり字数	86.8%	2.8%	3.0%	1.0%	2.3%	4.1%
延べ字数	46.1%	35.3%	6.1%	0.4%	1.4%	10.7%

从表 1 的数据我们可以明显看到汉字在报纸中的使用比率压倒性

的高，日本作为一个有读报习惯出了名的国家，可想而知人们每天要和多少汉字打交道了。

（二）汉字的娱乐性

说起日本的「言葉遊び」，那可少不了汉字的功劳。首先我们看看「文字遊び」就是直接有关汉字的一种娱乐方式。在日本“茶”被当成是一种吉利的东西经常作为礼物赠送，因为日本有一种叫做「茶寿」的说法，指的是108岁的高寿，原因是“茶”＝廿（＝二十）」＋「八十八」=108。除此以外还有99岁的白寿：“白”＝“百”－“一”＝99；88岁的米寿：把“米”字拆成“八十八”。这些都是汉字在日常生活中趣味性的体现。

除了文字游戏以外，「語呂合わせ、駄洒落、なぞかけ、なぞなぞ」等日常生活中最常见的「言葉遊び」也是和汉字有着密不可分的关系。因为汉字使得日语中无数同音不同义的词语存在得到可能，从而大大丰富了人们的语言生活。下面我们就分别举例来看。「語呂合わせ」：例如「ふくろう」为什么作为一种吉祥的动物受到大家的喜爱呢？因为「ふくろう」＝「不苦労」＝「福来郎」，把「ふくろう」这几个假名对应到汉字的话就使其具有了丰富多彩的意思，这就是汉字的魅力。「駄洒落」：「貴社の記者は汽車で帰社する。」试想一下，如果这句话中把汉字换成假名会有什么样的效果？「なぞかけ」：「枯れた山とかけて、片思いと解く、そのこころは？」「き（木·気）がない。」「なぞなぞ」：「飛行機と船はどちらが先に出発しますか？」答案是「船」。理由是「後悔（航海）先に立たず」。

如上所示，汉字始终贯穿于以上这些人们熟知的游戏中，大大增加了日语自身的趣味性。由日本「毎日放送」制作的『プレバト!!』这一收视率很高的娱乐节目也从2013年开始导入了「漢字書き順トーナメント」这一游戏，明星们比赛谁能最多地笔画正确地书写汉字。汉字的趣味性甚至在笔画上都有很好的体现。汉字比起假名、字母要复杂些，可是正因为复杂所以有趣。而且日本早从1995年开始把每年的12月12日定为「漢字の日」，在这一天会公布「今年の漢字」，由日本民众一起选择一个最能表达当年社会情况的汉字。「今年の漢字」

公布之前，打开电视就能看到相关的讨论，这让我这个中国人都惊讶不已。

（三）汉字在日本人名中的地位

汉字是一种艺术型的文字，书道之所以能够发展起来受很多人喜欢，正是因为每一个汉字在造型上、意义上都能给人无限的联想，可以包含各种深意。汉字的这一魅力在日本也有很好的体现。日本人关注最大的莫过于用于自己名字的汉字了。家长们在给自己孩子取名字的时候也是特别在意每个汉字所包含的意思，用于名字的汉字都包含了对孩子成长的祝福和希望。而且汉字同时可以给很多相同发音的名字赋予不同的意义，这一点在日本人的实际起名字过程中起到很重要的作用。刚到日本留学时，我的一位东京朋友作为留学贺礼居然给我寄来了一本厚厚的『字統』，并认真地说将来给孩子起名字时可以用，可见人们对此事的关注程度。而且日本人对自己名字的汉字笔画数都很在意。他们经常会做名字测试，如果自己名字的笔画数不吉利的话会非常在意，甚至会改名字。事实上日本政府规定的能够用于人名汉字的字数也是在逐年增加。1951 年的规定是除「当用漢字表」中的 1850 字以外还可以有 92 字另外用于名字，1976 年增加了 26 字，到 1981 年「人名用漢字表」再次更新，变成总共 2111 字可以用于名字。如果说要废弃汉字，名字变成只有假名的话，估计不具有现实意义吧。

三、小结

山田豪（2011）曾经说过「漢字を排斥し、和語だけの文章をつくり得たとしても、英語などが基本的に持っている「文としての一貫性」や「名詞概念性」や「主体性」に相当するものを和語は確保することはできない」。由此可见，和语自身的不完整性也注定日语离不开汉字。加上本文分析的汉字在人们日常生活中方方面面的重要作用，也让我们更加坚信未来汉字在日语中不可动摇的地位。

参考文献：

[1]駒井明. NAFL 日本語教師養成通信講座⑥：読み方の教育[M]. アルク，

1987.

[2]佐藤喜代治. 現代生活と漢字[M]. 明治書院，1989.

[3]高島俊男. 漢字と日本人[M]. 文芸春秋，2001.

[4]林大監修. 図説日本語[M]. 角川書店，1984.

[5]山田豪. 日本人の言語観とその未来[M]. 国書刊行会，2011.

双宾语层级分析

2012级　外国语言学及应用语言学　宋夫容

摘　要：在本文中对于双宾语的分析，我们主要依据赵彦春对X-bar修改后的图式及其提出的逻辑模板对其进行分析，通过对"V+给"中"给"的词性分析及跨语料的分析，得出双宾结构实为带有指向意介词宾语的单宾语结构，在模板中间宾是以附加语的形式存在的。

关键词：双宾语；X-bar之弊；逻辑模板

一、引言

双宾语结构是长期以来颇受争议的问题，无论是基础生成观还是转换派生观都试图在最简方案下解决直宾与间宾的赋值和题元分配问题，然而最简方案终因X-bar图式固有的矛盾等原因，导致实体性最简方案繁琐冗余且解释不了普遍的语言现象。赵春生（2012）指出要解决好双宾关系最佳方案就是增设语类，但一旦采用这种方法，所谓的双宾语结构就不能算是真正的双宾语结构，因为两个名词短语不可能同时作为一个主动词的宾语。因此，传统上所谓的双宾语结构不存在逻辑基础，实为假象。

因此，在本文中，我们主要依据赵彦春在生成语法基础上对X-bar修改后的图式及其提出的逻辑模板下对双宾结构进行层级分析，此方案不仅解决了X-bar图式的不足且简洁逻辑。

二、逻辑模板的提出

赵彦春的逻辑模板的提出是在修订的X-bar图式基础上提出的，

下面我们首先简介一下 X-bar 理论的不足及其修订图示。

（一）X-bar 之弊及新的图示提出

X-bar 理论最初是 Chomsky（1970）《论名物化》一文中提出的，为描写短语结构提供了统一模式，但 X-bar 图式过于线性和语义描写，致使图式矛盾且冗余，句法解释繁琐而失当。因此，在赵彦春、赵春生（2010）一文中，其主要清理了 X-bar 图式的冗余与矛盾，并重新塑造了新的短语结构图式。

此文指出 X-bar 存在的主要问题表现在附加语、补足语和标志语上。根据结构保存（structure preserving）原则，由于附加语本身就是最大投射，所以附加语应该附加在 XP 之上而不是附加在 XP 之内，因此学者把图一修改为图二。对于补足语与标志语的问题同样也提出了解决方案，认为在名词短语中被认作标志语的限定词实质上是补语，而标志语这一位置实为虚设，构成短语的充要条件是：中心语＋补语。因此，把图二修改为图三，其中＋表示附加语（Adjunct）的附加过程，附加语可以加在 NP、VP、AP、F 等之上。

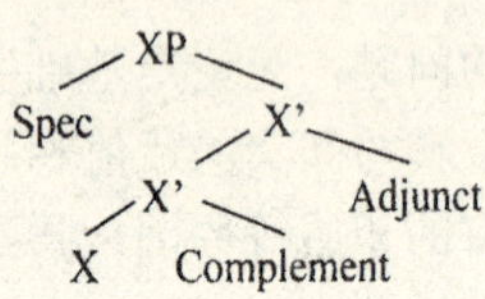

图一

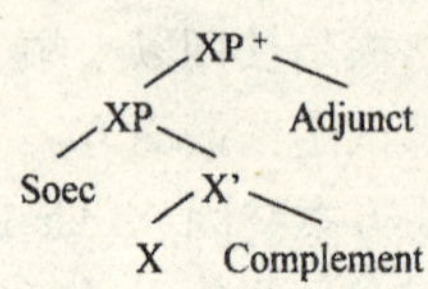

图二

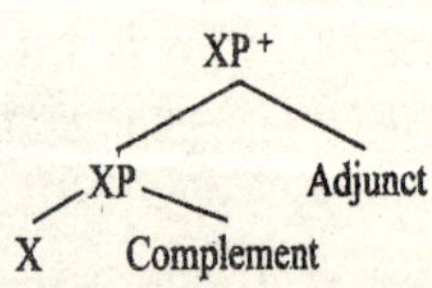

图三

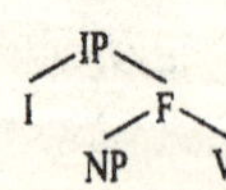

图四

此图式不仅消解了 X-bar 图式固有的矛盾和冗余，且体现了短语结构的层级性和递归性，为最简方案提供一种借鉴图式。此外赵彦春还提出对最简方案整个系统进行清理的主张，即取消特征核查，取消一致和移位操作等，最后将最简方案三个操作手段简化至一个，即合并。认为主语和谓语的合并一起构成了句子的基本框架 F，如图四所示。

（二）逻辑模板的提出

赵彦春（2012）进一步深化了自己的观点，即句子是纵向指派而非横向移位的，认为句子是由 NP 和 VP 合并而成的，亦可表示为[S [NP] [VP[V [NP]]]]，其中 S 为最大投射节点，这一模板可以通过名词化而成为 NP 节点，嵌入另一个 NP 中，形成离散无限性的递归机制。NP 和 VP 构成未经调变的基本模板 F，其中 I 是模态算子，其作用是为这个框架进行模态调变或赋值，此框架也可改写为：...[CP [C [IP [I [NP [VP[V [NP]]]]]]]]]...。此框架表示了未经调变的基本模板 F 在模态算子 I 的调变下可以表示任何特定的语言，具有普遍性意义，与最简方案相比更简洁经济。

三、在逻辑模板下对双宾结构层级分析

无论采用哪种理论来分析双宾语，都要将其理论分析回归到一个主动词与两个宾语相互作用的关系中去。从逻辑上分析，一个动词是不可能同时作用于两个宾语的，对于双宾语结构是一个动词真的同时作用于两个宾语，还是双宾语结构掩盖下的虚像，下面我们进行语料分析。

（一）“V+给”结构“给”的词性分析

在现代汉语双宾语中我们以带“V+给”句式为例，要确定其是不是双宾语结构，这需要我们分析其句式中“给”的词性。若“给”是“V 给”复合词中的一个实词素，则此句式为双宾语结构；若“给”为介词，则证明此句式就不是正真的双宾结构。在现代汉语语法中，对于“V+给”结构中的“给”的词性，学者们各持不同的观点，大体上把“给”的词性分析为动词、介词、助词、两分说等几种情况。然而笔者认为把“给”分析为介词更合理，理由如下：

其一，若类似于“送给”、“借给”的复合词是复合动词的话，那么该复合词就会像其他复合动词一样，每个复合词素都不能省略且表示两个动作，如“更改”、“留神”、“偷听”等，若省略其中一个复合

词素则意思不完整。然而在“V+给”结构中，词素“给”是可以省略的，如“送给”“卖给”“敬给”“献给”等单音节动词与“给”的复合词中，以及“安排给”“赠送给”“奖励给”“赔偿给”等双音节动词与“给”组成的复合词中。其二，我们认为例（1）a句成立而b句一般是不成立的，因为在此句中“给”后面必须接人才符合常理，若其后没有人称代词或名词短语则“给”也应省略，因此可确定这里“给”应为介词，其作用是引出动作的对象，而不是实义的动词“给”。再次，例（2）a句是歧义句，因为此句可以表达两种不同的含义，即可表示“张三借给了李四一本书”，也可表达“张三向李四借了一本书”；而在动词够增加带有指向意义介词“给”后，b句意义才清晰明确。可见无论是在“V+给”结构中省略代词或名词词组，还是在双向动词“借”、“租”等词后省略“给”都无法表达清晰的意义，由此可见“给”应为介词，其作用就是引出动作的对象。这也与吕叔湘（1999）的观点相同，其认为“V+给”结构中“给”主要有以下几方面意义：①引进交付、传递的接受者；②引进动作的受益者；③引进动作的受害者。因此，传统的汉语双宾结构实为带有指向意介词宾语的单宾语结构。

（1）a. 我卖一套房子　　　　b. 我卖给一套房子

（2）a. 张三借李四一本书　　b. 张三借给李四一本书

（二）跨语言的语料分析

下面我们跨更多的语料来分析证实双宾语实为单宾语结构，如下：

(3)S: 我送给他一本书。　　S+V+给+NP1+NP2 梁秀林（2012）
나는 그에게 책 한 권을 보내주다.　S+NP1+对+NP2+V+给
我　他助词 书　一本　　送给　　（与格助词+补助动词）
S′：나는 그를 책 한 권을 보내주다.　　（双宾结构）
S″：나는 책 한 권을 그에게 보내주다.　（与格结构）

（4）a. Luc lui a donné un livre.（法语：卢克给他一本书）
Luc him has given a book.
b. Luc a donné 1e livre à Paul.（与格结构）
Luc has given the book to Paul.

（5）a. Mary gives me a book. / b. Mary gives a book to me.

（6）a. 玛丽送（**给**）**我**一本书。/ b. 玛丽送一本书**给我**。

例（3）S1 中汉语句子是典型的双宾结构，其韩语对应形式是与格结构，而 S′ 是韩语的双宾结构，依据李珠玉（2010）的分析可推测在“주-”类（给予类）动词中与格结构助词에게与双宾语结构助词를是可以互换的。又据其分析“朝鲜语格助词没有格分配功能，是句法功能为标记”可得出韩语格助词只是句法功能的形态标记。因此，在“주-”类动词中，韩语双宾结构与与格结构基本上没有什么差异，且两个助词可以互换。这表明“그를”地位与“그에게”的地位及作用相当，因此可推测“그를”就像“그에게”一样在句中做状语，而不是作为主动词的宾语。因此，在韩语“주-”类动词双宾语并非是真正的双宾语，其主动词只会直接作用于一个表示物的宾语。

对于例（4）我们先了解一下缀词和附缀化的定义。所谓的缀词（clitic）是指在句法上作为词而独立存在，但是在语音上却依附于其他词或短语，即宿主（host）而存在的词。词在语音上变为缀词的过程叫附缀化/缀词化（cliticization）。根据赵春生（2012）、张斌（2013）等学者对附缀化的研究，可知在例（4）中间宾 lui 是附缀代词，相当于与格介词 à 与一个名称词组，在此例中相当于 to Luc，是前依附于宿主（host）动词 donne 的；从法语附缀化的现象可知间宾实质上带有指向意的介词和代词结合的介宾短语以附缀化的形式出现的。

对于例（5），根据 Visser 所述，在中古英语中间宾是置于直宾前的，并且间宾前可带诸如 to 这样的介词。赵春生（2012）指出，随着历史演变古英语中带有介词短语的单宾语结构部分丢掉了介词的语音形式，而呈现出现代英语中的双宾语结构形式，而部分介词 to 仍然保留在现代英语中，从而他提出了双宾语结构是与格结构中的与格介词附缀化的假说，其中例（5）a 句实质上是省略了发生附缀化介词 to 的隐性表现。

通过跨语料分析可知，双宾语实为带有指向意介词宾语的单宾语结构，在不同类型的语言中间接宾语表现出不同的介宾形式及状语结构的表现形式，其中在介宾结构中介词因具体语言而呈现出显性或隐性，双宾语结构实为假象。在句法分析中介宾形式是以附加语的形式出现的。

（三）双宾结构的层级分析

通上分析，双宾语结构实为带有指向义介词宾语的单宾语结构，介宾在人类语言模板中作为附加语（adjunct），其位置可前可后，间宾前面的介词根据具体需要呈现出显性或隐性。下面根据语言模板 F→NP+ VP（即[I[NP　VP　[Adjunct]]]）重新分析双宾结构，以例 5）a 为例。如图所示：

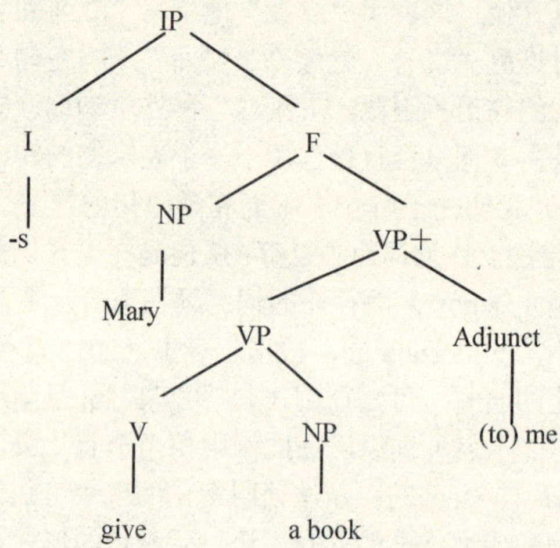

其中例（5）双宾语结构与与格结构的区别在于附加语成分，在与格结构中作为附加语成分的“to me”中的介词“to”是呈显性的，而在双宾语结构中“to”是呈隐性的，因此双宾语结构实为单宾语结构，同时也符合逻辑的特点。

四、结语

生成句法学在追求高度经济简洁的过程中经历了由繁至简的过程，然而我们发现实体性最简方案由于 X-bar 理论固有矛盾及移位动因不足等问题，使得最简方案理论冗余且不具有普遍性的语法意义。由此，我们依据语句的基本模板，在此模板下对双宾结构进行层级分析。此逻辑模板不仅为双宾结构的分析提供一种新的可行方案，也为解释语言的奥秘提供了一种新的方法和视角。当然，对于双宾语的研究还需要更多的语料支持和深入的考察，解开语言的奥秘还需不懈的坚持和努力。

参考文献：

[1]李珠玉. 英朝宾格对比研究[D]. 延边大学，2010.

[2]张斌. 现代汉语附缀研究[D]. 上海师范大学，2013.

[3]赵春生. 双宾语结构之附缀化假说[J]. 重庆文理学院学报，2012 第 31 卷（4）：111-116.

[4]赵彦春，赵春生. X-bar 之弊——从名物化分析到最简方案[J]. 当代外语研究，2010（12）：25-31.

[5]赵彦春. 取消移位——生成句法学的奥卡姆剃刀[EB/OL]. 2012. http://www.docin.com/p379080014.html.

终助词「ね」与语气助词“吧”的对比研究

2011 级　日语语言文学　苏霖坤

摘　要：本文将日语终助词「ね」和汉语语气词“吧”位于句末时的语法结构及语义特征进行了分析对比。虽然存在「ね」偏向说话人向听话人确认，而“吧”则偏向于说话人的不确定语气这一二者之间的本质性差别，但是在翻译过程当中二者依旧存在互译的现象。本文将根据其在不同语法结构中的具体的互译可能性进行总结。

关键词：语气；终助词；语气助词；互译

一、引言

“吧”「ね」和在汉、日语当中是非常常见且重要的语气词。对「ね」的研究前期集中在其表示确认的语气上，中期从情报所属对象[①]对其语义特征进行了分析，近年来从说话人和听话人的认知以及塞尔的言语行为理论试图对其语义特征进行一个总体归纳。而中国学者对“吧”的研究特别是语义分析上，主要分为两大派。以朱德熙、吕叔湘为代表，主张“吧”的语义有多种[②]；以胡明扬、陆俭明为代表，主张“吧”的语义只有一种。从对比的角度分析「ね」和“吧”的有苏德昌、徐晶凝、田禾、郭云辉等。他们分别从语气系统、发音、语义特征等角度进行了分析。前两者注重句末的研究，后两者注重句中的研究。

---

① 神尾昭雄在『情報のなわ張り理論』一书中，从情报属于说话人还是听话人的角度对「ね」的使用进行了分析，认为「ね」在情报属于说话人和听话人范围内或属于说话人范围外听话人范围内时被使用。

② 朱德熙认为“吧”的用法有 2 种，吕叔湘则认为有 5 种。

如何区分哪些是句末用法是一个非常重要的问题，本文将遵循以下准则。

区分「ね」的方法

①从语法结构上看，接在完整的句子后的是句末用法，接在句子成分后的是句中用法。

②接在句子成分后时，如果这个句子成分在语义上是一个完整的句子，则看做句末用法。

区分“吧”的方法

①从语法结构上看，接在完整的句子后的是句末用法，接在句子成分后的是句中用法。

②接在“好”“行”后，作为表示同意的答句时，视为句末用法。

本文将着重二者出现在句末时的用法，从语法结构和语义特征两个方面对二者进行对比分析，并就其互译的可能性进行讨论。

二、出现在句末的「ね」和“吧”

（一）语法结构

「ね」可以接在表示劝诱的祈使句、陈述句、疑问句后，而“吧”则一般接在祈使句、陈述句后。

终助词「ね」不能接在表示命令和禁止的祈使句、选择疑问句后，而“吧”也不能接在特殊疑问句和选择疑问句后。

需要注意的是，“吧”可能会导致整个句子的句式发生变化。比如，接在祈使句后时句子整体可能继续保持祈使句式或是变为疑问句式；接在陈述句后时句子整体可能继续保持陈述句或是变为疑问句。

此外，「ね」和“吧”二者都可以和其他的终助词、语气助词连用。

（二）语义特征

同属“助词”，同样不会对句子的真值义构成影响，但「ね」和“吧”的功能却不尽相同。「ね」的功能是将说话人的认识传达给听话人，且这种认识是基于说话人和听话人对同一事件拥有相似判断的基础上的。而“吧”的功能是表示说话人不确定的语气，并不对听话人有任何认识上的要求。

1. 祈使句

在这个句式当中，「ね」可以出现在表示拜托和劝诱的祈使句后，却不能出现在表示粗暴命令的祈使句后。这是由于，「ね」是将说话人的认识传达给听话人进行确认的终助词，而粗暴的命令句是说话人处在较高地位，发表的具有权威性的话语。如果这时用「ね」的话，说话人的地位和权威将得不到保障，不符合现实，所以「ね」不能接在粗暴的命令句式后。但是可以接在较温和的命令句后，这时由于较粗暴的命令句而言，温和的命令句中说话人已经主动将自己的地位放低，其话语的权威性也有所下降。

（1）a.　早くして（ください）ね。

b. *早くしろね。

而“吧”的主要功能是缓和语气，和说话人的地位没有直接关系，因此接在表示命令的祈使句后，起到的是缓和命令的语气的作用。

（2）你给我起来吧。

在表示拜托和劝诱的祈使句后，“吧”起到的同样是缓和语气的功能。

（3）a. じゃ、また明日会おうね。

b. 那我们明天见吧。

（4）快起来吧。

通过以上分析我们可以推导出以下结论：在祈使句中，表示拜托和劝诱的祈使句「ね」和“吧”存在互译的可能性，表示命令的祈使句后，二者不能互译。

2. 疑问句

日语当中，「ね」接在带有疑问词「か」的疑问句后，句子整体表示疑问语气。中文当中，“吧”可以接在特殊疑问句和选择疑问句之外的疑问句之后构成疑问句。同时，“吧”也可以接在陈述句和祈使句后构成疑问句。

（5）会議は 1 時からでしたかね。

（6）你说几点吧？

单从“吧”可以单独和其他句式组合构成疑问句这一点来说，可以推断其表示译文的语气要比「ね」强。在疑问句中，二者不能够完全互译[（5）可以译为“吧”（6）不能译为「ね」]。

3. 陈述句

如前所述，“吧”接在陈述句后句子整体或是继续保持陈述句式，或是变为疑问句式。在这里，我们将其进行以下分类。

- 陈述句+吧
  - 陈述句
    - 陈述
      - 以说话人或听话人的信息为准（1）
      - 说话人和听话人需求信息基本相同（2）
    - 回答对方问题（3）
  - 疑问句——希望得到对方的肯定回答（4）

而「ね」接在陈述句后并不会改变句子类型，因此上图中（1-4）的四种情况都应和日语的陈述句式对应。

情况（1）中，「ね」和“吧”不能完全够互译。

（7）梅：当初胡一统拼命追我，就因为我爸爸妈妈反对，我光顾着对抗家长了，稀里糊涂地就闪电式跟他结婚了，傻了吧，嫁错人了吧。

（8）ちょっと銀行に行ってきますね。

例（7）中的“吧”可以译为「だろう」「？よね」「？ね」，例（8）中的「ね」则应该译为“啊”。这是由于“啊”接在祈使句后可以表示提醒、嘱咐，而“吧”则不具备该功能。

属于情况（2）的有以下例句。

（9）这件事对他来说可能也是件好事吧。

（10）活動屋さんは活動見るのもお勉強なんだろうね。

这种情况下，二者是能够互译的。

情况（3）则需要具体分析。

（11）星：妈，您今天是几点回来的？

梅：嗯，差不多六点吧！

这时“吧”可以译为「ね」，其用法为说话人追溯自己的记忆并得出了结论，但是，一下情况却不可以。

（12）「いくらですか。」

「えーと、500円ですね。」

日语当中，这种说法是可以的，但是却不能译为“吧”。如前所述，“吧”是缓和说话人语气的，如果译为“500日元吧”的话，估计没有客人会相信这句话的真实性了。像此类说话人向听话人寻求确切回答的时候，中文是不能用“吧”的。

（13）「こんなこともわからないの？」

「わからないね。」

这类对话在争吵的时候时常出现。这里的「ね」表示说话人拒绝的态度，决不能译为“吧”。在争吵时用缓和语气的“吧”的话那也就不能是争吵了。

情况（4）时“吧”和「ね」是可以互译的。

（14）您是王老师吧。

（15）もう行かないよね。

这种情况说话人已经具有了一定的判断，已经对对方会做出肯定回答有了预期。

三、小结

本文就终助词「ね」语气助词“吧”出现在句末时，其语法结构和语义特征进行了对比分析，并就其互译的可能性进行了探讨。现得出以下结论：（1）「ね」偏向说话人向听话人确认，而“吧”则偏向于说话人的不确定语气，这是二者之间的本质性差别，但却不影响二者在翻译过程当中互译的可能性。（2）接在表示拜托和劝诱的祈使句后「ね」和“吧”存在互译的可能性，接在表示命令的祈使句后，二者不能互译。（3）在疑问句中，二者不能够完全互译。（4）接在陈述句后，需要根据不同情况进行具体分析。

参考文献：

[1]高增霞. 语气词“吧”的意义再探[J]. 山东师大学报，2000，(1)：93-96.

[2]张晓锋. 现代汉语语气词“吧”“呢”“啊”的话语功能研究[D]. 上海师范大学博士学位论文，2003.

[3]中田一志，発話行為論から見た終助詞ヨとネ[J]. 日本語文法， 2009，(9)：19-35.

[4]日本語記述文法研究会. 現代日本語文法 4 第 8 部モダリティ[M].くろしお出版，2003:254-260.

[5]益岡隆志. モダリティの文法[M]. くろしお出版，1991：92-107.

浅析中国日语学习者对填充词「まあ」的误用

2011级　日语语言文学　孙湖

摘　要：本文以“BTSJ语料库”为研究资料，统计分析在自然状态下的日常谈话中，中国日语学习者和日语母语话者对于填充词“まあ”的使用情况，通过对比，归结出中国日语学习者对于填充词“まあ”的误用：①中国日语学习者易忽略“まあ”的男女性差；②不能充分利用填充词“まあ”的不同谈话功能。

关键词：中国日语学习者；填充词；まあ；误用

一、前言

在日语的日常谈话中，填充词“まあ”[①]是经常出现的语言现象，对于促进日常交流的顺利进行具有重要作用。日语母语话者可以自然地分辨并使用填充词“まあ”，但是日语学习者对填充词“まあ”的使用却不能像母语话者那样自然，存在各种误用。本文将以“BTSJ语料库”[②]中出现的含有填充词“まあ”的语句为研究对象，统计分析中国日语学习者和日语母语话者对于填充词“まあ”的使用情况，进而通过对比，总结出中国日语学习者对于填充词“まあ”的误用。

二、先行研究

蔡（2007）考察了中国日语学习者对填充词“なんか”和“まあ”

---

① 本文中的填充词“まあ”包括“まあ”“まぁ”“ま”“まー”四种形式。

②“BTSJ日语口语语料库（文字记录・语音）2011年版”的略称，属于东京外国语大学宇佐美研究室2008-2010年度科学研究补助金基础研究B（20320072）的研究成果。

的误用。对于“まあ”的误用主要是从性差方面对比日本母语话者和中国日语学习者的使用实态。

对于填充词“まあ”的使用，蔡（2007）主要从性差上进行了考察，本文在验证其数据准确性的基础上，还将从谈话功能的角度考察中国日语学习者对于填充词“まあ”的误用。

三、填充词“まあ”的性差

对于“まあ”的性差研究以“BTSJ 语料库”中收录的 8 段初次见面的日语母语话者（男女）的对话以及 4 段初次见面的日语母语话者和中国日语学习者的对话中出现的“まあ”为研究对象。

蔡（2007）的研究表明男性日语母语话者对于填充词“まあ”的使用频率大约为女性的 26 倍。而本文通过统计发现，在 8 段初次见面的日语母语话者（男女）的对话中，“まあ”的总出现数为 121 例，其中，男性占 66.1%，女性占 33.9%，男性对于填充词“まあ”的使用量约为女性的 2 倍。通过蔡（2007）以及本文的数据可以发现，对于填充词“まあ”的使用，男女性差正在逐步缩小，但是不能否认依然存在。

在 4 段初次见面的日语母语话者和中国日语学习者的对话中，总共出现 37 例填充词“まあ”，其中，女性日语母语话者仅使用 4 例，而女性中国日语学习者的使用数为 33 例，约为日语母语话者的 8 倍。

综上所述，填充词“まあ”的性差正在逐步缩小，但是不可否认的是男性对于填充词“まあ”的使用仍然明显多于女性；而由于汉语中不存在性差问题，所以中国女性在使用填充词“まあ”时，往往会忽略性差，比日本女性更多的使用“まあ”。

四、填充词“まあ”的谈话功能

除了性差，本文还从“BTSJ 语料库”中抽出中国人填充词“まあ”的使用例 33 例、日本人填充词“まあ”的使用例 38 例，从谈话功能方面将填充词“まあ”分类，对比分析中国日语学习者和日语母语话者对其功能使用的不同。

中岛（2009）指出填充词“まあ”有以下4种功能：

（1）缓和发话的开始

在进行说话者交替的时候，说话者使用填充词“まあ”来缓和发话的开始。即，通过填充词“まあ”的使用，来缓和从对方手中获得说话权的行为。

例1：日本人1：だとか「駅名」ですか？

日本人2：はい。

日本人1：はい。

日本人2：ま、どっちかですよね。

日本人2：「路線名1」線に出るか、「路線名2」線に出る[①]。

如例1所示，在日本人2从日本人1手中获得说话权时，通过使用填充词“まあ”来达到缓和发话开始的目的。

（2）缓和语气

在陈述与对方不同的意见，或者为了缓和否定表现，使用填充词“まあ”来达到缓和语气的目的。

例2：日本人3：それでも聞き取れない時はどうするんですか？

日本人4：だから、まあしょうがないんで、でもまああんまりそれはないんですけど。

日本人3：うんうん。

（3）维持发话权

同一说话者为了维持发话权使用填充词“まあ”。

例3：日本人5：ふーん、最初は通ってたんですけどもね、移転直後は。

日本人5：ちょっと辛いなー。

日本人5：まあラッシュとは反対なんで。

日本人6：ですよね。

（4）填充话语中的空白

说话者在想不出合适的词语的时候，通过使用填充词“まあ”来

① 本文例句全部出自“BTSJ语料库”。

填充时间或者获得准备好下一个词语的时间。

例 4：日本人 7：あ、僕やってたのはその、なんか、日本に来ている、その、なんだろうな、あっ、外国人の方‘かた’に、あの、別に、帰国子女でも、外国人が日本に移住したパターンでもいいんですけれども、母語が日本語じゃない人が日本にきて、まあ日本語を、小さいうちにここに来て、ここに来て勉強しますとか。

日本人 8：うんうんうん。

将从“BTSJ 语料库”中抽取的 33 例中国日语学习者填充词“まあ”的使用例以及 38 例日语母语话者的使用例根据上述功能分类，其分类结果及比例如表 1 所示。

表 1 “まあ”不同功能的使用数及其比例

		中国人	日本人
谈话功能	缓和发话的开始	6（18.2%）	7（18.4%）
	缓和语气	2（6.1%）	13（34.2%）
	维持发话权	1（3.0%）	7（18.4%）
	填充话语中的空白	24（72.7%）	11（29.0%）
	合计	33（100%）	38（100%）

如表 1 所示，对于“まあ”的不同功能，日语母语话者使用最多的是“缓和语气”的功能，其次“填充话语中的空白”这一功能的使用率也较高。为了促进对话的顺利进行，日语母语话者充分地利用了“まあ”的四种功能。而另一方面，中国人在使用“まあ”时，大量地使用“填充话语中的空白”这一功能，其他三种功能的使用率远远低于母语话者。

究其原因，赵刚、贾琦（2011）指出，由于汉语的特征是注重表达的明确性、明示性、正当性、说服性，所以在对话中与日本人重视人际关系的调节不同，中国人更加倾向于强调个人主张。所以，为达到调节人际关系、顺利交流的目的，日语母语话者充分利用填充词“まあ”的四种功能，尤其是前三种功能，而中国日语学习者受母语干涉，较少关注对话中人际关系的调节，导致对填充词“まあ”的前三种功能使用较少。另外由于会话能力的不足，导致中国日语学习者大量使用填充词“まあ”来填充话语中的空白，以获得思考合适词语的时间。

五、总结

本文利用“BTSJ 语料库”，从性差及功能上对比分析了中国日语学习者与日语母语话者对填充词“まあ”使用上的不同，从而发现在填充词“まあ”的使用上，中国日语学习者存在以下误用：①忽略填充词“まあ”的性差；②不能充分利用填充词“まあ”的不同谈话功能。

本文仅从性差及谈话功能两个角度对填充词“まあ”进行了探讨，今后将进一步从出现位置、性质等不同角度来探讨填充词“まあ”，发现中国日语学习者的误用现象。

参考文献：

[1]赵刚，贾琦. 中国日语学习者的会话分析研究[J]. 日语学习与研究，2011，（4）：95-103.

[2]蔡嘉綾.日本語学習者の会話におけるフィラーの研究—中国語母語話者を中心に—[J]. 東北大学高等教育開発推進センター紀要，2007:311-314.

[3]中島悦子. 自然談話に現れるフィラー－自然談話録音資料に基づいて－[J]. Asia Japan Journal, 2009, (4): 1-23.

[4]山根智恵. 日本語の談話におけるフィラー[M]. くろしお出版，2002.

中日惯用句中「手」的意义及用法对比

2012级　日语语言文学　孙琦

摘　要：惯用句是长期习用、意义相对完整、结构简洁稳定、整体使用的定型短语，而不论是在中文中还是日语中，以身体词汇构成的惯用句相当多。其中，含有“手”的惯用句则占很大的比例。本文将从中日惯用句中“手”的意义及用法两方面进行对比，并以“手”为例，探讨对比中日惯用句中的隐喻认知机制，以此来对中日惯用句中“手”的概念做一个全面的分析。

关键词：惯用句；手；隐喻认知

一、惯用句的意义

惯用句是长期习用、意义相对完整、结构简洁稳定、整体使用的定型短语。中文及日语中均有对惯用句的定义，在《现代汉语词典》（第五版）中，惯用句被定义为“熟语的一种，常以口语色彩较浓的固定词组表达一个完整的意思，多用其比喻意义”。在日语中，惯用句也有类似的定义。《广辞苑》（第五版）将惯用句定义为由两个以上词语构成，且其含义无法由单个词语的意义推导而来的习惯性表达。虽然在中文中，“惯用句”被替代为“惯用语”一词，但从定义可知，虽然二者名称有所差别，但意义却基本相同，因此本文中中文“惯用语”一词也将被替换为“惯用句”。

二、中日惯用句“手”的意义对比

据统计，《现代成语词典》其收录关于“手”的惯用句248个，而

《广辞苑》中则收录了133个关于“手”的惯用语。鉴于“手”在惯用句中的出现频率颇高，因此有必要对惯用句中的“手”进行系统的分析。

（一）“手”的生理意义

在探讨惯用句中“手”的含义之前，我们首先要明确一下“手”的基本含义，也就是它的生理意义。《汉语大辞典》中定义“手”为“人体上肢腕以下持物的部分”。而在《日本国语大辞典》中，“手”指的是“人体の肩の関節部分から指先までの部分。その全体だけでなく、また、かいな、指、掌などの部分を漠然とさすこともある”。然而，如“举手”等动作必须配合手臂才能完成，因此“手”的意义也被扩张到了整个上肢。

（二）“手”的非生理意义

在惯用句中，“手”的意义多集中于“手”的非生理意义上，因此在这一部分中作者将集中讨论惯用句中“手”的意义，并举例分析。

1. 表示所有

汉语：入手

日语：手に入れる

“手”的一项基本机能就是持物，因此不论是汉语的“入手”还是日语的“手に入れる”，都可以让人自然联想到从属关系，表示所有或属于。

2. 表示做事所使用的手

汉语：放手一搏

日语：手を染める

“手”的社会机能为劳动，因此此时“手”的意义被引申为做事所用的手。而此时“手”表达的不是手部的具体动作，而是根据指导“手”的动词来派生出的新含义。

3. 表示手段和方法

汉语：下毒手

日语：手を尽くす

此时汉语和日语中的“手”均表示做一件事情所使用的方法或手

段。日语中的“手がある”、“手を砕く”等中的“手”也表达同一个意思。

4. 表示本领

汉语：大显身手

日语：手が利く

此时“手”表示高超的本领。

5. 表示人与人之间的关系

汉语：强强联手

日语：手を切る

“手”在人与人的交往过程中往往起到问候的作用，因此，“手”也逐渐引申为人与人之间的关系。

（三）中日“手”意义的不同点

虽然中日两国语言中大部分“手”的含义都是相通的，但仍有一部分是日语中独有的。在这一部分中，作者将举例介绍日语惯用句中“手”的独特含义。

1. 表示牌或棋子

例：手が見える

此意义在中文中并不存在，而在日语中则表示手中的牌或棋子。

2. 表示花费的精力

例：手がかかる

因为“手”的社会机能是劳动，因此“手”的意义被引申为做一件事所花费的工夫和精力。

3. 表示能力

例：手に余る

办事的能力往往能通过“手”的工作来体现，因此“手”的意义被发展为能力。

三、中日惯用句“手”的用法对比

（一）形似义同

同作为亚洲国家的中国和日本，因为受相似的传统文化影响，在语言的使用中，比喻用法和喻义经常会出现重合的现象。因为同属汉字文化圈，所以汉语和日语的惯用句中也时常出现用字相似且含义一致的情况。

汉语：棘手

日语：手を焼く

汉语中“棘”表示带刺的苗木，因此“棘手”可以直译为刺很扎手。而日语中的“手を焼く”同样也表示手部的刺痛感。二者形似且均引申为事情很难办，可以被当作是形似义同惯用句的代表。

（二）形同义异

由于对同一事物的感官不同，以及一定的文化差异，日语中有一些惯用句虽然在形上看似一致，但却和汉语表达完全不同。

例：手を切る（分手）

从汉字字面意义来看，“手を切る”很容易被中国的日语学习者理解为切断手，而其实“手”在这里表示人之间的关系，“手を切る”意为分手。

四、以“手”为例，探讨中日惯用句的隐喻认知机制

隐喻作为一种认知手段，可以帮助人们在理解复杂概念时先建立一个简单的概念，以此来减轻认知负担。20 世纪 80 年代，莱考夫和约翰逊提出，隐喻不仅是一种修辞，更是一种人类普遍的思维方式。在惯用句中，由于“手”的多种非生理意义，中日两国也对它有不同的理解。

（一）“手”对具体域的投射

“手”对具体域的投射可以体现在两方面，一是对人类具体行动的投射，该部分与文章第一部分所述内容重合，因此这里不再赘述。二是对人类自身的投射。根据原型理论，一个语义域中最典型的成员往往被最先所熟知而形成一个核心，由此出发，其他相关成员也渐渐被认识。而“原型”作为认知的起点始终处于核心地位，由于“手”是人体的一部分，且各项劳动都离不开“手”，因此“手”成为认识人类的起点，引申为“做某事的人”，如“棋逢对手”。

（二）“手”对抽象域的投射

在具体域的基础上，“手”的义项也可以投射到抽象域中去。如中文的“情同手足”一词，“手”则表达如手脚一样紧密的关系。诸如此类都是对具体域中义项的进一步隐喻化。

五、结语

“手”这一义项作为中日惯用句中的高频词汇应吸引更多关注。而中国日语学习者在学习日语时也应充分注意中日语言及文化方面的异同，从多方面把握这一义项的意义及用法，并以此为出发点，多多了解日本文化，正确使用日语中的惯用句。

参考文献：

[1]刘宇. 中日身体词汇惯用语的对比研究[J]. 通化师范学院学报，2013，34（1）：92-101.

[2]刘智芳. 从原型理论看成语、惯用语的划分[J]. 池州师专学报，2004，（2）：41-44.

[3]孙永义. 日语中“手”这个词的意义[J]. 日语学习与研究，1989，（2）：77-78.

[4]王文斌. 隐喻的认知构建与解读[M]. 上海外语教育出版社，2007.

浅析中日同形词「有力」

2012 级　日语语言文学　孙世瑾

摘　要：中日同形词“有力”虽然词形相同，然而在很多方面存在着差异。本文通过借助各类词典作词义总结，以及借助现代日语书面语语料库和北京大学汉语语料库进行实际用例的收集和分析。对中日同形词“有力”的意义、用法以及它们之间的区别作一些探讨。通过从词义与语法方面进行分析，得出二者异同。

关键词：同形词；“有力”；词义；对比研究

一、引言

中日语言中存在着大量的同形词，且在词义、用法上有许多相似之处。但由于两种语言属不同的语言体系，因此二者在很大一部分程度上存在着或多或少的差异。本文选取“有力”一词，通过借助中日各类词典对该词进行词义总结，并借助现代日语书面语语料库和北京大学汉语语料库对该词的实际用例进行收集和分析，由此对中日同形词“有力”的意义、用法及其区别进行探讨。

（一）从词义角度考察中日同形词“有力”

1. 日语中的“有力”

为了考察日语中“有力”的词义，笔者选取了三部日本国语词典：《超级大辞林》（三省堂 2010）、《广辞苑（第五版）》（岩波书店 1998）、《新明解国语词典》（三省堂 2010）。

三部国语词典中对“有力”一词的释义分别如下：

《超级大辞林》：①勢力・威力のあること。物事を実現する力をもっていること。また、そのさま。②可能性が強くある・こと（さま）。

《广辞苑（第五版）》：①強い力があること。勢力のあること。②効力のあること、影響力のあること。③可能性の強いこと。見込みのあること。

《新明解国语词典》：①他に影響を及ぼす（対抗する）力がまさっている様子だ。②他の考えを圧倒するほどの支配力を持つと様子だ。

由此可知，尽管三部字典中对“有力”的释义不完全一致，但仍然存在着意义相同或相近的义项：①勢力・威力のある。②可能性が強い。③影響力のある；支配力を持つ。

在此基础上笔者将“有力”的义项提炼为两项：①勢力・威力のあること、他に影響を及ぼす（対抗する）力がまさっている様子だ。また、そのさま。②可能性の強いこと、見込みのあること。通过对现代日语书面语语料库的500例例句进行分析，上述两义项所占比例分别为64%和36%

由此可见，“有力”作为义项一时使用率高于义项二。义项一中常用搭配有：“～強国”、“～政治家”等；义项二常用搭配有：“～候補者”、“～根拠”、“～学説”等。

需要说明的是，如“有力な政治家”、“有力な支援”、“有力な武器”一样，日语中的“有力”基本上与力气的大小无关，多表示抽象意义上的“力”。且就“有力”一词本身的情态色彩来说，无论从词典的释义还是语料库反映的实际使用情况来看，无一例外表示的是褒义的意思。

2. 汉语中的“有力”

考察汉语“有力”的词义，笔者分别对《现代汉语大词典》（上海辞书出版社 2007）、《现代汉语词典（第五版）》（商务印书馆 2010）、《新华词典》（商务印书馆 2002）、《国语辞典》（商务印书馆 2010）四部词典中的释义进行比对。

《现代汉语大词典》：①有力气，有力量。②有权势或有财力。

《现代汉语词典（第五版）》：①有力量，分量重。

《新华词典》：①有力气，有力量。②有功劳。③有权势或财力。④以力，用力，使力。

《国语词典》：①谓强劲。②谓有权威势力。

由此可见，各部字典中对“有力”的释义说法不一。通过对各义项对比发现，有些义项四部字典中都有收录。如：①有力量，有权势。②强劲，有权威势力。将“有力”的意义提炼为两个义项分别为：①强劲，有力量，有力气。②有权威势力，或有财力。

使用北京大学汉语语料库对“有力”的使用情况进行进一步考察，共出现 17811 例例句，为了与日语对应，选取前 500 条例句，两义项所占比例分别为 37%和 63%

义项一多用于形容人或动物的肢体动作及语言。如：“～的大手”、“～的脚步”。义项二的常用搭配有：“～保障”、“～地推动”、“～的鞭策”、“～的措施”等。可以明显看出，汉语中有表达抽象意义上的“有力”的说法，如“有力的证据”、“有力的措施”。但是也有“有力的大手”、“有力的臂膀”等表示物理意义上的“力”的含义，且情态色彩明显为褒义。

（三）中日同形词“有力”词义对比

1. 相同点

通过对中日国语词典的释义以及语料库中义项使用率的对比，可以发现日语中“有力”一词只用于抽象意义，作为形容词修饰后项名词，例如：

（1）山田が被害者宅をしばしば訪れていたことが<u>有力な証拠</u>となった。

而在汉语中也有类似用法，例如：

（2）后来警方通过指纹对比鉴定，笔迹鉴定，DNA 鉴定等手段拿出了<u>有力的证据</u>。

由此可见，中日语言中“有力”均用于抽象意义。

2. 不同点

由上文中对汉语中“有力”义项使用比例的考察可以发现，汉语中的“有力”除了具有抽象意义之外，还有物理上“力”的含义。而在日语中没有这样的含义。例如：

（3）几双有力的大手一起牢牢地把他按倒在地上。

这里的“有力的大手”不可直接译成“有力な手”，这里的“有力”更大程度上是表“力气大，有劲”的意义。日语中与之对应的词语应为“力強い”。

（4）他虽然上了年纪，但是走起路来很有力。

此例句中的“有力”所表达的意义应为“有精神，铿锵有力”，可译为“彼は、年をとっているが道を歩くしっかりしている”。

除了日语中没有具体意义的“有力”之外，就抽象意义上的“有力”来说，具体的搭配也不同，日语中有一些固定搭配，在汉语中没有对应的说法。如“有力な学説”、“有力な資料”、“有力な方法”。

二、从语法角度考察中日同形词“有力”

以上从词义角度考察了“有力”在中日语言中的异同。为了更加全面地掌握此词的意义和用法，本节从语法角度考察“有力”。

（一）相同点

汉语中“有力”与日语中“有力”在词性上同属形容词，均在句中可以起到修饰名词的作用，如“有力なライバル”（有力的对手）等。而汉语中“有力”也被用来修饰名词，如“有力的臂膀”等。

另外“有力”在语法功能上可充当谓语。这一点上，中日语言中用法相同。如：

（5）この考えが有力だ。

（6）这篇评论写得有理，有力。

（二）不同点

尽管“有力”在语法功能上均可做谓语，均可修饰名词。然而汉语中的“有力”更多被用来修饰动词，如“～地支援”等。日语中“有力”不能用来修饰动词，即没有“有力に～”等说法。

另，日语中“有力”具有造语功能，如接在「者」、「株」前，构成固定搭配。例如：

(7)会計畑を長く歩んだ彼は、将来の経理部長の有力株である。

(8) PTA の会長さんである彼は町の有力者で、次の選挙を目指しているといわれる。

这里的“有力者”、“有力株”分别表示有权威、有竞争力、有望的人物的意义。而汉语的“有力”没有此用法。

三、总结

以上分别从词义和语法方面对比“有力”在中日两语言中的意义和用法，发现“有力”在词义和语法上有同有异。词义方面，中日语言中“有力”均有抽象意义，可修饰名词。而汉语中“有力”还包含有物理意义上“力”的意义，日语中无意义。语法方面，“有力”均为形容词，修饰名词，充当谓语。汉语中“有力”多用来修饰动词，日语中“有力”则不可修饰动词。在造语功能上，日语“有力”可接“者”、“株”构成新词，汉语不具备此功能。

由此可见，“有力”虽然作为中日同形词，然而在用法上还是有很多区别。希望日语学习者可以加以区分，得以借鉴。

参考文献：

[1]三省堂编辑所. 大辞林[Z]. 三省堂，2010.

[2]岩波书店辞书编写处. 广辞苑[Z]. 岩波书店，1998.

[3]三省堂编辑所. 大辞林[Z]. 三省堂，2010.

[4]汉语大词典编辑委员会. 汉语大词典[Z]. 汉语大词典出版社，2010.

[5]大河内康憲. 日本語と中国語の対照研究論文集[C]. くろしお出版，2000：411-477.

浅析中日基本色彩词
——以“红”“白”为中心

2013 级　日语语言文学　汤小青

摘　要：色彩与我们的生活息息相关，中日两国对色彩词的理解和表达也不尽相同。本文以“红”“白”为对象做比较，在分析词义的基础上探讨“红”“白”在不同文化中的象征意义，并得知中国人偏爱红色日本人偏爱白色；“白”在汉语中多表消极意义，而“红”在日语中多象征不幸，由此揭示了色彩词对民族文化心理和审美意识的影响。

关键词：中日对比；色彩词；红；白

一、引言

色彩广泛存在于我们的生活中，与我们的生活息息相关。人类的眼睛能识别成千上万种颜色，但表示色彩的词汇却是有限的。学界公认的是 Berlin & Kay 的色彩学说。他们主张基本色彩词汇有 11 个[①]。而日本《古事记》中记载日本传统的基本色彩词是“赤、青、白、黑”四色；说到汉语的基本色彩词，首先我们会想到伴随古代阴阳五行说的五色说[②]。“五色”指的是“黑、白、赤、青、黄”这五种颜色。从中可以看出中日表示基本色彩的词大同小异。然而，由于文化背景、生活习惯的不同，即使是同一种色彩词，不同的民族也会有不同的文化内涵和意义，并产生不同的联想和情感取向。本文就中日两国共同存在并大量使用、中国人最喜爱的颜色“红”以及日本人最喜爱的颜

① 11 个基本色彩词为白、黑、红、绿、黄、蓝、棕、粉、紫、橙、灰。
② 王健宜《文化语言学》。

色“白”分别进行对比，分析它们在基本意义及文化内涵上的不同，以求对中日基本色彩词有更全面的认识。

二、“红”的中日对比

中日两国人民都比较喜欢红色，但中国人更偏爱红色，红色可以说是“中国色”，现已成为中华民族精神世界的象征，是中国人最崇尚的颜色。而日本传统的红色具有两重性格，在中国文化传入日本之前，赤色作为污秽之色属于禁忌的颜色。

（一）词义对比

1. 汉语词义

①像鲜血的颜色。例：红豆

②喜庆或用做礼物的红色布帛之类。例：红娘、红包

③革命、进步、共产主义。例：红军、红色政权

④顺利、成功。例：开门红、满堂红

⑤指得宠、出名、走运或事业兴旺。例：红人、走红

⑥红利的省称。例：分红

⑦表示年轻女性。例：红颜、红袖

⑧表示亏损。例：赤字

⑨表示嫉妒。例：眼红

⑩在京剧中，红色的脸谱代表忠诚的人物。例：赤胆忠心

2. 日语词义

①像血一样的颜色。例：赤電話（公用电话）

②暖色的总称，也用于喜庆。例：赤飯（红豆饭）

③对共产主义、共产主义者的俗称。例：赤軍（红军）、赤化（共产主义化）、赤狩り（对共产党的迫害）

④亏损。例：赤字（赤字）

⑤经常和女性联系在一起表示华丽的印象。例：赤い気焔（女性的蓬勃生气）

⑥危险、警示。例：赤信号（红灯、危险信号）、赤点（不及格分数）、赤紙（入伍通知书）

⑦强调，完全的、无掺杂的、一丝不挂的。例：赤の他人（毫无关系的人）、赤の素人（毫无经验的门外汉）、真っ赤な嘘（弥天大谎）、赤子（婴儿）、赤裸々（赤裸裸）

⑧程度之深，极其。例：赤貧（极其贫穷）、赤恥（奇耻大辱）

⑨由于害羞、生气产生的生理现象。例：顔が赤くなる（脸红）

⑩带有低俗、廉价的语感。例：赤新聞（低俗小报）、赤本（粗俗、廉价的书）

3. 对比

（1）相同点：

①都表示“血”“火焰”等颜色。

②都和强烈的感情表达有关。这是因为生气、害羞、震惊时毛孔血管容易受感情支配，会随着感情变化膨胀收缩，其结果就表现为眼睛、脸、皮肤的颜色变化。这可以说是人类的通性。

③红色是表示危险的颜色，这和安全的绿色相对使用。

④红色被定义为政治上过激的、革命的。

（2）不同点：

①从褒贬来看，“红”在汉语中多用于正面的意思；而日语中表示中立，稍带较多的负面印象。

②日语的独特表达。“赤”接在名词前，表示“真正的、完全的”。例如「赤の他人」（毫无关系的的人）。

③汉语的独特表达。如“眼红”“红包”“红运”。

（二）文化内涵对比

1. 汉语中的象征意义

①象征尊贵、显赫。中国传统建筑文化中，宫殿、庙宇及贵族大户的建筑物的许多构件都用朱红色的颜料来涂抹，象征地位的显赫。“朱门”指贵族富豪之家。

②象征幸福、喜庆、吉祥；顺利、事业成功、受欢迎等。中国人在庆祝春节时，一般会贴红对联、红“福”字、红窗花、红灯笼等，到处都弥漫着红色的气息。日常生活中，结婚生子等重要事情都少不了红色。这与中国人崇尚红色，认为红色是生命的象征，同时认为红

蕴含着逢凶化吉驱邪避灾的信仰有关。此外，红色是喜庆幸运的颜色。社会活动中，公司、商店等开业或开幕时都会剪彩，以求事业顺利成功。

③象征革命斗争。红色是像血一样的颜色，很容易让人联想到流血的革命战争。

④象征衷心、忠诚。其中最有名的是文天祥“人生自古谁无死。留取丹心照汗青”。

⑤负面的象征意义。“亮红灯”含警告之意；“脸红脖子粗”指生气或闹矛盾；“红杏出墙”指妻子有外遇。但负面意义只是少数。

2. 日语中的象征意义

①扫除魔障辟邪的祭祀色。在日本，士兵出征时会系红腰带；渔民出海前也会在船上涂红土，以祈求平安。

②象征不幸、危险、亏损。日本民俗中有“赤不净”的观念，在中国文化传入日本之前，红色是绝对禁止用在宫殿、神社等建筑物上的。日本极力避开单独使用红色，而是红白两色一起使用，如新年的“红白歌会”。

③象征低俗。这种用法源自明治中期专登丑闻的《万朝报》的用纸为淡红色，因此被赋予了低俗的含义。

④象征纯粹、忠诚、完全、彻底。这种用法是源自新生婴儿的干净、纯粹。

三、“白”的中日对比

中日两国都将白色视为纯洁的象征。而在中国白色多是一种禁忌色，象征不祥、令人生畏；日本人推崇白色，认为白色有不可思议的力量及神性。

（一）词义对比

1. 汉语词义

①汉民族传统丧服的颜色，也代指丧事。例：白事

②象征反动、恐怖。例：白色恐怖、白森林

③高洁单纯、清楚明了。例：白璧无瑕、真相大白

④没加什么东西、一无所有。例：空白、白卷

⑤明亮、洁净。例：白昼、白嫩

⑥禀报、陈述。例：表白、坦白

⑦轻蔑不满。例：白眼

⑧无偿地、徒然、凭空。例：白干、白费力气、平白无故

⑨没有功名官职、文盲。例：白丁、白衣

⑩招人厌的反面人物。例：唱白脸

2. 日语词义

①白颜色；素材未经加工的状态。例：白鳥（白鸟、天鹅）、白干し（不加盐直接晾干的食物）

②没有犯罪嫌疑、无罪。例：黒白をつける（分清黑白）

③空白，什么也没写。例：白紙

④表示精神和身体的洁白无垢。例：白を切る（佯装不知）、清廉潔白（清廉洁白）

⑤围棋中的白子。例：白を持つ（持白子）

⑥胜利、赞成、优秀。例：白星（胜者）、白紙委任（全权委任）、白眉（最优秀）

⑦轻视。例：白い目で見られる（遭白眼）

3. 对比

（1）相同点：

①都表示明快、清洁、空白；轻视、遭白眼的意思。

②都与黑相对，表示事物的正反两面。

（2）不同点：

①汉语中的“白”与“红”相对，经常和恐怖、反动等负面形象联结在一起；而日语的白是雅致高贵的颜色，正面形象较强。

②日语独特表达，「座が白む」（冷场）表示“扫兴、气氛变差”。

③汉语独特表达，“白”做副词，表示“免费、徒劳”。

（二）文化内涵对比

1. 汉语中的象征意义

①白色是中华民俗文化中的禁忌色，是丧事之色，象征悲凉、哀

悼和凶事。自古以来，如果有亲人死去，其家人便会穿起白色的丧服，布置白色为主调的灵堂，出殡时扬白幡、撒白纸钱以表示对死者的哀悼。

②象征衰败、腐朽落后。例如称反动政府及其统辖的区域为“白色政权”；称反对派对革命者的屠杀为“白色恐怖”。

③象征徒劳、不熟练。如对某种知识的缺乏、不了解则称之为“空白”。

④象征贫穷、低贱、愚蠢。如称没文化没功名地位的人为“白丁”，称穷人的房子为“白屋”；在战争中举白旗表示投降；称愚蠢、弱智的人为“白痴”。

⑤洁净明亮、清正廉洁、坦诚无罪。白是像雪一样的颜色，有洁净之意。如“心贯白日”；“清白”喻指不违法乱纪的人。

2. 日语中的象征意义

①“白色”象征清明纯洁，一直被日本人所推崇。日本神道把白色当作联结神与人类的色彩。人们会把抓到的白色动物献给朝廷，象征吉兆。

②现代日本，白色是喜悦、幸福之色。「神前結婚」是日本最高规格的婚礼，新娘身着白无垢的和服，日本的能、狂言、歌舞伎演员的妆容均浓施白粉，都给人一种洁净感和虔诚感。

③缺乏经验、未熟；轻蔑。称外行人为「素人」，骂人智力低下用「白痴」，「白い目」（白眼），「白タク」（黑出租车）。

结语

中日两国的色彩文化内涵丰富多彩，同一色彩词的文化象征意义既有相同又有不同。对不同色彩词的喜爱在一定程度上反映了一个民族的文化心理和审美意识。中华民族热情奔放、豪情万丈，正如人们崇尚的炽烈的红色一样；而日本人谦逊内敛、细腻冷静，就像淡雅的白色一样。

参考文献：

[1]林明怀. 中日色彩词中“红”“白”意识分析研究[J]. 中外文学文化研究，2012，(11)：168-169.

[2]王健宜. 文化语言学[M]. 高等教育出版社，2013.

[3]现代汉语大词典编委会. 现代汉语大词典[M]. 上海辞书出版社，2007.

[4]金田一京助等. 新明解国語辞典[M]. 三省堂， 2010.

多义拟声拟态词的词义扩展分析
——以「がたがた」为例

2011级　日语语言文学　涂杉杉

摘　要：拟声拟态词，是通过语言的形式，描绘出现实中声音、状态、感觉等的一类词。正因如此，和一般词汇不同，拟声拟态词所包含的声音和意思之间的关系更为密切，并且有些意思已经超越了词和意思间常用性联系。本文以“がたがた”为例，运用认知语言学中隐喻、换喻等理论知识，分析其多义拟声拟态词的词义扩展机制，总结出“がたがた”多义性方面的扩展路径。

关键词：多义拟声拟态词；隐喻；换喻；词义扩展

一、引言

日语是拟声拟态词存在较多的一种语言，在形态上、意思上与一般词汇有所不同，是通过语言的形式，描绘出现实中声音、状态、感觉等的一类词。因这一特性，被广泛运用在日常会话、文学作品等各种表现形式中，可生动地表现出说话者的语气、事物的样态等，对于细节描写来说，是不可或缺的一类具有丰富表现力的词汇。但对学习者来说，很难掌握这些拟声拟态词的意义与使用。

角冈贤一的研究表明，日语的拟声拟态词中多义词占总数的三分之一。而在多义性中，经常是通过比喻的手法使意思发生转用、扩张的。在认知语言学中，所谓比喻，一般包含隐喻、换喻、提喻三种。本文以“がたがた”为例，从“少纳言”语料库中抽取适当的例句，进行整理分析，结合词典释义，归纳出意思，并且运用认知语言学中隐喻、换喻等理论知识，分析其多义性之间的词义扩展机制，明示其词义之间的关联关系。

二、先行研究及问题点

吉村公宏（2004）对多义拟声拟态词在词义上隐喻化的路径进行了考察。即多义拟声拟态词的多个意思之间，是按着具体到抽象的顺序扩展的。此项研究结果，揭示了拟声拟态词和词义的具体—抽象之间的相关性。

角冈贤一（2007）指出，“拟声词”“拟态词”的界限并非清晰分明。同时，他也提及了比喻用法的运用。以图例的形式说明了“拟声词”“拟态词”“比喻”三者之间的相对关系。

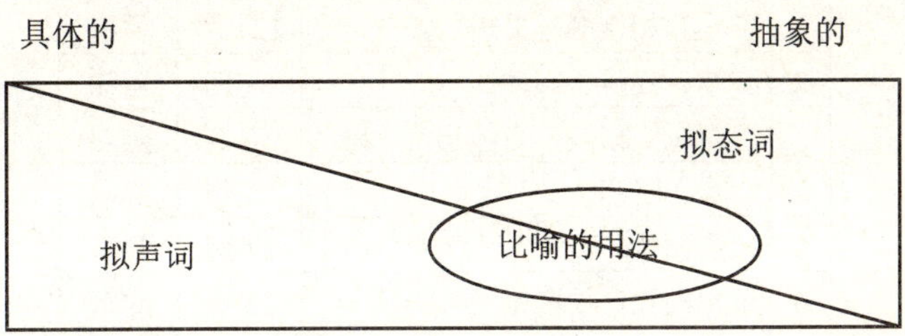

图 1

如图 1 所示，比喻的用法在拟声、拟态词中皆有分布，展示了拟声词和拟态词的具体性和抽象性的关系。从整体方面诠释了比喻的作用，但未从比喻的视角出发，分析其多义性之间的词义扩展机制。

三上京子（2006）从痕迹的认知的视点出发，考察了“ごろごろ”一词的词义扩张，得出描述声音以外的词义主要是通过隐喻的途径扩展的。

潘蕊（2011）将共感觉隐喻和拟声拟态词的特征进行了组合，从拟声拟态词的共感觉隐喻现象的角度，分析了拟声拟态词的多义性。

综上所述，在拟声拟态词的研究中，大部分仅是从单纯的隐喻化角度，分析其多义的。对于其比喻的具体使用，以及利用隐喻、换喻等理论知识的综合角度，对多义性的扩展机制进行研究分析的，并不多见。

三、多义性判断

“現代日本語書き言葉均衡コーパス　2009モニター公開版”，又称“少纳言”，是由书籍、杂志、国会会议录、yahoo！智慧袋等板块构成的书面语均衡语料库。本文以平假名“がたがた”和片假名“ガタガタ”为检索对象，搜索出来的例句共364例，结合词典释义加以分析，总结为共有7种词义。对其例句个数以及多义性进行分析的结果分类，如表1所示。

表1

	词义	例句	分类
1	硬物互相接触时发出的嘈杂声	124例	原型
2	哆嗦、发抖、震动	88例	隐喻
3	组织机构松散、身体急剧下降	56例	隐喻
4	啰嗦、唠叨	31例	隐喻
5	杂乱无章，混乱、凌乱状	24例	换喻
6	结构松弛、动荡不稳，摇晃	22例	隐喻
7	受到阻碍，不能顺利进行	19例	换喻

四、多义性的扩展机制分析

（1）再びクワを握った時、がたがたと音をたてて一台のオンボロトラックが近付いてきた。（友北　十三（著）　『渡船の戦場』）

例1表示为词义1“喀哒喀哒”等声音。所谓拟声拟态词，即描述声音、事物的动作、状态等一类词语。因此，描述声音的拟声词，是诸多词义之中数量最多，也是最基本的释义。

（2）「寒や…」　「寒や…」　今度は寒いと言って、身をがたがたと震わせるのである。（夢枕　獏（著）　『オール読物』）

“がたがた震える”在例2中，表示为因寒冷导致的哆嗦、颤抖，即词义2。在此将听觉化的声音，转化为视觉化的状态表述，具有类似性，这种感觉领域之间转用的比喻用法，也被称为共感觉隐喻。因此，词义2是在词义1的基础上，以隐喻的方式扩展而成的。

（3）ガタガタいい争いになったら、両方の先公が吹っ飛んできて、分けられちゃった。（松山　千春（著）『足寄より』）

例3中的“がたがた”释义为词义4“啰嗦、唠叨”，也是模仿声音的用法，与硬物互相接触时发出的嘈杂声相同，啰嗦的言语被认为是嘈杂声，在“嘈杂”的相似性上，词义3是词义1以隐喻的方式扩展而来的意思。

（4）ドアの蝶番のネジが弛むとガタガタしちゃって締めにくいでしょ？（川野　美佳（著）/ 金井　清一（著）『ＧＯＬＦ　ＤＩＧＥＳＴ』）

例4表示的是螺丝松动、摇晃不稳的状态，即词义6 。与词义2相通，具有震动的相似性，是基于词义 2，通过隐喻的手段扩展出来的词义。

（5）アフリカを見てみろ、中南米もがたがただ、中近東だってろくな状態ではない。（石原　慎太郎（著）『「No」と言える日本』）

例 5“がたがた”的意思为国家等组织机构变得松散，为负面意思。有时也表现为身体不适、健康状况下降等意思。与例4所表示的词义虽然都是“松散、松动”相类似的意思，但稍有不同，例4所指的是具体的事物变得松散，出现晃动，比如机械、螺丝等，而例5中表示的是较为抽象意义上的“松散”，比如国家变得动荡不安，身体变弱等。隐喻化的路径一般是从具象向抽象方向扩展，因此词义3在词义6的基础上扩展的。

（6）渓子さんの縫った学校用のぞうきんは、縫い目はがたがたで、抽象画のようだった。（池田·美代子（著）『占い魔女は消えた』）

例6中的“がたがた”，所表示的意思为词义5“杂乱无章，混乱、凌乱状”，如上述例 4、例 5 的事物因“松动”而变得“杂乱无章”，抑或是“混乱”。由此可知，词义5为词义3、词义6的结果系状态，具有邻接性。词义5在词义3、词义6的基础上，以换喻的方式扩展而成的。

（7）デジタル放送はさすがにきれいですが、地上波アナログ放

送はガタガタして汚いのでがっかりしました。(Yahoo!知恵袋)

例 7 表示的意思是信号不顺畅，有“受到阻碍，不能顺利进行”之意，即为词义 7。从基本词义 1 中可知， 硬物相互碰撞而发生的声音，因相互碰撞，可以引申到不能顺利进行，词义 7 与词义 1 存在着邻接关系，是以换喻的方式扩展而成的。

总结上述词义分析，以及其关联关系，如下面的图 2 所示。

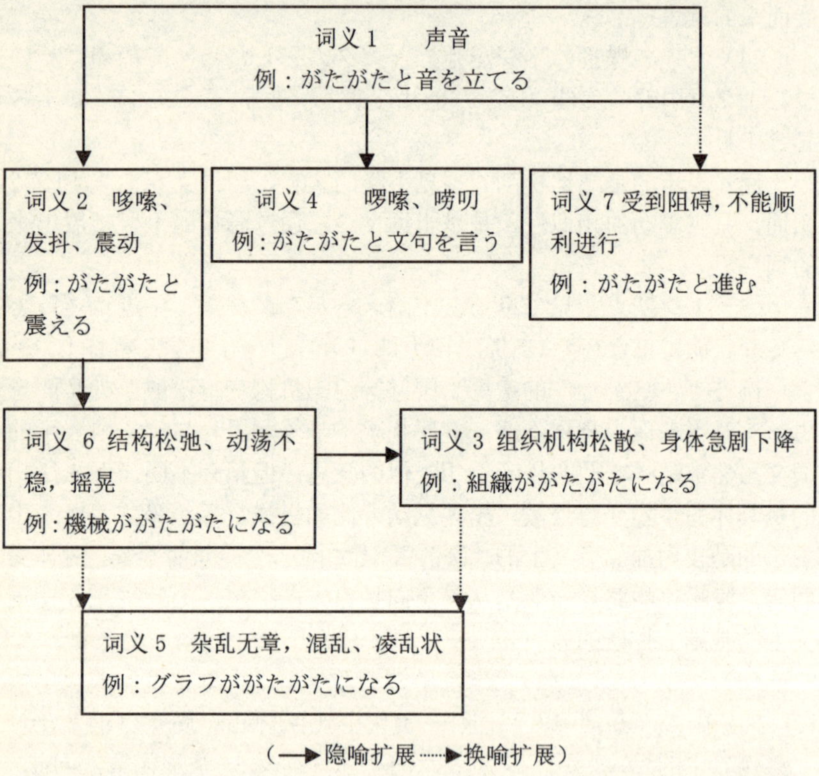

图 2

五、总结

本文以“がたがた”一词为例，从认知语言学的视角分析、阐述了其多义性的词义扩展机制。除隐喻的用法外，还存在着换喻的用法，其中隐喻的用法较为普遍。作为拟声拟态词，最基本意思表示声音，其他意思大体是从具体的、客观的意思向抽象的、主观的意思扩展。

参考文献：

[1]角岡賢一. 日本語オノマトペ語彙における形態的・音韻的体系性について［M］. くろしお出版，2007.

[2]田守育啓. オノマトペ擬音・擬態語をたのしむ[M]. 岩波書店，2002.

[3]松本·曜編. シリーズ認知言語学入門第 3 巻. 認知意味論［M］. 大修館書店，2003.

[4]中里理子. オノマトペの多義性と意味変化ー近世・近代の「まじまじ」を例に[J]. 上越行為ク大学研究紀要，2002.

[5]吉村公宏.はじめての認知言語学[M]. 東京研究社，2004.

日语「目」语义扩展的认知研究
——以相关的惯用句为例

2011级 日语语言文学 脱小杰

摘 要：日语中与人体器官名词“目”有关的惯用句种类繁多，语义复杂。本文从认知语言学的角度对人体器官名词“目”的基本义到扩展义的研究发现，这些与“目”有关的惯用句的语义扩展都是基于“目”的基本生理机能特征通过认知语言学中的隐喻和换喻来实现的。

关键词：人体器官；目；隐喻；换喻；语义扩展

一、引言

在人际交往的过程中，惯用句是很重要的组成部分。它虽然形式简洁，但是寓意深刻。在日常生活中随处可见，尤其是与人体器官有关的惯用句，使用频率很高。“手がたりない”、“足を引っ張る”、“口が軽い”、“顔が広い”、“胸がときめく”、“唇が薄い”、“腹を固める”等等。正如人们所描述的“目は口ほどものをいう”（眼睛能传情）、“目は心の窓”（眼睛是心灵的窗户），眼睛是最能引起人们注意的人体器官。本文将研究范围设定为“目”这一人体器官，从认知语言学的隐喻和换喻入手，探讨其在日语惯用句中的语义扩展。

二、惯用句与隐喻和换喻

（一）惯用句

《大辞林·第二版》对惯用句一词作了如下解释：“二語以上が結

合し、その全体が一つの意味を表すようになって固定したもの”。

从定义中可以看出，惯用语的意义是固定的，具有特殊性，其特殊性的意义不是两个词汇简单的相加，而是作为一个整体表达一个特定的意义。

（二）隐喻和换喻

语义的扩展主要是通过隐喻和换喻的认知方式实现的（山梨正明1995）。关于隐喻和换喻的定义，本文运用籾山洋介（1997）的定义。

隐喻指根据两个事物或概念的某种相似性（类似性），用其中一个事物或概念表示另一事物和概念。例如，“花瓶に花が活けてある”和“A さんは職場の花だ”两个句子之间的“花”，前者指植物的花，后者指像花一样吸引人的人。用花比喻职场上的人。

换喻指根据两个事物在外部世界的邻接性（隣接性），以及两个事物在思维或概念上的关联性，用一个事物或概念来表示另一个事物或概念。例如，“素敵な鉢をいただいた”。这里的“鉢”指的是花盆里的花，花盆里的花和花盆之间具有空间上的邻接性，属于换喻。“お手洗い”这里表示“用便する”。“手を洗うこと”和“用便する”之间具有时间上的先后顺序，具有时间上的邻接性，属于换喻。

三、“目”的基本义与扩展义

词汇的语义可以分为基本义和扩展义。基本义指词汇的原义，即最初的人类认识事物的具体意义。扩展义指从原义中派生出的词义。

在日语中“目”表示眼睛。“目”的基本义为“物を見る働きをする所。視覚器官の通称。眼球と視神経を主要部とし、眼瞼・眼筋・涙器などの付属器から成る。物を見る時の目の辺の様子。目に似た形のもの。働きの中心にあるもの”（引自《广辞苑》第六版）。

下面的两个句子中“目”表达的是基本义。

（1）彼女は<u>目を細くして</u>、孫の成長ぶりを話した。（她笑眯眯地讲述了孙子的成长故事。）

（2）眼下に広がる風景のあまりの美しさに、思わず<u>目を見張った</u>。（眼前呈现的风景真是太美丽了，我不由地睁大了眼睛。）

这两个句子的画线部分作为惯用句可以理解为笑眯眯和吃惊。（1）是用眼睛表达喜悦之情。（2）是用眼睛表达吃惊之情。通过眼睛来表达人的感情状态，用眼睛这一部分探究人的整个精神状态，运用了换喻的方式实现了语义的扩展。

《日本语惯用句辞典》（2005）中有关“目”在惯用句中的意思总结如下:“物を見る器官としての目は視線・目つき・視力・見方・鑑識力・境遇へと意味が広がり、それにつれて慣用句も増える”（作为看东西的器官眼睛还表示视线、眼神、视力、看法、鉴赏能力、境遇）。例如，表示视线的“目が合う”、“目を移す”、“目が行く”，表示眼神的“目がきつい”、“目で教える”，表示视力的“目が霞む”，表示看法的“目がない”，表示鉴赏力的“目が肥える”，表示境遇的“目にあう”。

四、人体器官“目”的生理机能引发的扩展义

从“目”的基本定义可以看出“目”是人体的视觉器官，有视线、眼神等功能。“目”在惯用句中的语义扩展与其“目”的生理机能有密切的关系。接下来将进一步用隐喻和换喻来分析“目”的扩展义。

（一）“目”作为人体的视觉器官，表达人的视线、眼神和注意等

（1）この出資も長い目でみれば、必ず当社のプラスになろう。（这项投资从长远来看，一定会给我们公司带来好处。）

（2）高校受験の頃から急に目が近くなって、眼鏡を掛け始めた。（中考的时候眼睛一下子近视了，就戴起了眼镜。）

（3）彼は身にやましいところがあるのか、私と目が合うと、慌てて目をそらした。（他是不是心里有鬼啊，碰见我的目光，就慌忙把视线移开了。）

（1）“长”本来是形容物体的长短的。在这里用“长”来形容时间，表达人的视野和范围，指从长远的眼光来看。（2）表示人的视力弱，视力不好。（3）表示进入人的视野和从人的视线移开。可以认为视觉是视野的一部分，视野的范围比视觉的范围大，运用了整体和部分，即换喻的方式实现了语义的扩展。

（二）“目”作为人体的视觉器官，表达人的眼光、洞察力和鉴赏力等

（1）彼は人を見る目があるから、いい人を推薦してくれるだろう。（他看人很准，会给我们推荐合适的人的吧。）

（2）美術館通いをしているうちに目が肥えてきた。（在往来于各个美术馆的过程中提高了鉴赏力。）

（3）彼女の弟は目が鋭い、精悍な感じの青年だ。（她的弟弟是一个目光锐利、感觉精悍的青年。）

（1）的画线部分表示有眼光。（2）表示的是有鉴赏力。（3）表示的是目光锐利。这些例句从“目”的基本义中引申到更加抽象的领域，借助隐喻的方式，用“目”的生理机能视力、视线来表达抽象的概念眼光和鉴赏力。

（三）“目”作为人体的视觉器官，表达人的体验、经历和阅历等

（1）苦労のかいがあって、やっといい目が出てきた。（辛苦没有白费，终于开始走运了。）

（2）敵の力を甘く見て、さんざん痛い目にあう。（看轻了敌人的力量，结果吃尽了苦头。）

（3）その経験が私の目を開いてくれた。（这一经历让我开了眼界。）

这些例句的画线部分表达的是更加抽象的领域。（1）表示走运。（2）表示背运。（3）表示开眼界。利用“目”作为视线的生理机能来表达人的体验、经历和阅历，是一种隐喻的表达方式。

五、总结

本文运用认知语言学的相关理论——隐喻和换喻，分析了“目”在惯用句中的语义扩展，得出与“目”有关的惯用句的语义扩展和“目”的基本生理机能有关。但由于篇幅有限，不能将所有与“目”有关的惯用句分类整理，对此问题将另文研究。

注释：此文中的例句引自叶琳（2006）的《常用日语惯用句》。

参考文献：

[1]符莉，胡俊．日语「家」的多义扩展研究［J］．日语学习与研究，2013，（5）：70-79.

[2]吴宏．人体词「口」在日语惯用语中的语义扩展［J］．日语学习与研究，2008，（增刊）：10-13.

[3]国広哲弥．認知的多義論［J］．言語研究，1994，（106）：22-44.

[4]松本曜．認知意味論［M］．大修館書店，2003：73-87.

[5]籾山洋介．慣用句の体系的分類－隠喩・換喩・提喩に基づく慣用的意味の成立を中心に－［J］．名古屋大学国語国文学，1997，（80）：29-43.

关于中日建议言语行为的言语策略的对比研究
——以中日生活咨询广播节目为资料

2011级　日语语言文学　万佳

摘　要：建议言语行为是一种具有面子威胁性的指导性行为，建议者在实施这一言语行为时总会根据不同场合的特点而采取相应的语用策略，以期有效地进行建议。本文以中日两国的生活咨询广播节目为研究对象，从建议表达的言语策略这一角度对中日两国建议谈话进行对比研究，旨在归纳总结出中日两国语言中建议表达的语言形式特点及能够使建议表达更加顺畅、有效进行的言语策略。

关键词：商谈；建议言语行为；言语策略；中日对比

一、引言及研究背景

建议是指令性言语行为，由于其指令性的特点不可避免地会在一定程度上威胁听话人的面子，具有一定的语言强加性。然而，它的言语目的是希望听话人能够有所受益。因此，要想保证会话的顺利进行，需要建议者的言语具有一定的得体性和策略性，从而委婉地提出建议，以期带来良好的交际效果。

中日两国人民在进行跨文化交际的过程中，由于文化背景差异以及处理人际关系的方式不同，在提建议时尤其需要注意采用恰当合适的言语策略，以达到有效地进行建议，促进人际交往和跨文化交流的顺利进行。但在目前，国内关于建议言语行为的对比研究多是从对外汉语教学的角度，以留学生实施的建议言语为对象进行的研究，或局限于礼貌策略的分析忽略了建议实施者根据各种交际需求而采取的不同策略。星野（2003）引用礼貌理论，从建议表达中的前置表现这一角度对日语的建议言语行为进行了研究，总结出日语中按照积极礼貌策略及消极礼貌策略所采用的前置表现的特点及效果。申（2011）也借助礼貌理论，以心理咨询师的建议言语行为为研究对象，总结出汉语建议言语行为的特征性语言表达形式及使用倾向。

二、调查资料及研究目的

本文分别从日本广播电台的生活咨询广播节目《テレホン人生相談》以及中国长江经济广播电台的生活咨询广播节目《今晚我和你》（2012 年 10 月—2013 年 6 月）各选取十期节目，将其录音并整理为文字材料作为研究语料。为了避免语料的单一性，语料选取了围绕不同话题所进行的建议性谈话，内容涉及家庭关系、人际交往、离婚、恋爱、育儿等生活类咨询话题以及有关诈骗、遗产继承等法律类咨询话题。

本文对于建议表达的言语策略，则主要从“直接建议”和“间接建议”这两个角度出发进行了考察，以期归纳出中日两国语言中建议表达的语言形式特点，并总结出能够使建议表达更加顺畅、有效进行的言语策略。

三、日汉语中的直接建议

在对他人提建议时，建议者通常会直接提出希望听话人将要或者需要采取的行动，即采取“直接建议策略”。在这种情况下提出的建议通常易于被听话人所辨识和判断，换句话说，直接建议通常都有明确的标识，即特征性语言记号。因此，直接建议也可以称为“有标识的建议”。根据语言标识的强制性的不同，日汉语中的直接建议分别可以分为几个层次。

（一）日语中的直接建议

按照语言标识的强制性，日语中的直接建议大致可分为以下三个层次。

1. 表义务、限定、要求等的肯定形式及表禁止的否定形式

强制性最强的直接助言，主要有表示义务的“～ないといけない”“～なければならない”“～べきだ”、表示限定的“～しかない”“～以外（に）はない”“～しないとしょうがない”、表示要求的“～てください”“～なさい”“～してごらん”等具有肯定语义的表达方式。另外，还有“～たらだめだ”这类表示禁止的否定表达方式。

（1）“だからね、絶対親は離れてだって、お前のそばにいるということを分からせてやらなければならないんで、これ飴と鞭ですょ。”

2. 表提议、劝告、许可的肯定形式

建议者通过“～ばいい”“～たらいい”“～たらどう”“～ほうがいい”之类的表示提议、劝告、许可等形式，向听话人直接提出其应有的行为，以达到建议者希望能够发生的最佳状态。这一层次表达形式在强制性上低于第一层次的表达形式。

（2）“それはあなた現地取ったわけですから、学校を信じて待ってればいいです。”

3. 强调重要性的肯定形式

强制性最弱的表达形式主要有“～が必要である”“～必要がない”“～必要がある”“大事なのは～ことだ”“～が大事である”“ことはない”。这类表达主要是建议者通过强调所提示内容的重要性或必要性，来向听话者提出建议，直接、明确地指出其应该采取的行为措施。

（3）“それを何月何日の何時に、どういう連絡をした時に、先生のどなたが対応に出られて、このようにおっしゃったというのを正確に記録しておく必要があります。”

（二）汉语中的直接建议表达

按照语言标识的强制性，汉语中的直接建议也可分为以下三个层次。

1. 表命令、要求的动词及表禁止的动词

“必须”“得”“要”等表示命令、要求的动词和“不要”“不能”等表示禁止的否定表达直接、明确地表示出建议者的态度和建议，强制性最强。

(4)“您去想找自己的幸福也没问题，可是在现实操作里边您必须得先离（婚）吧？您得有这个勇气去离才能有这个勇气去寻找吧？”

2. 表责任、义务的动词

比第一层次表达的强制性略低的，是表示责任、义务的词“应该”。

(5)“那些建议或是说那些阻碍你的行为在你眼里我觉得你应该安然地放下，对不对？”

3. 表许可的动词

“可以”“能够”等表示许可的动词强制性最弱，但也直接、明确地表达出建议者对于听话人所做出的建议，属于直接建议。

(6)“你可以去了解现在的孩子们他吸收到什么样的信息了，这些信息对我们这些已经固化的人来说其实是一个冲击。”

四、日汉语中的间接建议表达

与“直接建议”的外显性、直接性不同，“间接建议”通常需要听话人联系前后语境才能对其建议意图进行正确理解，具有一定的暗示性和间接性，内容相对较长且没有明确的语言形式标识，因此“间接建议”又可称为“无标识的建议”。

通过对语料的分析，笔者认为中日两国语言中的间接建议大致可以分为以下四种类型：①表露自身经历和经验。建议者通过向听话人叙述自身的相似经历或分享处理类似事情时的经验，对听话人进行一种具有暗示性的建议，间接引导听话人采取措施解决问题。②移情和同理心。移情指对他人的情感、经历等表示理解、有同感。建议者通过移情，向听话人表明自己的同理心，即自己对听话人当前所处的困境感同身受，而非作为局外人来看待，以与听话人相同的视角和立场提出问题的解决方法，间接给予听话人以建议。③假定他人立场。建议者通过假设听话人处于冲突矛盾方的立场之上，让听话人能够清醒审视问题所在，而非单方面沉浸于受害者情绪之中，暗示其应该采取的解决问题的方法。④单纯陈述事实。建议者通过向听话者表明根据客观现实情况、依据常理自然而然推出的结果，以此暗示听话人应该采取的行动，达到间接建议的目的。

五、结语

通过考察，本文主要得出了两点结论。日汉两种语言在“直接建议”中有各自常用的表达形式，这些表达形式拥有各自特征性的言语标志，并且各自具有不同程度的强制性，且两者的共同点是都会使用表命令、请求、要求、禁止意义的表现形式来表达最强的强制性。此外，在“间接建议”中，日汉两种语言基本上都会使用同样的言语策略来提出建议。

参考文献：

[1]申智奇. 心理咨询建议言语行为的语用探讨[J]. 2011.

[2]熊取谷哲夫·村上恵. 表現類型に見る日本語の「助言」の伝達方略[J]. 表現研究（55），1992.

[3]星野祐子. 日本語相談場面におけるポライトネス——助言に伴う前置き表現に注目して[C]. 人間文化研究年報（27），お茶の水女子大学大学院人間文化研究科，2003.

话语标记语“그런데요”的语用功能研究

2011级　亚非语言文学　王蕾

摘　要：话语标记语是语用学研究的一个比较热门的课题。近年来有关韩国语的研究也逐渐向这个方面展开。韩国语中“그런데요”作为话语标记语，有着丰富的语用功能。

关键词：话语标记语；그런데요；语用功能；关联理论

一、引言

话语标记语是语用学研究比较热门的话题。话语标记语是指没有实质性语义或者实质性语义丧失，用于谈话中，使上下文关系明确，说话人主观意图得到有效表现的插入语。汉语和英语中，有关话语标记语的研究有很多，例如“其实”、“嘛”、“well”、“so”的语用研究等。根据话语标记语的定义，以及之前的研究成果不难发现，韩国语“그런데요”也具有话语标记语的资格。在语言的实际应用，尤其是在口语交际中（常用作근데요），“그런데요”作为话语标记语，其语用功能非常丰富。本文以Sperber和Wilson的关联理论为基础，选取电视剧中出现的对话为语料。通过对具体语料的仔细分析与解释，希望韩语学习者可以在今后韩语学习过程中，能够更好地理解和应用承载文化底蕴的话语标记语，更准确地掌握韩国语。

（一）理论依据

语用学的两大研究主题就是话语生成与话语理解。在话语生成—理解的动态过程中，听话人会根据说话人提供的新信息，包括字面的信息或隐含的信息，结合语境假设，寻求话语间的最佳关联，从而理解说话人的交际意图；而另一方面，说话人为了让听话人理解话语时，选用最适当的语境和付出最小的心智努力，制约听话人对话语关联性的寻找，便会最大程度地提供关联的明示行为与刺激，如设法使用话语标记语等一些语言手段，帮助听话人进行以最佳关联为取向的选择，确定与说话人交际意图相一致的推理结果。

话语标记语表示的是话语之间或话语与语境之间的一种关系，对处理话语的命题意义起语用制约作用。Sperber 和 Wilson 的关联理论认为，语言交际是一个明示—推理过程。人的认知以最大关联为取向，而语言交际则以最佳关联为取向。最佳关联性是话语理解时付出有效的努力之后所获得的足够的语境效果。根据关联原则，任何一个交际行为都传递着最佳关联性的假定和期待，说话者总是以最小的认知努力来获得最大的语境效果，并以此来推导说话者的交际意图。话语标记语的作用实际上就是话语交际过程中的一种明示导向标志。根据关联理论，话语的隐含意义是话语经过加工处理的一系列语境假设以及听话人或读者由此期待得出的结论。一般来说，说话人所说的话语在大脑里有其既定的意义，并且也希望听话人达成同样的诠释。要达成所期待的诠释，听话人必须将话语置于恰当且设定的语境中进行加工处理，并根据最佳关联假设对语境进行选择和构建。因此，说话人就会通过使用标记手段使某些假设更容易被听话人获取，从而引导听话人达到设定的话语诠释。

（二）关联理论下话语标记语"그런데요"的语用功能

根据关联理论，在语言交际过程中，话语理解涉及两类信息的结合和运算，即由话语信号建立的新假设和在此之前已被处理的旧假设或语境假设。在交际过程中，说话者所提供的假设或信息不但应该是新的，而且还要能改变听话者的语境假设，也就是说能够产生语境效果。语境效果包括三种情况：一、信息与已知假定相结合并产生语境含义；二、信息加强已知假定；三、新信息排除已知假定或与之发生冲突①。根据这三种语境效果，我们来看一下话语标记语"그런데요"

① 邓飞. 连接副词的语用功能与使用情况调查[J]. 大连海事大学学报，2009.

的语用功能。

1. 信息与已知假定相结合并产生语境含义。话语标记语“그런데요”的此种语用功能主要是指在大的谈话背景下，转换或插入小的相关话题。

①영재:당신이 민혁이 형을 어떻게 알어?

지은:형?형요?어, 두 분이 친하신 거 같은데…그 분을 봐서라도 저 한테 이러시면 안되죠.근데요, 왜 자꾸 반말해요?[풀하우스]

在例子中，之前的语境假设是韩智恩和李英宰在谈李英宰与柳民赫关系，觉得两人关系比较亲，之后提出的新信息“为什么李英宰不对韩智恩说敬语”与旧的语境假设相结合，因为两人关系又不亲。即在李英宰、韩智恩、柳民赫三个人关系的问题这一大的谈话背景下，转到李英宰对韩智恩不讲敬语的问题上。

2. 信息加强已知假定。在已知假定下，使用“그런데요”，引出下文，提供更多的信息量。

②지은:이영재씨한테도 미안하고, 어른들한테두 너무 죄송해요.

민혁: …

지은:근데요, 또 너무 속상하구, 얼울하기도 해요.나는 진짜 어버님, 어머님, 할머님 너무 좋아했거든.[풀하우스]

这两个例子都是新信息加强已知假定的情况。②中，智恩先说对李英宰及其家人抱歉，随后在肯定已知信息的情况下，又加强深化信息内容，说她“又非常伤心，很冤枉”。

3. 新信息排除已知假定或与之发生冲突。话语标记语“그런데요”的这种功能比较常见，又可以具体细分为如下几种情况。

（1）话者表明事实、自己的想法与前面的人立场想法不同。

③할머니:그래서 사람은 어른 밑에서 배우는 가정교육이 중요한 거야.

지은: (못참겠다) 근데요, 저한테 자꾸 못배웠다 그러시는데요, 제가 볼 때는 이영재씨도 만만치가 않아요.[풀하우스]

③中已知的假定是奶奶认为只有大人对孩子的家庭教育很重要，只有这样孩子才能什么事都做好。智恩听完奶奶的话，想法与奶奶不一样，认为奶奶说的不对：我什么都不会，可是李英宰同在有父母奶奶的家庭环境下长大，却也是那样。

（2）体现话者的前后心理状态变化。

④지은:저는요, 이영재씨가 진짜진짜 너무너무…싫어요…

민혁: … (보면)

지은: (울컥) 그런데요, 또…그 사람 때문에 너무 행복하고, 또 그 사람 때문에 너무 가슴이 아프고 그래요……나 진짜 이상하죠? [풀하우스]

④中开始韩智恩说自己非常非常讨厌李英宰，这是已知的假定。随后用“그런데요”话锋一转，说又因为李英宰很幸福等等，所提出的新信息很明显与已知假定讨厌他相冲突，体现了韩智恩的矛盾心理。

（3）体现话者委婉的否定态度。

⑤민혁:나, 지금 한지은씨 한테 프로포즈하는 거에요.

지은 : …

민혁: … (보면)

지은:근데…저는…전 아직 이혼 한지도 얼마 안되구요…아직 그렇거든요…이거 참…하하하 (하는데) [풀하우스]

⑤中柳民赫说他现在是在向韩智恩求婚，智恩听后很慌张，因为不喜欢民赫，想拒绝他，但是一直以来民赫一直关心帮助她，于是不忍心直接拒绝，而是使用“근데”，说她现在离婚没多久，委婉地拒绝民赫的求婚请求。

二、结论

本论文主要是从关联理论的角度，考察了韩国语中的“그런데요”作为话语标记语其丰富的语用功能。在语言的交流中，句子不仅具有本身的意义，在具体特定的语言环境（时间、空间、心理、社会、文化）中还可能具有特殊的意义。所以我们要重视话语标记的功能与作用。话语标记语“그런데요”的认知功能在于引导读者寻找关联，减

轻读者处理话语的负担，从而提高理解的准确度。在掌握了韩国语“그런데요”的语用功能后，希望我们可以更好地使用、应用韩国语。

参考文献：

[1]邓飞. 连接副词的语用功能与使用情况调查[J]. 大连海事大学学报，2009.

[2]何自然，冉永平. 新编语用学概论[M]. 北京大学出版社，2009.

[3]전영옥. 한국어 담화표지의 특징 연구 [J]. 한국화법학회，2002.

中韩动词“吃”与“먹다”的认知语义分析

2011级　亚非语言文学　王惟宇

摘　要：汉语动词“吃”的用法和意义非常复杂，研究发现，汉韩动词“吃”意义的复杂性主要是通过由于隐喻、转喻所引起的用法扩展；对比发现，韩语“吃”表达的认知语义更加丰富，反映中韩两国人在认知上的某些共性。

关键词：认知语义；隐喻；转喻；对比分析

一、引言

认知语言学是以“意义”为中心的，因此认知语义学也就成为认知语言学的核心内容。认知语义学主要研究人类的概念系统、意义和推理，简而言之，研究人类的理性。他们认为多义词的各个义项之间是有机联系在一起的，并以原型为中心形成语义范畴。

本文以汉韩动词“吃”为例，对比分析“吃”由于隐喻、转喻所引起的用法拓展，反映人类语言的普遍现象以及人类在认知上的某种共性。

二、动词“吃”与隐喻、转喻认知

（一）动词“吃”的隐喻认知

当代认知科学普遍认为，隐喻在本质上不是一种修辞现象，而是一种认知活动，对我们认识世界有潜在的、深刻的影响，在人类的范畴化、概念结构、思维推理的形成过程中起着十分重要的作用，是人类认知活动的工具和结果。[①]

莱科夫和约翰逊（Lakoff & Johnson）认为，隐喻是以人们所感知的事物之间的相似性为基础，由源域想目标域的投射，其本质是借他类事物理解和体验该类事物。指代相似的事物，把适用于A的词语移用于B。例如“吃”，吃涉及咀嚼、吞咽的过程，引申出消耗、花费、消灭、忘记等含义，于是通过隐喻认知，“吃”由动作领域投射到消灭领域，产生“寅吃卯粮”等词语。

（二）动词“吃”的转喻认知

当代认知语言学把隐喻和转喻看做是同为重要的认知机制。与隐喻不同的是，转喻以实物之间的相关性为认知基础，指在同一认知域中用较易感知的部分来理解整体或整体的另一部分，即转喻是用一个实体代替另一个实体，主要具有指称功能。

转喻体现在此处，就是用“吃”组成的词语或短语，来表达另一意思。例如：“他吃了三大碗”的意思是他吃了三大碗米饭、面条等食物。

总之，隐喻和转喻作为重要的认知模式，是词义的扩展和延伸的重要认知机制，极大地丰富了人类的语言。而“吃”作为基本范畴，借助着两种认知模式，发展了众多的引申意义。

三、“吃”与“먹다”的认知语义分析

汉语动词“吃”的用法和意义非常复杂。汉语“吃”的基本意义是“把食物等放到嘴里经过咀嚼咽下去（包括吸、喝）”[②]。如：吃饭、吃药等。我们可将其视为“吃”的原型意义。而韩语中“먹다”的基本意义是“음식 따위를 입을 통하여 배 속에들여보내다”[③]（将食物等通过嘴进入胃里），二者大致相同，正是以这种原型意义为基础，通过隐喻、转喻认知方式向外发散，形成了不同的词义。

---

① 王寅. 认知语言学[M]. 上海：上海外语教育出版社，2007: 406.

② 本文汉语例证皆引自“现代汉语词典（第五版）”。

③ 本文韩语例证皆引自“표준한국어대사전”（网络版）及“네이버국어사전”。

（一）“吃”与“먹다”的隐喻意义认知分析

从主体来说，身体好比一个容器，吃就是吸收、摄取。因此，“吃”可以引申出吸收、充满、享受、得到等义。下面是汉韩“吸收”义的例子：汉语“道林纸不吃墨”；韩语“이 종이는 기름이 잘 먹다”。同时，韩语中有些隐喻表达比汉语丰富，如韩语中有这样的说法：“담배를 먹다（抽烟）”，这里表示吸烟、鸦片等意义；“연탄 가스를 먹다（吸入烟气）”，这里表示烟气、煤气等进入人体。另外，韩语中有这样一例：“세살 먹은 아이（长了三岁的孩子）”。在这一例中，“吃”可以理解为达到，这个意思也是由于“吃”的吸收引申出来的。汉语中则没有此种表达。

如果“吃”的是主体乐于接受的东西，则“吃”引申出怀有、充满、享受等义。此时汉语中没有相对的隐喻表现。仅举韩语的例子：“결심을먹다”。但如果是被动去吃，则会引申出遭受义。汉韩在这一点上都有隐喻表现，例如：汉语“吃亏，吃惊，吃批评”都是“遭受”义。韩语也有类似“吃亏”的说法，例如：“욕을 먹다”。

吃涉及一个咀嚼、吞咽的过程，其结果是事物破损、消失，这使“吃”引申出了消耗、花费、消灭、忘记等意义。例如：汉语“吃力，吃劲”即为吃的消耗义；韩语“이 차는 기름을 많이 먹는다”此时为消耗，花费的意思。

对主体的影响相关的隐喻。例如汉语“吃醋”指某人有嫉妒情绪，“吃了豹子胆”指某人有胆量。这些隐喻都是指主体受到了与客体的特征相类似的影响。“醋”是酸的，以此来隐喻人有酸劲；“豹子”、“狮子”都是猛兽，以此来隐喻人有胆量。然而韩语中没有此种隐喻表现。

（二）“吃”与“먹다”的转喻意义认知分析

转指原因、前提、条件等等。例如汉语“吃老本”“吃白饭”都转指不干活、闲散，这样说的前提是某人不干活、闲散，故“吃老本”“吃白饭”实际是专指前提。韩语“공짜밥을먹다”也可以转指某人不干活。

现代汉语“吃喜糖”义指某人举行结婚仪式，以吃喜糖来借代某人的结婚仪式。韩语里也有类似的说法，不过韩文表达为“국수를먹

다”，请人吃面条是韩国人结婚的习俗，在这里用吃面条来借代韩国人结婚的习俗。

以下两例只有汉语有转喻现象：（1）汉语军事、棋类中有这样的句子“拿车吃他的炮”，其意义为“消灭”。（2）在汉语中，也有“吃不住”“吃不消”等词语，在此时是“禁受”“承受”之义。

以下几例所带有的转喻意义是汉语所没有的：（1）韩语里“吃豆饭”指“进监狱”；“吃军队饭”指“进军队”的意思。例如：“콩밥을 먹다”。（2）有取得之义，例如：“우승을먹다”（获得胜利），胜利即为结果，吃掉胜利即为获胜。（3）在竞技比赛中失分：“수비의실책으로먼저한골을먹었다”（由于守门员的失策先输了一个球）。（4）得到好处：“남은이익의 4 는네가먹고 6 은내가먹기로하자”（剩下的利润你得四成，我得六成）。（5）玩弄（女人）：“어제나는 그 여자를 먹었소”（昨天我玩了那个女的）。（6）生，长：“버짐이 먹다”（生癣）。（7）使用：“맷돌이 잘 먹다”（磨子好使）。

四、“吃”与“먹다”的认知语义对比

<table>
<tr><td colspan="3">吃与“먹다”语义分析</td><td>吃</td><td>먹다</td></tr>
<tr><td></td><td>本义</td><td>1. 把食物等放到嘴里经过咀嚼咽下去</td><td>吃饭</td><td>밥을먹다</td></tr>
<tr><td colspan="3">吃与“먹다”认知语义</td><td>吃</td><td>먹다</td></tr>
<tr><td rowspan="8">隐喻</td><td rowspan="2">共性</td><td>2. 吸收（液体）</td><td>道林纸不吃墨</td><td>이 종이는 기름이 잘 먹다</td></tr>
<tr><td>3. 受；挨</td><td>吃亏</td><td>욕을먹다</td></tr>
<tr><td rowspan="6">个性</td><td>4. 耗费</td><td>吃力，吃劲</td><td>이 차는 기름을 많이 먹는다.</td></tr>
<tr><td>5. 嫉妒</td><td>吃醋</td><td></td></tr>
<tr><td>6. 吸，抽</td><td></td><td>담배를 먹다</td></tr>
<tr><td>7. 吸进</td><td></td><td>연탄 가스를 먹다</td></tr>
<tr><td>8. 怀有心思</td><td></td><td>결심을 먹다</td></tr>
<tr><td>9. 长（一岁）</td><td></td><td>세 살 먹은 아이</td></tr>
</table>

续表

吃与“먹다”语义分析			吃	먹다
转喻	共性	10. 依靠某种事物来生活	吃老本	공짝밥을 먹다.
		11. 象征	吃喜糖	국수를 먹다.
	个性	12. 消灭（多用于军事、棋戏）	拿车吃他的炮	
		13. 禁受；承受	吃不住，吃不消	
		14. 吃进		콩밥을 먹다.
		15. 取得		우승을 먹다.
		16. 输，失分		경기에서 한 점 먹다.
		17. 得到好处		남은 이익의 4 는 네가 먹고 6 은 내가 먹기로 하자.
		18. 玩弄（女人）		어제 나는 그 여자를 먹었소.
		19. 长，生		버짐이 먹다.
		20. 使用		맷돌이 잘 먹다.

汉语“吃”对应的第 1、2、3、4、10、12、13 义项来源于《现代汉语词典》（第五版商务印书馆 2000）；韩语“먹다”对应的第 1、2、3、4、6～11、14～20 义项来源于국립국어권《표준한국어대사전》（网络版）和네이버 국어사전，其余义项以及汉韩比较是笔者根据语料分析所得。

从上表可以得出结论，韩语“먹다”的认知语义要比汉语丰富一些。从例 11“吃喜糖”来看，汉语和韩语还有共同特征，即在语法上接近于抽象名词。在共计 20 个义项中，包含 6 个共同义项，存在共性的主要原因是因为两个民族同属汉字文化圈，自古以来韩国受中国影响颇多，尤其在语言文字上，所以形成了一定的文化共核。

尽管“吃”在中韩文化中的语义存在一定共性，但还有一定的差别。韩语“吃”的认知语义要比汉语丰富。笔者认为是韩国人在借鉴此词的过程中进行自主性的发挥，在对吃文化的理解与情感也渐渐发生变化，形成自己独到的认知见解，从而影响词义的变化。比如表中例 18、19、20 的引申义完全与本义无关。以此也可看出中韩两国人民在社会文化和认知上存在的差异。

五、结论

两种语言都有相同的认知机制，且在语言和文化上有共同之处，所以吃的认知语义有重合之处。但由于不同的社会文化，两国对“吃”的理解也存在诸多差异。这就要求我们不仅要注意观察词的本身含义，更要留心其深层的社会文化含义以及变化趋势，从而更好地进行文化交流。

参考文献：

[1]中国社会科学院语言研究所词典编辑室. 现代汉语词典：第五版[M]. 北京：商务印书馆.

[2]王寅. 认知语言学[M]. 上海：上海外语教育出版社.

[3]姜先周. 动词“吃”论元结构扩张的汉韩对比研究[J]. 北京：中国社会科学院研究生院学报，2005：9.

基于语料库考察程度副词「とても」与「非常に」在使用上的差异
——从修饰形容词、形容动词的方面

2012级　日语语言文学　王莹

摘　要：本稿以程度副词「とても」「非常に」为对象，结合语料库，考察二者修饰形容词、形容动词时在使用上的差异。经考察发现，「とても」更易修饰感情形容词，表达主观判断，「非常に」更易修饰属性形容词，表达客观判断，与所修饰的形容词间的紧密性更强；与「非常に」相比，「とても」更易修饰含有积极意义的形容动词。

关键词：とても；非常に；紧密性

一、引言

（1）一方、初対面の男たちの車に乗るのも非常に危険だが、後部座席ならば、いざというとき飛び出して逃げることも可能だろう。

（2）大島さんが言ったように、森の奥まで入りこむのはとても危険だ。

（3）この間は、皆さんにとても悪いところを見られたけど、あの悪い人は私の日本人の恋人ですね。

（4）卵巣癌は早期癌の場合は70%以上の5年生存が期待できるが，進行癌の予後は非常に悪い。

以上例句[①]中的「とても」「非常に」都分别修饰「危険」和「悪い」这

① 本文例句均出自少纳言。

两个词，表达很、非常的意思。在新明解国语辞典（第五版）中对「とても」的解释是：

“程度が並以上であることを表す。”

对「非常に」的解释是：

“普通考えられる（言われる）程度よりはるかに強いものと受け取られることを表す。”

从以上的解释可以看出，「とても」「非常に」都是表示程度高的词，意思也基本相同。那么二者修饰形容词、形容动词时在使用上有什么差异呢？

本文通过「現代日本語書き言葉均衡コーパス」（少納言），考察了2000年代的程度副词「とても」「非常に」修饰形容词、形容动词的例句①，从而分析二者修饰形容词、形容动词时在使用上的差异。

二、对「とても」「非常に」修饰形容词、形容动词的分析

（一）「とても」「非常に」修饰形容词

根据少纳言，「とても」「非常に」所修饰的形容词中使用频率较高的前15个形容词如表1所示。

表1

とても＋形容词		非常に＋形容词	
修饰的形容词	使用次数	修饰的形容词	使用次数
良い（よい、いい）	194	良い（好い、よい）	184
嬉しい	71	悪い	98
楽しい	43	多い	88
美味しい	38	難しい	77
難しい	25	強い	72
高い	23	大きい	49
辛い	18	厳しい	34
面白い	18	高い	29

① 因少纳言显示检索结果的上限为500例，所以本文对其11个对象进行分别检索，若为500例以上则只选择500例，若为500以内则如数选择。

续表

とても＋形容词		非常に＋形容词	
修饰的形容词	使用次数	修饰的形容词	使用次数
多い	17	低い	28
素晴らしい	17	嬉しい	18
可愛い	13	小さい	16
悪い	13	短い	15
美しい	12	速い（早い）	15
怖い（恐い）	12	面白い	14
大きい	11	広い	14

从表 1 可以看出「とても」修饰形容词时，形容词主要分为以下两种类型。

属性形容词[①]：良い、美味しい、難しい、高い、面白い、多い、素晴らしい、可愛い、悪い、美しい、大きい

感情形容词：嬉しい、楽しい、辛い、怖い

从表 1 可以看出「非常に」修饰形容词时，形容词主要分为以下两种类型。

属性形容词：良い、悪い、多い、難しい、強い、大きい、厳しい、高い、低い、小さい、短い、速い、面白い、広い

感情形容词：嬉しい

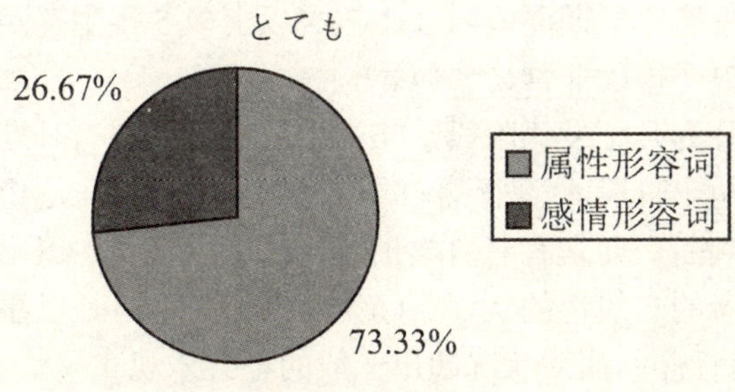

图 1

① 西尾寅弥在『形容詞の意味・用法の記述的研究』中将形容词分为属性形容词和感情形容词。其中，属性形容词表达客观的性质、状态，感情形容词表达主观的感觉、感情。

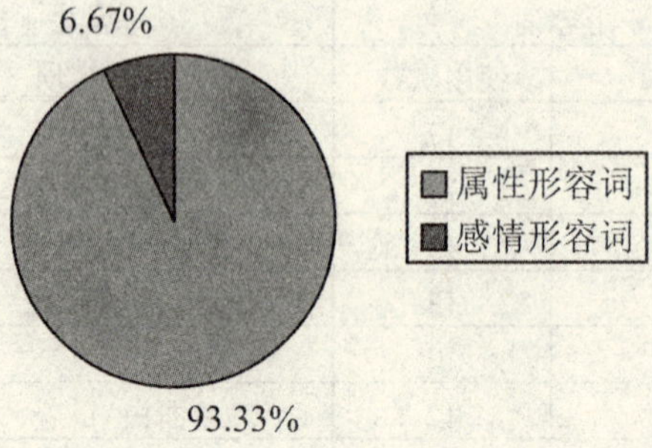

图 2

从图 1、2 中可以看出「とても」所修饰的形容词中感情形容词的比例为 26.67%，与「非常に」相比，「とても」更容易修饰感情形容词。

本文主要对二者都能修饰的属性形容词「悪い」进行分析。

（5）この間は、皆さんにとても悪いところを見られたけど、あの悪い人は私の日本人の恋人ですね[③]。

（5）中「悪いところ」可能是吵架，又或许是做了什么不光彩的事情，是说话者自身的判断。也许对于说话者来说那个属于「悪いところ」，但是对于有的人来说那也许称不上是「悪いところ」。即说话者从自身的立场出发认为那是「悪いところ」，主观地表达那种坏的程度超出了一般。

（6）卵巣癌は早期癌の場合は 70%以上の 5 年生存が期待できるが，進行癌の予後は非常に悪い。

卵巢癌分为几个发病阶段，（6）中的「早期癌」和「進行癌」也属于卵巢癌的两个阶段。「進行癌の予後は非常に悪い」这个判断并不是笔者个人的判断，而是有着科学根据，从临床经验中得出来的判断，是被人们认可的一般性的认识。（6）中的「非常に」是以事实为基础客观地说明「進行癌」病后状况超出一般的不容乐观。

通过以上分析可以得知「とても」多修饰带有感情的形容词，表示主观判断，「非常に」多修饰体现属性的形容词，表示客观判断。

此外「非常に」、「とても」修饰形容词时，既有与所修饰的形容词

紧密连接的例句，又有在两者之间插入其他要素的例句。

（7）あなたとわかれるのはとても悲しいけど、わたしの代わりに、マンマのそばにいてもらえないかな？

（8）この店は毎日、夕方早くから深夜まで常に満席状態で、とても効率がいいのです。若い女性同士の客はほとんど見かけません。

（9）その意味で、今後、日中両国政府への期待は非常に大きい。

（10）シマヤマネコは10万年ほど前、陸続きだった大陸から渡ってきたと考えられ、現在では非常に絶滅の危険が高く、国の天然記念物、国内希少野生生物種に指定されている。

在考察的「とても」修饰形容词的880个例句中，在两者之间插入其他要素的例句为101个，占例句总数的11.48%。在考察的「非常に」修饰形容词的1281个例句中，在两者之间插入其他要素的例句为133个，占例句总数的10.38%。在修饰形容词时，与「とても」相比，「非常に」与所修饰的形容词之间的紧密性更强。

（二）「とても」「非常に」修饰形容动词

根据少纳言，「とても」「非常に」所修饰的形容词中使用频率较高的前15个形容词如表2所示。

表2

とても＋形容动词		非常に＋形容动词	
修饰的形容动词	使用次数	修饰的形容动词	使用次数
大切	75	重要	111
綺麗	52	大事	32
重要	43	危険	29
便利	37	大切	20
素敵	26	残念	20
好き	21	困難	19
大事	17	簡単	12
幸せ	15	厄介	10
危険	14	心配	9
楽しみ	14	楽しみ	9

续表

とても＋形容动词		非常に＋形容动词	
修饰的形容动词	使用次数	修饰的形容动词	使用次数
不安	14	便利	9
親切	13	稀	8
心配	13	有効	8
大変	13	有名	8
残念	12	有利	8

从表 2 中可以看出「とても」修饰形容动词时，形容动词主要分为以下两种类型。

含有积极意义的形容动词：大切、綺麗、重要、便利、素敵、好き、大事、幸せ、楽しみ、親切

含有消极意义的形容动词：危険、不安、心配、大变、残念

从表 2 中可以看出「非常に」修饰形容动词时，形容动词主要分为以下两种类型。

含有积极意义的形容动词：重要、大事、大切、簡単、楽しみ、便利、稀、有効、有名、有利

含有消极意义的形容动词：危険、残念、困難、厄介、心配

「とても」修饰的使用频率高的前 15 个形容动词中，含有积极意义的形容动词的例句为 313 个，占表 2 中形容动词例句总数的 82.59%。与此相对，「非常に」修饰的使用频率高的前 15 个形容动词中，含有积极意义的形容动词的例句为 225 个，占表 2 中形容动词例句总数的 72.11%。从中我们不难看出，与「非常に」相比，「とても」更容易修饰含有积极意义的形容动词。

此外「非常に」「とても」修饰形容动词时，既有与所修饰的形容动词紧密连接的例句，又有在两者之间插入其他要素的例句。

（11）それまで、とても不安だったのが、ようやく「これが自分の道だ」と確信できたのだ。

（12）ハイブリッドカーの走行で使われるエネルギーとてもエンジン音が静かです。

（13）そういう意味で、生命科学は非常に大事です。

（14）分厚い箱入りの立派な本です。非常にこれは貴重な史料です。

在考察的「とても」修饰形容动词的 795 个句中，在两者之间插入其他要素的例句为 14 个，占例句总数的 1.76%。在考察的「非常に」修饰形容动词的 799 个例句中，在两者之间插入其他要素的例句为 18 个，占例句总数的 2.25%。在修饰形容动词时，与「非常に」相比，「とても」与所修饰的形容动词之间的紧密性更强。

三、总结

本文通过分析语料库得出「とても」更易修饰感情形容词，「非常に」更易修饰属性形容词，与所修饰的形容词间的紧密性更强；与「非常に」相比，「とても」更易修饰含有积极意义的形容动词，与所修饰的形容动词之间的紧密性更强。由于能力有限，本文只对形容词、形容动词进行了考察，今后将对「とても」「非常に」修饰名词、动词等试着进行考察。

参考文献：

[1]陳連浚. 「非常に」についての一考察[J]. 日本研究，2011，(24).

[2]片山きょみ・舛井雅子，初・中級レベルの日本語教育で教える程度副詞：とても・大変・非常に・すごく・ひどく・本当に[J].熊本大学留学生センター紀要，2006，(9).

[3]西尾寅弥. 形容詞の意味・用法の記述的研究[M]. 秀英出版，1972.

[4]仁田義雄. 新日本語文法選書 3 副詞的表現の諸相[M].くろしお出版，2002.

「嬉しい」和「楽しい」的区别

2013 级　日语语言文学　温如春

摘　要:「嬉しい」和「楽しい」两个词翻译成汉语都有“高”的意思，但其实两者也有很明显的区别。本文先从定义着手，然后从主体的参与性即能动性词的感情色彩以及名词句的限定性用法这三个方面来分析探讨两者的细微区别，并得出一定概括性的结论，方便一目了然地进行区分使用。

关键词：能动性；感情色彩；名词句

「嬉しい」和「楽しい」是在日常生活中非常常见的两个词，这两个词看似简单，但是对初学者来说是比较难区分的，甚至是对中级、高级日语学者来说也无法系统地说出这两个词的差别。说实话，估计迄今也有不少日语学者不能很好地区分正确地运用这两个词。它们翻译成汉语的意思也几近相同，都可以表达愉快的心情。但是两个词在用法上还是有些差别的，如果不注意也会犯错。介于此，笔者特意对着两个词进行了如下的考察和区分。下面就从几个角度来分析「嬉しい」和「楽しい」的区别。

一、定义

首先来看一下「嬉しい」和「楽しい」的定义。

「嬉しい」：自分の欲求が満足されたと感じて、その状態を歓迎する気持ちだ。

「楽しい」：その状態を積極的に受け入れる気持ちが強く、できることならそれを持続したい感じだ。

—『新明解国語辞典（第5版）』三省堂

二、区别

下面从三个角度对「嬉しい」和「楽しい」的区别加以分析。

（一）从主体参与性即能动性的角度分析

1.「嬉しい」的用法

如上述定义，产生「嬉しい」这种感情的原因是指“主体有意识或无意识的欲求、喜好得以满足”这件事。「嬉しい」总是接在这些原因性事件的后面，强调主体“对这种状态很欢迎”，但并不强调主体的参与性。例如：

（1）試験に合格して嬉しい。

（2）給料が上がって嬉しい。

（3）あの人の親切は実に嬉しかった。

其中「昇給」「親切」都是引起「嬉しい」的原因，但主体并没有参与。而「合格」这个原因中，主体虽有参与，但明显是强调听到「合格」这个消息后，产生的愉悦感。所以这个例句也不强调主体的参与性。

这里值得注意的和容易混淆的地方，借助下面的例（4）进行阐述分析。

（4）お風呂から上がった時に涼しい風にあたると嬉しい。×

这里因为凉爽的风而产生的快感，是一种感觉，而不是感情。所以不能用「嬉しい」，而要用「気持ちいい」来表达。

2.「楽しい」的用法

如上文定义所述，「楽しい」“不单是通过一定的认知信息，而是通过自身的行动而产生的愉快的情感，并想要积极地把这种状态维持下去”，即产生这种愉快感情的主体是能动的，主体积极地参与其中。这种感情与原因事件也是同时进行的。

例如：

（1）今度の仕事はとても楽しい。

（2）昨日の会は楽しかった。

「今度の仕事」和「昨日の会」是诱发「楽しい」这种感情的主要原因，感情的主体是在「仕事中」和「会の進行中」中感受到快感的。而主体的能动性通过下面这组例子体现。

（3）賞金をもらって楽しかった。×

（4）賞金をもらって一杯やって楽しかった。

如上所述，受领是非意图性的行为，所以例（3）不成立，而例（4）中的喝酒是能动性的行为，所以可以成立。

（二）两个词的感情色彩不同

首先，「嬉しい」是激烈的、一时的；「楽しい」是平和的、持续的。例如：

（1）合格通知を受け取って昨日は一日中嬉しかった。

如定义所述，「嬉しい」强调自己的欲求得到满足后的一种喜悦的心情，一般来讲这种心情不会持续很长时间，具有瞬时性。例句（1），在收到合格通知后，说话人昨天一天很高兴。并没有说这种感情的持续，只强调“一天”。例如：

（2）街で友達に会い、話が弾んで楽しかった。

（3）街で友達に会い、互いの消息など手短に伝えて別れたが楽しかった。？

诱发「楽しい」的原因是能动性的行为，这种行为不可能是一瞬间完成的，所以需要一定的宽裕的时间去完成。如例（2）、（3），我们可以一目了然地看到（2）中，说话人在完成一系列动作时是很从容的，而（3）中说话人在完成动作时很紧凑，给人一种一闪而过的感觉，所以这个句子中用「楽しい」会觉得有些许别扭。

另外，「嬉しい」所表达的是瞬时的感情，所以相对来说比较有爆发性，感情色彩相对激烈一些。而「楽しい」所表达的愉悦是由能动性行为引起的从容的、平和的感情。如以下两个例子：

（4）涙が出るほど嬉しい。

（5）涙が出るほど楽しい。×

其次，「嬉しい」是个人性的感情，「楽しい」与「嬉しい」相比，所表达的感情比较有普遍性。例如：

（6）誰が見ても嬉しい手紙 ？

（7）誰が見ても楽しい手紙 √

从上面两个例子可以看出两个词的差别。「嬉しい」表达的愉快与个人有直接的关系，他人很少可以插足进去。而「楽しい」所表达的愉悦在某种程度的理解上可以达到共通。但这里值得注意是这两个词的这种区别是相对的，如下例（8）所示，这种「楽しい」是带有个人性的。

（8）靴を脱いで上がり、誰もいない大きな民家のなかを木製の農具に触ったりしながらうろうろするのは、空き巣に入ったようで、楽しい。

（三）名词句的限定性用法

（1）a 嬉しい手紙

b 楽しい手紙

（2）a 嬉しい結果

b 楽しい結果 ×

（3）a 嬉しい音楽 ？

b 楽しい音楽

如上这些「嬉しい」和「楽しい」在名词句中用法的差别都可以根据（一）和（二）所述的特征来加以说明。同样一个名词，分别用「嬉しい」和「楽しい」来修饰，所表达的意思有明显的差别。下面通过分析（1）、（2）、（3）三组例句来加以说明。

（1）a 这个例句可以有两个意思。一个是因为信的内容而让人感到是一封令人愉快的信（比如录取通知之类的）；一个是因为就收到信这个事情而让人感到是一封令人愉快的信（比如收到老朋友的来信）。（1）b 可以理解为通过读信、看信这些能动性的行为而让人感到是一封令人愉快的信。

在（2）这组例句中「結果」这个词表达的意思本身就是被动的，所以只可以用「嬉しい」，而不能用「楽しい」。

在（3）这组例句中「音楽」在大多数情况下都是“听”这个能动

性行为的动作对象，这时愉快一般不是个人性的感情，而是被大家普遍认同的。

综上所述，得出以下结论。

嬉しい	不强调主体的参与性	一时的	激烈的	个体性的
楽しい	主体参与性强，能动性	持续的	平和的	普遍性的

参考文献：

[1]蔡忠良，周晓冰. 浅析嬉しい与楽しい的区别[J]. 中国科教创新导刊，2008（1）.

[2]梁田. 浅析「嬉しい」与「楽しい」的区别[J]. 科技信息，2012（31）.

[3]徳川宗賢，宮島達夫. 類義語辞典[M]. 東京堂.

[4]磯貝英夫，室山敏昭. 類義語辞典[M]. 東京堂.

[5]林史典，金子博，靍岡昭夫. 国語基本用例辞典[M]. 教育社.

[6]柴田武. 言葉の意味[M]. 平凡社.

对表被动意义的功能动词「受ける」及其宾语的考察

2011级　日语语言文学　吴锐

摘　要：本文以表被动意义的功能动词“受ける”为考察对象，通过对语料库例句的分析考察后发现，“受ける”与动作性的抽象名词的组合不一定都表示被动意义，当“受ける”与某些抽象名词连用表被动意义时，会丧失其原有的意志性，而这些名词大都表示一方对另一方的某种行为动作或影响。

关键词：被动意义；功能动词；受ける；意志性

一、引言

“受ける”一词的用法主要分为两种，一种是以普通名词作宾语，一种是以抽象名词作宾语，二者呈现出不同的特征，如：

（1）あの選手は片手でボールを受けた。

（2）彼女はその先生のことばに影響を受けた。

例句（1）中，“受ける”是一个普通的他动词，单纯表示具体的某个行为动作。而例句（2）中，“受ける”是以功能动词的形式呈现，与抽象名词“影響”一起，表示一种被动的语法意义。

关于表被动意义的功能动词，除“受ける”之外，还有“食う”“買う”“浴びる”等等。这些词中，“受ける”的实际使用频度最高，且生产性远超过其他动词，可以说是表被动意义的功能动词中的典型，因此本文选取“受ける”一词为对象，在前人研究成果的基础上，通过分析大量语料库实例，重点考察“受ける”在表被动意义时，动词本身及其宾语会呈现出何种特征。

二、先行研究及问题点

关于表被动意义的功能动词，村木新次郎（1991）指出，从动作的主体来看，这些动词都是"远心性"的，而动词的宾语都是"求心性"[①]的。

岸本秀树（2010）指出，"受ける"根据其是否有意志性，主要分为"行为"和"移动"两种意思，只有在表示"移动"时才能表达被动意义。

孟熙（2012）指出，"受ける"的宾语有四种形式[②]，其中サ变动词词干的使用频率是最高的，并且当サ变动词词干的名词特性比较强时，"受ける"是实质动词表能动意义；当其动词特性比较强时，"受ける"是功能动词表被动意义。

以上研究均在不同程度上论证了"受ける"作功能动词使用时的一些特征，但是当"受ける"的宾语是サ变动词词干且动词特性较强时，"受ける"也不一定表示被动的意义，如"治療を受ける"中的"受ける"是主动接受的意思，表示的是一种能动意义。因此，关于"受ける"到底在何种语言环境下才能表被动意义仍存在探讨余地。

三、所用语料 · 检索方法 · 检索结果

在调查时，本文采用的是日本国立国语研究所开发的「現代日本語書き言葉均衡コーパス」，首先以"を受け"[③]进行检索，初步得出"を受け"前会出现哪些抽象名词，然后再用这些名词与"を受け"的组合进行检索，得出各个组合的使用频数，并以使用频数较高的组合为主要分析对象。由于"受ける"的用例太多，会有一个页面无法完

① 村木新次郎（1991）对"远心性"和"求心性"的描述："「あたえる」「かける」のような動詞は予想される動作主から見れば、遠心的なうごきを意味する。これに対して、「受ける」「得る」等の動詞は主体の側から見れば、求心的うごきを伴う動詞である。"

② 四类：サ变动词词干（包括外来词，如"サービス"）、动词连用形、不能构成"~する"的形式但仍具有动作性的名词、无动作性的普通名词。

③ 因为"受ける"是一段动词，用"を受け"的形式检索，可以包含"受ける"的所有活用形，省去每个活用形都要检索的繁复，且每个检索都会包括"受ける"的纯假名形式。

整显示所有用例的情况，因此根据具体情况会限定年份和数据来源的种类。

四、对表被动意义的“受ける”及其宾语特征的分析

虽然“受ける”在表示被动意义时，其宾语都是抽象名词。但宾语是抽象名词的“受ける”不一定都表示被动意义。如“影響を受ける”就可以表示被动意义，与“影響される”同义，而“教育を受ける”不能表示被动意义，与“教育される”在语义上有很大的差别，“教育される”表示的是“教育”的发生不是由主体的意志决定的，其只是单纯地承受这个结果，而“教育を受ける”表示的是“教育”是在主体的意愿之下发生的，是主体主动承担的结果。

那么，这些名词中到底有哪些与“受ける”的动宾组合会表示被动意义。根据岸本秀树（2010）的观点，当“受ける”具有意志性时，表示能动意义；当其没有意志性时，就表示被动意义。而关于如何检测“受ける”是否具有意志性，一般情况下，有意志性的动词，是可以在命令句中使用的，也可以与带有很强意志性的表达方式连用。如，

（3）はやく{手術/試験/教育}を受けなさい。

（4）*あの人の{叱り/影響/虐待}を受けなさい。

（5）許可/承認を受けなければならない。

（6）*被害/辱め/空襲を受けなければならない。

（3）和（5）在语法上没有任何问题，而（4）和（5）一般没有这种表达方式。因此，可以看出“教育”“許可”“治療”“手術”等与“受ける”组成的动宾组合依旧表示一种能动的意义，而“影響”“被害”“ショック”“衝撃”等与“受ける”组成的动宾组合虽然是一种能动的形式，但表示的是被动意义。

但是还有一种情况如“感銘を受ける”“感動を受ける”这一类动宾组合，与“影響を受ける”“被害を受ける”一样没有意志性，但表示的却是“感銘する”“感動する”的意思，没有任何被动的成分。由此可见，除了“受ける”没有意志性这一条件外，名词与“受ける”的动宾组合是否表示被动意义还与名词的性质相关。

为了挖掘出两组词各自表达的深层含义，首先看一下两组词作动词用时的不同。前者是“～に感銘する/感動する”的形式，后者是“～に影響する”“～を攻撃する”的形式。前者的“感銘する/感動する”表示的是行为主体产生的某种心理状态的变化，所带“ニ格”是产生该心理变化的原因，且该“ニ格”并非动词所必须带有的。后者虽然一个是“ニ格”一个是“ヲ格”，但两个动词表示的都是行为主体对客体的某种行为动作，且会对客体产生某种影响，而不是主体自身产生的某种变化。所以，“影響”“攻撃”这一类表示一方对另一方发出某种行为动作的词与“受ける”组成的动宾组合可以表示被动意义，而“感銘”“感動”这一类只表示主体自身产生的某种变化，而并没有对另一方发出任何行为动作的词即使与“受ける”组成动宾组合也不能表示被动意义，因为根本就不存在受事方。

五、结语

综上所述，并不一定所有的有较强动作性的抽象名词与功能动词“受ける”组成的动宾组合都可以表被动意义，在表被动意义时，必须同时满足两个条件：1.“受ける”丧失作为实质动词的意志性。2. 宾语必须是表示一方对另一方发出某种行为动作，且受事方会受到一定影响的抽象名词。

参考文献：

[1]神田靖子. 機能動詞結合とその他動性をめぐる覚書［J］. 同志社大学留学生別科紀要，2002，（2）：55-73.

[2]岸本秀樹. 受身の意味を表す「受ける」の語彙概念構造［C］. //影山太郎. レキシコンフォーラム No.5.ひつじ書房，2010：201-218.

[3]木村新次郎. 日本語動詞の諸相［M］. ひつじ書房，1991：204-276.

[4]寺村秀夫. 日本語のシンタクスと意味Ⅰ［M］. くろしお出版，1982：158-182.

[5]孟熙. 迂言的受身表現「～を受ける」について：漢語サ変名詞の特徴を中心に［J］. 筑波応用言語学研究，2012，（19）：61-73.

明治到现代的拟声拟态词的变迁
——从“汉语系”“和语系”拟声拟态词的角度

2011级　日语语言文学　闫慧

摘　要：本文从日语语史的角度，考察从明治到现代的拟声拟态词的变迁，重点分析汉语、和语系拟声拟态词的变化。明治时期，大量汉语被引入，言文一致运动的兴起，预测对其会产生影响。从数据中看出，明治初期和语系拟声拟态词发展不完善，大量的汉语系被采用；从明治后期至今，和语系拟声拟态词日渐成熟，使用量渐渐超过汉语系。

关键词：和语系拟声拟态词；汉语系拟声拟态词；言文一致；变迁

一、拟声拟态词

人类或者人类以外的生物发出的声音，自然界发出的声音或者是微生物发出的声音，把这些声音用语言表现出来就是拟声词。包括人类的所有生物、微生物以及自然界发出的声音或者与声响无关的事态变化，把这些变化用语言形象的表达出来就是拟态词。日语中的拟声拟态词，有日语语言中固有的部分，也有从汉语中引入的成分。日语固有的部分统称为和语系拟声拟态词，从汉语中引入的称之为汉语系拟声拟态词。

中里（2006）指出，“日语拟声拟态词中有汉语系和和语系之分，和语系的拟声拟态词指的是日语中语音和语义之间有一定联系，即象声词。例如‘鈴がリンリンと鳴る’、‘コンコンとノックする’中出现的‘リンリン’‘コンコン’之类的就是对音声的描写。和语系拟态词例如‘煙がモクモクとあがる’、‘力がグングン伸びる’中的‘モクモク’‘グングン’。与之相对应的汉语系拟声拟态词就是指从中国输入的语言，用汉字标记的居多。汉语系的拟声词比如‘汽車がゴーゴー（轟々）と音を立てる’‘木を切る音がチョーチョー（丁々）と響く’中的‘轟々’‘丁々’；拟态词比如‘ユウユウ（悠々）と歩く’‘リン（凛）とした態度。”

本文采用玉村文郎的观点，从语音和语义之间的联系出发，把和语系、汉语系的拟声拟态词进行如下分类。

和语系

A. 假名表记　例如 スラリ

B. 汉字表记

1. 与汉语的语义相对应

a. 利用汉语系拟声拟态词表记　例如　颯々（さつさつ）　莞爾（にっこり）

b. 除此以外　例如　落胆（がつかり）　偶（ふと）

2. 借汉字音　例如　虚狼々々（きょろきょろ）　婆娑（ばさ）と

3. 借用汉字的音（音读和训读）以及语义　例如　驚（ぎょつ）と　浮々（うかうか）

汉语系

C. 汉字表记（没有假名标记）　例如　滔々　悄然

D. 假名表记　例如　リウト

E. 用和语系之外的假名标记　例如　粛然（しめやかに）　突如（いきなり）

二、先行研究

明治时期的拟声拟态词的研究，有中里（2000）《明治前期の和語系・漢語系オノマトペについて—『浮雲』を中心に—》，文中指出明治前期的汉语系拟声拟态词比例相对较高，言文一致文中，作为俗语

的和语系拟声拟态词被较多采用，和语系拟声拟态词无法表达的部分则用汉语系的拟声拟态词表示。中里（2001）《明治後期の和語系·漢語系オノマトペ》指出，明治后期和语系的拟声拟态词比例增多，并且不需要借用汉语汉字，作为俗语的和语系拟声拟态词被很自然地应用到小说中。

三、明治时期至现代的拟声拟态词的变迁

本文从日语语史的角度，考察从明治开始到现代拟声拟态词的变迁。从明治时期到现代，从中选取5篇小说作为考察对象，统计小说中出现的拟声拟态词，再根据得出的数据进行分析。

（一）考围

明治时期的考察，以言文一致运动为线索，分别对于言文一致运动的各个阶段选取小说进行统计，分别是《浮雲》《坊ちゃん》《蟹工船》。为了对比需要，也把明治前期、言文运动之前的小说《安愚楽鍋》列入考察范围。现代小说中，吉田ばなな的作品《キッチン》，由于对声音的描写细腻，大量使用拟声拟态词，而被广泛关注，所以也被列入考察对象。

时代	作品	作者	出版社	出版年
明治初期	安愚楽鍋	仮名垣魯文	岩波文庫	1969.3
明治后期	浮雲	尾崎紅葉	岩波文庫	2004.10
	坊ちゃん	夏目漱石	角川書店	1969.10～1974.2
昭和	蟹工船	小林多喜二	岩波文庫	2003.6
现代	キッチン	吉田ばなな	新潮文庫	2002.7

（二）考察结果

把拟声拟态词分为汉语系和和语系，并且把和语系的拟声拟态词分为平假名和片假名表记。考虑到会话文和叙述文中的和语系、汉语系拟声拟态词的使用状况会有所不同，也分别进行统计。

		安愚楽鍋	浮雲	坊ちゃん	蟹工船	キッチン
汉语系	叙述文	0%	41.5%	4.1%	0.3%	7.6%
	会话文	1.9%	0%	0%	0%	0%
和语系	叙述文	26.8%	56.8%	93.9%	92.7%	90.4%
	会话文	71.1%	1.6%	3%	6.8%	1.2%

1. 和语系、汉语系拟声拟态词的增减

从表中可以看出，从明治初期到尾崎红叶的《浮雲》（明治后期），汉语系拟声拟态词急剧增加，之后呈比例减少趋势。首先，文明开化之后，日本从西洋引进很多新的知识，与之对应的日语当时还没有出现，所有就借助汉语的造语功能，创造出很多新的和制汉语。其次，当时和语系拟声拟态词还不完善，就从汉语中借入拟声拟态词表示，所以明治初期汉语系拟声拟态词呈增长趋势。

尾崎红叶的《浮雲》之后，汉语系拟声拟态词呈递减趋势，和语系的拟声拟态词逐渐增加。正如中里（2001）所述，和语系的拟声拟态词从不完善到日渐完善，不需要借助汉语汉字，比例逐渐增多。

2. 从叙述文和会话文中看拟声拟态词的变迁

	安愚楽鍋	浮雲	坊ちゃん	蟹工船	キッチン
叙述文	26.8%	98.3%	98%	93%	98%
会话文	73%	1.6%	3%	6.8%	1.2%

从上表中可以看出，言文一致运动之前的《安愚楽鍋》中，会话文中拟声拟态词的比例明显高于言文一致后的小说，并且《浮雲》后的小说（包括《浮雲》）中，会话文中很少出现拟声拟态词。在日常会话中，日本人经常高频率地使用拟声拟态词，所以拟声拟态词具有接近口语这一特性。因为言文一致之前，文章中使用的书面语和现实中使用的口语截然不同，小说中的会话文虽然是书面语，但是更接近口语，会话文中大量出现拟声拟态词，也就证明明治初期的拟声拟态词在作者眼中更接近口语。言文一致后，书面语和口语之间的距离被缩小，小说叙述文中出现的比例比会话文中出现的比例具有绝对的优势。

例如《安愚楽鍋》中“すらり（と）”在以下会话文中出现。

（1）うしろのからかみをすらりとあけて（P89 第 6 行）

与之相对，言文一致后的小说《浮雲》中，却出现在叙述文中：

（2）背はスラリとしているばかりでさのみ高いというほどでもないが（P12 第 13 行）

（3）背はスラリとして風に揺めく女郎花の一時をくねる細腰もしんなりとしてなよやか（P53 第 4 行）

四、结论

本文中，由于时间有限，仅考察了 5 篇小说，数据可信度显得有些低。言文一致之前的小说只选取《安愚楽鍋》一篇，比较起来很难有说服力。把假名表记按平假名、片假名区别统计，虽然可以看出有变化，但是认为这是作者的喜好所致，没有找出实证，这些可以作为以后的研究课题。

（全文注释参见①②）

参考文献：

[1]金田一春彦. 擬音語・擬態語概説［M］. 角川书店，1978.

[2] 中里理子. 明治前期の和語系・漢語系オノマトペについてー『浮雲』を中心にー［J］. 上越教育大学紀要，2000，（19-2）：806-818.

[3]中里理子. 明治後期の和語系・漢語系オノマトペ［J］. 上越教育大学紀要，2001，（20）：563-574.

[4]中里理子. 静寂・沈黙を表すオノマトペー和語系・漢語系オノマトペの関わりからー［J］. 上越教育大学紀要，2005，（24-2）：353-365.

[5]中里理子. オノマトペに見る漢語の影響ー和語系オノマトペと漢語系オノマトペの関わりー［J］. 上越教育大学研究紀要，2006，（25）：341-352.

① 在统计数据的时候，把汉语标记的拟声拟态词算入汉语拟声拟态词范围，假名标记的算入和语系拟声拟态词（也有例外，但是仅占少数，不影响整体倾向）。

② 采取四舍五入的方法进行统计。

话语标记“你还别说”的形成和功能分析

2013级　汉语言文字学　杨娟

摘　要：文章探讨了“你还别说”由主谓短语到话语标记的演变过程及其篇章功能和人际功能，另外还分析了“你还别说”虚化为话语标记的动因是主观化，机制是重新分析。

关键词：话语标记；“你还别说”；主观化；重新分析

一、引言

“你还别说”的基本意思是“禁止或阻止对方说，不要说”，是个表示实在意义的主谓短语。如：

例（1）：但是对于这个东西，从人际交往你就要尊重他的风俗习惯。你还别说外人，夫妻之间你不接受对方都不行。

本例中“你还别说外人”意思是“你不要说外人”，在这里就是基本意思，没有引申。然而在下面一例中：

例（2）：你知道我在市区文工团呆过几年。你还别说，那会儿成天强调下基层，苦是真苦，可看到老百姓比自己还苦，也就心甘情愿拼命了。

此处“你还别说”很显然没有实在意义，明显带有说话人的个人情感，这时，便产生了“你还别说”的话语标记功能。

文章将探讨话语标记“你还别说”的形成过程、功能类型以及其形成动因与机制，以便能对话语标记“你还别说”作尽可能详尽的分析。

二、话语标记“你还别说”的形成过程

（一）“你还别说”作主谓短语

“你还别说”意思是“你不要说了”是一个主谓句，其中，“别”和“说”之间联系不紧密，比较松散，不能作为一个有机体单独存在。“你还别说”是说话人对听话人正在进行的言语行为进行阻止的一种尝试。例如：

例（3）：

甲：这件衣服不好看。

乙：你还别说这件衣服不好看，我觉得设计它的是一位奇才。

例子中的“别说”后紧跟其他内容，而且，“别”和“说”并不是紧密结合的，“你还别”是和“说这件衣服不好看”结合的。换句话说，此处的“你还别说”不能单用。

（二）“你还别说”作由主谓短语到话语标记的中间状态

上面例（3）中的说话人乙使用“你还别说”其目的并不在于阻止对方的言谈，事实上，他也不能阻止，他的真正目的在于表达对说话人甲的观点的否定，这个例子中“你还别说”具有实在意义。

然而，下面例（4）中的“你还别说”所表达的意义与前面提到的却截然相反。

例（4）：

甲：上海真的是太美了！独一无二！

乙：你说得太夸张了吧！

甲：你还别说我说得夸张，你去一趟就会明白的。

这里，甲不仅不同意乙的观点，而且还用“你还别说”对乙的观点进行了否定，进而表达自己的见解。这里采用直接否定的形式，因为“你还别说”后紧跟“我说得夸张”。例中有一个需要我们特别注意的地方是，“你还别说”是作为一个有机的整体与“我说得夸张”结合而使用，即“你还别说”已经成为一个独立的整体。

（三）“你还别说”作话语标记

若将上面例（4）中“你还别说我说得夸张，你去一趟就会明白的”

这句话里的“我说得夸张”去掉，句子和原义一样，只不过这样的否定比较委婉，是间接的。那么在下面例（5）中“你还别说”单独使用，其后没有言语内容。而且，去掉“你还别说”，句子的基本意义不会改变。如：

例（5）：最近，人吃人的事情屡有发生。你还别说，我这话是有根有据的。不信你翻开今天的报纸头条看看。

例（5）中，“你还别说”后面省略了内容，若将省略的内容补上，就和例（4）的情况一样了。此处“你还别说”是在单独使用，省略了宾语，即间接地表达了否定义，这样便导致话语标记“你还别说”的形成。

乐耀（2011）认为，话语标记是指序列上划分言语单位的依附成分，话语标记并不对命题的真值意义发生影响，基本不具有概念意义，因为话语是指大于句子的连贯的口头或书面语篇，话语标记是话语单位之间的连接纽带，指示前后话语之间的关系。也就是说，它标志说话人对于话语单位之间的序列关系的观点，或者阐明话语单位与交际情景之间的关系。另外还可以对其所在话语所含的信息进行某种评价，点明说话人的态度，表明说话人对所言信息的立场等。当前，国内专家学者对话语标记的研究越来越成熟，尽管对部分问题的研究存在差异，但是对于话语标记的特征已经基本达成一致。下面以例（5）中的话语标记“你还别说”为例进行分析：

话语标记在功能上具有连续性，例（5）中话语标记“你还别说”将其前后内容自然顺畅地联系在一起；语义上具有非真值条件性，它的存在与否并不会对句子的语义产生影响，例（5）中若将“你还别说”去掉，句子依然是在表达原来的意思；句法上具有非强制性，即话语标记的有无不影响语句的句法合法性；语法分布上具有独立性，经常出现在句首，不与相邻成分构成任何语法单位；语音上具有可识别性，可以通过停顿、调值高低等来识别。

三、话语标记“你还别说”的语用功能

一般情况下，我们可以通过两种方式来增加语言的表现力：第一

种是增加语言信息量，这样可以让听话人获得更多的内容；另外一种是帮助说话人传递态度和情感。第二种方式通常会使用同样的形式来传达新的主观情感或态度等。根据考察，话语标记“说实话”的语用功能主要表现在篇章功能和人际功能。

（一）篇章功能

话语标记“你还别说”的篇章功能主要表现如下：

1. 转折功能

话语标记“你还别说”表示说话人自己意识中的前后话语语义上的转折关系。使用这一话语标记能帮助听话者更加明确地理解话语在语义上的逻辑关系，进而更加准确地理解话语的含义。

例（6）：你还别说，他长得还挺英俊。

例（6）中话语标记“你还别说”表示之前有人表示（或者说话人自己）认为“他长得不英俊”，话语标记“你还别说”的使用，否定了对之前的错误认识，从而让听话人意识到“他长得很英俊”。

2. 衔接功能

当话语标记“你还别说”表示衔接意义时，一般位于两个分句的中间，这样，能够保证前后意思的连贯，容易让听话人接受。

例（7）：老天不让他们找到这个病人，你还别说，从那以后，他安静多了，但也没放弃寻找。

这个例子中的话语标记“你还别说”将“老天不让他们找到这个病人”和“从那以后……”有机地衔接起来，整体感觉自然顺畅。

（二）人际功能

话语标记“你还别说”的人际功能主要表现如下：

1. 人际互动功能

话语标记“你还别说”的人际互动功能体现了话语的交互主观性。吴福祥（2004）认为，交互主观性更多的是体现在社会意义上，即关注听话人/读者的“面子”或“形象需要”。

例（8）：“其实很简单，”刘书友喝光了一瓶可乐，看看空瓶底说，“播音速度可以适当放慢，按讣告那个速度，再加点哼呀呀呦的，两分钟没问题。”

"你还别说，老刘说的还真不失为一条妙计。"戈玲笑道。

戈玲所说的话是对刘书友的一种回应，这种回应让交际顺利进行。

2. 主观评价功能

主观性包含着对事物的主观评价，表达了说话人的态度和情感。话语标记"说实话"的主观评价功能体现了话语的主观性。

例（9）：你还别说，父亲这招真管用，没半个月时间，镇长就给父亲打电话说："叫我干儿子快来报到吧。"

话语标记"你还别说"带有强烈的主观性，拉近了听说双方的距离，表达了说话人对"父亲这招的认同"的情感。紧接着后面引出"父亲这招真管用"，使得言谈和谐自然。

四、话语标记"你还别说"的形成动因与机制

（一）话语标记"你还别说"的形成动因

话语标记"你还别说"的形成动因是主观化。沈家煊（2001）认为，主观化是语言为表现主观性而采用相应的结构形式或经历相应的演变过程。在"你还别说"逐渐语用化为话语标记的过程中，越来越体现出说话者的"自我"的一面，即主观性越来越突出。

例（10）：妻子学会了包水饺、煎葱饼、熬排骨稀饭，并能一星期不重样，你还别说，一个月下来一结算，光早餐费竟能省下不少呢。

"你还别说"表明说话者率直的态度，带有很强的主观性。那么，这里，说话者为了表现自己的主观性使主谓短语"你还别说"虚化而成为话语标记，即主谓短语"你还别说"经历了主观化的过程。

（二）话语标记"你还别说"的形成机制

话语标记"你还别说"的形成机制是重新分析。朱新军（2008）认为：所谓重新分析就是在语言演化过程中，由于语言理解者对语言原有语言深层结构进行的创新性分析与理解的心理过程，往往带动语言其他要素的变化，这一过程以改变深层结构为标志，靠类推来彰显，是语法化中的重要机制之一。在话语标记"你还别说"的过程中，主要是底层结构发生了根本性的变化，表层结构没有任何变化。

例（11）：

甲：小李说，你就带她到电影院去看看电影，最好是看恐怖片，一害怕，保往你怀里钻。

乙：这招损！你还别说，有门儿！

这里的话语标记“你还别说”与文章刚开始提到的主谓短语“你还别说”虽表层结构相同，但根据前面的分析我们知道二者所表示的意义迥然不同，而这种不同正是通过重新分析类推出来的。

参考文献：

[1]黄伟. 现代汉语“别说”的句法、语义及语用功能研究[D].江苏：扬州大学，2013.

[2]乐耀. 从“不是我说你”类话语标记的形成看会话中主观性范畴与语用语言原则的互动[J]. 世界汉语教学，2011，25（1）：69-70.

[3]沈家煊. 语言的“主观性”和“主观化”[J]. 外语教学与研究，2001，33（4）：268-269.

[4]吴福祥. 近年来语法化研究的进展[J]. 外语教学与研究，2004，36（1）：22-23.

[5]朱新军. 语法化中的重新分析机制研究[D]. 湖北：华中师范大学，2008.

从西方篇章语言学角度来看中德文文体类型的差异

2012级　德语语言文学　杨彦

摘　要：德语写作作为德语学习的基本技能之一，是德语教学的重点和难点。很多中国学生在德语写作中受到中文思维逻辑的影响，难于写出符合外语文化情境、文风及结构的地道文章。本文以西方篇章语言学为视角，深度剖析中德文文体类型的差异，希望为德语学习者对比学习两种语言的文体，思考其不同的篇章模式，从而提高德语写作水平提供新的思路。

关键词：文体类型差异；德语写作教学；篇章语言学；对比修辞学

在日常生活当中我们每天都会接触各种口头或是笔头的表达，比如记录着生活点滴的记叙、千姿百态的故事，抑或是报道重大事件的社会新闻等等。每个人在与这些各式各样的文章打交道的过程中不自觉地也就形成了对文章类型、结构及文体等的某种认识。认知语言学称这种现象为篇章模式认知（Textmusterwissen），它也被看作是语言学习的重要组成部分。在学校的教育中，我们也会通过不断地阅读和写作练习进一步完善对篇章模式的认知。例如中国的学生会在学校中学习记叙文、议论文、说明文及散文这四种主要的应用文文体。而德国的学生则以叙述、报告、描写及议论为主要学习对象。很多中国学生在学习德语写作的过程中都会提出一个相同的问题：中德文的文体到底是否相通，它们又有哪些异同？

无论对于中国的德语学习者，还是学习中文的德国人来说，有一个问题值得注意：想要运用所学外语很好地完成一篇文章，只靠语法及词汇的积累和掌握是远远不够的。在中国，许多德语老师也都发现了这个问题，学生用德语写一篇文章，但听起来却充满了中国味，其文风及结构都遵循着中文的文章模式。德语母语者看到这类文章会对内容产生不解，甚至误解，这样文章作者的交际目的也就难以实现了。20 世纪 60 年代中叶兴起的对比修辞学，其主要研究对象是不同文化文体中思想和逻辑结构的差异，认为产生上述问题的原因在于，不同的语言具有不同的修辞方式，母语的语言与修辞传统会对第二语言写作产生干扰，从而产生了这种所谓的“混合体文本”（Mischtext）。为了更好地克服并解决这一问题，应把建立学习者对不同语言文化中篇章模式差异的认知作为外语教学的一个重要目标，以培养学习者写出符合外语文化情境、文风及结构的地道文章。在这一教学培养过程中，首先应了解中德文文体类型的差异，这些都需从研究中德学生所学习的文体类型及每种文体的特点入手。

根据一项由南京大学日耳曼语言文学教授及南大附中教师共同调查研究的成果显示：中德文文体类型并不等同。一方面，两种语言文体分类是不同的。比如：中文文体“记叙文”，其功能相当于德文文体“报道（Bericht）”或“叙述（Erzählung）”这两种截然不同的文体类型。而德语文体“叙述”的功能则与中文“记叙文”及“小说”类似。另一方面，中德文中功能类似的文体间也有着很大的差异。这其中最主要的不同在于，中文文体是按照文章的主要表达方式进行分类的。在记叙文中，主要以记叙为表达方式。议论文和说明文则以议论和说明为主，在散文中则这三种表达方式均有可能出现。而与此不同的是，德文文体的分类是按照文章的主要篇章功能。例如：德文文体“报道”和“描写”（Beschreibung）的功能在于向读者传达真实客观的信息，“叙述”则是供大众消遣娱乐的读物。

西方篇章语言学（Textlinguistik）将表达方式及篇章功能视作两个意义完全不同的范畴。它认为，表达方式是表述特定内容所使用的特定的语言方法和手段，也可以说是特定内容在文章中的发散形式。中文的记叙文和德语的“叙述”虽都属于叙述型的内容发散形式，却也有着其不同之处。记叙文要求所述内容一般是真实的，而在德语的“叙述”中却没有对内容真实性的特定要求，其所述内容完全可以是虚构的。另外，西方篇章语言学还认为，议论是一种辩论型的内容发散形式，一个论点在多个论据的支撑下被证明。在中文文体“议论文”中也可有记叙的成分，使文章内容更完整，更添色彩。然而这种情况在德语文体“议论”（Erörterung）中却十分罕见。说明则是一种描写型的内容发散形式，用生动形象的语言把人物的形态、动作或是景物的状态等具体特征描绘出来。在中文的说明文中，说明是主要的表达方式，也可运用记叙或是议论的表达来使文章内容更加饱满。而德语文体“描写”（Beschreibung）的篇章功能则在于客观地向读者传达某种信息，在用词及表述中都不可以带有任何自己的感情色彩，所传达信息也必须是客观真实的。

对于德语文章来说，中文的表达方式与德语的篇章功能这两个不同的范畴也有其一致性。比如说一篇中文叙述型发散形式的文章也有着娱乐大众的篇章功能，而一篇德语的“描写”也符合中文描写型的内容发散形式。那么对于中文的文章情况又是怎样呢？中文的记叙文主要功能在于让读者明白一个道理或教训并对其未来做人、处事产生一定的影响，其娱乐大众的作用只是次要的。而在德语的文体“叙述”中，为读者提供娱乐消遣则是其主要目的，教化作用则是德语文体“寓言”（Fabel）的主要功能。在几乎所有的中文文体中都有着论证的篇章功能，所以篇章功能不能成为区别中文文体的标准。而关于德语不同文体篇章功能的知识，也是中国德语学习者特别需要重点学习的。

从文章所带有的感情色彩来讲，几乎所有的中文文体都可以带有含感情色彩的表达，比如在议论文中，作者可以通过抒情来表达情感，在说明文中则可以通过描写来表达对人或事物的态度、看法。而在德语文体中，含感情色彩的语言表达的使用范围却十分局限。

从对文章的审美角度来说，中德文文体也有着很大的差异。德国人在读中文文章时常会感到摸不清文章内容的思路，而中国人觉得德语文章比较乏味，缺乏深度。人们如何评价一篇文章，其实是与其本国文化、思想模式密切相关的，来自不同文化的人对文章的审美都有其特定的思维逻辑结构。例如，中国人在写文章时讲究内容的层层深入，各个支持文章主线的小论点迂回婉转地重复出现在文章中，以达到一步步拓展文章隐含意义的目的。对于德国读者来讲，这类文章内容是非线性的，他们会摸不清文章的主线，甚至会对文章作者所要表述的主要内容产生误解。与中文文章相比，德语文章内容是相对线性的，其各个小论点依次在文中排列出现，达到支撑文章主线的目的，更使人一目了然。

总的来说，中德文文体主要在以下几个方面存在着巨大的差异：首先，两种语言文体分类是不同的，中文按照文章主要应用的表达方式，即文章内容的发散形式，而德语则按照篇章功能进行分类；其次，中德文功能类似的文体间也存在着很大的差异；另外，含感情色彩的表达形式几乎适用于每一种中文文体，但在德语中这种表达的使用范围却十分局限；最后，中德文文体中所蕴含的思维逻辑结构也是不同的。在外语教学当中，应让学生有意识地去对比学习两种语言的文体，思考其不同的篇章模式，并加强对不同文体的写作练习，以培养学习者写出符合外语文化情境、文风及结构的地道文章。

参考文献：

[1]阿尔夫·李哲（德）. 高级德语写作[M]. 北京：外语教学与研究出版社，2005.

[2]孔德明，Kristina Binder. 德语论文写作[M]. 南京：南京大学出版社，2009.

[3]Brinker, Klaus. *Linguistische Textanalyse. Eine Einführung in Grundbegriffe und Methoden*[M]. Auflage. Berlin: Erich Schmidt, 1992.

[4]Heinemann, Wolfgang; Viehweger, Dieter. *Textlinguistik. Eine Einführung*[M]. Tübingen: Niemeyer, 1991. (Germanistische Linguistik, 115)

[5]Lehker, Marianne. *Texte im chinesischen Aufsatzunterricht. Eine kontrastive Analyse chinesischer und deutscher Aufsatzsorten*[M]. Heidelberg: Groos, 1997.

韩语称呼语词缀‘씨’和‘님’的社会语言学分析

2011级　亚非语言文学　杨彦博

摘　要：现代韩国语中‘씨’和‘님’是使用频率最高的表尊敬的称呼语词缀。本文对韩国语称呼接尾词‘씨’和‘님’在社会语言学中的使用规则和结合形式进行了分析研究，并且以‘씨’和‘님’在日常生活中的使用为研究重点，以期对学习韩国语的学生能够正确掌握称呼语词缀‘씨’和‘님’的用法有所帮助。

关键词：称呼语词缀；使用规则；结合形式

韩国语学习者在学习过程中接触的最具代表性的称呼方式就是在名字后加‘씨’和在职位后面加‘님’等称呼语[①]接尾词。但是在什么情况下使用‘씨’，在什么情况下使用‘님’，学习者经常混淆。本文主要分析称呼语词缀‘씨’和‘님’的意义和使用条件，并以此为基础得出这两个词缀的使用规则，希望对教学有一定的帮助。

一、称呼语词缀‘씨’和‘님’的使用条件

‘씨’和‘님’都是表尊敬的称呼语词缀，它们的功能就是和姓名、职位或者普通名词相结合表示对对方的尊敬。使用时通常是在姓名后加‘씨’，在职位后加‘님’，两个词在称呼男女时都可以用。但是‘씨’

---

① 称呼语也叫호칭或者호칭어（terms of address or forms of address），是指话者在和听者进行交谈时为了指代对方而使用的单词、短语或者表达方式（Brown 1988: 7, Fasold 1990: 1-2, Oyetade 1995: 515）。

可以直接加在姓后面，‘님’不可以直接加在姓后面。‘씨’不能直接加在职位后，‘님’可以直接加在职位后。‘씨’只和姓结合时几乎没有尊敬的意思。‘님’加在全名、名或职位后的情况一般是对上级或对长辈使用。与之相反，‘씨’加在姓、名或者全名后时一般是对下级使用。‘씨’的尊敬程度低于‘님’。

影响称呼语词缀‘씨’和‘님’选择的因素主要分为参与者因素和语境因素。参与者因素包括话者与听者的年龄、职位、性别，以及话者和听者之间的关系等。语境条件包括谈话的正式性与非正式性。

二、称呼语词缀‘씨’和‘님’的结合形式

‘씨’和‘님’的结合形式主要有名字结合和职位结合两种形式。‘씨’可以加在姓、名或者全名后，而‘님’可以加在职位名或名后面。听者的身份地位不同或者语境不同，‘씨’和‘님’的结合形式也不同。

职位结合型称呼语中，‘姓+名+职位+님’的形式在一对一的对话中若不是特定的情形一般不这么使用，通常是在很多人中称呼特定的人时使用。姓氏后面加‘님’如‘김 님’‘이 님’这种称呼形式在现代韩国语中几乎没有。

三、称呼语词缀‘씨’和‘님’的使用

下面主要从三个方面来分析‘씨’和‘님’的实际使用情况，即从尊敬度（职位、年龄）、亲切度、正式性三个方面来比较分析‘씨’和‘님’的两种结合形态。

（一）职位结合型称呼语的使用

现代韩国语中一般都是职位后面加‘님’，所以在职位结合型中只探讨与‘님’的结合形式。首先从尊敬度方面来分析。

称呼语词缀‘님’的第一个功能是对位高者的尊敬。职位后加‘님’最典型的例子就是当称呼职位比自己高的人的时候。此时“职位+님”要比“姓+职位+님”更显得尊敬。因为此时‘职位+님’更能显示出来唯一性，即对话者来说听者是唯一处于此职位的人，此时尊敬的程

度更强。

‘님’当用于称呼同级别的人或下级别的人时更多的是话者出于礼貌。当对方比自己大 10～20 岁但职位又比自己低时，也可以用 ‘님’来表示对对方的尊重。但是在韩国如果学生用‘姓+职位+님’的形式称呼老师，例如‘김선생님’‘김교수님’，这样的话会被看作是没有礼貌。因为在韩国只有是同级别的老师或者同事之间才能用‘姓+职位+님’这种称呼方式。学生称呼老师应该是‘职位+님’的称呼方式，如‘선생님’‘교수님’。

亲切度方面‘직위+님’要比‘성+직위+님’显得更亲切。公司里职员称呼自己部门职位高的人用‘직위+님’，但是在称呼其他部门的位高者时通常用‘성+직위+님’的形式。

‘직위+님’‘성+직위+님’‘성+직위’一般都是在职场中相互之间有业务关系的人使用的称呼语，所以比较正式， 规范性也较强。特别是对方是同级关系或者是下级时，这种职位结合型称呼语一般都是在有第三者存在的前提下使用的，例如开会等一些正式的场合。

（二）名字结合型称呼语的使用

‘씨’和‘님’两个都可以加在名字后。在名字后面加哪个后缀是由具体的谈话场景决定的，下面从尊敬度、亲密度、正式性上分析后面加‘씨’或‘님’的称呼形式。

在名字后加称呼词缀‘씨’和‘님’表示的尊敬程度是不一样的。对于长辈使用‘님’显得更加尊敬。对与自己同级别或者比自己年轻、职位低的人使用‘씨’的情况更多。业务关系上与自己同级别的人且年龄差距不超过 10 岁时使用‘씨’来称呼。对年纪比自己大 10 岁以上的人用‘씨’来称呼就有点不恰当。这时一般都是用‘님’代替‘씨’来使用。对于下级来说用‘님’来称呼主要是出于礼节，一般用于称呼关系不太亲近的人。而且有时称呼对方用‘씨’也可能会使对方不高兴，所以应该用‘님’来称呼。

名字结合型称呼语的亲切程度上只加名和加姓与名是不同的。也就是‘성+이름+님’‘성+이름+씨’比‘이름+님’‘이름+씨’的亲切度低，而且‘이름+씨’要比‘이름+님’的亲切度高。在公司本部门的

上级称呼没有职位的员工时可以用‘이름+씨’，但是别的部门的上司可以用‘성+이름+씨’来称呼。如果平时对方都是用‘이름+씨’来称呼自己，突然对方改为用‘성+이름+씨’来称呼，就会显得很生硬。

称呼语词缀‘씨’和‘님’前加姓和名要比只加名字正式性更强，因此在正式场合一般用‘성+이름+씨’或者‘성+이름+님’来称呼。反之，关系比较亲密时一般都是去掉姓，以‘이름+씨’‘이름+님’的形式来称呼。话者比平时更强烈地表达自己的意思时使用‘성+이름+씨’。称呼全名表现出了双方之间的距离感，所以更显得正式。

四、结语

本文主要探讨称呼词缀‘씨’和‘님’的意义、选择条件以及使用实例。称呼结尾词‘씨’和‘님’的选择条件大致可以分为参与者和语境两种。参与者原因中包括年龄、职位、性别、亲密程度。语境原因主要就是格式性。称呼语词缀‘씨’和‘님’使用的称呼语结合形式主要分为职位结合型和名字结合型两种。‘씨’只能以和名字结合形式使用，‘님’可以和名字结合型、职位结合型两种结合形式使用。职位结合型的称呼语的结合形态有‘직위+님’‘성+직위+님’‘성+직위’；名字结合型的称呼语的结合形式有‘성+이름+씨’‘이름+씨’‘성+이름+님’‘이름+님’。特别在众多称呼语形式中，词缀‘씨’和‘님’的结合形态中‘성+이름+씨’‘이름+씨’‘성+이름+님’‘이름+님’‘직위+님’‘성+직위+님’和‘성+직위’的使用频率相对比较高。

参考文献：

[1]刘兰. 浅析韩国语称呼语[J]. 青年文学家，2013.

[2]许昕. 中韩社会称谓语对比研究与教育法探讨[D]. 延边大学硕士论文，2012.

[3]김사형. 금성판 국어대사전[M]. 서울: 금성출판사，1997.

[4]박정운. 한국어 호칭어 체계 [J].사회언어학，1997，(5).

浅析中日同形词“明朗”——从中日对比的角度

2011级　日语语言文学　张璐

摘　要：本文从减少中日同形词经常被学习者混用的现象的立场出发，为了使学习者对中日同形词有更为全面、准确、深刻的认识，以中日同形词“明朗”为研究对象，从词义、语法两个角度，借助各类词典与语料库，分别对中文中“明朗”一词及日文中「明朗」一词进行了考察，并进行了简单的中日对比。

关键词：中日同形词；明朗；中日对比

一、引言

众所周知，中日同形词是中文和日文两种语言中独有的一类词汇。本文从日语教育教学的视点出发，借助各类词典与语料库，从词义、语法两个方面，以共时的视角，分别对现代日语中「明朗」一词及现代汉语中“明朗”一词进行了考察，并进行了简单的中日对比。希望能给中国的日语学习者带来帮助，从而在学习中，既可以充分利用既有汉语知识，又可以有效排除母语干扰，更为全面、深刻、准确地认识和使用这类词汇。

二、先行研究与问题所在

在词汇研究中，无论是从词汇交流角度，还是从语言习得角度，对中日同形词的研究都不在少数。下面仅就与本文关联较为密切的简做介绍。

大河内（1992）对中日同形词的研究主要从词义角度对中日同形

词“明朗”做了考察，指出，相较于中文，“明朗”一词在日语中意义范围较窄，并倾向于表达抽象意义。而从语法角度，则只提出日语中“明朗”一词可修饰体言，可做谓语，而很少修饰用言。对中文中“明朗”一词的语法功能则未作论述。

曲（1995）对中日同形词进行了分类，并就其特点及成因做了分析论述。本文主要借鉴了其分析中日同形近义词的异同时的研究方法。

综上所述，大河内（1992）的研究中，对“明朗”一词词义分类不够明确，由此导致对比不够细致，并且未对语法功能做进一步考察。而曲（1995）则着重从宏观上考察了中日同形词，在为我们提供理论基础和研究方法的同时，也为我们进行中日同形词的个例研究提供了空间。

三、从词义角度考察中日同形词“明朗”

（一）词典中“明朗”一词的释义

首先，我们参考各类词典，明确一下现代日语中「明朗」一词和现代汉语中“明朗”一词的词义。

表1 日本国语词典对「明朗」一词的释义

词典名称	出版社	版次	出版年	释义
日本国语大辞典	小学馆	1	1973	1. 明るくて朗らかなこと。さっぱりしていてわだかまりのないこと。また、そのさま。 2. はっきり示して、うそやごまかしないこと。不正がないこと。また、そのさま。
讲谈社国语辞典	讲谈社	特别版	1982	1. 気持ちが明るく、朗らかなこと。
旺文社国语词典	旺文社	9	1998	1. 明るくて朗らかなさま。 2. うそやごまかしのない様。
大辞泉	小学馆	1（增补新装版）	1998	1. こだわりがなく、明るく朗らかなこと。また、そのさま。 2. 内容をはっきり示して、うそやごまかしがないこと。また、そのさま。

续表

词典名称	出版社	版次	出版年	释义
大辞林	三省堂	2	1999	1. 性質が明るく、朗らかなこと。 2. 不正や隠しがないこと（さま）。
新明解国语词典	三省堂	5	1999	1. こだわりが無く、性質が明るい感じだ。 2. 隠す所がなく、公正に行われる様子。
学研现代新国语辞典	学习研究社	3	2002	1.（性格）が明るく朗らかでわだかまりがないこと。 2. ごまかしやかくしだてがなく、公正なこと。

表 2　汉语词典中对“明朗”一词的释义

词典名称	出版社	版次	出版年	释义
汉语大词典	汉语大词典出版社	1	1990	1. 光线充足，明亮 2. 明白，清晰 3. 光明磊落，乐观，开朗
当代汉语词典	上海辞书出版社	1	2001	1. 光线充足，明亮（多指室外的景象） 2. （态度、局势等）明显，清晰 3. （思想、胸怀等）开朗，乐观
汉语正序倒序多用词典	四川人民出版社	1	2001	1. 光线充足，亮 2. 明显，清楚 3. 光明磊落
新华词典	商务印书馆	2001年修订版	2002	1. 光线充足明亮 2. 明显，清晰 3. 开朗，爽快
现代汉语词典	商务印书馆	5	2005	1. 光线充足（多指室外） 2. 明显，清晰 3. 光明磊落，开朗，爽快
新华汉语词典	商务印书馆	1	2007	1. 光线充足 2. 明显，清晰 3. 光明磊落，开朗 4. 爽快

通过对表 1、表 2 的总结与分析，我们可以对现代日语中「明朗」和现代汉语中“明朗”一词的词义总结如下。

表 3 中日同形词“明朗”的词义

日语	中文
1. 明るくて朗らかなこと。さっぱりしていてわだかまりのないこと。また、そのさま。 2. うそやごまかしないこと。不正がないこと。また、そのさま。	1. 光线充足明亮。 2. 明显，清晰。 3. 光明磊落，开朗，爽快，乐观。

明确词义以后，我们分别来考察一下现代日语中的「明朗」和现代汉语中的“明朗”。

（二）日语中的“明朗”

考察日语中「明朗」一词的使用状况时，使用“現代日本語書き言葉均衡コーパス（少納言）”，输入「明朗」，将出现的 116 例例句按表 3 中的义项 1 与义项 2 进行了分类（表 4），并参考《中日同形词的比较研究》（曲维，1995）中的研究方法，从使用对象、情态色彩方面对其进行浅析。

表 4 日语中「明朗」一词使用比例（按义项分类）

义项	使用比例	数量
1. 明るくて朗らかなこと。さっぱりしていてわだかまりのないこと。また、そのさま。	56%	65
2. うそやごまかしないこと。不正がないこと。また、そのさま。	44%	51

从表 4 可以看出，日语中「明朗」一词的两个义项的使用情况比较平均，并未出现某一义项比另一义项更为常用等现象。

下面我们分别考察一下两个义项的使用对象。

日文中「明朗」的义项 1，基本可以翻译为中文中的“明朗，开朗”。

在「明朗」用于义项 1 时，将其使用对象分为以下三类，并对其使用比例做了统计（表 5）。

A. 形容人的性格

B. 形容作品的风格

C. 形容人的心情、环境气氛

表 5 「明朗」用于义项 1 时，按使用对象统计的使用比例

使用对象	比例	数量	具体用例
A. 形容人的性格	62%	40	明朗な人
B. 形容作品的风格	17%	11	明朗な散文の文体
C. 形容人的心情、气氛	21%	14	明朗な気分

由表 5 可以看出，日文中的「明朗」在用于义项 1 时，多用于形容人的性格，同时，也可以形容人的心情以及环境、气氛，并且，虽然数量不多，但形容作品风格的实例也有出现。

日文中「明朗」的义项 2，基本可以翻译成中文的“光明正大，一清二楚，明晰”。

在「明朗」用于义项 2 时，将其使用对象分为以下两类，并对其使用比例做了统计（表 6）。

A. 与经济、金钱方面有关

B. 形容关系、事态、形式、措施

表 6 「明朗」用于义项 2 时，按使用对象统计的使用比例

使用对象	比例	数量	具体用例
A. 与经济、金钱方面有关	69%	35	不明朗会計
B. 形容关系、事态、形式、措施	31%	16	関係が不明朗

通过表 6 可以看出，在义项 2 中，「明朗」在大多数情况下用于表示与经济、金钱有关的事项，如账目等。同时也可用于形容关系、事态、形式、措施等。

而就情态色彩而言，无论是对一开始归纳的词典释义进行分析，还是对「現代日本語書き言葉均衡コーパス（少納言）」的实际用例进行观察，「明朗」一词明显是用于褒义。

（五）中文中的“明朗”

考察汉语中“明朗”的使用状况时，使用CCL语料库，输入“明朗”，对出现的1373例中的前500例进行了考察（通过人工排查，排除了25例如“光明朗照”等无效例句）。按表3中的义项1、2、3进行分类，其使用比例如下（表7）。

表7 中文中“明朗”一词使用比例（按义项分类）

义项	使用比例	数量
1. 光线充足明亮	5%	24
2. 明显，清晰	84%	398
3. 光明磊落，开朗，爽快，乐观	11%	53

由表7可知，相对其他两个义项来讲，中文中的“明朗”多用于义项2，表达“明显，清晰”这一意义。

下面我们分别考察一下三个义项的使用对象。

中文中“明朗”用于义项1时，将其使用对象分为以下两类，并对其使用比例做了统计（表8）

表8 中文中“明朗”一词用于义项1时的使用对象及使用比例

使用对象	比例	数量	具体用例
A. 形容天空（包括月色、星空）、空气、清晨等自然事物	75%	18	明朗的夜空
B. 形容建筑	25%	6	明朗宽敞的古代建筑

由表8可知，中文中的“明朗”在用于义项1时，大多用于修饰天空、星空、月色等自然事物，也可用于修饰建筑物。

中文中“明朗”用于义项2时，将其使用对象分为以下两类，并对其使用比例做了统计（表9）。

表9 中文中“明朗”一词用于义项2时的使用对象及使用比例

使用对象	比例	数量	具体用例
A. 表示走向、趋势清晰与否的	55%	217	前景仍不明朗
B. 表示结果清晰与否的	45%	181	态度十分明朗

中文中“明朗”用于义项 3 时，将其使用对象分为以下三类，并对其使用比例做了统计（表 10）。

表 10 中文中“明朗”一词用于义项 3 时的使用对象及使用比例

使用对象	比例	数量	具体用例
A. 形容作品风格	55%	29	占祥同志诗歌的另一特点是明朗清新
B. 形容人的性格	2%	1	城里的孩子自然要幸运得多，也明朗得多
C. 形容心情、气氛	43%	23	心情一下明朗起来

由表 10 可知，现代汉语中的“明朗”虽可以用来形容人的性格，但用例极少。

而就现代汉语中“明朗”的情态色彩而言，虽然在用于义项 2 时，会出现如“前景不明朗”“不明朗因素”等表示贬义的情况，然而，就“明朗”一词本身的情态色彩来说，无论从词典的释义还是语料库反映的实际使用状况来看，无一例外表示的是褒义的意思。

（四）从词义角度对比日文中的「明朗」和中文中的“明朗”

1. 相同点

（1）使用对象

① 都可以形容人的性格

例：明朗な人柄　城里的孩子自然要幸运得多，也明朗得多。

② 都可以形容人的心情及环境、气氛

例：心が明朗であること　我的心情一下明朗起来。

③ 都可以形容作品的风格

例：素朴で明朗な散文の文体　占祥同志诗歌的另一特点是明朗清新。

④ 都可以形容一些不强调过程性的事物的结果清晰与否

例：不明朗な減額措置　对朝政策仍不明朗

（2）情态色彩

两种语言中，“明朗”一词都是褒义色彩。

2. 不同点

（1）「明朗」与“明朗”各自独有的用法

日文中的「明朗」用于义项 2（うそやごまかしないこと。不正がないこと。また、そのさま）时，多用于形容与经济、金钱相关的事物，其常用固定表达有「明朗会計」等用法。而这一用法则是中文中“明朗”一词所不具备的。

中文中的“明朗”表示义项 1“光线充足明亮”时，可以形容具体事物，如“天空，月色，别墅”等。而日文的「明朗」一词，则没有这一用法。

（2）总体倾向的不同

总体来说，日语中「明朗」一词的词义范围比中文中“明朗”一词要窄。通过上文的考察，不难看出，日文中「明朗」一词几乎只用来形容抽象事物，而中文中“明朗”一词则既可以形容如“天空”、“月色”之类的具体事物，又有各种抽象意义的用法。这也证实了大河内康宪（1992）的说法——日语中「明朗」一词只吸收了中文中“明朗”一词的一部分词义。将“光线明亮”等具体意义去掉，而将「明朗」一词着重用来表示人的性格及心情等抽象意义，将中文中“明朗”一词的抽象性和评价功能进行了放大。

四、从语法角度考察中日同形词“明朗”

（一）相同点

从词类角度来说，均有形容词的词性。从语法功能角度来说，都能修饰名词和充当谓语。再者，二者都具有一定的造词能力。

（二）不同点

1. 「明朗」与“明朗”各自独有的语法功能

日文中「明朗」一词，虽然用例较少（约 5%），但有连用修饰功能。

例：おのづから明朗に解決される

中文中“明朗”一词既可以单独使用，也有“明朗朗”“明明朗朗”的叠词用法。

2. 语法功能上总体倾向的不同

表 11 中日同形词“明朗”的语法功能在日汉语中的使用比例

语法功能 / 语言	修饰名词	充当谓语
日文	84%	16%
中文	23%	77%

由表 11 可知，中文中“明朗”一词在语法功能上多用于充当谓语，而与此相反，日文中「明朗」一词则多用于修饰名词，即做连体修饰语。

五、结语

本文从词义、语法角度，对比考察了中日同形词“明朗”。然而，本文到目前为止的考察多侧重于语言表象，即从表面上表明了中日同形词“明朗”在日语中的使用和在中文中的使用有何不同，而对于出现此种不同的原因，则没有进一步阐明。这也是笔者要在今后的研究中努力弥补的不足。

参考文献：

［1］彭广陆. 从汉语的新词语看日语的影响——说“人脉”[J].日语学习与研究，2012，(4).

［2］潘钧. 中日同形词词义差异原因浅析［J］. 日语学习与研究，1995，(3).

［3］曲维. 中日同形词的比较研究［J］. 辽宁师范大学学报，1995，(6).

［4］王灿娟. 关于中日同形词“工作”异同之考察［D］. 山东大学，2009.

［5］大河内康憲. 日本語と中国語の同形語[C]. 大河内康憲.日本語と中国語の対照研究論文集（下）. くろしお出版，1992.

“打酱油”的词汇化动因探析

2012级 外国语言学及应用语言学 张瑞

摘 要：由于汉语基本韵律的制约，双音节词组的词汇化趋势一直都是汉语词汇发展的一大特征。三音节词在汉语词汇体系中处于比较特殊的位置，本文以网络新词“打酱油”为研究对象，通过分析其产生发展的过程来探讨“打酱油”发生词汇化的动因，旨在呼吁语言学界对这种三音节词汇化现象予以更多关注。

关键词：打酱油；词汇化；动因

一、引言

随着网络时代的到来，网络热词层出不穷，“打酱油”（英文“none of my business”）应运而生。“打酱油”的传统解释是孩子大了，可以帮忙做家务。例如，“小林的孩子都会打酱油了，她还喜欢 Hello Kitty”。如今“打酱油”被广泛使用，但其使用语境、语义与我们以前熟知的大有不同，它是指在网络上不谈敏感话题，与自己无关，自己什么都不知道，相当于“路过”。酱油族虽在道义上关注某事，对此也有明确看法，但或明哲保身，或不屑回应，遂以“打酱油”为托辞敷衍塞责，表面上无可奉告，其实流露出对现实的无奈，正是“事不关己不开口，一心一意打酱油”。比如：面对油价的步步紧逼，人们难有“出来打酱油”般的洒脱，记者近日在走访中也感受到，“省油攻略”正慢慢渗入到市民的生活中（《南方日报》2008年8月28日）。

“打酱油”本来跟“与我无关，不关心，没兴趣”毫无关联，但在某个偶然事件的引介下，“打酱油”发生了词汇化，从而获得了原来没有的非字面意义，并且在相当数量的人群中广泛使用。“打酱油”到底是怎样由一个动宾短语变成固定词汇的？其意义为何发生如此大的转变？在本文中我们将会一一探讨。

二、什么是词汇化？

“词汇化”（lexicalization）最早是由 Kurylowicz 提出的。所谓词汇化，是指词在演化过程中经历的一个从结构松散、不甚稳定的非词的句法单位到凝固的、稳定的、单一的词汇单位的动态过程。结合意义来看，词汇化过程必然伴随着某些意义的弱化甚至丢失，或者原来不同意义的融合。

沈家煊对词汇化从共时和历时两个方面进行了解剖：共时层面上是指“用词来表达某个概念”；在历时上，“词汇化”包含两种意思，由词缀变为词和词组联成词。前者是与“实词虚化”或“语法化”相对而言的；后者则非常普遍，常与语法化不可分割，经常带有主观化。以英语为例：-etic 和-emic，原来是 phonetics（语音学）和 phonemics（音位学）的后缀，现在都成为词汇词，其意义分别是“非位学”和“位学/素学”（胡壮麟，2003）。这种词汇化是成分升级的结果，即从词缀成分变成词。

而我们讨论的“打酱油”的词汇化过程是由短语变成词，是成分降级的结果。它的意义不再是各构成成分的意义之和，而是通过隐喻、转喻、语用认知等手段使得其意义抽象化，表达的是一个相对完整的意义和概念——“事不关己，高高挂起”，其语义透明度极低[①]。它在句法上具有单独词位的功能，只要表达需要，它可以随时放到动词的位置上，行使动词的功能（如作主语、谓语、宾语、定语、表语等成分），但它的表达效果又是相应的近义词无法比拟的。

（1）权力习惯于“打酱油”，政府网站当然就会按照“俯卧撑”的方式玩下去。（2009 年 2 月《中国青年报》）（做宾语）

（2）本届戛纳红毯，让我们盘点一下谁是大赢家？谁又“一失足

① 极低的语义透明度，是指很多已经词汇化的短语很难从字面上推断出其真正的意义。

成了千古恨”？还有谁就是来凑个热闹，“打个酱油”？（《北京时尚》）（做谓语）

上述“打酱油”的意义已不能从字面上得出，结合语境，它已成为一个词，表达的是“漠不关心、敷衍了事、凑热闹”的意思。同时，用这种表达法既新潮又能幽默地表现出作者的态度。

三、“打酱油”的词汇化动因

将来源复杂、冗长的信息经过压缩整合，杂糅在一个词组或句子里，语义凝固成型，这符合语言的经济性原则，也是众多新词新语的特点。网络新词“打酱油”直接来源于它所涉及的事件，人们赋予它以爱憎鲜明的褒贬义，表达了民众对时事的关心和对正义的呼唤。它在语音上已经成为一个独立的韵律词，语义上意义已经被规约化[①]，不再等于成分意义的组合。那么，“打酱油”的词汇化过程中哪些动因起到了作用呢？

（一）外部动因

网络技术的发展是催生“打酱油”词汇化产生的外部动因。随着网络平台逐渐成为公民交友娱乐和参政议政的平台，人们创作出了许多栩栩如生的词汇，表达他们对社会的看法。“打酱油”在网络上一出现便流传开来，受到网友的热烈追捧，各种 PS 和改编风靡一时。之后它慢慢演变为一种幽默的词语，不仅为网民所接受，还受广大人群的欢迎，成为人们对热点问题漠不关心、置身事外的一种心态的概括和反映。

（二）高频使用

沈家煊指出：“如果一种话语形式经常传递某种隐含义，这种含义就会逐渐‘固化’，最后成为某种形式固有的意义，这种后起的意义甚至可能取代原有的意义。”使用频率是“打酱油”发生词汇化的最重要动因。自从“打酱油”的新义产生之后，人民对它的使用频率大幅度提高，现代传媒的影响又使得“打酱油”的使用范围进一步扩大，互

① 规约化是指某种新形式或新用法逐渐被语言社团的部分成员或全体成员所接受。

联网、报纸以及杂志上的文章中随处可见它的身影。这些都增加了“打”与“酱油”结合的稳定性，其结果是“打酱油”成为一新词汇。

（三）认知语用的推动作用

董秀芳（2002）认为词汇化的原因有认知和语用两方面。认知方面的因素主要有心理上的组块过程、隐喻、转喻等，语用方面主要是语境义被吸收。王灿龙（2005）也曾指出词汇化是一种转喻过程。

在语义方面，“打酱油”与一个特定的事件相联系，并从语言外部世界产生出一个稳固的概念，它发生词汇化，有语用上的诱因及一系列认知心理机制的作用。在“打酱油”的新义产生过程中，它不断在类似语境中出现，从而具有了相对固定的用法及意义，这是转喻机制作用的结果。语言表达者在使用“打酱油”一词以及听者在理解它的意义时，人民首先联想到的是在对艳照门事件采访过程中被采访的男子的态度。正是这种久而久之的认知联想为“打酱油”发生词汇化提供了可能。

（四）内部原因

语言系统内部的原因也导致了“打酱油”词汇化的发生。王静（2010）指出，语言内部原因主要表现为：语音条件、语义变化、表层结构三个方面。“打酱油”在词汇化过程中，意义关系上发生了变化，“打”与“酱油”都有语义虚化甚至脱落的表现，而这种演变造成的结果就是“打酱油”的内部形式变得更加模糊，从其字面义已经很难看出其构词的理据，“打酱油”由动宾短语变为固定词汇。

由此可知，使用频率、转喻机制、语用及语义等多方面的因素诱发并推动了“打酱油”的词汇化发展，这也充分说明词汇化过程是极其复杂的，往往有多种因素综合作用。

四、结语

需要注意的是，我们不能以原有的句法形式的消失作为判断词汇化完成的标志。虽然“打酱油”目前作为短语和词两种形式并存，但不影响其词汇化已经完成。“打酱油”的词汇化是语用频率、认知因素等共同作用的结果。像“打酱油”这样的三音节词的词汇化是汉语词汇发展中的一个重要现象，有广阔的研究前景，在此希望有更多的研究者关注这方面的发展趋势。

参考文献：

[1]董秀芳. 词汇化：汉语双音词的衍生和发展[M]. 成都：四川民族出版社，2002.

[2]胡斌彬. 成语“呜呼哀哉”的词汇化历程及相关问题[J]. 语言教学与研究，2013（5）.

[3]沈家煊. 语用原则、语用推理和语义演变[J]. 外语教学与研究，2004（4）.

[4]王静. 汉语词汇化研究综述[J]. 汉语学习，2010（3）.

「走る」的语义扩展机制分析

2012级　日语语言文学　张一宾

摘　要：本文基于认知语言学的语义扩展模式原理，分析多义词“走る”各义项之间的关联模式。通过分析得出，多义词“走る”主要通过比喻、主体化和意象图式的转换方式进行扩展。人类的认知过程大都是从具体领域向抽象领域转移的。

关键词：“走る”；多义词；语义扩展

一、引言

移动动词“走る”作为多义词，在运用表达时，常常被忽略其基本义以外的义项。比如：

（1）每朝家の近くを走る。（日中辞典）

（2）車はダウンタウンに向って走っている。（『二つの祖国』山崎豊子）

（3）日本列島にはまるで背骨のように山脈が南から北まで走り、日本を日本海と太平洋側の二つに分けている。（《日语综合教程第六册》）

例（1）、（2）、（3）分别表示“奔跑”“行驶”“（走向）横贯，纵贯”的意思。其中例（1）为基本义，是我们最常用的表达习惯。但是对于初学者，例（2）、（3）这两种语义却不能达到运用自如的程度。

本文以移动动词“走る”为考察对象，利用认知语言学的语义扩展模式原理，分析多义词“走る”各义项之间的关联模式。希望可以帮助学习者高效地理解和记忆不同语境下多义词的具体含义。

二、“走る”的语义扩展模式

（一）词的语义扩展模式

语义扩展模式（network model）是认知语言学的一个基本概念，多用来解释多义词的语义扩展机制和表现多义词的语义构成网络。其原理[①]如图 1 所示：

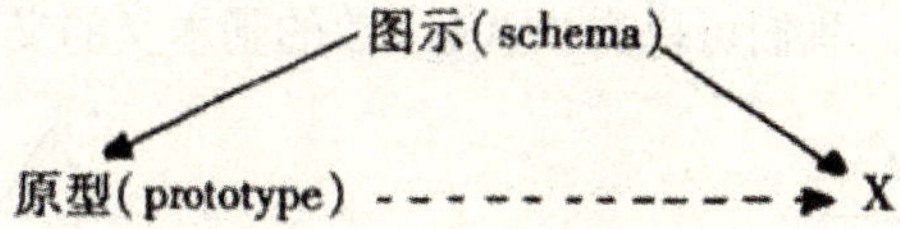

图 1　语义扩展模式原理图

图 1 中实线表示义项关系，虚线表示语义扩展关系，原型为基本义，X 为扩展义，图式义包括原型义和 X 的扩展义。X 义由原型义扩展而成，构成所有语义中的周边义。在语义扩展的过程中，周边义根据比喻[②]、意象图式的转换、主体化等原理来扩张时，就构成一个完整的语义扩展模式。

本文根据此原理考察多义词“走る”的语义扩展模式。

（二）“走る”的多义分析

参照《大辞林》（第 3 版）、《广辞苑》（第 5 版）、《日中辞典》（2003）等辞典的释义，把“走る”的义项归纳如下：（1）（人、动物等）的奔跑[人/動物などが駆ける]；（2）（交通工具）行驶，奔驰[乗り物などが動く]；（3）（走向）横贯，纵贯，延绵[通じる]；（4）掠过，划过[非常に速く動く]；（5）投向，逃向[逃げる]；（6）偏于，追求[ある方向に向かう]。

1.“走る”的基本义

在以上所有义项中，我们发现“（人或动物）奔跑”这个语义居于各字典的首位，是“走る”的主要义项。如：

（4）自転車で街中を走っています。

---

① 参照于康（2005）论文。
② 本文依据籾山（2002）的说法，将隐喻、换喻、提喻统称为比喻。

（Yahoo!知恵袋 2005 KOTONOHA）

（5）キリンは全速力で走って逃げた。（日中辞典）

人或动物等有生命的移动物通过脚的交互向前，产生位移，形成[奔跑]的义项。这个义项是“走る”的核心义项，“走る”的其他义项正是由它引申出来的。通过以上例句分析，我们可以得知，构成“走る”的基本要素包含射体（移动物）、移动的起点、所经过的路径，到达的终点。因此，我们可以得出“走る”的基本义的义项图式（图2）。

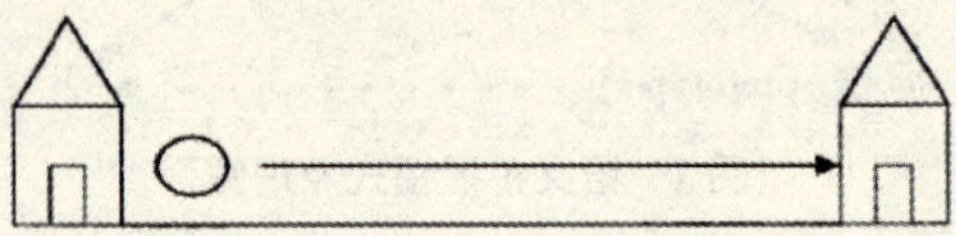

图2 “走る”的基本义的意象图式

即“走る”可以看做是由射体从起点经过某一路径移动到终点的过程。其中，○代表射体（即移动物），房子分别代表起点和终点，箭头代表路径。“走る”的其他义项就是在基本义的图式上通过比喻、意象图式的焦点化、主体化而进一步引申的。

2.“走る”的语义扩展

义项2:（交通工具）行驶，奔驰

（6）車はダウンタウンに向って走っている。

（『二つの祖国』山崎豊子 KOTONOHA）

（7）風を受けて船は快調に走っている。（日中辞典）

移动物由基本义1的人或动物为主体变为由人操控可移动的交通工具为主体，交通工具通过[起点—路径—终点]这个移动模式，获得位移，与人或动物通过脚的交互移动向前，产生位移这一动作有相似性，译作[行驶，奔驰]。所以义项2是在基本义的基础上通过隐喻（相似性）的方式扩展来的。

义项3:（走向）横贯，纵贯，延绵

基本义1、义项2中，“走る”表示的都是真实存在的物理运动。但有时移动动词“走る”并不表示物理的真实运动这一意义。如：

（8）日本列島にはまるで背骨のように山脈が南から北まで走り、日本を日本海と太平洋側の二つに分けている。

（《日语综合教程第六册》）

（9）ビルの間を縫うようにして高速道路が走っている。

（日中辞典）

例句中，各句为[山脉像脊柱一样从南向北延绵在日本列岛上]，[高速公路横贯高楼大厦之间]之意。这里的“走る”译为[延绵]，山脉、高速公路等并没有发生运动，但我们对它们的概念化方式使得它们具有动态特征，就像我们的视线沿着山脉的一条路径或道路前进一样，这种把静态的场景动态化，用动态的方式进行表征，称为“主观运动”[①]。即义项3是基本义1通过主观运动，也就是主体化的方式引申扩展而来的。把这个主体化的过程用图式展示如图3所示。

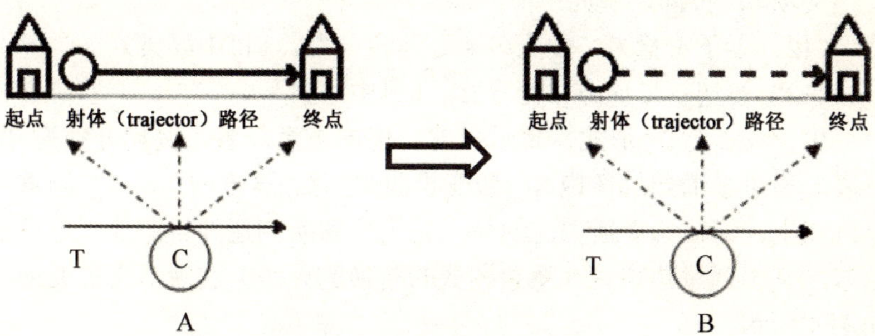

图3 “走る”的主体化过程

图中C代表概念者即说话者，T代表时间，是说话者的视线随着时间的推移看路径上的某个移动物由起点经过路径再到达终点的过程。加粗部分也就是概念者关注的焦点，由图A的关注真实的物理运动，到概念者自己在心里假设路径，使得想象中的移动物随着自己的视线移动（图B）就是主体化的过程，具体的物理运动的意义逐渐减弱，取而代之的是概念者在心中假想的主观运动，最后使得主观移动的意义渐渐显著，获得义项3的意义。

① 参照田中（1997），p207。

义项 4：掠过，划过

（10）突然、手の甲の筋に痛みが走った。

（『「元気で育児」の薬箱』KOTONOHA）

（11）稲妻が空を走る時はワクワクするこんな私って変でしょうか？（Yahoo!ブログ 2008）

例（10）、（11）中，“走る”的意思分别是[手背的筋骨上，传来疼痛]，[闪电划过空中]，人们通过神经系统，感受到疼痛在手背上一点一点掠过，通过视觉系统看到闪电在天空中飞快划过。与义项 3 一样，义项 4 也属于主观运动的一种。但在义项 4 中，疼痛与闪电属于认知域中的感觉域，也就是说，与义项 3 中的概念者想象移动物的位移过程相比，义项 4 更为抽象化，是由义项 3 经过概念上的相似性，通过隐喻引申而来的。

义项 5：投向，逃向

（12）妻子を捨てて愛人のもとへ走った。（日中辞典）

（13）裏切って適方に走った。（日中辞典）

用[へ/に走る]形式，表示投向、逃向之意。各个例句分别为[抛下妻儿投进了情妇的怀抱]，[叛变投敌]之意。这里的“走る”侧重点在终点上，即概念者所关注的焦点变为位移所到达的目的地。这里是由基本义 1 通过焦点化（意象图式的转换的一种）实现语义扩展的。如图 4 所示。

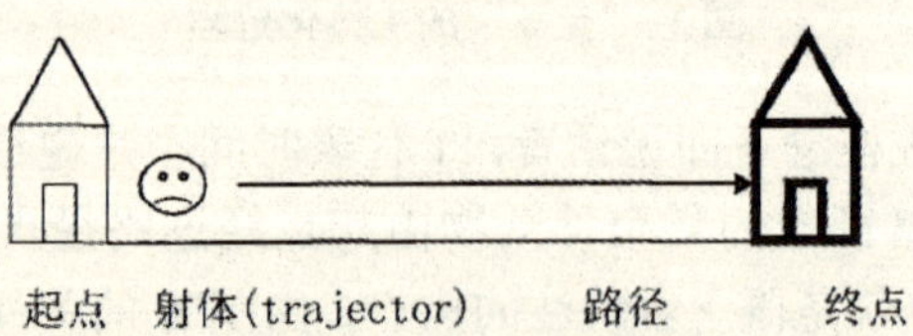

图 4　“走る”的焦点化

图中加粗部分表示概念者关注的焦点，我们关注的焦点放在移动物移动的终点上，因而由[奔跑]义引申出[投向，逃向]义。

义项 6：偏于，追求

（14）それによって知識欲があり正義感に富む青年が、多く社会

主義運動に走った。(『自然と人生』梅原猛 KOTONOHA)

句中渴望知识、富有正义感的青年热衷于社会主义运动，用[に走る]的形式，来表达某种倾向，与义项5相同，都是概念者除去起点、路径，对终点焦点关注的表现。不同的是，[追求]等，是一种感情的流露，是反映到认知域中的感情域的表征，与义项5相比，更为抽象化，通过隐喻的手段，使义项5延伸到义项6。

3.“走る”的语义扩展模式图

以上用认知语言学的语义扩展理论探讨了移动动词“走る”的基本义与周边义之间的关联性，把各个义项间的关联性用图表示如下图5所示。

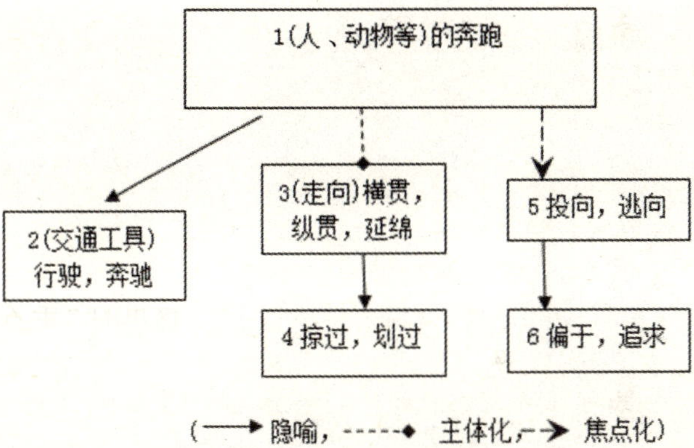

图5 “走る”的语义扩展模式

三、结语

从以上分析我们可以得出，在多义词“走る”的义项中最典型的是基本义，其他周边义大多通过比喻、主体化、意象图式的转换的方式扩展。人类的认知过程都是从真实可见的具体领域向抽象领域转移的。通过分析多义词“走る”语义扩展规律，希望可以帮助学习者高效地理解和记忆不同语境下多义词的具体含义。移动动词“駆ける”作为“走る”的类义词，也是常见的多义词，今后将继续借助语义扩展理论研究，研究两类义语之间的区别。

参考文献：

[1]谢东华. “走る”的多维语义扩展机制——基于语料库的用例研究[J]. 日语教育与日本学研究（大学日语教育研究国际研讨会论文集），2012.

[2]于康，语义扩展模式与汉日语对比研究[J]. 语言科学，2005（1）.

[3]国広哲弥. 理想の国語辞典[M]. 大修館書店，1997.

[4]田中茂範，松本曜. 日英比較選書 6 空間と移動の表現[M]. 研究社出版，1997.

[5]籾山洋介. 認知意味論のしくみ[M]. 研究社，2002.

[6]森田良行. 基礎日本語辞典[M]. 角川書店，1992.

「いきなり」「突然」「急に」的比较

2013 级　日语语言文学　钟晓君

摘　要：在日语中，和汉语“突然”一词相对应的有“いきなり”“突然”和“急に”。三个词意义非常相近，因此在使用时容易混淆。但其意义并非全然相同，在实际运用中存在着一定的差异。有时候，这三个词可以通用，有时候却非其中一个不可。即使是三个词都可以使用的情况下，也会在语感和内涵上产生微妙的差别。本文试图通过这三个词在不通句子中的适用度来讨论它们的异同点，以便更好地掌握着三个词的用法。

关键词：突然性；时间性；意识性

在日语中，和汉语“突然”一词相对应的有“いきなり”“突然”和“急に”。三个词意义非常相近，因此在使用时容易混淆。如以下例句：

句一：不进行彩排就直接进入正式演出，有欠考虑。

句二：晴朗的天空，突然下起雨来。

句三：几个星期不见，她突然变漂亮了。

这三句话当中，都出现了“突然”这个词。那么，我们在把它们翻译成日语的过程中，是否也可以把它们全部都译成“いきなり”“突然”或“急に”？或者是只能适用其中一个词。它们是如何对应的？这就需要我们清晰地知道“いきなり”“突然”和“急に”这三个词的意义区别和在实际使用当中的异同点。

“突然”“いきなり”和“急に”这三个词，表面上看起来都有“突

然”、“忽然”的意思，用于突发事件，表达事物的发生是突然性的、没有征兆的。但是它们表达的意义和具体使用的场合却并不全然相同。

首先，来看一下下面的表格：

表 1 “急に”“いきなり”和“突然”的例句。

（○表示正确，×表示错误，△表示不确定。）

例句　　　　　　　　　　例词	急に	いきなり	突然
1. 子供が（　　）飛び出してきた。	○	○	○
2. 何もいわずに（　　）泣き出したので、びっくりした。	○	○	○
3.（　　）大粒の雨が落ちてきた。	○	△	○
4. 最近、鈴木さんは（　　）きれいになった。	○	×	×
5. うちの子供はこのごろ（　　）背が伸びた。	○	×	×
6.（　　）白髪が増えた。	○	×	×
7. 手紙を書くとき、（　　）用事について書くのは失礼です。	×	○	×
8. 王さんは入社して（　　）社長になった。	×	○	×
9. 椅子にすわっていた男が（　　）立ち上がって大声で叫びだした。	○	○	○
10. その客は（　　）ドアを開けて入ってきた。	○	○	○
11.（　　）水に飛び込むなんて無茶だ。心臓麻痺にでもなったらどうする。	○	○	×
12. 助走なしに（　　）跳んでも遠くまで飛べない。	○	○	×
13. 彼女はある日（　　）脳卒中（のうそっちゅう）で死んだ。	×	×	○
14. 信号が（　　）赤になった。	○	×	○
15. 今まで好きだったものが（　　）嫌いになった。	○	×	○

从表 1 的句子中，我们可以看出，有一些句子只能使用三个词中的其中一个，有一些句子是两个词通用的，也有一些句子是三个词都可以通用的。它们有相同之处，在某些句子中可以互相替换，它们也有截然不同的地方，在某些句子中，仅限使用其中一个。

那么，在什么样的情况下，它们可以通用，而又在什么样的情况下，它们三个不能共存，而非要取一不可呢？从这些句子当中，我们可以看出什么样的规律来呢？这就是本文试图讨论的问题。笔者认为，探讨这三个词的具体用法，可以从以下几个方面进行观察。

1. 时间性

虽然三者都是表示动作或事件突然发生，但是它们的“突然性”在时间上的限制是不同的。“突然”“いきなり”一般来修饰在瞬间发生的事情，如例句 9 和 10，（立ち上がる）站起和（ドアを開ける）开门的动作，都是在瞬间进行的。而“急に”除了可以用来修饰瞬间发生的事情之外，还可以用来修饰在一定时间内发生的事情，“突然”“いきなり”则不能。这一点，从例句 4 和 5 可以看出。在现实生活中，（綺麗になる）人变漂亮和（背が伸びる）孩子长个子都不可能在瞬间发生，这些变化都是需要经过一定的时间才能产生的，所以这两句只能用“急に”。如果在例句 4 和 5 中使用“突然”，就变成了人在瞬间变漂亮，孩子在瞬间长高，这就给人一种“不可思议”的、如“魔法”一般的感觉，是不切实际的。

另外，同样表示行为和事件在瞬间发生的“突然”和“いきなり”，其时间性也略有差别。“突然”比“いきなり”的瞬间性更加突出，它更加强调事情在一瞬间发生。而且，语气也比较夸张，含有说话人感到十分吃惊的含义。因此，在例句 13 中，用“突然”是最恰当的。

2. 意识性

“いきなり”的表现形式一般有两种，一种强调的动作往往是跳跃式的，没有经过一定步骤，且含有“应该做什么而没做，或者不应做什么而做了”的主观意识，因此它多用于修饰表示有意识的行为的动词。这一点是“突然”和“急に”所无法体现的。

如例句 7，因为写信应该在开头先写“挨拶言葉”，而不能直奔主题，句子所表达的是一种应该做而未做的行为，含有说话者主观意识上不赞同的意义，因此只能用“いきなり”。例句 8 中，小王是新员工，一般情况下不应该一进公司就成为社长，因此他成为社长一事也给人“不合理”的感觉，也是用“いきなり”。

因为“いきなり”多用于表示有意识的行为，所以在例句3中能否使用就产生了不同的见解。以德川宗贤为代表的学者认为，“いきなり”只限于有意识的动作行为，只能用于人和动物，不能用于如自然现象等无意识的动作行为。以森田良行为代表的学者则认为可以使用。笔者比较赞同后者，因为虽然自然现象（如下雨）是无意识的行为，但是感觉到突然的，是说话人本身，即人类。例句3可以理解为，对于下雨这件事情，说话人感到突然。所以，也是可以用“いきなり”的。当然，这里的“いきなり”所表示的是说话人的感受，而非句子中的自然现象发生突然。

与此相对，“突然”和“急に”则都是修饰某种行为、动作、现实乃至整个事态是在没有前兆的情形下发生的，无论是自然现象，还是有意识的行为或无意识的行为都可以使用。如例句1和2，它们分别修饰了人的有意识的行为和自然现象。

3. 侧重点

“いきなり”有两种修饰用法，在上面已经提到了第一种用法，第二种用法是修饰行为者的动作给第三者一种没有预感的、突然的感觉，其动作是一种突如其来的、没有先兆的行为。这一用法和“突然”的用法很相似，在这种情况下，二者可以互换。如例句1、2、9和10。但是，它们所强调的背景和情感稍有不同。

例 9“椅子にすわっていた男が（　　）立ち上がって大声で叫びだした。”

这句话使用“いきなり”时，表示“椅子にすわっていた男”的举止不合时宜，本不应该站起来大叫的，他却这么做了，给人有失礼仪的感觉。如果用“突然”，则表示没有预料到“椅子にすわっていた男”会站起来，只强调他整个行为本身是意料之外的。

“いきなり”和“急に”所修饰的句子，其侧重点也略有不同。“急に”有时伴随着说话人的一种不安感。如例句11和12，用“いきなり”时，句子强调的是行为本身的不合理性，而“急に”更多的是体现说话人对动作引起的后果——心脏麻痹、跳得不远，表示担忧。

总结

在进行比较的基础上，笔者尝试着对三个词的使用做了一定的归纳。

1. 从表 1 我们可以看出，相对于其他两个词，“急に”的使用率是最高的。在很多时候，它都可以跟另外两个词互换，除了表示含有主观判定意义的例句 7、8 和表示瞬间突然发生的例句 13 之外。另外，“急に”还可以用于表示在一定时间内完成的变化，如例句 4、5、6，这是其他两个词所不能适用的。

2. “いきなり”主要用于修饰有意识的行为，即其动作的行为主体是人或动物。当用于自然现象时，如例句 3，只能表示说话人的意识，而非动作的主体。

3. “突然”一词一般强调事物本身或整个事态突然发生，而不在于强调某个动作的具体变化。如例句 11 和 12，强调的是跳入水和起跳这个具体的动作，所以不用“突然”。而例句 9 和 10 强调的是客人突然站起来和男人突然站起来这一整体的事情，所以可以用。

因此，判定该句子是用哪一个词，我们可以从句子主题（是否含有主观评价意识）、动词（是瞬间动词还是持续性动词）、动作主体（是有意识行为主体或是无意识行为主体）、时间名词（最近、このごろ、今等）等方面进行判断。

回到文章开头的三句话。句一判断重点应当放在句子主题上，因为正式演出之前，一般都要进行彩排。而句子所描述的是未彩排而直接进入演出，即“应该做什么而未做什么”，表达了说话人主观上的“不认同”。因此，用“いきなり”。句二判断重点应该放在句子的动作主体上。因为下雨是自然现象，而句子所表达的也并非说话者的意识，因此不能用“いきなり”，可以用“突然”或者“急に”。句三判断重点应当放在动作和时间名词上。几个星期不见，表示事情发生的时间跨度较长，另外，变漂亮这一动作也不可能在瞬间发生，因此用“急に”。

参考文献：

[1]森田良行. 基礎日本語辞典[M]. 角川書店，1989.

[2]徳川宗賢，宮島達夫. 類義語辞典[M]. 東京堂出版，1978.

[3]金田一春彦，池田彌三郎. 学研現代新国語辞典[M]. 学習研究社，1994.

日语接续词そして的用法分析

2012 级　日语语言文学　周珊

摘　要：本文通过用例分析，对そして的用法进行了梳理总结。そして一直以来被总结为两种用法——并列和继起，此外还有一些用例中そして的前后项性质不同，并非并列，且前后项间没有时间上的继起关系。这一类可以归纳为“补充”的用法，后项是对前项或整个事件的补充。另外，そして与助词と、接续助词て也有重叠的用法。本文将助词と、接续助词て与そして的使用情况进行比较分析，总结出各自用法的异同。

关键词：そして；用法；补充；助词と；接续助词て

一、引言

そして是日语中表示并列和继起[①]的接续词，在教学中多出现在初级阶段[②]，是学习者最早接触的日语接续词之一。然而，由于中文中没有可以与そして直接对应的词汇，理解和应用上都有难度。

（1）カナダ、アメリカ、そしてメキシコを旅行してきました。[③]

---

① 在之前的研究中，そして的用法多被总结为添加和继起，而目前的许多新研究则逐渐使用“并列”这一说法。本文采用后者。

②《新编日语（修订本）》（周平，陈小芬 2009）中そして出现在第一册第 6 课的生词部分，解释仅有“そして（接）而且”。出现的句子为：「朝ごはんには、うどんや肉まんじゅうを食べます。彼はあまりパンを食べません。そして、七時四十分ごろ自転車で教室へ行きます。」此处的そして表达的应为继起，而给出的解释却是表示添加的“而且”，笔者认为此处还需考量。《中日交流标准日本语》（人民教育出版社 2005）中そして出现在初级上册第十课的语法表现部分，解释为“‘そして’是表示并列关系的连词”。阪上彩子（2014）统计的日本的教材也很早就涉及そして。

③ 本文例句（8）出自日剧『ライアーゲーム』，其余皆出自参考文献。

（2）背が高く、そして力の強い人がほしい。

（3）船が沖に出ると次第に空が曇ってきた。そして大粒の雨が降り出した。

（4）日本語の中にはカタカナ語がたくさんある。そしてその数は年々増えている。

以上四个例句中そして接续的前后项情况各不相同，表达的含义也不相同。

此外，助词と、接续助词て与そして类似的使用方法，既有可以互换的情况，又有需要选择的场合。

（5）政府の施策に反対した学生たち、そしてその学生たちを応援していた市民たちだった。

？政府の施策に反対した学生たち、とその学生たちを応援していた市民たちだった。

（6）二人で頑張ろう。そして二人で幸せになろう。

？二人で頑張って、幸せになろう。

本文将具体分析上述问题中出现的そして的三种用法，以及そして与助词と、接续助词て在使用上的异同，力求对日语学习者在掌握此接续词时有所帮助，减少对そして的误用和滥用。

二、そして的用法

そして在日语中类属于表示"添加"[①]的接续词。在以往对そして的说明中，它主要有两种用法，分别是并列和继起。

第一种用法表示并列。在表示并列时，そして可以连接词、短句，以及句子。此时连接的前后部为性质相同的，互为并列关系的内容。如：

（1）カナダ、アメリカ、そしてメキシコを旅行してきました。

（2）背が高く、そして力の強い人がほしい。

① 此分类和概念出自『現代日本語文法 7』（日本語記述文法研究会 2009），"表示添加的接续词"一般用于前后部具有某种共通点，或用于前部内容发生后又发生了后部内容的场合（原文为日语，笔者译）。

（3）将来は弁護士になりたい。そして困った人を助けたい。

此处需要注意的是，そして虽然表示的是并列，但并非任意前后项的位置都可以互换。例（1）的三个地名之间如果有远近或者到达先后等逻辑顺序，调换位置就无法表达相应的逻辑顺序了。例（2）如果将「背が高い」与「力の強い」位置互换，在语法上并没有错误，但部分人会觉得这种说法不自然。主要是因为两个条件之中“个子高”相对“力气大”容易满足，产生了一种“先易后难”的逻辑顺序。而例（3）虽然前后项的内容性质相同，都表达说话人的愿望，但两个愿望的发生有先后顺序，所以如果前后项互换逻辑上让人难以接受，故可以认为像例（3）的句子前后项不可互换。

由此可以看出，そして在表达并列的时候，如果前后项本身具有一定逻辑性的话，前后位置不能随意调换。

第二种用法表示继起。在表示继起时，そして只连接句子。此时连接的前后项内容先后发生。如：

（4）彼はソファーに腰を下ろし、そしてまもなく眠ってしまった。

（5）船が沖に出ると次第に空が曇ってきた。そして大粒の雨が降り出した。

在上述两种用法之外，还有一些比较特别的そして的使用例。如：

（6）日本語の中にはカタカナ語がたくさんある。そしてその数は年々増えている。

（7）兄は北京へ行った。そして姉は上海へ行った。

（8）（前略）四千万なら獲得できる。そして何より、このライアーゲームから確実に抜け出せる。

例（6）到（8）严格来说不符合上述两种用法，它们既不是同性质的内容的并列，又不存在事件发生的先后顺序。这种用法，可以看作是“补充”的用法。这种用法的前后项性质不同，也没有时间关系。前项的事实首先存在，在此之上提出后项，对包含前后项的整个事件提供新的信息，补充了信息量。

三、そして与近似表现的辨析

对そして与近似表现的辨析方面的研究主要集中在そして与其他表达"添加"接续词的对比，如与「それから」「しかも」「また」的对比等。此外，そして与助词と，接续助词て的部分用法也有重叠。本文将主要分析这两种情况。

（一）そして与助词と

近来，关于そして表示并列的相关研究逐渐多起来。如例句（1）这样典型的并列句可以用助词と替换そして。

（9）カナダ、アメリカ、そしてメキシコを旅行してきました。

カナダ、アメリカとメキシコを旅行してきました。

（10）机の上に、ペン、本、そしてノートがある。

机の上に、ペン、本とノートがある。

助词と和そして都表示同类事物的并列。

と在表示几个事物的并列时没有顺序的要求，所提示的几个词可以互换位置。而そして在表达一定的逻辑顺序时，词语不可互换。如例句(9)的地名间存在距离上的由远及近或是经过时间的先后顺序时。

例句（10）则基本不存在特别的逻辑顺序，词汇之间位置可以互换。

此外，在表示并列时と在同一句中可以多次出现。而そして仅在最后一项前出现。如：

（11）？机の上に、ペン、そして本、そしてノートがある。

机の上に、ペンと本とノートがある。

日语记述语法研究会（2009）还提到了一点，即并列的词语前有很长的定语时，选用そして比と更加自然。如：

（12）政府の施策に反対した学生たち、そしてその学生たちを応援していた市民たちだった。

（二）そして与接续助词て

仔细观察接续助词て的用例很容易发现其中有部分可以在て后加入そして，或用そして替代。如：

（13）彼は気が優しくて力が強い。

彼は気が優しくて、そして力が強い。

彼は気が優しい。そして、力が強い。

（14）夏が過ぎて、秋が来る。

夏が過ぎる。そして秋が来る。

（15）雨に降られて風邪を引きました。

雨に降られました。そして風邪を引きました。

例（13）至（15）的て形分别表达并列、动作的继起以及原因理由。这三类用法中的一部分て形可以与そして互换。然而在可以互换的这些句子中，て形的使用远超过そして。主要原因是て形的节奏比そして紧凑，用て形连接的句子前部仅是过渡，句子的中心是后部的谓语。而使用そして会把句子截断，そして前后的两个谓语都是中心。如：

（16）二人で頑張ろう。そして二人で幸せになろう。

？二人で頑張って、幸せになろう。

在文章或对话中，不需要过度突出前部内容时选用て形。そして则是用后项的内容补充前项，使整个事件内容更完整。

四、结语

因为中文中没有与そして相对应的词，所以そして对学习者来说是一个较难掌握的接续词。

通过对使用そして的句子的分析，找到そして的三种主要用法，分别表示并列、继起和补充。

表示并列时そして前后项为性质相同的事物；表示继起时前后项发生时间存在先后顺序；表示补充时后项内容与前项有关联性，在前项成立时，后项提供新的信息。

そして除与其他添加的接续词外，与助词と、接续助词て的部分用法也有重叠。そして与と同样表达并列，そして可以在并列的同时表达一定的逻辑关系，无逻辑关系时两者可互换。そして与て形都可以表达并列、继起和补充。并列时两者可互换。在继起和补充时，仅强调主句谓语时选用て形，同时突出前后两项时选用そして。

参考文献：

[1]成同社. 接续词[M]. 外语教学与研究出版社，1999.

[2]常波涛,常曼,马黎明. 日语接续助词例解[M]. 世界图书出版公司,2007.

[3]坂上彩子. 話し言葉における「そして」の指導法[J]. 神戸大学留学生センター紀要，2014（20）.

[4]日本語記述文法研究会. 現代日本語文法 7[M].くろしお出版，2009.

[5]横林宙世・下村彰子. 外国人のための日本語例文問題シリーズ 6 接続の表現[M]. 荒竹出版，1988.

基于概念整合理论的网络新词语分析
——从“不作死就不会死”中的“作死”谈起

2013级　英语语言文学　周玿吉

摘　要：新词的涌现无疑激发了大批国内外学者对其进行研究，近年来对于新词的研究主要可以被概括为：英汉新词构词法的研究及其对比研究、英汉新词互译的方法研究及其评析、对比研究英汉新词的社会文化背景以及跨文化交际。而基于认知模型对新词的产出以及理解过程的研究并不多见，因此本文将以网络热词“不作死就不会死”中“作死”为引入点，立足新词的认知研究，将概念整合理论作为理论框架，试图从微观的视角分析网络新词语的认知过程，避免仅从构词法的表层结构分析网络新词语，并尝试性地得出概念整合理论在阐释网络新词语方面具有很强解释力的拙见，供大家讨论。

关键词：概念整合理论；网络新词语；认知语义

一、引言

在语言体系中，词汇无疑是最为动态的系统，而其变化无非是政治的变革、经济的繁荣以及全球化与互联网等因素影响的时代产物。语言学界对新词的研究可分为对其构词法、翻译以及词义的剖析。而对构词法的研究仅局限于词汇表层构词结构，我们可将网络新词大体分为：复合词、派生词、缩略词、拼缀法等类别。复合网络新词如：group-purchase（团购）、mortgage slave（房奴）、打酱油、吐槽、作死等。派生网络新词如：车奴（～奴）、被就业（被～）、geilivable（给力）等；缩略词如高大上（高端大气上档次）、高富帅等；拼缀法如：

smilence→smile+silence（笑而不语）；circusee→circus+see（围观）。还有一些较为特殊的网络新词如：酱紫（这样子）、杯具（悲剧）、筒子（同志）、hold 住、很 high（很开心）等。对翻译的研究则是总结英汉新词互译规律。显然，对新词构词法层面与翻译技巧层面的分析忽视了对新词微观层面的探索，如新词的产生过程、理解机制以及分类理据性等。本文将从“不作死就不会死”中的“作死”谈起，对于新词的产出及理解机制进行探索，基于概念整合理论尝试性地分析日益流行的网络新词。

二、认知语义层面的网络新词分析

对网络新词在构词法层面进行分析只能从构词的表层结构上进行分类，而进一步解释新词的产生及理解过程则需借助于认知语义学中的概念整合理论。

（一）概念整合理论

认知语言学家福科尼耶和特纳（Fauconnier & Turner，1997）在《思维与语言中的映射》（Mappings in Thought and Language）中提出概念整合是四个心智空间通过投射、映射和动态的模拟将各自连接起来，产生新的关系和构造，最终形成新概念、新意义的动态认知活动。概念整合理论是在心理空间理论基础上进一步发展的旨在探究概念之间相互作用而形成新的概念的心理过程。认知语义认为语义存在于人脑中，是心理空间中的实体，外在世界和语义之间由人类的认知所联结，语义不是词汇中固有的，而是心理提示及引发的认知域模型间存在的关系。在新词的意义构建过程中，新词的元素激活相对应的认知域模型并构建出两个输入空间，两个输入空间的共同特征映射至类属空间并由其控制，经过映射和整合投射出整合空间。其中每一个心理空间都是人们进行交谈、思考时为更好理解或达到行动目的而构建的小概念包，而每一个心智空间都只是一个临时的结构，依赖于更广泛、更固定的知识结构。其映射关系如下图：

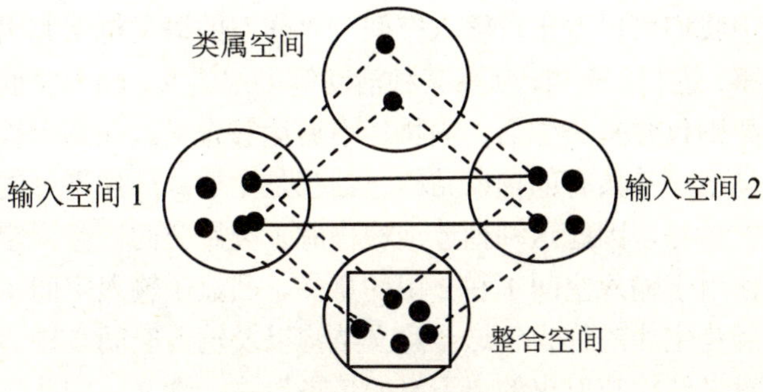

概念合成理论空间映射图

从图中我们可以看出类属空间是由两个空间共有的抽象结构形成的，同时影响着整合空间的生成，整合空间则是两个输入空间选择性地映射产生，包含独特的层创结构，这种层创结构是通过对两个输入空间的组合（composition）、完善（completion）、扩展（elaboration）相互作用而产生的，包含一些输入空间不存在的结构。

（二）基于概念整合理论的网络新词分析

文章的本部分欲以近期网络中的“不作死就不会死”中“作死”一词为起点，试图用概念整合理论对其进行分析。

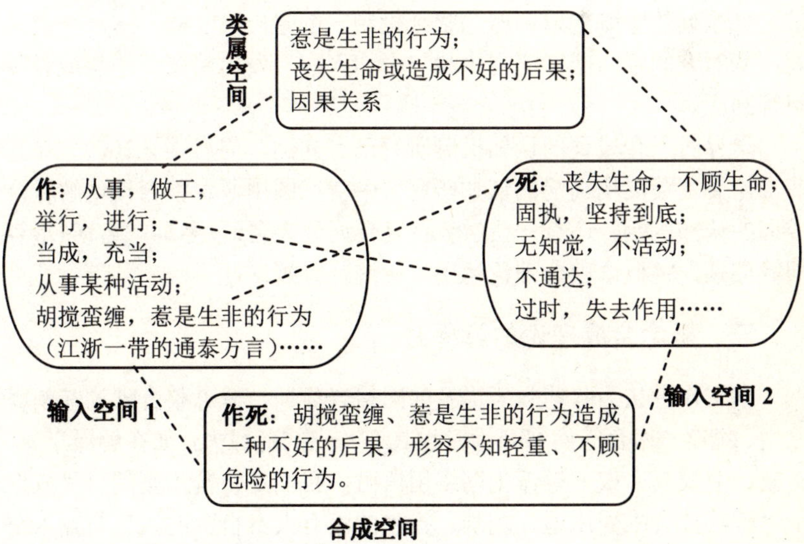

从图中我们可以看出，输入空间 1“作”的语义框架有很多，其中包括从事、进行、充当、从事某种活动等多层语义，输入空间 2“死”的语义框架则包含丧失生命、固执、不通达等含义。在两个输入空间的多层含义中，其共有的抽象结构包括惹是生非、产生不好的影响、事件因果关系等，因此这种抽象结构构成了类属空间，类属空间中的意义又反作用于输入空间 1 和 2 中的意义，凸显了输入空间 1 中“胡搅蛮缠、惹是生非的行为”这一意义结构以及输入空间 2 中“丧失生命”这一意义结构映射出的“不好的后果”这一含义。因此，两个输入空间选择性地产生了独特的层创结构“惹是生非的行为造成的一种不好结果”，这一层创结构是通过两个输入空间内容的组合及完善产生的。

“作死”这一网络新词从属于复合网络新词，因而我们可以尝试性地得出吐槽、房奴等复合网络新词也具有试用概念整合理论分析其语义生成机制的可能性，因篇幅限制，文章将不展开图例解释。“吐槽”一词也是将输入空间 1“吐”中“说出”与输入空间 2“槽”中“一种长方形或正方形较大盛东西的器具”的意思相映射，共同投入“说话过程是一个容器、倾诉就像是将水注入容器中”这一类属空间中，经过这一系列的隐喻映射和概念整合机制，创建出“吐槽”这一合成空间：从对方的行为或者语言中找一个切入点，发出感慨、抱怨或者疑问等回应。

学界对于合成词的认知机制研究已有先例，周启强（2007）在其博士论文《英汉构词法的认知研究》中就试图用概念整合理论解释合成词的认知机制，还有一些学者将复合词分为名词+名词、名词+形容词等类别，将概念整合理论运用其中进行分析。

三、概念合成理论的解释力

本文作者认为除前文所提及的网络合成词，概念整合理论在阐释派生、缩略、缀合等网络新词时也具有一定的解释力，如在解释车奴、房奴、节奴（～奴）等派生网络用语时，我们是将输入空间 1“奴”中“阶级社会中受压迫、剥削、役使的没有人身自由的人”与输入空间 2“房”、“车”中“负担压力大”的意义结构相互映射，形成合成空间：为支付房屋、车子等物品背负沉重的债款和压力，致使失去人身自由，成为奴隶。再如，构词法难以分类的“hold 住”也可以从输入空间 1“hold”和输入空间 2“住”之间共有的“把持、拿捏、掌控”等结构映射出合成空间“hold 住”。

在概念整合的过程中我们会大量地运用隐喻以及转喻机制，本文对此不展开讨论，而这一点却大大增强了其微观分析网络新词的解释力，因为人类在感知、体验世界时大多是会使用熟悉的概念或物体映射并定义陌生、抽象的事物，因此概念整合理论正是这一过程的图示化表征。

此外，概念整合理论还将动态的认知语境考虑其中，如上文中“房奴”一词的概念整合过程则包含了房车价格昂贵，人们很难负担这一语境，而这一情况是随着社会和历史的发展而变化的，因此概念整合理论的过程更具动态性和具体性。“你懂的”这一网络用语也具有动态的语境特征，不同的使用场合、不同的使用者在使用“你懂的”时，都会将不同的输入空间相互映射，形成合成空间，产生新奇的意义及效果。

四、结论

本文先从构词法层面对网络新词语进行粗略分类，得出仅从表层结构对网络新词语进行分析的局限性，文章则从“不作死就不会死”的“作死”这一词谈起，进一步着眼于网络新词语的认知过程，将概念整合理论运用于新词语的微观解释中，发现该理论不仅能阐释合成词，还可以解释派生、缩略、缀合词以及构词法难以明确分类的网络词语。因而，尝试性地得出概念整合理论在微观层面剖析网络新词语认知机制的解释力，为大家提供一种分析新词语的新视野。

因语料的限制，本文未能将网络用语系统且全面地进行分类，笔者也将在今后的研究学习中精益求精，系统全面地收集语料，增强文章的适用性和信度。

参考文献：

[1]白解红. 20 世纪中期以来英汉新词语的来源及其语义认知机制[J]. 外国语文，2011（5）：34-38.

[2]项成东. 语篇模糊与空间映射理论[J]. 外语与外语教学，2003（6）：12-16.

[3]张辉，杨波. 心理空间与概念整合——理论发展及其应用[J]. 解放军外国语学院学报，2008（1）：7-13.

[4]周启强. 英汉构词法的认知研究[D]. 湖南师范大学，2007.

[5]Fauconnier, G. *Mapping in Thought and Language*[M]. Cambridge University Press, 1997: 149-187.

文学研究部分

浅析《阴谋与爱情》中米勒太太这一角色及其性格作用

2013级　德语笔译　陈博

摘　要：本文从德国伟大的文学家席勒的悲剧《阴谋与爱情》入手，分析其历史背景，同时对剧中米勒太太这一愚蠢、虚荣但却同样悲剧的角色进行分析，并通过莱辛有关戏剧的性格理论来分析米勒太太的性格有何作用。以期通过这一分析使人能够注意到这一配角并引起重视，最后通过了解其形象和性格作用来更好地理解这一悲剧。

关键词：莱辛性格理论；《阴谋与爱情》；米勒太太；愚蠢与虚荣；悲剧

一、引言

席勒（1759—1805），这个公认为可与歌德齐名的伟大作家，在其仅仅46年的生命历程中，写就了众多流传后世的著作。席勒不仅是德国“狂飙突进运动”的代表人之一，也同歌德一起开创了德国的古典文学。《阴谋与爱情》便是年轻的席勒在“狂飙突进运动”时期创作的一部悲剧，这一悲剧创作于《强盗》之后，是席勒“狂飙突进运动”时期作品的高峰。

在这部以爱情为主线、阴谋为辅的著作中，费迪南和露易丝[①]这一对在阴谋之下的殉难者是著作中非常突出的角色，而其他角色虽然为配角，但都个性鲜明、特点突出，使得席勒的这部《阴谋与爱情》无

① 由于各个翻译版本的不同，为保持一致性，本文所用角色名均使用张玉书编译的《席勒文集》中《阴谋与爱情》一文的角色名。

论在当时还是在后世，都受到了极大欢迎。

二、历史背景

任何文学作品的创作都受其社会、历史以及作者自身的影响。18世纪的德国，小邦林立，各自为政，一盘散沙，经济落后，而且人民饱受各封建统治者的残酷剥削。席勒不满统治者的暴行，愤而写出《强盗》，而后被欧根公爵迫害，逃亡途中创作出了这部《阴谋与爱情》。

当时的市民阶级是新兴阶级，十分具有代表性。而剧中露易丝一家正是来自市民阶级，而宰相则象征着封建统治阶级。剥削与被剥削阶级在矛盾达到顶峰时，必定会发生冲突，而这种冲突的最终结果只能是：发展不成熟且自身软弱、狭隘的市民阶级在强大的封建统治阶级面前付出血和生命的代价。

这部作品被恩格斯称为“德国第一部有政治倾向的戏剧”。这部戏剧比之《强盗》在创作手法上更加成熟，而且它还是真正意义上的一部市民悲剧，席勒在其开篇便直接点出“阴谋与爱情——一部市民悲剧”，同时叶隽在其文学研究作品《史诗气象与自由彷徨——席勒戏剧的思想史意义》中详细写道：“因为，同样是青年时期的作品，在《阴谋与爱情》中，席勒明显地将目光投向了市民社会，即平常人的生活情境。这表现在以下几个方面，一是选择爱情为主题；二是将露伊斯一家作为重要论述对象；三是其背后的关注是市民生活与政治运作的结合点。”

三、米勒太太角色分析

（一）愚蠢和虚荣

莱辛曾在其著作《汉堡剧评》中写道：“悲剧不是编成对话的历史；对于悲剧来说，历史无非是姓名汇编，而我们则习惯于把某些性格同它们联系起来。”米勒太太在《阴谋与爱情》中是着墨最少的配角，她愚蠢又虚荣，乐见少校与露易丝的私下来往，希望女儿能够嫁给少校，成为贵妇，然后跻身上流社会，但却愚蠢地四处宣扬，使得乌尔姆为了得到露易丝，逼走费迪南，想出毒计，最终让露易丝和费迪南双双死去。因而，米勒太太是阴谋的间接推手，不仅使自己陷入悲剧结局，也在一定程度上促使了两个青年的死亡。

米勒太太在第一幕第一场直接出现，作者仅仅通过她同乐师米勒的对话，便让人发现米勒太太这个角色是个头脑简单又虚荣的人。“别乱来，米勒，就那些礼物，我们能换来好多钱那啊……”

这句话则直接将她的愚蠢呈现了出来。依照当时的社会现状，其时对未婚女性有诸多要求，如果在未婚前同男子私下来往，对其声誉定会有所影响。作为露易丝的母亲，她不但没有劝阻费迪南不要和露易丝来往，反而欢迎他的到来，而且不考虑事情的严重性，四处宣扬，待米勒发现后，却只想到这些礼物能换来钱。这样愚蠢的一个女人形象，直接跃然纸上，无怪乎她能让米勒大发雷霆，骂她是“老鸨”。

在第二场乌尔姆来拜访米勒时，她的一连串“精彩言论”，让她的愚蠢和虚荣更加明显。“……封·瓦尔特少校大人看得起我们来这儿，使我们越来越光彩，可我们不会因此便看轻别人哪！”“就这么一个孩子，她能过上好日子，总不能从中作梗啊。（傻乎乎地自鸣得意）您明白我的意思了吧，文史先生？”、“……因为仁慈的上帝就是要使我的女儿成为高贵的夫人——”“……我的女儿生来高贵……”这些句子直白又浅显。如果在第一场只是程度较轻地点出米勒太太是个头脑简单、贪恋钱财的人的话，那在第二场则用这些句子以及“附庸风雅”、“一副蠢相”等词语直接点出米勒太太是个愚蠢又虚荣的女性角色，同时也为后文乌尔姆的阴谋埋下了伏笔。

从第一场到第二场，人物形象渐次丰满，米勒太太也是市民阶级的一员，作者在她身上将市民阶级的某些弱点以及人的劣根性集于一身，仅仅两场便塑造了一个非常形象的人物。

（二）悲剧结局

莱辛指出，“我们不应该在剧院里学习这个人或者那个人做了些什么，而是应该学习具有某种性格的人，在某种特定的环境中做些什么”，同时他还指出“悲剧的目的远比历史的目的更具有哲理性”。因而米勒太太遇事慌乱、全无对策，面对强大的对手，她手足无措，能做的只是大哭大叫，乞求对手的怜悯，毫无斗争的勇气，而且她对丈夫的勇敢也并不支持，其实勇敢才是面对宰相应有的对策。在第二幕第六场，宰相来到米勒家，侮辱米勒一家，她在一旁只顾大哭大叫："救命啊，上帝呀！救世主哇！……雷暴就要在我们头上劈下来了——""天啊！老头子呀！你可要害死你的女儿和孩子了！""（跪倒在宰相面前）"在她的眼中，宰相这样强大又高高在上的掌权阶级，是根本无法抗争的。这样全无抗争理念的角色在面临权力阶级的高压之下，最终只能得到悲剧的结局，而这一结局有一部分是因为她自身的原因。

米勒太太这一角色的悲剧特点主要呈现在两个方面：

首先，她被宰相直接抓进了感化院。虽然文中并没有提到她的结局如何，但可以想象，感化院是对那些品行不良、犯错的女人进行教化的地方，在当时的社会情况下，进入感化院便意味着被刻上了罪孽、败德等等烙印，一旦进去，会受到何种对待不言而喻。

另外，这样一个在席勒笔下受到批判的角色，虽然个性愚蠢又虚荣，但她对于露易丝的爱却是不应受到批评的。她对自己的女儿慈爱，而且她同米勒只有一个女儿，因而其最悲惨之处在于她失去了自己的女儿。而女儿的死去，正是米勒太太间接造成的。

这样的悲剧结局正是这出市民戏剧所必须的。市民阶级自身的无力、不足以及阶级内部的分裂，使得原本就弱小的市民阶级根本无法对抗封建阶级，其命运便是早已决定了的悲剧结局。

（三）米勒太太的性格作用

无论主配角色，都在整个戏剧中起着不可忽视的作用。席勒的戏剧创作很大程度上也受到了启蒙运动的影响，尤其是受到德国的剧作家莱辛，即启蒙运动的代表人物的现实主义戏剧理论的影响。古容林曾在《狄德罗与莱辛：现实主义戏剧理论的先驱》一文中对莱辛所持的与戏剧相关的性格理论进行了详细阐述："莱辛通过真实人物的性格理论建构了现实主义戏剧理论的另一重要范畴。与狄德罗的侧重社会情境不同，莱辛首先确立了性格的神圣地位，'一切与性格无关的东西，作家都可以置之不顾。对于作家来说，只有性格是神圣的，加强性格，鲜明地表现性格，是作家在表现人物特征的过程做当着力之处……'"席勒批判地刻画米勒太太这个角色，便取材于现实。而米勒太太真实鲜明的性格特色，可以算作《阴谋与爱情》这部戏剧的一大亮点。

米勒太太这一角色的性格对剧中其他角色以及整个剧情的发展都起了一定的作用：

首先，米勒太太的虚荣和愚蠢衬托了主角露易丝的纯洁、天真、不世俗，同时米勒太太遇事的慌乱、手足无措、懦弱又衬托了乐师米勒在一定程度上的勇敢和意志坚定。不同角色、不同的性格的对比才使得戏剧更加生动。她的性格主要反应了这个市民阶级家庭里不同家庭成员所具有的不同性格，正是由于米勒太太有缺陷的性格，才让其他角色变得更加丰满。

其次，米勒太太这个角色性格是必定的。假若米勒太太和乐师米勒的性格一样，那么费迪南和露易丝便不会见面，也不会有后面的剧情发展。因而米勒太太的这种带有很大缺陷的性格，才对剧情的发展有所帮助，才能为悲剧的产生埋下伏笔，让剧情十分流畅自然，同时还能让读者产生共鸣。这也是这部世界名著的魅力所在。

四、结语

这部悲剧的所有角色均以悲剧结局，虽然总体来看，米勒太太是这部剧中出场最少的配角，但她在剧中的地位是决不可撼动的。同时，对这一角色的了解，有助于更好地感受这部悲剧的精华，感受作者的用心，感受其历史背景下各个人物的悲欢离合。

参考文献：

[1]席勒. 席勒文集[M]. 张玉书，章鹏高等，译. 人民出版社，2005.9: 410，411-414，464-466.

[2]叶隽. 史诗气象与自由彷徨——席勒戏剧的思想史意义. 同济大学出版社，2007: 195-196，208.

[3]莱辛. 汉堡剧评[M]. 张黎，译. 上海译文出版社，2002: 100，125-126.

[4]古容林. 狄德罗与莱辛：现实主义戏剧理论的先驱[J]. 戏剧，2006，(2)：19.

由《野性的呼唤》论“返祖现象”

2012 级　外国哲学　姬艳婷

摘　要：以“物竞天择，适者生存”为核心的达尔文主义是《野性的呼唤》中的一个重要主题。达尔文主义中的“返祖现象”最能恰当地体现巴克的成长经历。另外，“返祖”的法则在人类社会中也是普遍存在的。只有恢复原始祖先的狼性气质，人类才可以在这个竞争激烈的世界中得以生存。

关键词：适者生存；达尔文主义；返祖现象

一、达尔文主义对于杰克·伦敦的影响

19 世纪，达尔文主义日渐兴起。“返祖现象”、“丛林法则”、“适者生存”等概念开始广为流传。自然主义者意识到，人类的本质并非是由上帝创造的，而是在社会发展演化过程中逐渐形成的。他们开始把重点转向在面对环境和遗传的巨大力量时，人类的渺小与无助。

这一时期自然主义的作品大都展示了一个痛苦的世界，面对自然的强大，人类为了生存与自然作着艰苦的斗争，整个画片充满着暗淡灰暗的悲壮色彩。虽然人的力量难以抗拒自然法则，但是，人类在与自然斗争过程中所展示出的精神力量却是值得崇敬的。即使面对死亡，人类也充满着刚毅顽强的奋斗精神。

在《野性的呼唤》中，杰克·伦敦受查尔斯·达尔文的影响，相信遗传与环境的强大力量。小说中，巴克的成长历程正是达尔文生存法则的完美体现。许多评论家给予《野性的呼唤》以高度评价，因为这部著作通过生动展示荒野世界中的丛林法则影射了 19 世纪美国的

社会现实，并深刻体现了社会达尔文主义的内涵。

二、返祖现象

“博物学家们时常说，当我们家养变种返回野生状态后，必定渐渐重现其祖先的性状。”达尔文主义中一个重要概念是有关遗传所起的巨大作用。遗传因素是推动进化的一个重要力量。达尔文认为，“由于生存斗争的存在，不论多么微小的，或由什么原因引起的变异，只要对一个物种的个体有利，这一变异就能使这些个体，在与其他生物斗争和与自然环境斗争的复杂关系中保存下去，而且这些变异一般都能遗传。由于任何物种定期产生的众多个体中，只有少数能够存活下去，那些遗传了有利变异的后代，就会有较多的生存机会。”

在小说中，这种遗传力量以“返祖现象”为特征，即巴克身上所表现出的其原始祖先所具有的特性。开始，巴克是一只生活在文明社会的高大强壮的狗，住在加利福尼亚的桑塔·克拉拉山谷中米勒先生的大房子里。在自己的地盘上，巴克是当之无愧的主人，并且深受米勒一家的喜爱。这种温暖祥和的环境掩埋了巴克的原始本性，把巴克变成了一只娇养的宠物。在这个世界中，没有血腥的争斗，没有生存的抗争，有的只是安逸自足的生活。

但不幸的是，在被骗到寒冷的荒野北方之后，巴克的幸福生活就永远离它而去了。平静安逸的生活就此结束，文明社会中的巴克开始面对一个巨大的挑战：荒野社会中的生存法则与文明社会中是截然不同的；在荒野社会，最重要的事情就是生存，唯一的道德原则就是杀或被杀，解决矛盾的唯一方式是血腥斗争而非理性调节。

如达尔文所说，“一种植物或动物，如果到了一个新的地方，进入新的竞争行列，即便气候不变，其生活条件也已经起了根本的变化。如果要使一种植物的平均数量在新的地方有所增加，就得用新的方法来改进它，而不能用在它原产地使用过的方法，必须设法使这一植物有优势条件，使它能对付一系列新竞争者和敌害”。

对于巴克来说，这样一种优势就是其原始祖先本能的回归。在荒野北方的生存斗争中，巴克开始逐渐恢复了其原始野性。从某种意义上来说，“野性的呼唤”恰恰就意味着“原始本性的呼唤”。对于巴克，这种呼唤是如此强烈的一种力量，以致使巴克心里充满了强烈的不安与渴望。

在北方荒野恶劣的生存环境中，巴克文明社会的气质开始逐渐消失，转而开始显露出埋藏已久的兽性本质。在生存竞争的压力下，其原始祖先的特性在巴克身上开始回归。这种回归最初体现在巴克对原始社会生活的想象：夜深人静，当巴克躺在篝火旁休息的时候，它总能看到穿着兽皮的人类，警觉地注视着周围的黑暗；而巴克自己则化身为一只原始的野兽，在莽莽森林中奔跑，追逐着猎物。所有这些想象都使巴克越来越接近原始祖先的特质，恢复了祖先的生活方式，成为一只真正的野兽。而用一个词来形容发生在巴克身上的变化的话，就是“返祖现象”。正是“返祖现象”使得巴克得以在荒野中生存下来。巴克从一只文明、有道德的宠物转变成了一只残忍、嗜血的狼，而这正是完成了其最高的生命使命。

如杰克·伦敦所说，原始本性在文明社会中并没有消失，而是被隐藏在了文明之下。如果把一个文明的生物置于荒野之中，如若生存，它一定也会像巴克一样，回复到原始祖先所具有的本性，以适应变化了的环境。而在一定的环境下，人类自身也会回归原始祖先的生活方式。

三、人类社会的返祖现象

由于对人类文明发展所带来的诸多隐患的不满，以及对于原始自然生机与活力的憧憬，如今，越来越多的生态学家开始提倡人类对于自然的回归。他们把“回归自然”称作“返祖现象”，即一种与现代文明机制相分离的生活方式。他们致力于描绘一种原始生活的图景，并极力颂扬回归一种原始质朴的生活。

从更深层面来讲，“返祖现象”的真正意义在于对于人类文明发展的反思。对于一个国家，“返祖”意味着对于民族根源的回归，或者说，是对于民族精神的探寻。

按照达尔文的理论，人类的本源是原始野兽。正是原始人类身上的动物本性，才使其在恶劣的自然环境下得以生存。然而，文明社会中的诸多圣贤却视人类的狂野本性为文明社会的洪水猛兽，并认为如果一个国家的人民具有兽性本质，那么这个国家终会灭亡。在此谆谆教导之下，现代社会中的人们开始把“文明”作为压制动物本性的利器。

在一定的历史时期，我们的国家恰恰就走了这样一条农耕文明的道路。怀着睦邻友好、天下太平的美好愿望，华夏祖先摒弃了民族精神中的狼性气质，叛逆、进取、抗争等精神被无情压制，在数千年的文明演化过程中，服从变成了民族的精神。

恰恰相反，西方社会则选择了一条半野蛮化的道路，他们与恶劣的生存环境做着顽强的斗争，不断发明出新的工具、武器以征服自然、征战领土，浑身散发着桀骜的野性气质，他们善于思考不断创新，昂扬的斗志是他们源源不断的精神动力。

四、结语

《野性的呼唤》中巴克的成长经历深刻阐释了达尔文主义中的“返祖现象”。巴克通过自己的抗争恢复了原始祖先的本能，在竞争激烈的荒野世界得以生存且最终赢得了自己的王国。查尔斯·达尔文提出用进化论的观点来解释地球上生命的发展过程，并认为因为资源匮乏，自然界充满了激烈的竞争。达尔文主义是正确理解《野性的呼唤》的关键。另一方面，人类社会中的激烈竞争也推动了人类社会的进化，“适者生存”的法则在人类世界中也是普遍存在的。无论动物还是人类都需要从生理、道德等层面不断完善自己以适应这个激烈竞争的世界，因为，只有适者，才能生存。

参考文献：

[1]Charles Darwin. *The Origin of Species*. 物种起源[M]. 舒德干，译. 陕西：陕西人民出版社，2006.

[2]梅朝荣. 进化论——弱肉强食的故事[M]. 武汉：武汉大学出版社，2007.

浅析阿尔莫多瓦电影中女性的抗争

2011 级　西班牙语语言文学　田玉静

摘　要：作为一名伟大的西班牙导演，佩德罗·阿尔莫多瓦一直很关注女性命运。本论文尝试对阿尔莫多瓦电影中的女性形象进行分析。通过分析其电影中的女性世界以及塑造出的西班牙女性形象，我们会发现他将电影中塑造的女性和西班牙当代女性的生活状况有机结合在一起，由此我们看出其电影对西班牙妇女运动的积极影响。

关键词：佩德罗·阿尔莫多瓦；女性；电影；妇女运动

一、引言

迄今为止，佩德罗·阿尔莫多瓦已经为我们带来了 19 部电影作品[①]，并在世界范围内享有盛誉。女性是阿尔莫多瓦电影创作的基础，几乎所有他的电影都是以女性作为中心人物，男性却被放在次要位置。他所塑造的这些女性，虽然经历过很多磨难，但是仍旧坚强、独立，与不公平命运做着不懈的抗争。

他的女性电影[②]中，以对欲望、情感的追求和女性的母性为主题，解构了女性在男权社会中的刻板形象，展现了女性自我认识的过程和对自己命运的把握，为我们重构了一种新的女性形象。在阿尔莫多瓦

---

① 阿尔莫多瓦电影作品：《贝比、卢西、鲍姆及其他女孩》、《激情迷宫》、《黑暗的习惯》、《为什么我命该如此》、《斗牛士》、《欲望法则》、《神经濒临崩溃的女人》、《捆着我，绑着我》、《情迷高跟鞋》、《基卡》、《我的神秘之花》、《鲜活的肉体》、《关于我母亲的一切》、《对她说》、《不良教育》、《回归》、《破碎的拥抱》、《吾栖之肤》、《空乘情人》。

② 阿尔莫多瓦主要的女性电影：《贝比、卢西、鲍姆及其他女孩》、《黑暗的习惯》、《为什么我命该如此》、《神经濒临崩溃的女人》、《捆着我，绑着我》、《情迷高跟鞋》、《基卡》、《我的神秘之花》、《关于我母亲的一切》、《回归》。

的电影世界中，女性比男性更能承受生活的艰辛，她们都感受到了生活的压力并且努力去改变这种局面，这种与命运抗争和自身转变的过程也是女性解放的过程。

二、阿尔莫多瓦电影中的女性抗争

在阿尔莫多瓦的电影世界中，女性形象表现出了高度的一致性。这些女性总是处于极度不幸的环境中，她们为了摆脱周围环境的压迫而不断抗争，不断牺牲自己。

（一）女性的困境

在《捆着我，绑着我》这部电影中，主人公玛丽娜是一位色情女演员。瑞奇想要与玛丽娜结婚，但是遭到她的拒绝。于是瑞奇就将玛丽娜绑架起来，让对方在这段被囚禁的日子里对他发生真正的感情，并要像“他爱她一样爱他”。除了瑞奇，导演马克斯也总是对她抱有非分之想。由此我们可以看出，玛丽娜大部分时间都是被男人操纵着，她深受男性世界的压迫，生活在一种被动和消极的环境中。

女性所遭受的这种男性压迫同样也表现在阿尔莫多瓦其他电影作品中。在电影《贝比、卢西、鲍姆及其他女孩》的开场，我们就看到一名警察粗暴地侮辱了贝比；《为什么我命该如此》中的格洛莉亚既要操持繁重的家务，又要面对吝啬且脾气暴躁的丈夫；《神经濒临崩溃的女人》中的女演员佩帕在与情人伊万同居了几个月后被无情地抛弃，她深陷痛苦之中难以自拔；《情迷高跟鞋》中的蕾贝嘉的丈夫一直在欺骗她的感情，并计划与他的旧情人复合……虽然这些女性的痛苦来自不同的方面，但是她们都生活在压迫和绝望的社会环境中。

（二）女性的抗争

面对这一困境，这些女性并没有丧失生活的信心，相反，她们勇敢地同这种压迫做着不懈的抗争。一个很明显的例子就是《为什么我命该如此》中的格洛莉亚。脾气火爆的丈夫安东里奥狠狠地打了她，她最终无法抑制自己的愤怒，杀死了丈夫。格洛莉亚作为家庭主妇，她为家里奔劳，却得不到家里人的理解。丈夫死在厨房，充满了怨恨的意味，是家庭里面的女人对男人的反抗。

这种对不幸命运的反抗也同样表现在其他女性身上。在遭到警察的强暴后，贝比通过多种方式对警察实行报复；佩帕不再对伊万抱有希望，她开始自己的新生活；蕾贝嘉再也无法忍受丈夫的不忠，用手枪结束了他的生命……通过这些抗争，我们看到男性虽然是女性生活中很重要的一部分，但更是造成女性所有不幸的根源。这反映出西班牙当代家庭中普遍存在的男权压制，女性只是作为男性和家庭的附属品而存在，更传达出整个西班牙社会对女性身份的压迫，她们被搁置于社会生活的隐蔽角落，没有真正的自由和平等。但是女性对这种无休止的压迫的忍耐是有限度的，当她们被剥削的一无所有时，唯一能做的就是发出自己的女性呼声，从男权世界中走出来，塑造女性权威。她们的顽强抗争已经深深铭刻在西班牙历史上，从1978年开始，西班牙便陆续掀起了声势浩大的“妇女运动”，阿尔莫多瓦也积极参与到这一女性解放浪潮中，先后推出多部反映女性命运的电影，成为西班牙女权运动的代表人物。

（三）对女性抗争的思考

这些女性在实现自我解放的同时，都有一个思想转变的过程。很多时候，她们无法实现自己原有的目标或计划，但是从来没有停止过对新生活的追求。在《为什么我命该如此》中，格洛莉亚杀死丈夫后，看着空荡荡的房子，她想要纵身从阳台一跃，此时她的小儿子出现在楼下，让她重拾生活的信心。《神经濒临崩溃的女人》中的佩帕在被无情抛弃后，想尽各种办法挽回她与伊万的爱情。在经过一系列疯狂举动后，到最后她已经释然了，因为她明白，女人还是要自立，不要为男人失去一切。

我们进一步剖析这一转变过程后，会发现影片中的男性形象一直是残缺的。电影中男性表现出的往往都是贪婪、欲望与不负责任，他们只会增加女性的艰难和痛苦。在阿尔莫多瓦的电影世界中，除了个别的男性外，人物主要都是女性，这涵盖了普通的女人、妓女、变性人、女同性恋者……她们之中虽然有些不被传统社会认可，游离于正常人群之外，但是她们却自然地组成了一个紧密团结、相互帮助的女性群体，这是对男性的讽刺，对社会不公的反抗。阿莫多瓦的电影表现出他对弱势群体的关怀，对女性、同性恋、易装癖等这些社会边缘人群的理解，痛斥阳性的社会对阴性社会的压迫。他的电影是对女性坚强的赞赏，是对男性权威的挑战。

电影是生活的一面镜子，是对真实社会的艺术再现。阿尔莫多瓦电影中塑造的女性形象让我们进一步了解到西班牙当代女性生活的种种不幸，他们受制于男性社会，缺乏自由和权利。他的电影再现了这种男性压迫和女性抗争，唤起了民众对女性问题的反思和重视，得到广大西班牙女性和女权主义者的认可。他高举女性主义大旗，呼吁社会尊重女性，重视女性，在整个西班牙社会引起强烈反响，把妇女解放事业提升到一个新的高度，有力地推动了西班牙妇女运动的发展。

三、结语

阿尔莫多瓦非常关心女性的生活，他欣赏这些女性甚至是崇拜她们。他的作品讽刺和批评了男权文化对女性的压制，反映了女性的生活经历和情感变化，同时探究了西班牙当代社会的一些敏感话题。阿尔莫多瓦深入探索女性的本质，为我们再现了西班牙女性的现实世界，同时为人们了解西班牙社会提供了新视角。也正是由于这个原因，阿尔莫多瓦成为了西班牙“妇女运动”的代表人物。在一定程度上，他的电影推动了西班牙社会的变革，并且帮助我们这些外国人去更好地了解西班牙社会和西班牙文化。

参考文献：

[1]（法）保罗·奥巴迪亚. 佩德罗·阿尔莫多瓦（颠覆传统的人）[M]. 杨伟波，顾晓燕，译. 江苏教育出版社，2006.

[2]陈婷. 佩德罗·阿尔莫多瓦电影论略[D]. 南京师范大学，2007.

[3]傅郁辰. 佩德罗阿尔莫多瓦谈自己的创作[J]. 电影文学，2005.

[4]（法）弗雷德里克·斯特劳斯. 欲望电影（阿尔莫多瓦谈电影）[M]. 傅郁辰，谢强，译. 人民文学出版社，2007.

[5]吉·卡·因方特. 关于阿尔莫多瓦的一切[J]. 傅郁辰，译. 世界电影，2001（0307）：110-112.

从《会饮》看柏拉图的爱情观

2012 级　外国哲学　魏欣荣

摘　要：《会饮》是柏拉图集中表述其爱情观的最重要的对话作品之一。本文通过考察《会饮》中对爱若斯的颂词，诠释了柏拉图的爱情观，指出，它并非现代人所理解的男女之间的“精神恋爱”，而是立足于男性之间，对理性、节制和终极的美与善的追求。

关键词：爱情观；爱若斯；柏拉图

一、《会饮》和柏拉图式的爱情

作为柏拉图最重要的对话作品之一，《会饮》以其精妙的谋篇、隽永的文体、思辨的哲理和深远的意蕴吸引了广大读者的眼球，成为柏拉图最脍炙人口的哲学著作。柏拉图在《会饮》中主要通过一个路人的道听途说开篇，由阿波罗·多洛斯转述了会饮发生的缘由、场景和经过，整篇文章以戏剧的形式分别呈现了参加会饮的宾客对爱神的称颂。因此，《会饮》也被看作是集中表现柏拉图爱情观的著作。

早在文艺复兴时期，就有学者巴尔德沙尔·卡斯诺提出柏拉图式爱情，指一种异性间的精神恋爱，追求心灵沟通，排斥肉欲。他认为当心灵摒绝肉体而向往着真理的时候，这时的思想才是最好的。而当灵魂被肉体的罪恶所感染时，人们追求真理的愿望就不会得到满足。当人类没有对肉欲的强烈需求时，心境是平和的，肉欲是人性中的兽性的表现，是每个生物体的本性，人之所以是所谓的高等动物，是因为在人的本性中，人性高于兽性，精神交流才是美好的、道德的。而现在，在许多人看来，柏拉图式爱情主要有以下几个方面的意义：①

理想式的爱情观（比喻极为浪漫或根本无法实现的爱情观）；②纯精神的而非肉体的爱情；③男女平等的爱情观；④在这世上有且仅有一个人，对你而言，他（她）是完美的，而且仅对你而言是完美的。

然而现代人所理解的柏拉图式爱情真的与柏拉图的本意相符吗？柏拉图本意的爱情观又是什么？要回答这些问题，我们必须回到《会饮》中来寻找答案。

二、《会饮》中对爱若斯的诠释

《会饮》是一部哲学著作，同时也是一部故事生动、情节丰满、通俗易懂的戏剧。柏拉图在《会饮》中通过展现参加会饮的宾客各自对爱神，也即爱若斯的理解，诠释了身体、欲望、理性和美德、知识之间的关系，从而谈及人性，为人类怎样才能拥有幸福和高尚的生活指明了方向。

（一）古希腊神话中的爱情观

谈及古希腊，最不能避而不谈的就是神话。在《会饮》中，爱若斯也叫爱神，是美好事物的起因。爱若斯会激发其有情人身上最美好的品质，唤起有情人对美好事物的热情与追求，让人摆脱那种不完美的孤独感，最终臻于一种完整性。因此，在古希腊神话中，爱情是人类最美好的事物之一，而这与家世、名望、财富均无关系。例如，费德若在颂词中提到了阿尔戈斯蒂作为妻子宁愿代替丈夫去死，而众神感动于她对爱情的忠贞，让她死后还魂；阿里斯托芬则通过追溯神话中有关人类最初的起源，也就是被切开的一半不顾一切找寻另一半的那种对完整性的渴望。而阿里斯托芬的这个颂词也成为《会饮》最知名的故事之一。

（二）古希腊理性的爱情观

古希腊人赞颂那种“属天”的爱，即对美好品德和智慧的探求。在《会饮》中，爱神分为两种，一种是“属天的爱若斯”，一种是“属民的爱若斯”。“属民”的爱若斯十分普泛，随缘芸芸而生，一般人沉湎的就是这种爱神，他们爱的更多的是身体而非灵魂，完全不管爱得美还是不美。而“属天”的情爱完全不同，它只属于少男对比较强壮、更有理智的男性的仰慕，注重对智慧和美德的追求，是理智之爱。并且一旦我们获得了那种“属天”的爱，我们便能协调身体中相互交恶的成分，同时让属民的爱欲变得有节制。

古希腊人也强调敬神，尤其要敬爱神。我们每个人都是孤独的，却又害怕孤独，而人类要想获得幸福，唯有让情爱达至圆满才行，人人得到自己真正心仪的人，由此回归自己原本的自然。唯有敬神，尤其是敬爱神，才能让我们找到合自己意的情伴，治愈我们，使我们变得快乐，享福不尽。

古希腊人还强调爱若斯应具备四种美德。首先，爱神拥有正义，他既不伤害神或人，也不受神或人伤害；其次，爱神还充满明智，爱欲是快感的主人，而爱神又统治快感和情欲，爱神肯定就是特别明智的；再次，爱神还拥有勇气，爱神俘获了阿瑞斯，而阿瑞斯是天下无敌的勇者，因此爱神当然是勇敢的；最后，爱神还拥有智慧，爱神是一位充满智慧的诗人，一个人即使以前对缪斯一窍不通，一经爱神碰触，马上就成为诗人。这样的诗句正是拜爱神所赐：

人间充满和平，大海平静如镜。

风暴已经沉默，忧伤也已酣睡。

（三）《会饮》中苏格拉底的爱情观

我们知道，柏拉图的作品中常常以苏格拉底和几个人的对话形式体现，苏格拉底往往又是对话的主角，在中后期对话中往往代表柏拉图本人的思想。在《会饮》中，苏格拉底亦被柏拉图安排在最后发言，对爱若斯进行一个总结性的陈词。他并没有直接对爱神进行赞颂，而是转述了第俄提玛关于爱若斯的看法。首先，爱若斯并非既丑又坏，而是介乎美与丑、善与恶、拥有知识和无知、神与人之间的一种精灵，是丰富与贫乏的统一体；是对美和善的欲求，爱不仅想自己拥有好的东西，而且想自己永远拥有好的东西，于是就希望通过繁衍来获得不朽。在这里，不朽有三个层次：肉体的生育、对荣誉的追求和对不朽的渴望。而爱有两个对立的方面：一个是肉体的繁衍，即肉体之间相互吸引，繁衍子嗣；另一个就是心灵之爱，通过心灵来追求美德和智慧，即美本身。这里阐述的是一种终极的、完善的美，即柏拉图理念论中关于美的理念。这种美在现实事物中以不同的形式呈现出来，而人们正是通过这种对现实的美的事物的热爱及智慧的追求最终一步一步踏上追寻爱的阶梯，走向这种终极的美和善。

三、柏拉图爱情观之真谛

让我们来总结柏拉图的爱情观。在柏拉图看来，爱是有层次的，爱不是以美的东西为目的的，而是在于从美的东西里生育繁衍，以达到永恒与不朽，这是凡人的爱，也是肉体之爱，强调的是美的有血有肉的形体；而精神之爱是建立在灵魂之上对美德和智慧的热爱，这是诗人、立法者、哲学家等一切创造者的爱，是与灵魂有关的，而达到后者也需要从美的形体的爱能一步一步上升，达到对美本身的爱。由此可见，在柏拉图看来，他并不是坚决排斥肉体之爱，而是强调一个逐步发展的过程，而且爱本身就是一种居间的所在，最理想的爱情就是哲学家对于知识、真理和美德的热爱和追求。因此，所谓现代人理解的关于柏拉图式恋爱的“理想式的爱情观和纯精神的而非肉体的爱情”是有偏差的。而且，从《会饮》中，我们也可以看出柏拉图所倡导的灵魂之爱更加侧重于两个男性之间的爱慕，而非所有人类。因此，关于柏拉图爱情性别平等这一说法也是不实的。

参考文献：

[1]保罗·埃尔默·摩尔. 柏拉图十讲[M]. 中国言实出版社，2003.

[2]柏拉图. 会饮[M]. 刘小枫，译. 北京华夏出版社，2003:68，81.

[3]柏拉图. 柏拉图全集[M]. 王晓朝，译. 北京人民出版社，2003.

[4]简明不列颠百科全书[Z]. 北京中国大百科全书出版社，1986.

[5]Frisbee C. C. Sheffield(ed.)(2008). Plato: The Symposium. Cambridhe University Press.

从《陌生的女人们》看申京淑的女性主义伦理观

2011 级 亚非语言文学 解文君

摘 要：申京淑作为韩国第二代女作家的代表，其作品总是给人以极其真实极其细腻却又不失虚化的气质。小说集《陌生的女人们》作为申京淑八年磨一剑的作品，更是体现了这一特点。特别是文中出现的各色女性形象，更是各具特色。本文试图以女性主义伦理学的重要理论——关怀理论切入文本，通过对文中女性形象的归类分析，由此分析申京淑的女性主义伦理观及其意义。

关键词：女性主义伦理学；关怀理论；关系；母性

申京淑，韩国当代小说家。其作品细腻真实，特别是其中各种各样的女性形象，更是让读者身临其境，有很强的代入感。2011 年出版的小说集《陌生的女人们》更是其经典之作。小说集收录的 7 篇小说中共包括 13 个女性人物形象，各具特色，可以说是申京淑的女性主义伦理观的代言人。本文将参照女性主义理论特别是以卡罗尔·吉利根为代表的关怀伦理学，通过对文章中各色女性形象的分析，特别是女性人物与他者的关系的分析，梳理申京淑小说中女性任务的道德发展历程，由此透析申京淑不同于其他女性作家的特有的女性主义伦理观。

一、关怀理论的三种道德视角

女性主义关怀伦理学是出现于 20 世纪 70 年代的一种新的伦理观念，以卡罗尔·吉利根为代表的关怀伦理学是其重要理论。吉利根认为人类社会一直存在着两种不同取向的伦理道德观，即男性代表的公正取向的伦理道德观和女性代表的关怀取向的伦理道德观。她在其著作《不同的声音——心理学理论与妇女发展》一书中探讨了女性的道德发展。以女性体验为基础建立起关怀伦理学，使人们能听见女性对自我关系的描述。通过对女性关怀伦理发展阶段的描述，揭示了不同于传统的关怀路线[①]。

女性的道德发展可分为三个阶段，首先是过分关注自我的阶段，此时他们关心的唯一目标是自我，这是一个被围困的无权利的和失望的自我，与他人建立联系和社会生活的愿望促使女性过渡到过分关注他人的第二阶段。此时的女性保守而有教养，把善同自我牺牲联系起来，试图使自己的愿望服从他人，在极端形势下甚至把自己的愿望也视为自私的。在女性被压抑的自我没有成为一个破坏性的自我之前，女性进入了对自我与他人关系恰当地关注的第三阶段。此时她们从以自我牺牲取悦他人的传统中解放出来，承认自己的需要是任何关系中的一部分，吉利根把这说成是由善到真的过渡。

二、以自我为中心的自私的女性形象

小说《他现在在草丛中》中的“他”的母亲就是吉利根三段道德发展理论中第一阶段的代表人物。母亲在很年轻的时候就失去了丈夫，为了养活他和妹妹两兄妹，不得不当出租车司机，每天很辛苦地赚钱养家。母亲将自己一生的痛苦遭遇都归罪于儿女，因此在儿女长大、自己年老以后，变本加厉地向儿女索取。在母亲退休不做出租车司机以后，就变成了只知道吃好饭、穿好衣的人；选儿媳妇也是亲自挑选的低眉顺眼型的儿媳；每天都向儿媳妇讲述年轻时痛苦的经历，一不如意就向儿子儿媳发作；自己生日两个月以前就提醒所有人为自己准备礼物；连临终时，直到实在不能说话才停止对医生的谩骂等。这些表现无不表现出现出自我保存倾向，为了确保自身而过分地关注自我。这是一种现实的、甚至涉及到生存的关心，显然与母亲年轻时所遭遇

① 卡罗尔·吉利根. 不同的声音——心理学理论与妇女发展. 肖巍，译. 中央编译出版社，1999.

到的孤独和失望有关。因而这种危机感和生存意识使得母亲将自己的处境建构为生存与公正伦理的冲突。

苦难艰辛的生存体验使得母亲在面对一切选择的时候，首先关注的是自我的生存和发展，而对自我以外的所有个体，甚至于自己的儿女都一直持有怀疑态度。一直到临终前，仍然认为“我自己欠债养育这些孩子……（欠的债）等从孩子们身上讨回来才行，没有太多时间了”。因此，母亲的道德伦理意识更接近于公正伦理，而不是关怀伦理。她是通过公正伦理规范将内心被围困的自我作为判断是非的前提，并在这一道德名义下建立了自满和自尊。

三、与人为善的母性女性形象

在道德发展的第二阶段，女性强调培养自身的责任感，特别是对依存于自身，或者弱势于自身的他者存在采取了母性包容的道德伦理。这种母性关怀的态度并不只限于母亲与子女之间。人作为社会性质的存在不可能独立于他人之外，因此这种母性的关怀的指代范围可以扩展到所有人与人之间，甚至是生物之间的道德伦理。正如《隐藏着的眼睛》中的A，再婚后的A最大的梦想就是拥有一个漂亮的孩子和开一个汉堡店，但是这个小小的愿望在得知不孕的消息后被打破了，因此这种失望与绝望就被转移到了街道上被遗弃的小猫身上。A每次在电视上看到可怕的事件，总会在街上捡回一只被遗弃的小猫，以至于不大的家里被流浪猫所占领，而A的丈夫更是因为流浪猫不再归家。由此可以看出，A对于流浪猫的执念很深，并且A在对处于弱势地位的流浪猫关怀包容的同时，A也是现实世界中被遗弃、被排外的弱势的存在。A身为不孕患者，在这个现实的世界里处于弱者的位置，而这种认知使她对流浪猫的执念更深。

如果说前一个阶段是关注自我的视角的话，这一个阶段A就是把道德问题定义为实现关怀的义务问题，认为对别人的关怀以及需要的反应是道德责任的履行。

四、关注依存于他人的女性形象

第三个阶段实际上是道德发展的最终阶段，即达成自我与他人的相互依存关系，在履行对他人的关怀的责任感的同时，不忘主张自我独立的权利。这种道德伦理在《他现在在草丛中》中的“他”的妻子身上很好地体现出来。

“他”的妻子可以说是贤妻良母的代名词，对婆婆孝顺，对小姑照顾，对丈夫更是体贴入微。而对一家人都如此照顾的同时，妻子也试图实现自己对爱的渴望，即试图与丈夫对话。“对话”是形成人与人关系的最基本的要素，从这样的意义上讲，妻子试图与丈夫对话，实际上是试图通过对话实现丈夫与自己心灵上的理解，从而完成自己对爱的渴望。而事实上，丈夫对于妻子的这种请求一直采取的是回避、无视的态度，这也使得妻子的渴望一直被压抑，以至于妻子的身体开始自发的报复。表现就是妻子的左手不以妻子的意志活动，打了丈夫很多次。事实上，妻子的左手对“他”的暴力表现是对人与人之间关系的断绝，甚至家庭共同体破坏的告发，也是妻子对自己的关怀和保护。由此可以看出自我克制与牺牲的伤害力，在自我和他人的关系中，排斥自我与过分关注自我一样不道德①。

自我与道德是两个紧密联系的概念，个体构建道德领域的过程也就是思考“自我”的过程。通过以上所叙述的女性形象，申京淑的道德判断呈现出一个清晰的发展过程：自我保存倾向；自我牺牲的善；包括自己的关怀。从社会范畴上分析，申京淑基于对女性体现和利益的关注，通过小说中女性形象道德发展所勾勒出的关怀路线，为女性乃至人类道德发展的完善提供了新视角。

参考文献：

[1]何萍萍. 从《简爱》看夏洛蒂·勃朗特的女性主义伦理观［J］. 湖北武汉，“文学伦理学批评：文学研究方法新探讨”，2005，227-234.

① 何萍萍. 从《简爱》看夏洛蒂·勃朗特的女性主义伦理观.

[2]卡罗尔·吉利根．不同的声音——心理学理论与妇女发展［M］．肖巍，译．中央编译出版社，1999.

[3]刘慧姝．女性成长与关怀伦理学——论吉利根的女性心理学理论［J］．西北师大学报，2012.

[4]肖巍．女性主义关怀伦理学［M］．北京出版社，1999.

[5]신경숙. 모르는 여인들［M］. 문학동네，2011.

闺阁情绪与丈夫情怀

2012 级　中国古代文学　杨绿颖

摘　要：在男权中心的文学史中，李清照被赞“文采第一”，原因有二：一是她得天性之近，自谱心曲，“极是当行本色”；二是她在男权语境下进行了成功的女性言说。本文从这两点出发，将李词分为闺阁情绪与丈夫情怀两大类，并加以解读，以期加深对李清照的认识。

关键词：闺阁情绪；丈夫情怀；分类

一、概述

在男权中心的文学史中，女性作家常处于匿名状态。李清照的出现，是中国古代女性文学史上令人瞩目的事件。她得天性之近，以女性特有的细腻笔触，将特定历史时代的女性世界完整地展示出来，给文学增添了一抹亮色，堪称词苑一朵女儿花。

李清照在男性话语占主导的文学史中被接受，甚至被赞“若本朝妇人，当推文采第一”（王灼）。一方面是因为其词作“别是一家”“极是当行本色”[①]。她从女性视角出发，自觉地展现了女性的内心世界和自我意识，具有深微、幽隐的美感特质，切合“诗庄词媚”“要眇宜修”的普遍认识。另一方面是因为李清照在男权语境下进行了成功的女性言说。她将自己置于与男性文人等同的地位，其作品展现了社会的变化，反映了时代的情绪。李清照的词作中有女性固有的闺阁情绪，而在南宋颓败、家国将倾的时代大背景下，她又超越了性别角色的狭隘

① 王又华《古今词论》引沈去矜词论。

规定，展现出了一种丈夫情怀。基于此点认识，本文尝试以情感表达为主线，从文学创作、文学品格的角度对易安词进行解读和分类。

二、生活常态下李清照的自我剖析，女性世界的建构

以建炎南渡为界，李清照前期词作芳馨俊逸、自然爽朗，多写闺阁情绪，展现女儿情态无关脂粉钗环，尽写女儿情致却不妖媚做作。据词作的情感表达可大致分为四类：

（一）闺阁之思

李清照出身书香世家，自幼才思敏捷、博雅能文，文人气质在其身上表现得极为鲜明。

《漱玉词》中有多首借咏花抒写心曲之作。如《多丽·小楼寒》借白菊抒写高洁心志、端庄品格，《渔家傲·雪里已知春信至》以寒梅自喻一尘不染之气质，《鹧鸪天·暗淡轻黄体性柔》借咏桂花展现灵魂之美。沈祥龙有言："咏物之作，在借物以咏性情……斯寄托遥深，非沾沾焉咏一物矣。"清照借花自喻，抒写心曲，亦花亦人，形神宛肖，以女性特有的敏感细腻抒写了绵密的闺阁情思。

《如梦令·昨夜雨疏风骤》亦是一篇抒写情思之佳作。这首小令以含蓄的笔触将心中惆怅娓娓道来。暮春夜晚，"雨疏风骤"，这对百花来说定是一场灾难，作者情以物迁，不免借酒浇愁，此为第一种惆怅；翌日残酒未消，心念海棠，此为第二种惆怅；"卷帘人"不解作者心意，唯道"海棠依旧"，此为第三种惆怅。三种惆怅几经跌宕，愈转愈深，最后推出"应是绿肥红瘦"，曲折地表现出作者对百花的怜惜，对韶光易逝的感慨。全词写惆怅之情而不含悲苦之气，写惜春之情却不见哀愁之意，唯一缕怅然萦绕笔端，读之极淡，思之却极有情。此外，《浣溪沙·淡荡春光寒食天》《浣溪沙·小院闲窗春色深》等亦是抒写这种伤春悲秋的淡淡轻愁，词虽不着颜色，女儿情思却已现于笔端。

（二）闺阁之乐

少女时期的李清照颇具浪漫情怀。试看《点绛唇·蹴罢秋千》一词，作者以寥寥数语塑造了一个顽皮活泼、聪敏灵动的少女形象，文笔清新细腻，张弛有度。"和羞走"三字生动如画，绘尽小女儿情态，

末句“倚门回首，却把青梅嗅”可谓“曲尽情悰”（钱允治），少女情怀跃然纸上。李清照写闺中少女的游戏场景，意兴盎然，毫无狎邪之气。

又如《如梦令·常记溪亭日暮》。此小令系作者年轻时所作，写她经久不忘的一次溪亭畅游，描绘了一位豪爽潇洒的少女形象，亦可谓作者的自身写照。清照十八岁适赵明诚，二人志趣相投，相悦相惜，读书烹茶，乐此不疲。初婚的李清照是幸福的，她在词作中也展示了爱情的圣洁美好。如《减字木兰花·卖花担上》中“云鬓斜簪，徒要教郎比并看”，将新妇的娇憨之态和盘托出，写新妇之娇而不媚，状闺房之乐而不淫。

（三）思妇之怨

“对于幽闭深闺的中国古代女性来说，爱情是她们毕生的事业”，因此思妇念远成为中国古代文学史上不变的主题。丈夫的任职、远游使李清照独守空闺，情动于中则不免形于言，故在与赵明诚分离的日子里，李清照写下了许多缠绵悱恻的思人怀远之作。

如《一剪梅·红藕香残玉簟秋》。词上阕以清新飘逸之笔抒写离愁别意，坦率而深挚。下阕写“一种相思，两处闲愁”，一笔将思愁分置两地，由己及人，十分熨帖妥当，足见夫妇二人之情深。末句“才下眉头，却上心头”更是精巧，作者将心头无形之愁与眉头有形之愁相连结，以无形蕴有形，以有形写无形，两种愁绪一番心情，真是把思妇之愁写活了。

一般男性词人写思妇怀远，多有寄托，词作难免流于媚俗。而李清照以女性身份自言闺情、直抒性灵，较之于男性词人的代言体思妇词更胜一筹。如为历代激赏的小词《醉花阴·薄雾浓云愁永昼》。多愁善感的李清照将爱情中的忧愁诉诸笔端，开篇点“愁”，结句言“瘦”，中间深情浓愁、相思意绪几经徘徊，虽不见于纸上，却早萦绕意端，掩卷思之，不觉“愁更愁”。此外，《小重山·春到长门春草青》《蝶恋花·暖雨晴风初破冻》等亦是此类闺情词，清照深谙相思之苦，故抒写思妇之情、闺阁之怨颇为真挚。

（四）嫠妇之悲

南渡后，李清照经历了人生中的重大转折。丈夫的去世使她悲恸欲绝，“大病，仅存喘息”，又遭“玉壶颁金”之谤、金石散佚之失，忧患得失，何其多也！这一时期，清照自叙心曲的闺阁之言颇为悲凉、凄怆，早年闺情词中的“哀而不伤”已不复见。如她的代表作《声声慢·寻寻觅觅》。开篇以浅近如话的语言铺陈描写了秋日黄昏凄凉肃杀之境，为悲凄、愁苦之情蓄势。其后写酒、写雁、写残花、写细雨，缘情布景，层层推进，意境幽深凄切，悲苦甚殊。

赵明诚的辞世给李清照带来了巨大的悲痛。知音不再，纵有万千情思，“一枝折得，人间天上，没个人堪寄。”佳偶不成，纵有“双溪舴艋舟”，亦“载不动，许多愁”。即使有“枕上诗书闲处好，门前风景雨来佳”的蕴藉之语，亦是哀伤忧愁的变相表现。作者想要自我宽慰，做旷达之语，可仍有悲痛萦绕于心。

三、非生活常态下的女性世界，李清照超越女性性别角色，对外在世界的干预

李清照一生悲喜参半，南渡之后，她对苦难的体验愈发深切。除了对自身不幸境遇的哀吟、慨叹，更多的是对国家命运、民族前途的忧虑，这些感受构成了李清照后期词作的主要内容。在这类作品中，李清照超越了性别角色对女性的规定，“将忧国之思、报国之志纳入自己的人生情感中”，彰显了她作为文人的博大胸怀。

《菩萨蛮·风柔日薄春犹早》写作者在早春初晨对故国乡关的怀念、思恋之情。其中“故乡何处是？忘了除非醉”两句最具风致，作者将解不开的浓愁付诸轻灵笔调，“措语虽淡”（俞平伯），意却极为沉重。《蝶恋花·永夜恹恹欢意少》系作者上巳节宴请亲族之作，虽写“眼前景、口头语”，言语之间却有深沉的家国之思。空梦故国，恢复中原已无望；醉里看花，可怜春似人将老。此情此景，何其哀婉！《鹧鸪天·寒日萧萧上锁窗》上片写晚秋凄寒肃杀之景，暗合作者悲凉之心境。下片借“仲宣怀远”抒怀乡之情思。结句宕开似自我宽慰，实际上纵有“樽前醉”，仍难解心中愁。该词境界凄神寒骨，格调沉郁悲

凉，可谓怀乡词中的佳作。

南渡后，李清照过着“飘零遂与流人伍”的生活，这类写故国之思、黍离之悲的作品占了大部分，如《忆秦娥·临高阁》《永遇乐·落日熔金》等。通过这些词，可以看出晚年的李清照生活境遇何其凄凉！她才智过人，有“九万里风鹏正举”之豪情，而如今却“风鬟雾鬓”，慨叹“老去无成”。她作为女性，因时代所限，无法指点江山，只能将一腔报国之志隐入笔端，化作一曲新词酒一杯。她表现出来的强烈的干预世界的要求，虽不能在生活中实现，却在词中跌宕起伏，令人不免唏嘘“直欲压倒须眉”。

四、小结

李清照前期抒写闺阁情绪的词作整体上具有“乐而不淫，哀而不伤，怨而不怒”的特点，可称得上是一曲大写的女性之歌。后期受国家时局、个人境遇的影响，清照的词中非但唱出了嫠妇之悲，还唱响了思国怀乡的黍离之调，实在是一种丈夫情怀。叶嘉莹先生说“（这种）长路的追寻和迟暮的感慨，正是千古才人志士的共同志意与共同的悲哀”，可谓的评。

参考文献：

[1]陈琳. 李清照对传统的女性主体精神与文学的超越[J]. 衡阳师范学院学报，2002，(2)：93-96.

[2]任一鸣. 李清照——中国文学史上的写情圣手[J]. 新疆师范大学学报，1994，(1)：17-23.

[3]王福美. 论李清照创作的女性文学品格[J]. 聊城大学学报，2004，(1)：13-16.

[4]徐北文. 李清照全集评注[M]. 济南出版社，1990.

[5]叶嘉莹. 南宋名家词选讲[M]. 北京大学出版社，2007：33-52.

真、纯、美的境地
——《晚安，妈妈》中杰西之死

2013 级　英语语言文学　姚瑶

摘　要：剧作《晚安，妈妈》中杰西之死引发了广泛而深刻的讨论。本文认为，杰西自愿的死亡包含了其对存在之真意的哲学思考、对女性的纯洁与自主的追求，以及对审美体验与价值的启迪。其生命在结束之时达到了真、纯、美的统一。

关键词：《晚安，妈妈》；死亡；存在；女性自主；审美

玛莎·诺曼的第五部剧作《晚安，妈妈》满载 1983 年普利策奖和百老汇托尼奖提名的盛誉[①]。此剧既琐细又紧张，既令人吃惊又发人深思。在持续的两个小时之内，剧中两个人物一直像往常一样做着家庭琐事。不同寻常的是，在一开端女儿杰西就宣布了她自杀的计划，其间妈妈西尔玛尝试了各种策略来劝服女儿，最后以杰西的自杀告终，既自然而然又令人为之震惊。人们对杰西之死抱有不同的态度，褒贬不一，角度不同。然而这些观点都不具有综合的审美性。本文认为，杰西本真的存在、女性的纯洁与自主，以及美学的启示共存于她自愿的死亡中。其生命在结束之时达到了真、纯、美的统一。

一、为真而死

二战之后，美国孤寂和疏离之感浓厚，加之糟糕的社会治安，精

---

① Hosey, Seamus. “Night Mother by Marsha Norman.” JSTOR, Autumn, 1984. Web. 19 Jan. 2014.

神焦虑普遍存在。在此环境之下，人们努力寻求生活的意义。对于沮丧和边缘化的人物杰西来说，此种寻求意义的精神挣扎更为激烈。杰西的所有生活经历，患有癫痫症，与丈夫离异，失业，以及被社区和家庭疏远，都使她感觉到比常人更深的无助，也使她更清楚地意识到生命的虚无。可以说杰西是一位具有海德格尔哲学思想的存在主义者。

虽然杰西对于存在之意义与目的没有深厚渊博的了解，但是她却给予了生活某种真理——某种她向妈妈坦言是“她认定是真理的东西”①。也正是通过这种自信的认定，她抓住了生命中的最后一根稻草而开始控制自己的命运。杰西仿似读到过海德格尔说的“此在总是从它的生存来领会自己本身”②，她对于本身再清醒不过的认识使她可能选择获得自身或是失去自身。她是绝决的。她选择了做她自己，并且努力实现她本真的存在。这并非易事。她本真的自我常常遭受周围人的侵扰，亦即“本真的自我迷失于人人自我”③。对此，在她生命的最后一晚，杰西坦言了一切。她厌恶她的哥哥道森，因为道森“老纳闷我整天干些什么”，因为道森和他的妻子一块儿“知道你的事，你还没来得及说你想不想让他们知道，他们就已经知道了”。④

在此种情况下，杰西尽量隔离自己与周围世界，更重要的是她开始应诏“良心的呼唤”⑤。海德格尔称此为“向死而生”⑥。她没有改变自己和自己的生活方式，也没有要求其他人做任何改变。就在她相对孤立的生活状态中，她思考自己的死亡“断断续续，数十年”⑦。这是西尔玛和艾格尼丝无法企及的。虽然西尔玛和艾格尼丝也隐约感到了生命的虚无和无意义，但是她们依然坚持着对待生活的理想主义的梦幻期待，依然强势地维持着生活。与她们相反，杰西在她生命的最后十年，带着良心和在最适当时刻赴死的决心，她此刻本真地存在融

① Norman, Marsha. *Night Mother.* New York: Hill and Wang, 1983, P. 35.

② Heidegger, Martin. *Being and Time*. Tran. Joan Stambaugh. New York: State University of New York, 1996, P. 10.

③ ibid., P. 293.

④ Norman, Marsha. *Night Mother*. New York: Hill and Wang, 1983, P. 23.

⑤ Heidegger, Martin. *Night Mother*. Tran. Joan Stambaugh. New York: State University of New York, 1996, P. 286.

⑥ ibid.

⑦ Norman, Marsha. *Night Mother*. New York: Hill and Wang, 1983, P. 29.

合进过去与未来，凝结成永恒。

二、为纯而死

杰西之死不仅是为了追寻本真的存在，而且是为了追求纯洁的自我。在她的身上我们能看到她纯洁的性情以及与逼迫她的种种力量的勇敢抗争。在诸多对抗性力量中，强烈的一股来自男性。杰西为追求纯洁自我而进行的富于牺牲的抗争，使她成为一个不受男性控制的纯洁女人。

在父权制社会中，男性力量不仅强大，而且无处不在，女性想要赢得自主需要强大的内心力量。对杰西来说，她反抗的心灵不是天生的，她也不是在死亡的那一刻立即实现了自决。她的死是终极因素，而终极之下有一个渐进化过程，在此过程中她有着强烈的痛苦，却无自怜情绪。当她谈到她小时候的照片时，她说那不是她而是别人。“那是脸蛋红喷喷、胖乎乎，从没有疾病或感到孤独的孩子。她哭了，就有人喂她了；她往上爬就被人抱住了；脚乱踢，可没伤着过谁。她想睡就睡，只要闭上眼睛就行。她总是躺在那儿，冲着在她头上挥舞着的五颜六色笑，嘴里啃着带圆点花纹的鲸鱼形橡皮玩意儿，几乎每天醒来都学到了什么新把戏。”①当她还是小孩子的时候，她可爱、有趣、无知、自由、依赖别人，也无足轻重。生活很容易，而她就像个玩具。事实上，爸爸对她关爱备至，妈妈将自身的命运强加于她，杰西曾经被爸妈培养成为一个玩偶，或者说是一个依赖性强的女人。即使后来她失去了父亲，她的疾病显现出来，她和妈妈的关系疏远，她也还在努力做一个顺从而期待爱的玩偶般的女人。

她曾依赖于她的丈夫塞希尔，努力成为塞希尔希望她成为的人。“我努力多做锻炼，保持清醒。努力学骑马，努力和他呆在户外，可他知道我是在努力做，所以不顶用。”②她顺从塞希尔的努力被看穿了，她得不到爱和尊重，继而也有了她的自我意识和自我觉醒。她逐渐意识到她没有必要作为第二个性别而存在。相反，自主是必须的，也是

---

① Norman, Marsha. *Night Mother*. New York: Hill and Wang, 1983, P. 29, P. 76.

② ibid., P. 59.

正当的。她不再顺从，而是在家庭中夺取权力。她拒绝戒烟，她否认儿子里基长得像丈夫塞希尔，而是认为更像她。她认为丈夫和妻子是平等的，女人也不是唯一的受害者，丈夫的离开是正确的。如果没有理想的、不含杂质的爱情，她宁愿不要爱情。她不会按照母亲说的去给丈夫打电话让他回来，她不会用言不由衷的话去软化丈夫，去博得丈夫的同情。她体恤丈夫，也体恤自己。她知道如果这样做她会怀有一种无法释怀的罪恶感。因此，她坚守的是自尊，她追求的是忠实与纯洁，而她也不用因为在意男性的看法而失去自主。这一路走来，她出于沮丧的被动行动反击远不及她绝决的主动精神挣扎。

三、为美而死

我们已了解到杰西以她存在主义者的思考实现了为真而死，以她女性主义的反抗意识实现了为纯而死。接下来，我们要看到的是她如何以她的审美体验和审美情感实现了为美而死。

在剧中，杰西在一开端宣布她将自杀，在结束之时圆满地完成了这一计划。整个过程之中，玛莎·诺曼作为一个平静的旁观者，用黑色幽默的笔触叙述了这一严肃的死亡主题。不可否认，杰西在突然之间甚为激烈地结束了自己的生命。但是她的自杀完全出于自愿与理性选择，并展示了她的勇气与胆量。在她不能再热爱生活之时，她毫无畏惧地主动走向生命的尽头。其实哪怕还有一个活下去的理由，她也会坚持下去。但是她找不到这个理由。“有时候，我就纳闷，这儿还有什么可以留住我，有什么值得为之留下的。”她说道，“也许有什么我确实喜欢的东西，要是我吃早饭时爱吃大米布丁或是玉米面包什么的话，那可能也就足以使我留下的了。”[①]对于留下，她有过思考，然而她最终决心离开。康德说，这种自杀表现的是某种英雄主义。[②]可以说，带着保持完美品格的高贵目的和去获得本真存在的真诚情感，杰西坚决而无畏地结束生命的同时，也提供了高度的审美价值。

① Norman, Marsha. *Night Mother*. New York: Hill and Wang, 1983, P. 29, P. 77.

② 康德. 实用人类学[M]. 邓晓芒，译. 重庆出版社，1987，PP. 159-160. 转引自：颜翔林. 死亡美学[M]. 学林出版社，1998，P. 191.

杰西在她生命的最后几年进行了绝决的思考，其挫败感也随之灰飞烟灭。她要在最适当的时刻死去的决心表达了对于存在之意义的详细探究。并且，她自愿之死在时空上超越了人类不可避免的死亡。她为自己的死设定了一个心理时间，那便是她要等到她感觉足够好的时候。她决定要在自己的房间里死去，她的房间“有着一扇普通的门，开向绝对的虚无”①。而且她要用她父亲的枪来开向自己，这是一种男人的方式，表现了她的勇敢，也体现了她不受性别的约束。就好像她要让自己的死挑战生物学上的死，要让自己的死反抗父权社会的专制。在此种情形之下，她的死亡展现出一种开阔与超然，给了她安静和快乐之感，最重要的是，还让她感受到精神的胜利。

然而，特属于杰西的死亡并不具有普遍意义。它并不展现出绝对的真理，而是展现出超然的美，让人们倾注理解与同情，激发出人们的灵感。在现代社会，过于忙碌，与他人疏离，与自己内心缺乏交流，都容易让人迷失。在这种环境中，人们可以建造一个纯美的精神世界来享受瞬间的平静，来拷问自己的言行，来消除焦虑，最终达到本真的存在。诗意栖居就是一种完满的向死而生。

杰西自愿而为的死亡包含了她对于存在之真意的哲学思考，对于保持纯洁自我的强烈愿望，以及对于死亡之超越的美学阐释。在某种程度上，真、纯、美达到了统一。此三者皆指向人之尊严、意志之自由以及生命之价值。

参考文献：

[1]西蒙娜•波伏娃. 第二性[M]. 陶铁柱，译. 中国书籍出版社，1997.

[2]颜翔林. 死亡美学[M]. 学林出版社，1998.

[3]Heidegger, Martin. *Being and Time*. Tran. Joan Stambaugh. New York: State University of New York, 1996.

[4]Norman, Marsha. *Night Mother*. New York: Hill and Wang, 1983.

① Norman, Marsha. Night Mother. (New York: Hill and Wang, 1983), P. 4.

从《燃烧的原野》看鲁尔福笔下的墨西哥农村

2013 级　西班牙语语言文学　赵星屹

摘　要：墨西哥著名作家胡安·鲁尔福在其著名作品《燃烧的原野》中通过 17 部短篇小说，以诗一样的语言、巧妙的构思以及精湛的叙事手法全景记录了在资产阶级革命后墨西哥农村人的生存状态、现实生活以及心理活动，深刻揭露了墨西哥大革命[①]的不彻底性和在农村围绕土地、农民、庄园主、起义军的种种尖锐矛盾，揭露了经过大革命后并没有从根本上改变他们的生活状况这一事实。

关键词：《燃烧的原野》；墨西哥大革命；农村；农民

墨西哥当代著名作家胡安·鲁尔福一生写过的作品不多，但部部堪称经典。其代表作品之一《燃烧的原野》通过 17 个短篇小说别开生面地记录了鲁尔福的家乡——墨西哥哈利斯科州在 1910 墨西哥资产阶级革命后的乡土世界和农民故事。农民、庄园主、农民起义军，这些当时社会最底层的人无疑是整部小说的主角。对墨西哥来说，资产阶级革命前后几十年正是墨西哥庄园主土地所有制经济走向垄断的年代。然而，资产阶级革命以及随后的几次土地改革虽然对这一经济制度有一定的冲击，但并未从根本上触碰这一经济制度，在农村围绕着土地、财产等问题上依然存在着尖锐的矛盾，农民依然生活在水深火热当中。因此，在这本清一色的以农村为题材的小说集中，并没有出现类似于山清水秀、鸟语花香的农村浪漫生态美，而是凋零、孤独、

① 墨西哥大革命指的是 1910 年至 1920 年墨西哥各派系之间的长期流血斗争，以结束独裁统治、建立立宪共和国告终。革命后由革命制度党长期执政。

残酷、无知……

一、《燃烧的原野》综述

整本小说集，可以分为三个部分，这三个部分也是当时墨西哥农村的一个全景写照：第一，广大底层农民的悲惨生活以及农民的愚昧；第二，由于土地所引发的尖锐矛盾；第三，农民起义。

（一）农民的悲惨生活以及农民的愚昧

鲁尔福在《都是因为我们穷》《塔尔葩》以及《北渡口》中通过巧妙的构思和生动的笔触描写了农民的悲惨生活以及农民的堕落和愚昧。《都是因为我们穷》中“穷”字巧妙的贯穿全文。开篇第一句就是“这里的一切越来越坏”。紧接着就发大水了，穷人家的牛给冲走了；牛给冲走了，穷人家的女儿就近似赤贫了，就嫁不出去了；嫁不出去了，就只能和她的姐姐一样，去干不正当的勾当谋生了。因此，全家就跟天塌下来了一样。一场自然灾害就这样悄然改变了一个女孩子的命运。在《北渡口》中，“我”本是一个猪贩子，但是因为几乎没有人吃猪肉了，全家人挖了一个星期的野苋菜充饥。“我”实在无法忍受了，只好乞求自己的父亲照看家人，自己冒着生命危险越过界河去美国“挣大钱”。最终“我”负伤而归，媳妇也跟一个马夫跑了。在《塔尔葩》中，一个男人饱受脓疮的折磨，要求家人带他去朝圣，好让圣母治愈他的疾病。然而他死在了朝圣的终点，而他的妻子和弟弟却在路中偷欢。在他死后，他们的良心备受煎熬。就这样，三个穷苦人奇妙地联系在了一起。

这三个故事都生动描写了处于几乎赤贫状态下愚昧无知的农民。他们只是当时广大底层劳动人民的缩影。毫无疑问，他们的生活是悲惨的。这不禁要问：他们为什么会变成这样呢？首先，当时墨西哥不彻底的土地改革使得大量农民没有或者只有极少数的财产。然而，政府在干什么呢？政府就不管管他们吗？在《地震的那天》中可以找到答案。某个村子地震了，房子像蜂蜜蛋糕一样倒塌了。就在赈灾之时，州长带着有知识的人及时赶到了。州长一行大吃大喝，酒水哗啦啦地流，连桌布都给染红了，四千比索就这么花去了。州长吃饱喝足，摇摇晃晃地发表了“振奋人心”“慷慨激昂”的演讲，说人民的不幸让他感到心痛。然而面对这样的州长，竟然有人很开心，因为他们可以目睹州长的真容。在这样的政府下，这些农民没有希望。这些连自己的名族英雄华雷斯[①]都不知道是谁的农民，如此的愚昧。

（二）由土地所引发的尖锐矛盾

几乎在任何一个时代，土地问题都是农村问题的根本问题。在农民眼里，土地不仅仅象征着多少财富，甚至意味着生命。当时的墨西哥农村是什么样的呢？在《卢维纳》中鲁尔福用诗一样的笔触描写了一个荒凉、灰色、衰败的农村。“圣胡安卢维娜。这名字听起来像是天空的某个地方。那是个炼狱啊。”村子里只剩下了老弱病残，男人们都走了，只有上帝知道他们去了哪里，那里的人似乎都不会笑。只有谁家的孩子犯了事才会有政府出现，来抓走他们。失去了土地，没有政府的帮助，农村对于农民而言，就是炼狱。“我们分到了地”应该是当时墨西哥农民心底的呼声。然而在《我们分到了地》中，墨西哥的劳苦人民分到的又是怎样的土地呢？这块土地不仅离农村很远，而且是一块不毛之地。那块地烫得像一块铁饼一样，连玉米都长不出来。分到了地如同没有地。革命胜利后，政府允许搞土改，然而当农民去看地时，却发现自己上了当，广大劳苦人民依然在为土地作斗争。然而，有些庄园主却占有着大量的土地，严重的两极分化使得农民与庄园主以及农民与农民之间产生了尖锐的矛盾。在《那个人》中，那个人杀死了仇人的全家，最终自杀；在《求他们别杀我》中，主人公的牲畜吃了庄园主的草，进而双方爆发矛盾。主人公杀死了庄园主，躲躲藏藏40年，最后被庄园主当了军官的儿子抓住，在苦苦哀求未果的情况下被枪杀。时间和哀求无法洗去仇恨，以暴制暴成为了唯一的法则。另外还有《科马雷斯坡》《你没有听到狗叫吗》等等。围绕着土地的问题成为了诱发农民与农民以及农民与庄园主之间各种矛盾和杀戮的导

① 贝尼托·华雷斯（1806—1872）是墨西哥印第安裔政治家，墨西哥民族英雄，曾多次出任墨西哥总统。华雷斯一生为捍卫墨西哥民族的独立、打击国内封建势力立下了不朽功勋，成为墨西哥国家统一、政治民主和社会进步事业的奠基人之一。墨西哥人民至今一直崇敬他，尊他为最伟大的民族英雄和维护人民权利的斗士。一些世界名人也称他为“使自由复活的美洲英雄”。

火索。

（三）农民起义

农民分不到应有的土地，农村矛盾极度尖锐，农民生活如同在炼狱之中。自然，农民到了揭竿而起的地步。在《燃烧的原野》这一小说集中，有一篇与小说集同名的小说《燃烧的原野》。然而起义军和政府军几乎是一个样。他们烧杀抢虐，走到一处便将即将收割的玉米、麦子以及房屋点燃，平原上燃起了熊熊的烈火。起义军首领将俘虏和庄园主围起来玩儿斗牛的游戏，将自己的快乐建立在别人的死亡之上。随后政府军则将起义军赶尽杀绝。这无异于种植仇恨，最终受苦的依然是贫苦的农民。无论是起义军还是政府军所到之处，一片狼藉。刚刚可以收割的庄稼，也就一把火变成了灰烬。从 15 世纪开始，墨西哥就充满了暴力。西班牙人通过暴力征服了墨西哥。在墨西哥独立战争中，墨西哥人民用同样的方式送走了西班牙人。然而在墨西哥资产阶级革命期间，继续延续着暴力和杀戮。但是随着人类社会的发展，暴力已经不再能够解决所有的问题。

二、结论

在《燃烧的原野》这一小说集中，我们不仅仅看到了胡安·鲁尔福精巧的构思、深厚的语言功底以及描写手法的精湛，同时也我们感受到了墨西哥农村人在资产阶级革命之后的生活状态、生活方式以及当时农村所包含的文化信息。鲁尔福准确深入地把握住了墨西哥农村的脉搏，勾勒出一幅墨西哥农村的乱世图景。荒凉、悲伤、孤独、冷漠、绝望就是当时墨西哥农村的状态。这本小说集呈现在人们眼前的，是一幅幅墨西哥农村悲伤绝望的照片。鲁尔福之所以可以如此精确地把握住墨西哥农村和农民的脉搏，与他的生平有着密切的关系。他命途多舛。六岁时，父亲在农民起义中无辜被杀。四年后，母亲去世，他成为孤儿。他没有接受过完整的教育，他当过摄影师和推销员，周游整个墨西哥，搜集了很多素材。正是如此，他才真正关心墨西哥农村的人和事。他真切地关怀墨西哥农村和农民，希望他们可以在他们的土地上幸福地活下去。正如已故文豪加西亚·马尔克斯在获得诺贝尔文学奖时的感言："面对压迫、掠夺和歧视，我们的回答是生活下去，任何洪水猛兽、瘟疫、饥饿、动乱，甚至数百年的战争，都不能削弱生命战胜死亡的优势。"

参考文献：

[1]罗荣渠. 美洲史论[M]. 商务出版社，2009：244-250.

[2]胡安·鲁尔福. 燃烧的原野[M]. 张伟劼，译. 译林出版社，2010.

[3]郑书九，常世儒. 拉丁美洲文学选集[M]. 外语教学与研究出版社，2011：664-666.

[4]Juan Rulfo. *El LLANO EN LLAMAS*[M]. Editorial RM, 2009.

莱蒙托夫抒情诗亲情主题

2012 级　俄语语言文学　周莉莎

摘　要：莱蒙托夫是俄国 19 世纪著名的诗人。家庭的不幸深深地影响了诗人的诗歌创作，亲情主题是其诗歌主题中的重要部分。本文通过对其抒情诗中父母亲及外祖母形象的详细梳理，解析诗人复杂而独特的内心世界。

关键词：抒情诗；亲情主题；亲人形象

米哈伊尔·莱蒙托夫被别林斯基称为“堪与伊凡大帝钟楼比高的诗人”。莱氏一生写了 400 多首抒情诗，其容量之大，涵义之深，古今罕见。迄今为止，已出版过 20 多种莱蒙托夫全集、文集、选集和诗集，专题研究也达百部之多。但国内外对其抒情诗的主题研究主要集中在爱情、祖国、高加索以及恶魔主题等，对于亲情主题鲜有系统的归纳与分析，本文试从这一角度对莱蒙托夫抒情诗中的父亲、母亲以及外祖母形象进行全面解析。

一、父亲形象

莱蒙托夫的父亲尤里·彼得罗维奇去世时，莱蒙托夫只有 17 岁。诗人深深地隐藏起对父亲的感情，在诗歌作品中也很少流露。

《我看见了幸福的影子》作于 1831 年 10 月 1 日，恰好是诗人父亲去世的那天。也正是从这一年，死亡、孤独、痛苦成为了莱氏诗歌最重要的主题。但此诗是为父亲之死而作，还是仅仅表达诗人的哲学思想，研究界尚无定论。“我看见了幸福的影子……命运注定了我不能够享有它。”诗歌开头，诗人表达了自己心中的爱，但这种爱对他而言，并非真实的幸福，只是“声音般空幻的”虚影。这感觉与痛苦紧密地结合，在“我心上”形成了“悲哀的黑点”，“而那个黑点在一年年地增大/它将很快地吞噬了一切”。一个幼年就失去了母亲的孩子，今天又失去了慈爱的父亲。从此，他的人生被无尽的黑暗和悲伤所吞噬。诗歌结尾，诗人强烈地表达了渴求再次见到父亲的愿望。

“我的父亲啊！你在哪里？在何处
才能把你天国中的灵魂找到？
通向你的世界有如许的道路，
莫名的恐惧使我不知选哪条。”

这是一个孩子对失去父亲深深的痛楚，也是对死亡严肃的思考、对天堂与地狱的辨析、对不同道路的艰难抉择。

抒情诗《我们父子俩的可怕的命运啊》同样饱含了父子深情。“我们父子俩的可怕的命运啊：生不得相见，死又是天各一方。”正是父子生活的真实写照。“但，我的父亲，你已完结了一生/你已得到你期待已久的死亡。”尤里·彼得罗维奇一生历尽艰辛，在诗人心中，死亡恰成了父亲最好的解脱。继而，诗人为父亲辩解，“你被世人谴责，但人世是什么？/时而恶毒时而眷顾的无耻之辈/是一些无端的不相称的称赞/和如许的尖刻的诽谤的总汇。”只有儿子才最懂父亲，也只有莱蒙托夫对这人世间的嘴脸看得最清楚。失去亲人，诗人失落孤独，郁郁寡欢，他呼唤着最后的父爱：“如今你当真一点也不再疼我？……”字里行间满是父亲与儿子血浓于水的亲情，是诗人对父亲深深的依恋。

第三首《墓志铭》作于1832年，是莱蒙托夫专门献给父亲的，诗中充满了无以名状的痛苦。“别了！我们还能不能够再见？/死神愿不愿把人间命运的/两个牺牲者再聚合在一起，/哪能知道！那么，别了、永别了！……”今生无缘守在父亲身边，只希望死神怜悯，让自己来生能够和父亲相聚。“你自己在人世上颠沛流离，/你在人间尝过的只是怨恨……”这是儿子对父亲一生艰辛的总结。而当人们在葬礼上虚情假意地“痛哭”时，诗人却“一动不动，冷冷地沉默无言”，不是诗人不爱父亲，而是因为“放声大哭比起心中痛苦着，而无痛苦表示，要更为轻快”。

当“那一座坟冢和那堆被人忘却”之时，诗人依旧能听到“透过风声传来了远方，时断时续的阴郁的声音；/那是送葬的钟声的回响，/那是大地上坟墓的声音，/死者的消息，生者的谴责。”

综上，尽管诗人常年与父亲分离，但父子始终彼此理解，心心相惜。尤其在父亲去世之后，诗人才得以完全地打开心扉，表达出内心的悲伤、失去的痛苦和孤独的恐惧。

二、母亲形象

莱蒙托夫还不到三岁，母亲就去世了。他在回忆中说：母亲的音容笑貌他完全不记得了，但是“有一支歌儿常常使我哭泣；现在我想不起来了，但是我相信，如果我听到它，一定会产生同以前一样的效果……已故的母亲以前常常唱这支歌给我听”。诗人虽然忘却了母亲的容颜，但却可以通过声音感知母亲的爱。这深深影响了莱氏的诗歌创作。在莱氏的抒情诗中，女性形象与声音紧密相联。

例如《每当我听到了你的清脆的美妙的话声》引起主人公注意的首先是女性的声音，正是这个声音抓住了诗人的心：“每当我听到了你的/清脆的美妙的话声/就好像笼中的小鸟/我的心便怦怦跳动。”这让我们再一次想到了诗人的日记。这是母亲的音乐，因为只有母亲的声音才能激发诗人这样的感觉：“不知道该怎样高兴/我想要尽快地痛哭/我想要一直扑过去/把你来紧紧地搂住。”

在莱氏的爱情诗中也常有母亲的影像。例如《致玛·阿·谢尔巴托娃》（1840 年），诗人首先描写了她的声音：“她的芳唇中吐出的语言/充满了神秘的和谐/如同满天繁星的闪烁下/静谧的乌克兰之夜”，其次才是肖像描写：“她的眼睛是深蓝而透明”“她柔美的双颊上的红晕”。

《哥萨克摇篮歌》（1838 年）充满了格莱宾哥萨克民间创作的色彩。据说，莱蒙托夫是在听到哥萨克妇女的摇篮曲之后写下的。对这首诗别林斯基写道：“它的概念是母亲”。И.П.谢博雷根教授也在评论中指出：“《哥萨克摇篮歌》整合了俄罗斯人生活的三个基础：上帝、祖国、家园。”而诗人将这些语言置入了一位平凡母亲的话语之中。可以发现，诗人心中潜藏着的是同母亲交谈的渴望，是在生活中得到母亲指引和关怀的渴望。

综上，首先在莱氏的抒情诗中，并没有具体的外貌描写，同母亲的形象紧密相联的是声音——旋律和歌曲，也并非语言。其次，这一传记特点在诗人的作品中形成了描述妇女形象的典型范式：开头——声音的描写，随后——肖像描写。这成了莱氏诗歌中不变的原则。

三、外祖母形象

外祖母伊丽莎白·阿列克谢耶夫娜将莱蒙托夫抚养成人。正如弗拉基米尔·阿尔别宁（莱蒙托夫以自己为原型创作的形象）在戏剧《怪人》中所讲，“我在她的双膝之上度过了最初的童年时光”。但在莱氏的抒情诗中却找不到任何描述外祖母的作品。这在《莱蒙托夫语言频率词典》中已被证实。同多次提到“父亲”、“母亲”这两个词相比，“祖母”这个词在其抒情诗中出现的频率为零。

莱蒙托夫在早期的戏剧作品《人·情·欲》是莱蒙托夫以外祖母和父亲的家庭纠纷为基础，创作的自传性戏剧作品。剧中，玛尔法·伊万诺芙娜的原型就是伊丽莎白·阿列克谢耶夫娜；T.H.科里扬评论道，“在戏剧《人·情·欲》中，对于玛尔法·伊万诺芙娜，莱蒙托夫并不掩饰其黑暗的色彩。”

莱蒙托夫的内心世界对于伊丽莎白·阿列克谢耶夫娜来说是关闭的。外祖母对于莱蒙托夫永远只是物质上的寄托，而父亲、母亲才是他的心灵所系。因此，在莱蒙托夫的诗歌世界中，没有外祖母的位置。

四、结论

莱蒙托夫在《1830年。7月15日》中写道：

“为什么我要抛弃掉我那亲爱的
莫名的家庭？心在那里感到温暖，
所有一切都是我的老师或朋友，
所有一切都信赖我幼稚的梦幻。”

这几句表达了诗人心中家庭的意义。莱蒙托夫通过自己的天才，将家庭中的每一个亲人的内心特点加以分析，并在心中和作品中分别进行定位。外祖母尽管在诗人生活中扮演了重要角色，但莱蒙托夫的诗歌中没有她；父亲尤里·彼得罗维奇与诗人心心相通，诗人一直深深地怀念着父亲，并在多首抒情诗中表达了丧父之痛；而母亲的歌声则在诗人心中久久缭绕，形成了莱蒙托夫对女性形象独特的塑造手法。

参考文献：

[1]满涛. 别林斯基选集[M]. 上海文艺出版社，1963.

[2]余振. 莱蒙托夫抒情诗集[M]. 浙江文艺出版社，1984.

莱蒙托夫抒情诗《希伯来乐曲》研究

2012级 俄语语言文学 周莉莎

摘 要：米哈伊尔·尤里耶维奇·莱蒙托夫（1814—1841）是19世纪俄罗斯伟大的诗人和作家，他短暂的一生中，创作了449首抒情诗，以其数量之丰、手法之精、内涵之深，攀上了俄罗斯浪漫主义诗歌的顶峰。莱蒙托夫在诗歌翻译领域也颇有建树，对很多欧洲诗歌进行了翻译和再创作。本文以抒情诗《希伯来乐曲》为例，研究莱蒙托夫与原诗作者拜伦的关系，从而探析莱蒙托夫独特的艺术世界。

关键词：莱蒙托夫；拜伦；抒情诗；《希伯来乐曲》

莱蒙托夫的作品常被誉为拜伦的遗产，诗人也曾认真地思考过这一问题，写下过《不，我不是拜伦，我是另一个……》的诗篇；莱蒙托夫还进一步阐释了拜伦有关《圣经》主题的作品，这样的诗作有两首，分别是《希伯来乐曲》"我有时候看见过，夜里的星星"（1830年）和《希伯来乐曲》"我的心阴沉。快来啊，歌手，快来！"（1836年）。这两首诗的情节均来源于拜伦的《希伯来乐曲》组诗，并以此命名。拜伦这一组诗共包含23首诗歌，莱蒙托夫只是选取了其中那些并非直接取材于《圣经·旧约》的部分。如果摒弃拜伦组诗的影响，单独研究莱蒙托夫的这两首诗，其《圣经》主题是很隐晦的。

一、译诗《希伯来乐曲》"我的心阴沉。快来啊，歌手，快来！"

拜伦《希伯来乐曲》组诗第九首《我的心阴沉》（"My soul is dark"），

取材于《圣经》中大卫的竖琴的故事。俄罗斯学者多布罗杰耶夫于1894年在圣彼得堡主持出版的《拜伦作品全集》五卷本中，将《希伯来乐曲》组诗26首全部收入其中。但此时拜伦的作品只是以文本的形式呈现，并没有诗歌形式的翻译本。因为，米哈伊洛夫认为：译本应该使人读来感觉就是拜伦写的，而并非是那些诗歌译者为了符合诗歌的规则和韵律要求而去肆意增加或者删减诗歌本身[①]。在此五卷本中，拜伦的《我的心阴沉》的翻译文本是这样的："我的心灵是阴沉的——噢，快一点，弹起那我还能忍着听的竖琴，那缠绵的声音撩人心弦，让你温柔的指头弹给我听。假如这颗心还把希望藏住，这乐音会使它痴迷得诉出衷情：假如这眼睛里还隐蓄着泪珠，它会流出来，不再把我的头灼痛。但求你的乐声粗犷而真挚，也不要先弹出你欢乐的音阶，告诉你，歌手呵，我必须哭泣，不然，这沉重的心就要爆裂；因为它曾经为忧伤所哺育，又在失眠的静寂里痛得久长；如今它就要受到最痛的一击，使它立刻碎裂－或者皈依歌唱。"[②]

拜伦诗中的"远离上帝的罪恶灵魂"来源于《圣经》。这是关于扫罗的罪以及大卫用竖琴为国王驱逐痛苦的故事："耶和华的灵离开扫罗，有恶魔从耶和华那里来扰乱他……从神那里来的恶魔临到扫罗身上的时候，大卫就拿琴用手而弹，扫罗便舒畅爽快，恶魔便离了他。"[③]而莱蒙托夫将这个情节改写成了《希伯来乐曲》："我的心阴沉。快来啊，歌手，快来！"，"我的心阴沉。快来啊，歌手，快来！/这里有一只黄金的竖琴：/让你竖琴上轻拢慢拈的手指/用竖琴唤醒天国的声音。/假如命运不把希望永远带走，/他们将在我胸膛中苏醒，/假如融化的眼里有一滴眼泪——/它们会溶成河长流不停。/让你的歌粗野吧。快乐的声音，/像我的冠冕，我感到沉重！/我告诉你，歌手。我想流流眼泪，/不然，痛苦挣破我的心胸。/它本是靠着痛苦渐渐长大的，/多年来默默地受尽苦痛/可怕的时刻已来临——它太满了，/如像死神的毒鸩

① Байрон, Д.Г.Полное собр.соч.лорда Байрона [М]. Петербург: ИзданиеС. Добродеева, 1894. 1: С3.

② Байрон, Д.Г.Полное собр.соч.лорда Байрона[М]. Петербург: ИзданиеС. Добродеева, 1894.1: С1,5.

③ 中国基督教三自爱国运动委员会. 圣经·撒母耳记上[M]. 2009：16：14-23.

的酒盅。”①

莱蒙托夫在诗中将竖琴的声音和天堂的乐曲相比较，它不仅是美妙的，而且还蕴含了和谐的希望和经由眼泪获得的解脱。这里，莱蒙托夫又植入了另一个隐喻的形象，将拜伦的“能松懈心胸的泪，能使希望复活的死神毒鸩的酒盅”转化为“像死神的毒鸩的酒盅”。诗中“酒盅（杯）”的形象来源于福音书：于是（主）带着彼得和洗必泰的两个儿子同去，就忧愁起来，极其难过，便对他们说：“我心里甚是忧伤，几乎要死，你们在这里等候，和我一同警醒。”他就稍往前走，俯伏在地祷告说：“我父啊，倘若可行，求你叫这杯离开我。”……第二次又去祷告说：“我父啊，这杯若不能离开我，必要我喝，就愿你的意志成全。”②满满的杯——痛苦之杯，含有“富足”和“无法逃脱的痛苦”两个象征意义，莱蒙托夫将这两个形象完美地结合在同一首诗中，产生了独特的效果。难以摆脱的痛苦，无法撤去的“杯”，在竖琴发出的渺渺的天堂之音中，像“我的冠冕”，使人感到生的沉重。可怕的时刻，是生命难以承受之重，像死神满满的毒鸩，正如《罗马书》所言：“因为罪的代价是死”，生而为人，就要不断经受痛苦，以此赎罪，而死是众人最终的结局。莱蒙托夫不仅准确地转达出原文的内容和形象，而且加强了诗的感情色彩。

二、抒情诗《希伯来乐曲》“我有时看见过，夜里的星星”

1830年，莱蒙托夫创作了第二首《希伯来乐曲》“我有时看见过，夜里的星星”。这首诗的题目虽然与拜伦的相同，但却并非直接译自拜伦，也不是对拜伦诗的模仿或改写，而是对拜伦的《不眠者的太阳》做出的回应。米哈伊洛夫将拜伦的诗翻译为：“啊！失眠人的太阳！忧郁的星！有如泪珠，你射来抖颤的光明，只不过闪现你逐不开的幽暗，你多么想欢乐追忆在心坎！‘过去’，那往日的明辉也在闪耀，但他微弱的光却没有一丝热，忧伤尽在望黑夜中的一线光明，他清晰，却遥

① 余振. 莱蒙托夫抒情诗集[M]. 浙江文艺出版社. 1984: 598.
② 中国基督教三自爱国运动委员会. 圣经·马太福音[M]. 2009：26:39.

远，灿烂，却多么寒冷！”①

莱蒙托夫的抒情诗如下：“我有时看见过，夜里的星星/在平静的港湾怎样闪耀；/银白的飞沫水流中怎样颤动，/在星星照耀下撒开奔跑。/但是你别急于理解，别去捕捉：/光辉与波浪都不可信任。/不过是你的阴影照在波浪上，/你一离开——它一定要闪动。/那明朗的欢乐的不安的幻影/同样雾般地把我们诱骗;/你想抓住它——它嘻笑着躲开你！/你被骗了——它又来到你面前。”②

这首诗采用了“拜伦体”，但是莱蒙托夫的文本并非直接取材《圣经》故事，而是深化了《圣经》主题。在他的诠释中，冰冷的闪烁不定的月光映照在水面上，这进一步地加强了其短暂、虚幻和不可捉摸的意境。莱蒙托夫写这首诗的时候刚满16岁，年轻的诗人将拜伦心中那逝去的时光和曾经的快乐转化为“明朗的快乐的不安的幻影”。这说明，莱蒙托夫的抒情主人公期盼着未来的快乐，而拜伦却停留在过去。

三、总结

在对《希伯来乐曲》组诗的选择和莱蒙托夫的改写中，也可以清晰地看出莱蒙托夫和拜伦在运用《圣经》主题上的不同之处。拜伦主要引用的是《圣经·旧约》，他将《圣经》传说、故事，作为表达自己对献身上帝之人，对为了胜利不惜一切代价之人的态度之依据。视死如归的英勇、不屈不挠的精神、不惜一切代价追求胜利和成功的思想，反映在拜伦的《圣经》主题的诗歌之中。也可以说，并不是宗教哲学的思想反映在拜伦的抒情诗之中，而是拜伦所处时代的社会的冲突借助宗教《圣经》主题反映出来。然而，莱蒙托夫恰好相反，他很少用圣经象征主义来描述社会冲突。他的世界观更接近于神秘主义，他的天使和恶魔出现在实际生活之中。例如，上帝就经常出现在他的对话之中：“荒野在静听上帝”（《我独自一人走上广阔的大路》），“我在天国里才能够看得见上帝”（《当那苍黄色的麦浪在随风起伏》）。拜伦的

① Байрон, Д.Г.Полное собр.соч.лорда Байрона[M]. Петербург: ИзданиеС.Databases Добродеева, 1894: 1: 9.

② 余振．莱蒙托夫抒情诗集[M]．浙江文艺出版社．1984: 155.

反上帝性是对推翻暴君政治的隐喻，而莱蒙托夫的反上帝性，是对人生的真谛的探寻，是对宇宙观的重新塑造，是对人在世间的使命的探寻，对死亡和爱情的奥妙深度解析。

同时，拜伦和莱蒙托夫对《圣经》文本的选取也存在着差别。拜伦将源于《圣经》文本的诗作集合在一起形成了组诗《希伯来乐曲》，并且在主题上与《圣经》对应。除此之外，在众多的《圣经》情节中，拜伦选取了那些固化为谚语的部分，例如：大卫的竖琴、伯沙撒的宴席等等。而拜伦喜欢《圣经》里单独的故事，因此他并不仅仅采用《圣经》里面那些所有人都耳熟能详的名字，他还饱含感情地还原了扫罗王的故事、大卫的竖琴、伯沙撒的酒宴和希律的哀歌等一系列人们不太熟悉的故事。

而莱蒙托夫关注的更多是《圣经》传说的片段，在类型学上，这是浪漫主义对神话故事的关注。同时，莱蒙托夫采用的《圣经·旧约》的主题，不仅是文学和文化美学上的，更是深刻的个人内心的反映："形而上学"的惊慌和莫名的苦痛；在永恒的世界面前个人生命的短暂和消逝。

在莱蒙托夫的诗歌《希伯来乐曲》中，我们不仅可以发现蕴含着的《圣经》主题，而且还可以发现同样的文学主题——莱蒙托夫沿用了拜伦对主人公苦痛（1830年）和不可企及的梦想与快乐（1836年）的论述方法。除此之外，莱蒙托夫没有再翻译或者改写剩下的那些直接描写《圣经》故事的诗歌。但是他和英国诗人拜伦的对话，反映了莱蒙托夫的宗教哲学观，并在后期的诗作中，进一步发展了这一观念：如果不是上帝，人类就不会有那么多难以解脱的苦痛和不可企及的快乐。于是，出现了反上帝主题，这一主题清晰地反映在莱蒙托夫后期的诗歌《忏悔》、《感谢》之中。值得注意的是，即使反上帝，莱蒙托夫也并没有否定新生活，失去希望和梦想，更没有害怕承受生活的苦痛，恰如诗人在《死人的爱》中所表述的那样："神力的辉耀、神圣的乐园，对我有何用？我已随身把人间的情感带到了那里。"[①]

① 余振. 莱蒙托夫抒情诗集[M]. 浙江文艺出版社. 1984: 736.

参考文献：

[1]中国基督教三自爱国运动委员会. 圣经·撒母耳记上[M]. 2009.

[2]余振. 莱蒙托夫抒情诗集[M]. 浙江文艺出版社，1984.

[3]Байрон, Д.Г.Полное собр.соч.лорда Байрона[M]. Петербург: ИзданиеС. Добродеева, 1894.

翻译学研究部分

外宣翻译语篇原文和译文的衔接手段对比研究
——以 2014 年政府工作报告为例

2013 级　英语语言文学　陈二芹

摘　要：衔接是语篇分析的一种重要方法。本文通过对 2014 年政府工作报告及其译文的衔接手段进行对比研究，发现衔接手段在英汉两种语言中的使用各有侧重，英语常用指称和连接手段，而汉语多使用省略和重复手段，很少使用代词和连词。

关键词：衔接；政府工作报告；语言差异；文化差异

一、引言

韩礼德和哈桑（Halliday & Hasan，1978: 1）认为语篇是一种语言单位，不是句子一样的语法单位，可以是一个词、一个句子，也可以是一部长篇巨著，是不受句子语法约束的在一定语境下表达完整语义的自然语言。当在语篇中对某个成分的意义解释需要依赖于对另一个成分的解释时便出现了衔接。可见，衔接在语篇中起到很大的作用。以往对英汉衔接手段的对比研究侧重从文学、翻译和教学角度进行研究，而从文化角度研究的较少，如张殿恩（2013）从文化角度对汉英语料进行研究，其中主要是对文学作品的研究。本文则运用 Halliday & Hasan 的衔接理论，以 2014 年政府工作报告为例，探究英汉政府工作报告中衔接手段的差异，运用量化分析手段，分析英汉两种语言的差异以及文化上的差异。

Halliday & Hasan（1978: 6）在 *Cohesion in English* 一书中把衔接分为两大类：一是语法衔接手段，如指称（reference）、替代

（substitution）、省略（ellipsis）和连接（conjunction）；二是词汇衔接手段，可分为重述（reiteration）和搭配（collocation），衔接手段还可具体细分如下：

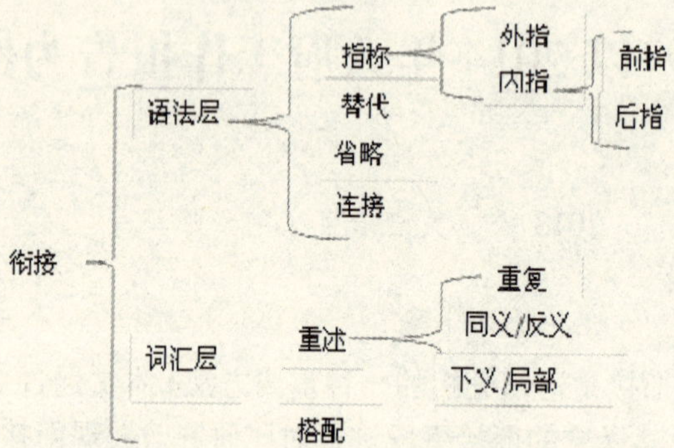

二、2014 政府工作报告及其译文中衔接手段的对比研究

（一）语法衔接

由于替代手段多在日常对话文体中出现，在政府工作报告原文及其译文中使用较少，且由于篇幅限制，本文不予深入研究。本文只从指称、省略和连接三个手段进行研究。

1. 指称（reference）

要恢复的意义是指称意义，即确认某一类所指的特定事物，衔接就存在于指称的连续性中，即同一个项目在语篇中又一次出现。指称可分为外指（exophoric）和内指（endophoric）。外指（exophoric）是指有关成分或项目的参照点不在语篇之内而在语篇之外的情境之中；内指（endophoric）是指有关成分或项目的参照点就在语篇之中。按照参照点和相关项目在语篇中出现的先后顺序，内指又可细分为前指（anaphoric）和后指（cataphoric）。指称还可分为三种类型：人称、指示和比较指称。人称指称是运用话语情境中的功能，通过人称类别表现的指称。指示指称是运用在远近程度上的不同位置表现的指称。比较指称是运用相同或者相似性表现的间接指称。下面是对 2014 年政府工作报告及其英文翻译中指称衔接的数量统计：

表 1　指称衔接手段在政府工作报告及其译文中的量化统计

指称形式	具体的指示衔接手段	数量
人称指称	I/we/us/our/they/them/their/it/its	749
	我、我们、我们的、他们、他们的、它、它的	87
指示指称	those/the/that/here/this	778
	那些、那、这、这些、这里	17
比较指称	than	2
	比	4

通过表 1 我们发现英语中人称代词和指示代词的数量大大多于汉语，尤其是“I”、“we”和“the”的数量，如例 1：

例 1. 第一，向深化改革要动力。第二，保持经济运行处在合理区间。第三，着力提质增效升级、持续改善民生。

First, we should create impetus by deepening reform. Second, we should keep economic performance within a proper range. Third, we should work hard to raise the quality and returns of development, promote industrial upgrading and keep improving people's wellbeing.

中文政府工作报告大多使用祈使谓语结构，主语缺乏，为避免重复，大量使用省略手段，而译文注重语法关系，为避免原词复现，多采用指称手段衔接上下文，译文使用了三个“we”,“we”代表的是“the government”，因为英语中主语一般不能省略，否则句子在结构上就不完整，不符合语法要求。这是因为汉语是重“意合”（parataxis）的语言，反映在句子成分和结构上相对不明晰，英语是重“形合”（hypotaxis）的语言，注重形态变化和语法结构。

另外，英语和汉语在指示指称上的一个最大差异是英语有一个既非“this”又非“that”的定冠词“the”。这表明不同文化的语言使用者采用不同方法切分自己的经验，并使之言语化（胡壮麟，1994: 59）。英语中没有任何成分与“the”完全一样，汉语中也找不出与“the”完全对应的词。“the”可以外指也可以内指，而本文只是内指。“the”既可以前指也可以后指，例如：

例 2. The economy was stable and improved. The gross domestic product (GDP) reached 56.9 trillion yuan, an increase of 7.7% over the previous year.

居民收入和经济效益持续增高。城镇居民人均可支配收入实际增长 7%。

第二个“the”既是回指 GDP 与“the economy”的关系，又是后指“GDP 的增长”，汉语中并没有“the”这个指称，体现了英汉两种语言的差异。

2. 省略（ellipsis）

省略其实就是“零替代”，它包括名词性省略、动词性省略和小句省略等。而本文涉及最多的是汉语主语的省略，我们在前面部分已提到，这里不再赘述。

3. 连接（conjunction）

连接成分通过它们特定的意义间接地起衔接作用，它们首先并不是延伸至上下文的手段，而是在话语中表达了某些意义，预设了其他成分的存在。Halliday & Hasan（1978）将连接成分划分为“增补”、“转折”、“因果”和“时间”四种类型。“and”、“or”和“nor”都是以连接词来形成衔接的，因此它们都被视为增补关系；转折关系的基本意义是“与期待的相反”。这种期待可能来自所谈的内容或来自交际的过程、讲话者和听话者所处的情景；因果关系的简单形式有 so、hence、thus 等；表达时间顺序的方式有 then、next、after that 等。本文将按照 Halliday & Hasan 的分类对政府工作报告中的衔接成分进行分析。分析结果如下：

表 2　连接手段在 2014 年政府工作报告中的量化统计

指称形式	具体的指示衔接手段	数量
增补	and/or/nor	1025
	和、及	181
转折	but/however	16
	但、却	3
因果	so/thus/therefore/hence	24
	因此、所以	0

续表

指称形式	具体的指示衔接手段	数量
时间	next/now/then/after that	5
	接着、接下来、现在	1

从分析结果可以看出，译文中多使用关联词体现句子内部和句子之间的关系，结构比较明晰，而汉语中连接词较少，由此可以看出中英文语言的差异。英语的逻辑性比较强，外宣翻译语篇的重要原则就是要绝对的忠实原文。英文是“形合”语言，如果没有连接词的作用，其结构就不符合语法；而汉语是“意合”语言，在政府工作报告中很少使用连接词，使用的连接方式也比较单一，这体现了政府工作报告高度程式化的特点。

（二）词汇衔接

词汇衔接分重述和搭配两种，汉语中的重复手段在英文中通常会通过使用不同的搭配来体现。因此，在这里，我们把重复和搭配手段放在一起讨论。

重述是词汇衔接的一种形式，在连续体的一端，它涉及词汇项的重复；在连续体的另一端，它涉及用概括词来回指一个词汇项目，处在中间的有同义词、近义词、上下义词等。搭配是指词与词之间的搭配组合。我们将通过下面的具体例子来分析中英衔接手段的异同。

汉语中倾向对同一个词语的重复使用，而在英语中使用同义词、省略和指称的方法，如下例：

例3. 全社会用电量增长7.5%，货运量增长9.9%，主要实物量指标与经济增长相互匹配。

China’s total electricity consumption increased by 7.5%, and the volume of freight transport rose by 9.9%. Main real physical indexes matched economic growth.

汉语中重复使用了3个“量”字短语，在形式上达到了很好的衔接，而英语中却分别用“consumption”、“volume”和“physical indexes”进行不同的搭配，这折射出英汉两种语言的差异，中文有很多一词多义词，在不同的语境下会呈现不同的含义，翻译成英语时要结合具体的语境，因此会出现很多不同的搭配。

例 4. 我们要像对贫困宣战一样，坚决向污染宣战。

We will declare war against pollution and fight it with the same determination we battled poverty.

汉语中使用了两个“宣战”，而英译文中则使用了“declare war”和“battle”两个同义短语。

例 5. 加快建设法治政府，创新政府，廉洁政府。

Speed up the building of a law-based, innovative and clean government.

汉语中使用了三个“政府”，中文倾向于使用四字短语，读起来朗朗上口；而英译文中只用了一个“government”，英语倾向于在把原意表达清楚的前提下进行省略，以达到简洁。

例 6. 我们从政府自身改起，把加快转变职能，简政放权作为本届政府开门第一件大事。

Local governments actively transformed their functions and reformed their department, and greatly reduced the matters requiring their review and approval.

汉语中出现了两个政府，而译文中只出现了一个“government”，还有两个“their”进行指称。英语很少出现对一个词的多次重复，而汉语多使用重复手段。

从上面的例子我们可以看出中文是“意合”语言，为了更明确地表达其目的，中文报告中多使用重复手段，很少使用替代和指称；而英文是“形合”语言，逻辑性比较强，很少出现同一个单词重复使用，经常使用指称手段。

另外在“2013 年工作回顾”这部分，英文翻译通篇使用过去时，在“2014 年重点工作”中，通篇使用一般将来时，其中“will”出现了 327 次，英语时态的使用在语篇中起到了很好的衔接作用，使语篇浑然一体，这在中文语篇中是没有的。

三、结论

本文通过对 2014 年政府工作报告及其译文中衔接手段的对比研究，发现英语多使用人称、指示指称和连接衔接手段，汉语使用指称和连接手段相对较少；英语多使用代词指称和不同搭配，很少使用重复，而汉语多使用省略和重复的方式；英语的时态可以体现衔接，而汉语没有此方式。这体现了中英两种语言的差异：汉语重“意合”，意在意义的明晰；英语重“形合”，意在语法结构和逻辑性。这同时也体现了两种文化的差异。本文针对外宣翻译语篇中衔接手段的对比研究，让我们对英汉两种语言及其文化的差异有了更深的了解。

参考文献：

[1]胡峰笙，荆博，李欣. 语篇衔接理论在政治文献翻译中的应用——以《2010年政府工作报告》为例[J]. 外语学刊，2012，(02)，89-91.

[2]胡壮麟. 语篇的衔接与连贯[M]. 上海外语教育出版社，1994.

[3]张殿恩. 汉英衔接文化性研究[M]. 中央民族大学出版社，2013.

[4]Halliday and Hasan. *Cohesion in English*[M]. Longman, 1978.

从语言个性角度谈影响翻译的因素

2013级　俄语口译　陈胜男

摘　要：语言个性及第二语言个性理论的提出，尤其是Ю.Н. Караулов三层次结构的提出，揭示了影响翻译的两个最重要的因素，对翻译工作具有重要的指导意义。

关键词：语言个性；文化语境；翻译观念；先例现象

一、关于语言个性

“语言个性”作为语言学术语最早是由Ю.Н.Караулов在1982年召开的МАПРЯЛ第六次大会上提出的，他在该次大会上所作的题为“先例文本在语言个性结构与功能中的作用”的学术报告中首次将“交际的人”界说为“语言个性”。他指出，语言个性是指能够创作和理解具有复杂的语言结构、反映现实世界的深度及准确度和某种目的性的文本的人。

Ю.Н.Караулов还提出了语言个性的三层次结构，即：①言语语义层，也叫零层级，反映了语言载体对日常语言的掌握程度，主要体现在语言结构系统中，是集词汇与语法于一体的个人词汇总量；②认知层，通常称为第一层级，在该层级上进行对某一社会群体（语言个性）所特有的、建立起集体和个人认知空间的核心知识和概念的使用和认同，即反映的个体对世界的认识，揭示和确立语言个性的世界图景，基本单位是概念、文化观念和思想，通常通过定义、座右铭、名言警句、谚语俗语等形式表现出来；③语用层，即第三层级，是三层次体系中的最高层级，揭示了个性的交际目的和动机，由交际活动需要、交际形式及其情景、角色和话语样式等成分组成，表现为文化中的先例文本形象或象征。

B. B. Красных 也对语言个性进行了阐释，她指出语言个性包含以下成分：①能够进行言语活动的说话的人；②在言语行为中表现出来的、具有知识和概念总和的语言个性；③交际中表现出的言语个性；④交际个性，即具体交际行为的具体参与者。

二、影响翻译的因素

尤金·奈达认为，翻译即翻译意义。翻译作为一种跨文化的交流活动，呈现的是一个开放的活动场，译者是翻译活动最重要的参与者，但不是唯一的参与者。影响翻译的因素是多方面的，既有外部因素，也有内部因素。外部因素通常指社会因素、文化语境、意识形态和政治因素，具体又包括社会的发展程度和开放程度、社会价值观、各国所处的文化空间和文化环境、文化立场、文化心理等。本文仅将文化语境作为影响翻译活动的外部因素进行讨论。内部因素则通常指译者的翻译动机和翻译观念。

按照以上提到的 B. B. Красных 的观点，如果把语言个性视为说话的人和具体交际活动的参与者，具体到翻译活动中则是翻译活动的参与者，可以理解为译者、源语创造者和译语接收者，正是这三者构成了翻译活动的主要参与者，其中起最主要作用的是译者。如果把语言个性视为在言语行为或者交际行为中表现出的个性，翻译活动则是对两种语言个性的转换，受语言载体所处文化空间的制约，往往表现出不同的词汇体系、世界图景和先例文本，与 Ю. Н. Караулов 提出的三层次体系相对应，在翻译活动中则表现为影响翻译的外部因素。

（一）译者

译者作为翻译活动最主要的参与者，他的翻译动机、翻译观念、语言能力都对翻译过程起着决定性作用，正是译者决定了“译什么”和“怎么译”的问题。

随着时代的发展，主流的翻译观也在不停地发生变化，从最开始关注“语言的忠实”和“形式的对等”的“语言转换观”发展到今天的“文化交流观”，翻译越来越成为一项再创作的活动。顾蕴璞教授在文章《谈〈莱蒙托夫全集·抒情诗 II〉的翻译》中曾提到自己翻译时坚持再创作的理念，“翻译离开了‘再创作’就成了枯燥无味的原著复制品了”，“要在正确理解原诗后像自己写诗那样把莱蒙托夫的情感和意象移植到中国的文化土壤上来”。他还将再创作的过程概括为三个层次，即译者角度的创作再冲动、译语读者角度的艺术再审美和译文中的语言再锤炼。著名翻译家智量也曾在《我译〈上尉的女儿〉》一文中提到了自己的翻译观，即“必须对原作忠实”，力求与原作“神形兼似”。

对于同一个文本，不同的译者会做出不同的处理，因此才有了风格迥异的译本的出现。例如：

Батюшка сказал мне: «Прощай, Пётр. Служи верно, кому присягнешь;…и помни пословицу: береги платье снову, а честь смолоду».（Пушкин А. С.《Капитанская дочка》）

译文一：父亲对我说：“别了！彼得！对那个向他宣过誓的人，你要尽忠尽职。……要记得一句老话！爱惜衣裳趁早，爱护名节趁小。”（戴启篁，译）

译文二：父亲对我说：“别了，彼得。你对谁宣过誓，就要忠诚地为他服务；……要记住一句老话：从头爱惜新衣，从小爱护名誉。”（冯春，译）

两个译本都直译了谚语的字面意思，但两个译本的译文质量却不尽相同。译文二“从头”二字可能产生歧义：是“从新再来”还是“从最初”？且“从小爱护名誉”这种句序排列尽管无语法错误，但不能给人一种劝诫色彩，仅仅是一种叙述语气。相反，译文一不仅劝诫色彩浓厚，还相当简洁和押韵。再者，对 честь 的翻译。“名誉”指名声，在社会上流传的评价，“名节”指名誉和节操，节操指气节和操守。虽然仅仅是一字之差，但我们根据小说的情节应该能够感觉到，“名节”要比“名誉”为佳。

（二）文化语境

文化语境指一个国家所处的文化空间或一个时代的文化环境、文化立场及文化心理。语言的产生和发展是受文化影响的，不同的文化环境中会产生不同的语言个性。对应语言个性的三层次结构，常常表现为不同的词汇语法系统、语言世界图景和各种先例文本。对先例文本转换正是翻译活动中的难点所在，这点在文学翻译中表现得尤为明显。翻译时常常会遇到的三对矛盾，即“可译”与“不可译”、“异化”与“归化”、“形”与“神”的矛盾，就是这一点的突出表现。如果不考虑到源语和译语的语言个性，不正确处理这三对矛盾，译文就很难在译语环境中引起共鸣，得到传播。

文化语境对翻译活动的影响也可以依据三层次体系来分析。

1. 言语词汇层，不同的词汇体系。

例如，在俄罗斯人生活中扮演重要角色的квас（格瓦斯）在中国就没有对应的饮料，在汉语中也就没有相应的表达。同样还有俄罗斯人日常食用的各式各样的面包，在语言中也出现了各式各样的词汇表达，булочка（椭圆白面包）、каравай（大圆面包）、буханка（厚砖形黑面包）、колобок（小圆面包）、кулич（圆柱形大甜面包）等等，由于传统的中国食品中没有面包，虽然现在开始食用面包，但并没有对应的详细的分类，因此缺乏对应的表达。对这类词汇的翻译就属于一大难点，在翻译时要结合译语接受者的具体情况做不同的处理。

2. 认知层，不同的世界图景

不同的文化语境也使不同的民族语言共同体形成了不同的语言世界图景，同一物体在不同语言共同体中带有不同的文化伴随意义。例如，在俄语中象征“祖国”和“美丽的姑娘”的береза（白桦树），在汉语中仅指一种植物；汉语中“破镜”比喻夫妻分离，俄语разбитое зеркало则没有相应的意义；中国人钟爱数字“6”和“8”，认为象征“顺利”和“发财”，忌讳“4”，因为它谐音“死”，俄罗斯则偏爱数字“7”（семь），把它视为神圣、完美、吉祥和幸福的数字。

3. 语用层，先例现象

先例现象是指为民族语言共同体共同熟知的、在认知层面实际存在的并在该民族语言共同体成员言语中经常复现的现象，包括先例名、先例话语、先例情景和先例文本。翻译时常常会遇到蕴含先例现象的言语，如果不能恰如其分地进行转换就会造成误解。这点在文学翻译中尤为明显。例如：

译例一：

商女不知亡国恨，隔江犹唱后庭花。（唐 · 杜牧《泊秦淮》）

Продажным женщинам не оплакать

гибель страны отцов.

Слышу, на том берегу горланят

«Цветы на заднем дворе». （«Подплываю к набережной Циньхуай», А. Л. Сергеев, 译）

这首诗的创作背景是诗人目睹统治集团的腐朽昏庸，看到藩镇的拥兵自固，看到边患的频繁，深感社会危机四伏，唐王朝前景可悲，表达了诗人对当时百孔千疮的唐王朝的忧虑。这首诗中出现了先例名《后庭花》，指南朝陈后主做的《玉树后庭花》，被称为"亡国之音"。这靡靡之音，早已使陈朝寿终正寝了，可是，如今又有人在这衰世之年，不以国事为怀，反用这种亡国之音来寻欢作乐，这不禁使诗人产生历史又将重演的隐忧。诗人借陈后主之尸，鞭笞权贵的荒淫。译文对《后庭花》直译，如果不加注释，诗的最后一句会让译文读者感到多余和生硬。

译例二：

何当共剪西窗烛，却话巴山夜雨时。（唐 · 李商隐《夜雨寄北》）

Когда же вместе мы зажжем

Светильник на окне твоем,

О черной ночи говоря

И горном крае под дождем? （«Ночью в дождь пишу в север», А. Ахматова, 译）

这首中出现了先例情景"共剪西窗烛"。古代中国使用蜡烛照明，每隔一段时间需要剪一下烛芯才可以保证蜡烛持续燃烧。"共剪西窗烛"为我们描绘了一幅很温馨的画面：与友人或亲人同坐西窗之下秉烛夜谈，不时剪去燃尽的烛芯。译文则对这一意象进行了改写，没有提到剪烛，只是说点燃蜡烛，虽然是为了使译语读者不致感到迷惑并且更好地接受和理解诗的意境，但是缺了"剪烛"的意象，诗的韵味就打了折扣。

三、结语

在翻译活动中译者和文化是影响翻译的最重要的因素。语言个性理论对于翻译活动有着重要的指导意义，使译者得以更加深刻、系统地认识到译者本身和文化对于翻译活动的影响。鉴于以上提到的语言个性的重要性，在外语学习过程中形成“第二语言个性”就显得尤为重要。第二语言个性同样具有以上提到的三层次结构。因此，在外语学习过程中也可以参考三层次体系指导并检验第二语言个性，在学习中积累词汇，了解词汇背后的伴随意义，注意对先例现象的理解和使用等，从而有针对性地培养和提升自己的翻译能力。

参考文献：

[1]何其莘，仲伟合，许均. 翻译概论[M]. 外语教学与研究出版社，2009: 128-155.

[2]赵爱国. 语言个性理论及其研究[J]. 外语与外语教学，2003，(12)：11-14.

[3]杨绛，李文俊，罗新璋，钱春绮等. 一本书和一个世界[M]. 昆仑出版社，2004: 131-134，278-280.

[4]Ду Фу, Ли Бо и др. Поэзия эпохи Тан（VII-X вв.）[M]. Л. Эйдлин и др. Художественная литература, 1987.

[5]Караулов Ю. Н. Русскийязыкиязыковая личность[M]. УРСС, 2002.

试论近代翻译史上福州译家辈出的成因

2012 级　西班牙语语言文学　陈子衿

摘　要：学习翻译史，既能让译者深化对翻译的认识，提高综合能力，又能增加其归属感和荣誉感，推动译界整体水平的进步。目前，学界对我国翻译高峰、翻译理论的发展脉络、重要译者及其作品等都有了较系统的认识，但笔者发现，对有鲜明特色和代表性的地区翻译史研究还略有不足。本文将以福州为对象，从经济、社会、历史等角度出发，分析近代翻译史上福州译家辈出的成因。

关键词：福州；近代；翻译史

近代以来，闽籍译家辈出，而福州译家作为其中佼佼者，享誉全国译坛。林则徐，籍贯福州闽侯，是我国睁眼看世界的第一人。他虽不以翻译家身份著行于世，但其组织译馆、编译报纸书籍等活动却预示着近代翻译事业的开端。林则徐后，福州翻译迎来了严复、林纾时代。康有为曾写诗“译才并世数严林，百部虞初救世心”[①]，赞扬严、林两人的翻译才能和高尚爱国情怀。林则徐和严、林两代福州人，拉开了福州乃至福建省翻译事业兴起和繁荣的序幕。严、林之后，陈季同、薛绍徽、辜鸿铭，以及稍晚的林徽因、郑振铎、冰心、林语堂等闽籍学者都为中西文化译介或交流做出了突出贡献。

笔者认为福州近代翻译兴起和发展有原因如下：

---

① 康有为.《琴南先生写〈万木草堂〉题诗见赠、赋谢》，载《庸言》，1913 年，第 1 卷第 7 号。

一、商品经济的繁荣

鸦片战争后，福州被辟为“通商口岸”，往来贸易频繁，尤其是茶叶贸易。1853年的太平天国运动后，内地茶叶运输路线被割断，福州的茶叶出口贸易更上层楼，“仅两三年时间，出口贸易遂居广州之上，到1859年，福州的茶叶出口额占42%，超过上海，首次夺冠”①。茶市的兴旺带动其他行业的迅速发展，福州成为当时我国东南沿海城乡手工业比较发达的城市，“福州之南台地方，为省会精华之区，洋行、茶行，密如栉比”②。

同时，华侨对福州的回报性建设也是其经济发展的重要因素。1840年鸦片战争后，福建人口大规模向外迁移——主要是向东南亚迁移，到1890年，出国华侨人数达40万。有的华侨汇款回国汇款支持家乡建设，还有华侨积极投资家乡工业发展，如18世纪头30年比较突出的福州华侨投资企业就有福州华兴机器制糖厂、福州迈罗罐头食品公司、福州福建造纸公司等③。

经济发展是社会进步的根源，也是民风开放思想包容的动力。对比福州近代翻译史和其伴随茶市兴盛而来的经济发展史，可以看出，商品经济繁荣是近代翻译史上福州译才辈出的根本原因。

二、教育事业发展

福州的文化源远流长，有“海滨邹鲁”的美誉。一般认为，福州的封建教育始于西晋，初兴于唐，全盛于宋，受挫于元，复兴于明，变革于晚清。④在笔者看来，正是由于宋朝开始，福州的教育以推崇理学为主，近代福州译家才在西方文化冲击下有着明显的矛盾性和两面性，因此下文着重介绍从宋朝开始的福州教育相关情况。

① 颜丽金. 清代福建茶叶外销与地区经济发展的互动关系研究. 2004年暨南大学硕士学位毕业论文。

② 姚贤镐. 中国近代对外贸易史资料第三册，1465.

③ 林金枝. 近代华侨投资国内企业史资料选辑（福建卷）. 福建人民出版社，1985：88.

④《福州教育志》概述。

（一）古代教育

宋朝福州教育发达，既有官学，又有闽县县学、侯官县学、怀安县学等。朱熹在《福州府学经史阁记》里说："福州府学在东南最盛，弟子员常数百人。"福州本地文人如周希孟、陈烈、陈襄、郑穆提倡道学于闽中，推广了道学在福州地区的传播；此外，很多在福州做官的文人墨客也推动了当地教育的发展，如陆游、辛弃疾等。从福州古代教育史可以看出，福州的文化传统浓厚，教育拥有广大的民众基础，这也是严复和林纾在翻译外文作品时选择用古文写作的原因之一，而在笔者看来，这也正是福州译家在接受并宣传西方先进思想时又表现出其根深蒂固的封建思想的历史原因。

（二）教会学校教育

天主教传人福建，主要可分为元代、明中后期、清初至康熙五十九年、雍正元年至鸦片战争、道光二十四年至 1919 年、1919 年至 1949 年这六个阶段[①]，其中，艾儒略（1582—1649）在福州的活动对天主教融入当地群众生活有很重要的作用，他在中国的 36 年中有 25 年在福建活动。在闽期间，他到过福州等大小城市传教，并在传教期间，出版了多种涉及西方科技和社会科学的作品，推动了西学东渐的进程，被人赞为"西来孔子"。

福州被辟为通商口岸后，更多的传教士迁入福州。为了扩大其社会认可度和影响，各教会纷纷办学。新型教育打破了当时的教育等级观念，促进了教育平民化；教会学校开设课程多为西方自然科学和社会科学内容，适应了社会变革时期的迫切需求，为福州近代教育的发展奠定了良好的基础；同时，自 1851 年麦利和妻子在福州开办第一所女塾以后，福州女子教育得到迅速发展，有助于改善近代妇女处境，提高妇女社会地位，在中国教育史上具有里程碑式的重要意义[②]。

（三）近代教育

1866 年创立的福州船政局是中国第一个专事制造舰船的近代军用工业企业，其下属机构船政学堂拉开了福建教育现代化的序幕，是

① 何绵山. 略论天主教在福建的传播. 海交史研究，1997（2）.

② 宋爱妮. 中国教会女子大学研究[D]. 中南民族大学，2008.

中国教育史上一次重大创新，“成为二十世纪初期一支科技、外交、军事人才的主要来源”[①]。学生中，闽籍学生特别是福州的学生占绝大多数。船政文化和之后被史学界探讨的闽侯文化一样，为福州近代翻译提供了众多人才。严复和陈季同均为船政学堂早期培养的学生，严复为英文班学生，陈季同为法文班学生，林纾的口译合作者王寿昌、薛绍徽丈夫陈寿彭，甚至冰心的父亲谢葆璋都是接受了船政学堂的新式教育。纵观整个近代文学史、思想史、科技史、外交史等各个领域，可以看出，福建船政学堂在人才培养上为中国之进步立下了汗马功劳。

受船政学堂启发，福州各阶层开始了办学热潮：如“末代帝师”陈宝琛在赋闲福州的25年间，创办各种学堂，促进了福州教育事业发展，其中，成立于1907年的福建优级师范学堂是福建省历史上第一所高等院校，是福建现代高等教育的先河。此外，华侨积极办学也是福州乃至福建的一大特色，如陈嘉庚就自1913年起在家乡陆续办起各种学校，推动家乡教育发展。

三、爱国传统和榜样作用

福建学风淳朴，爱国传统历史悠久，而福州作为其省会中心城市，自然引领风气之先。历史上几次国家战争不安之时，福州都作为朝廷临时国都，来对抗外族侵略或国内动乱，如南明唐王朱聿键在闽籍郑芝龙的支持下在福州称帝，对抗南下的清军。近代史以来，以林则徐为代表的福州人依然保持着先人爱国传统，国难当头，愤而起之。林纾在1895年清廷签订《马关条约》之后，与友人冒死叩阙抗议力争[②]，足可见晚清闽人在祖国危难之时的热血情怀；无独有偶，严复在留学时和同学们参观伦敦的蜡像馆时，见到林则徐和夫人的塑像，极为感动，从内心发誓要做林则徐这样顶天立地的人[③]。福州译家内心里把爱国或林则徐作为心中的信念，这无疑是他们从事翻译拯救祖国的极大动力。

---

① 林庆元. 福建船政局史稿. 福建人民出版社，1986：287.
② 陈福康. 中国译学史. 上海：上海外语教育出版社，2011：96.
③ 何绵山. 近代侯官文化与严复. 近代史研究. 1995（4）：252.

同时，李国祁在研究晚清福建的社会现代化时发现："福建省表现于社会组织上的最大特点，为宗族的集居"，"福建整个社会既是表现出强烈的血缘色彩，致而其社会的垂直流动也深受此意色彩影响"①。林则徐的女婿沈葆桢延续岳父思想，管理福州船政学堂，是严复、陈季同等译家的恩师，而严复在担任天津水师学堂总教习时，招收不少福州子弟。这种地区观念虽有其保守的一面，但对福州翻译发展却实是一个重要的社会因素。

福州在近代中国翻译史上有重要地位，不仅译家人数多，而且译作涵盖广，种类全，影响大。本文从经济发展、教育传统和爱国历史出发，探讨了近代翻译史上福州翻译事业繁荣的成因。通过对成因的深入研究，我们可以看到近代福州译家在译介传播先进理念时发挥的积极作用，但同时由于其自身的思想局限性，不少译者虽然接受新思想的熏陶，但仍然在中西文化碰撞过程中找不到出路。我们既要学习他们认真谨慎的翻译精神和爱国情怀，也要以史为鉴，避免出现相同的疑问和困惑，在翻译的道路上继续前行。

参考文献：

[1]陈福康. 中国译学史[M]. 上海：上海外语教育出版社，2011.

[2]何绵山. 近代侯官文化与严复[J]. 近代史研究，1995（4）.

[3]何绵山. 略论天主教在福建的传播[J]. 海交史研究，1997（2）.

[4]李国祁. 中国现代化的区域研究——闽浙台地区，1860—1916[M].

[5]林金枝. 近代华侨投资国内企业史资料选辑（福建卷）[M]. 福建人民出版社，1985.

[6]林庆元. 福建船政局史稿[M]. 福建人民出版社，1986.

[7]宋爱妮.《中国教会女子大学研究》[D]. 中南民族大学，2008.

[8]颜丽金. 清代福建茶叶外销与地区经济发展的互动关系研究[D]. 暨南大学，2004.

[9]姚贤镐. 中国近代对外贸易史资料第三册[M]. 中华书局，1962.

① 李国祁. 中国现代化的区域研究——闽浙台地区，1860—1916. 中央研究院近代史研究所，1985：554-555.

从“韵味”看《荷塘月色》两种译本

2011级　英语语言文学　董源康

摘　要：德国功能主义代表人物赖斯（Reiss）将文本类型进行了划分，并将这种分类用于翻译批评。由于散文属于文学，所以散文翻译批评应关注译文是否复现了原文的美学效果。刘士聪提出了散文的“韵味”说，指出散文翻译要再现原文的韵味，并将韵味细分成三类。文章认为刘教授的“韵味”契合了散文的美学效果，建议散文翻译批评以韵味为标准。

关键词：翻译批评；散文；韵味说；荷塘月色

一、赖斯的翻译批评理论

德国功能主义代表人物赖斯（Reiss）在《翻译批评：潜力与制约》（*Translation Criticism: The Potentials & Limitations*）一书中将文本类型进行了划分，并将这种分类用于翻译批评。按照这种分类，文学文本属于以形式为重的文本（form-focused text）。关于以形式为重的文本，赖斯写道：“在这类文本中，作者有意、无意使用形式元素，来制造一种特定的美学效果。”（Reiss 2004: 31-32）那么对这类文本进行翻译批评，有哪些标准可用呢？赖斯继续写道：“于是，首要目标就是创造一个类似的美学效果。”（Reiss 2004: 32）所以文学翻译批评应考虑创造与原文类似的美学效果为标准。遗憾的是，赖斯没有具体说明这种美学效果是什么。对于散文翻译批评而言，美学效果该如如何来把握呢？笔者认为刘士聪教授提出的散文翻译的“韵味”说最能体现散文的美学效果，散文翻译批评不妨以“韵味”为标准。

二、散文翻译“韵味”说

刘士聪教授在《汉英—英汉美文翻译与鉴赏》一书的“前言”中提出：“翻译，这里指文学作品的翻译，是语言艺术，其至高境界是再现原文的韵味”，并进一步解释“译作的‘韵味’就是原作的艺术感染内涵通过译文准确而富有文采的语言表达是所蕴含的艺术感染力，这种艺术感染力能引起读者的美感共鸣”（刘士聪 2002: 2）。此外，刘士聪教授将散文的“韵味”细化为三个方面：声响与节奏、意境和氛围、个性化的话语方式。

文学作品的一大特点就是可以朗诵，而文学作品的朗诵本身就是艺术，所以声响与节奏最能体现文学文本的特点。声响包括押韵和韵律等，这在诗歌中尤为明显。散文又称美文，声响自然不可忽视。节奏也是散文不可或缺的一部分，包括句式长短，和句式安排等。至于意境和氛围，他指出：“任何形式的文学作品都有一种意境与氛围，这种意境与氛围通过作者在作品里所表达的精神气质、思想情操、审美志趣以及他（她）所创造的形象营造出来，并构成作品审美价值的核心。”（刘士聪 2002: 3）这种意境往往通过个别的词语点睛而出。

需要指出的是，文学翻译批评不仅仅是在语义层面批评译文，而是上升到了一种审美的层面。正如王宏印（2008: 40）指出：“文学翻译批评是一种高级的审美研究活动，兼顾了鉴赏与研究。”所以散文翻译“韵味”说并不忽视对语义层面的考查，只不过这不在本文的讨论范围之内。

三、“韵味”说视角下的《荷塘月色》

《荷塘月色》是朱自清先生 1927 年 7 月创作于北京清华园的一篇精美散文，作品中清新淡雅的幽美意境赢得了广泛的读者。本文选取了杨宪益、戴乃迭和朱纯深的两种译文。

例一：荷塘四面，长着许多树，蓊蓊郁郁的。路的一旁，是些杨柳，和一些不知道名字的树。

杨译：Trees grow thick and bosky all around the pool, with willows and other trees I cannot name by the path.

朱译：... it looks more solitary, in a lush, shady ambience of trees all around the pond. On the side where the path is, there are willows, interlaced with some others whose names I do not know.

翻译该句需注意“蓊蓊郁郁”。首先该词是叠声词，体现了“韵味”说的声响，这也恰好是本文的特色之一。由于叠声词是汉语独有的修辞方法，所以译者只能在英文中寻找另一种表达方法。相比之下朱译文采用 lush，shady ambience 来翻译，借助两个 sh 音很好地再现了这种声响之美。其次，由于全文的情感基调是悲凉、抑郁的，比如开篇第一句就是“这几天心里颇不宁静”，而且“蓊蓊郁郁”因含“郁”字，间接地体现了文章的抑郁意境。朱译文中的 shady 很好地传达了这一意境，而杨译中的 thick and bosky 却不能传递这一意境。

例二：曲曲折折的荷塘上面，弥望的是田田的叶子。叶子出水很高，像亭亭的舞女的裙。层层的叶子中间，零星地点缀着些白花，有袅娜地开着的，有羞涩地打着朵儿的；正如一粒粒的明珠，又如碧天里的星星，又如刚出浴的美人。

杨译：As far as eye could see, the pool with its winding margin was covered with trim leaves, which rose high out of the water like the flared skirts of dancing girls. And starring these tiers of leaves were white lotus flowers, alluringly open or bashfully in bud, like glimmering pearls, stars in an azure sky, or beauties fresh from the bath.

朱译：All over this winding stretch of water, what meets the eye is a silken field of leaves, reaching rather high above the surface, like the skirts of dancing girls in all their grace. Here and there, layers of leaves are dotted with white lotus blossoms, some in demure bloom, others in shy bud, like scattering pearls, or twinkling stars, or beauties just out of the bath.

这一例是原文的一处经典片段。原文多用叠声词和排比，这一片断集中体现了这一点，如“曲曲折折”、“田田”、“亭亭”、“层层”、“一粒粒”。这些叠声词带来的韵律之美，即声响美无法直接在译入语中再现，是翻译的一大难点。朱译采用头韵，如 winding…water、layers of leaves、…in demure bloom…in shy bud 和尾韵 here and there，很好地弥补了叠声词翻译的缺省，再现了原文的声响之美。相比之下，杨译没有复现声响之美，韵味相对较弱。在这一片断结尾处的三个排比方面，杨译和朱译都紧跟原文节奏，再现了这种韵味美。

例三：月光如流水一般，静静地泻在这一片叶子和花上。薄薄的青雾浮起在荷塘里。叶子和花仿佛在牛乳中洗过一样；又像笼着轻纱的梦。虽然是满月，天上却有一层淡淡的云，所以不能朗照；但我以为这恰是到了好处——酣眠固不可少，小睡也别有风味的。月光是隔了树照过来的，高处丛生的灌木，落下参差的班驳的黑影，峭楞楞如鬼一般；弯弯的杨柳的稀疏的倩影，却又是画在荷叶上。

杨译：Moonlight cascaded like water over the lotus leaves and flowers, and a light blue mist floating up from the pool made them seem washed in milk or caught in a gauzy dream. Though the moon was full, a film of pale clouds in the sky would not allow its rays to shine through brightly, but I feel this was all to the good—though refreshing sleep is indispensable, short naps have a charm all their own. As the moon shone from behind them, the dense trees on the hills threw checkered shadows, dark forms loomed like devils, and the sparse, graceful shadows of willows seemed painted on the lotus leaves.

朱译：The moonlight sheds her liquid light silently over the leaves and flowers, which, in the floating transparency of a bluish haze from the pool, look as if they had just been bathed in milk, or like a dream wrapped in a gauzy hood. Although it is a full moon, shining through a film of clouds, the light is not at its brightest; it is, however, just bright for me—a profound sleep is indispensable, yet a snatched doze also has a savor of its own. The moon is streaming down through the foliage, casting bushy shadows on the ground from high above, jagged and checkered, as grotesque as a party of specters; whereas the benign figures of the drooping willows, here and there, look like painting in the lotus leaves.

这一段也是本篇的经典段落之一，描写的正是文章主题"荷塘月色"之美。第一句描写月光照射在叶子和花上，动词用的是"泻"。杨译文选用 cascade，该词指水大量快速地往下流，动作力度过大，不符合"月光"的特征，未能营造出月色下的荷塘之美，故没有复现原文的意境与氛围。朱译用词组 to shed light on，不仅准确描述出了"月光泻在荷叶上"的过程，还表明月光照亮了叶子和花，营造出了月色下的荷塘之美，再现了原文的意境与氛围。王译用 flow，符合"月光"特征，也再现了原文的意境和氛围，但效果不如朱译。本段末尾将灌木的影子比喻成鬼。杨译翻译成 devil，容易使读者想起魔鬼撒旦，带来有别于原文的负面的联想意义（connotative meaning），破坏了原文的意境与氛围。相比之下，朱译用 specter，使读者产生的联想意义适中，再现了原文的意境与氛围。

四、结语

根据刘士聪教授的散文"韵味"说，散文之美体现在声响与节奏、意境和氛围以及作者个性化的话语方式，这三方面也构成了散文之美。因此，散文翻译批评不妨从这三方面着手，观察译文是否考虑到了这三方面。从上文的分析可以看出，朱纯深的译文充分考虑到了这三方面，很好地再现了原文之美。相比之下，杨宪益、戴乃迭的译文韵味不足，效果不如朱纯深的译文。

参考文献：

[1]刘士聪. 汉英—英汉美文翻译与鉴赏[M]. 南京：译林出版社，2002.

[2]王宏印. 文学翻译批评概论[M]. 北京：中国人民大学出版社， 2008.

[3]Reiss Kathrina. *Translation Criticism: The Potentials & Limitations* [M]. Shanghai: Shanghai Foreign Language Education Press, 2004.

赖斯翻译批评模式下赏析《生活大爆炸》字幕的幽默翻译

2012级　英语语言文学　高春雨

摘　要：近年来，美国情景喜剧受到中国观众的喜爱，其字幕翻译也越来越受到关注。本文以赖斯翻译批评模式为理论依据，选取情景喜剧《生活大爆炸》中的幽默语言为案例，分析译者在翻译幽默语时所采取的策略及其得失。最后指出，实现跨文化交流，译者可根据赖斯翻译批评模式采用灵活的翻译策略，帮助观众更好地理解接受源文本。

关键词：《生活大爆炸》；赖斯；翻译批评模式；幽默翻译

一、引言

The Big Bang Theory（《生活大爆炸》）是由美国哥伦比亚广播公司（CBS）推出的一部情景喜剧，自2007年9月播出以来，深受广大电视观众的喜爱。《生活大爆炸》讲的是美女服务员Penny（彭妮）与四位科学家Leonard（伦纳德）、Sheldon（谢尔登）、Howard（霍华德）和Raj（拉杰）之间发生的有趣故事。剧中语言极具特色，虽然大量运用不为老百姓所熟悉的科学理论，却充满智慧和幽默感，可谓科学娱乐喜相逢。该剧取得成功与其独特经典的对白是分不开的，本文选取人人影视组出品的《生活大爆炸》字幕翻译，结合赖斯功能理论指导下的翻译批评模式对字幕翻译的特点进行分析。

二、赖斯功能理论指导下的翻译批评模式

德国翻译理论家凯瑟林娜·赖斯1971年出版了《翻译批评：潜力

与制约》。书中集中讨论了翻译学的一个中心议题，即如何制定可靠标准对译文进行系统评估。作者从功能的视角审视翻译过程，对文本的分类、译者做出决策时受到的制约、译者在译文中融入个人诠释等问题阐述了自己的看法，并将文本功能、翻译目的、翻译策略和评估标准结合起来，创立了一种新的翻译批评模式。

本书前半部分主要探讨翻译批评的潜力。赖斯将源语文本分为以内容为重的文本（context-focused text）、以形式为重的文本（form-focused text）、以诉请为重的文本（appeal-focused text）和以声音为媒介的文本（audio-media text），接着讨论了语义、词汇、语法、文体等语言要素以及各种非语言因素，如原文题材、产生年代、描写地点、原文读者等对翻译和翻译标准可能产生的影响。后半部分研究翻译批评的制约，主要涉及翻译批评的客观和主观制约条件。从客观方面看，第一种情况是，翻译有时被用来完成某种“特殊”使命或目的[①]。另一种情况是，有些译文是针对与原文不同的“特殊的”读者群[②]而翻译的。主观方面的制约条件，赖斯指出：“It has to do with the individuality of the translator, which inevitably leaves its imprint on the translation”，所以主观因素不免要干扰到对文本的阐述和评判。翻译批评时，需要将这些主观因素考虑进去，才能给出客观公正的批评。

三、从赖斯翻译批评模式下赏析《生活大爆炸》字幕的幽默翻译

目前国内的美剧翻译主要依赖一些草根字幕组，人人影视字幕组就是其中的佼佼者。《生活大爆炸》自从在网络上推出以来就一直受到美剧迷们的追捧，字幕翻译功不可没，人人影视字幕组的精彩表现实现了该剧导演查克·洛尔所期待的娱乐大众的目的。

下表是结合赖斯的翻译批评理论，对《生活大爆炸》字幕的功能列表展示。下文将对其中几项做详细阐述。

① 主要指简历、总结、晦涩的文学作品、学术著作、《圣经》、文艺作品等。

② 主要指儿童读物、大众文学，涉及宗教道德的文本。

文本类型	重形式文本（form-focused text）或表情（expressive）文本[①]
目标语读者	对剧情抱有好奇心，希望能够与源语观众一样有效理解并欣赏其中的幽默
目标文本产生的年代	2007 年 9 月
目标文本传播的地点	中国
文本翻译动机	满足观众娱乐要求，同时介绍外国文化
译者个人气质	人人影视字幕组

（一）文本类型

根据赖斯的文本类型划分，《生活大爆炸》字幕翻译属于重形式文本（form-focused text），即表情（expressive）文本，关注作的者表达方式，注重创作性表达形式的美学效果、艺术效果。即不仅关注“说什么”，而且要注意“怎么说”。文本类型一旦确定，也就找到了适用的翻译方法，就可以对译者的相关翻译标准、各种翻译策略进行评估了。

（二）目标语读者

无论写作还是翻译，在原作者与译者心中，都有意或无意地怀揣特定读者。《生活大爆炸》的特定读者群是那些对剧情抱有好奇心，希望从中得到观影娱乐的中国观众，所以翻译中应“投其所好”，既不会让读者因为过多的陌生文化和语言表达觉得晦涩难懂，又不会因为过于浓重的“翻译腔”而兴趣全无。

例 1：原：Leonard: Have you done something awful to Amy?

Sheldon: No, I'm a delight.（第 2 季第 8 集）

译：Leonard：你是不是对艾米做了什么恶劣的事？

Sheldon：没有啊，我超萌超有爱啊。

此句译文中，译者十分巧妙地把“delight”翻译为时下热门的网络词汇“萌”和“有爱”，而不是按照“delight”的原意直译成“取悦

---

① 纽马克在其著作《翻译教程》（*A Text Book of Translation*）一书中，将文本按其功能划分为表达型文本（expressive）、信息型文本（informative）、呼吁型文本（vocative）、美学型文本（aesthetic）、交际型文本（phatic）、元语言文本（metalingual）。

于人的事物”或“乐趣”，如果这样译，不仅不符合中文表达习惯，而且台词的喜剧效果尽失。该剧的观众群大多是年轻的大学生、白领，考虑到他们的文化背景、时代背景，“萌”和“有爱”更适合他们的口味，让观众眼前一亮。

（三）文本翻译动机

作为一部从美国本土引进的情景喜剧，《生活大爆炸》所涉及的具有美国文化的词汇、风俗习惯的内容对于中国观众来说是陌生的。译者在满足观众欣赏剧情的同时，还要考虑其接受能力，如果一直给观众灌输新鲜陌生的信息，必然也会造成观众与剧情的距离感、增加欣赏的难度。

例 2：原：Leonard: Holy crap, are you connected to the Oak Ridge National Laboratory? that computer is used for National defense. Hacking into it is a Federal crime.（第 4 季第 17 集）

Sheldon: Relax，we’re not under attack right now.

Leonard: Okay, I’m leaving before the black helicopters get here.

译：Leonard：神啊，你连上了橡树岭国家实验室？那是用于国防的。黑它可是政府级重罪啊。

Sheldon：放轻松，现在又没人攻击咱。

Leonard：好，在黑色直升机来之前我先搬家吧。（形容政府用机）

以上对话中，笑点在于最后一句话中，Leonard 讽刺 Sheldon 会被政府逮捕，他用黑色直升机来指代政府，因为黑色直升机是美国政府的专用机。这一点对于美国人来说是个常识，但是对于中国观众就需要加以解释。译文对此进行文外加注，但是笔者认为此注解可以直接补充在句中变成句中的直接信息，更符合观众的接受习惯。所以，可改译为：“好吧，在政府的黑色直升机来之前我先搬家吧。”

（四）译者的个人气质

此处的个人气质，笔者主要指人人影视字幕组翻译目的对其译文的影响。人人影视字幕组曾发帖表示其翻译《生活大爆炸》的目的就是要“让观众哈哈大笑，最好笑过之后还能记住笑点在哪儿”。人人影视字幕组也是这样实践的，在其字幕中，不乏让人捧腹的片段。

例 3：原：Kripke: Let’s settle this wobot a wobot.（第 3 季第 12 集）

译：Kripke：我们就用机器蚊对机器蚊一决胜负吧。

该译文可谓顺应源语，创新直译的典型。配角 Kripke（克里普克）说话带口音，常把/r/音发成/w/音，“wobot”没有翻译成“机器人”而是“机器蚊”，剧中笑点很好地传达给了中国观众。除此之外，字幕组有意识地对 Kripke 的特有口音做了细微处理，比如“What is his pwoblem?”翻译成“他有什么毛秉？”；“Weady. Set.”处理成“鱼备，开始。”这种创造性的直译只有一字之差，但是观众毫不费力地就能理解剧中人物的特色，自然抚掌大笑了。

四、结语

本文结合赖斯的《翻译批评：潜力与制约》一书，对人人字幕组的翻译力作《生活大爆炸》字幕的幽默翻译进行了赏析。《生活大爆炸》不仅在中国掀起了一股情景美剧的热浪，而且为中国观众打开了一扇了解美国文化的窗口。总之，赖斯从功能角度提出了一种新的翻译批评模式，不仅为我们赏析优秀的译作提供了参照标准，也为今后的跨文化翻译如何真正意义上实现文化交流这一主题提供了借鉴。

参考文献：

[1]刘宓庆. 文化语境与语言翻译[M].中国对外翻译出版公司，1998: 28-29.

[2]钱绍昌. 影视翻译——翻译园地中愈来愈重要的领域[J]. 中国翻译，2001，（1）：61-65.

[3]Bassnett Susan and Lefevere Andre. *Constructing Culture: Essays on Literary Transition.* Shanghai: Shanghai Foreign Language Education Press, 2004.

[4]Reiss Katharina. *Translation Criticism—the Potentials and Limitations* [M]. Shanghai: Shanghai Foreign Language Education Press, 2004.

浅析程抱一与许渊冲唐诗法译的特点
——对诗歌翻译的内心感悟

2013 级　法语笔译　胡帅荣

摘　要：唐诗一直以来都是我国文学作品翻译的核心，在其翻译史上，程抱一和许渊冲是两个不能不提的名字："中国和西方文化间永不疲倦的摆渡人"程抱一在唐诗翻译领域颇有建树；许渊冲大胆突破传统对唐诗翻译的限制。本文旨在分析、对比二人唐诗法译的特点及风格，感慨唐诗翻译中"求真"与"求美"兼得之难的遗憾。

关键词：唐诗法译；许渊冲；程抱一；对比

一、程抱一和许渊冲的翻译理论的对比

在法兰西学院院士程抱一翻译的中国诗词中，唐诗的翻译最能代表他的翻译风格、特色和水平，但是程抱一并没有明确表达出自己的翻译理论，而是将研究中国诗语言与翻译唐诗同时进行：在翻译唐诗的过程中解析中国诗的结构，又以对中国诗结构理论的体会与认识来指导其唐诗翻译。

程抱一翻译唐诗分为两个步骤，首先逐字对应地找出与原诗句、字、词意义相对应的法文词，得出一组意义独立、看似各不相干的法语词，然后他再根据中文原诗的意义，将这些独立的法语词重新组织，必要时重新筛选和寻找词汇，以组成语法正确的一句法语诗。通过收录在《中国诗语言研究》中的《宿建德江》一诗的翻译来展示出程译唐诗的两个翻译步骤：

《宿建德江》

Passant la nuit sur le fleuve Jian-de

移舟泊烟渚，

Déplacer barque accoster brumeux îlot

日暮客愁新。

Soleil couchant voyageur tristesse arrivée

野旷天低树，

Plaine immense ciel s'abaisser arbres

江清月近人。

Fleuve limpide lune s'approcher hommes

上面是程抱一翻译本诗的第一步骤，我们一目了然便可以发现第一步骤的最大特点就是对应，这里的对应分为两个层面：第一层面为词意对应，即用一个法语词对应翻译一个汉字，如：移—déplacer，日—soleil 等；第二层面为词性对应，即用名词去翻译名词，用动词去翻译动词，如：舟—barque，泊—accoster，旷—immense 等。由于汉、法两种语言文字性质的差异决定了这两种语言在形式上并不能实现完美对等，所以经过翻译的第一步骤得到的仅仅是词汇整齐的罗列，并不是意义完整的诗句，更不能表现出原诗的意境和思想，程抱一的第二个翻译步骤就是根据原诗的意义重新组织语法词汇，将原本独立的词汇按照法语语法规则连接起来，在需要的时候会使用第一步骤中未曾使用的新词，更好地展现出原诗的意义和意境：

Passant la nuit sur le fleuve Jian-de

Dans les brumes, près de l'île, on amarre la barque.

Au crépuscule renaît la nostalgie du voyageur.

Plaine immense: le ciel s'abaisse vers les arbres;

Fleuve limpide: la lune s'approche des humains.

与第一步骤相比，在第二步骤翻译的作品中，程抱一增加了一些法语句法中必不可少的虚词（介词、冠词、代词等）如：dans, près, au, vers, les, la, de, on，更准确地表达了原诗所旨在表达的内容。又用了两个冒号，保持了原诗的对仗，准确地描绘出原诗的景象“望着无边无际的旷野，天空好像比树还低沉，由于江水清清白白，天空中的月亮是让更加感到亲切近人”。

许渊冲在中国诗歌翻译上的成就是众人有目共睹的。他翻译中国诗歌的标准是由他本人所提出的“三美”论，即认为译诗应该讲究“三美”，即意美、音美和形美。要传达意美，可以选择和原文意似的绝妙好词，还可以借助音美和形美来表达原文的意美。音美是指诗歌要有节调、押韵、顺口、好听。形美主要有对仗工整、语句长短两个方面，最好也能够做到形似，至少也要做到大体整齐。在“三美”中，意美是第一位的，音美是第二位的，形美是第三位的。译者应该在传达原文意美的前提下，尽可能传达音美，并在此基础上尽可能传达形美，努力做到三美齐备。“美”是译诗的充分条件，最高要求，一般来说，越能传达原诗“三美”的译文越好。此外，许渊冲还重视译者创造力的翻译，将之称为“再创作的翻译法”，再创作可以使诗在翻译中失而复得，也可称为“以创补失”法。许渊冲的法译诗歌作品收录在《中国古诗词 300 首》中。

对比二人的翻译理论或是翻译方法不难发现，两位翻译大师的翻译观可谓大相径庭，程抱一是以直译为主，追求“真”，而许渊冲则以追求“美”为己任。

二、程抱一和许渊冲翻译特点的对比

通过李白《独坐敬亭山》一诗，试分析二者翻译的不同特点：

《独坐敬亭山》

众鸟高飞尽，孤云独去闲。

相看两不厌，只有敬亭山。

程译版本：

Le mont Jing-ting

Les oiseaux s’envolent, disparaissent

Un dernier nuage, oisif, se dissipe

À se contempler infiniment l’un l’autre

Il ne reste que le mont Révérence

许译版本：

Le Mont JingTing

Nul oiseau n'est en vue

Au ciel se fond la nue

Jamais je ne suis là

De voir le mont en bas

原诗是一首五言绝句，五言绝句乃至唐诗的一大特点就是字数固定并且讲究押韵严格，所以我们不妨先从形式和音韵角度来分析二者的作品：汉语的特点是一个汉字对应的一个音节，而法语中却存在大量多音节单词，我们可以看到在程译版本中每行的音节数分别为 8、9、11、9，音节数量并不完全相同，且差别较大，而许译版本中每行的音节数均为 6，虽然每行 6 音节和原诗的 5 音节还有差别，但是许译版本已经能够很好地呈现出中国古诗的形美；原诗的前两行句尾“尽”和“闲”二字没有押韵，后两行中句尾“厌”和“闲”二字押韵，程译版本中无论是前两行中的 « disparaissent »和« dissipe »还是后两行中的 « autre »和 «Révérence »都没有做到押韵，许译版本中无论是前两行中的 « vue »和 « nue »还是后两行中的 « là »和 « bas »都做到了押韵（AABB），因此从形美和音美角度来看，许译版本要更胜一筹。

正如许渊冲教授所说“求真”是低标准，也是必要条件，下面将二者译本从“求真”的角度加以分析，原诗的诗意为“鸟儿们飞得没有了踪迹，天上漂浮的孤云也不愿意留下，慢慢向远处飘去。只有我看着高高的敬亭山，敬亭山也默默无语地注视着我，我们谁也不会觉得满足。谁能理解我此时孤寂的心情，只有这个高达的敬亭山了”，程译的诗意为“鸟儿们都飞走了，天空中那最后一片悠闲的云彩也消散了，只剩下我和敬亭山在相互注视”。许译的诗意为“空中看不见一只鸟儿，天空中云彩消散了，我在那里向下望去只能看到敬亭山”，对比二者翻译版本和原文大意相比较，不难发现程译版本十分符合原文的诗意，严格地做到了忠实于原诗，而许译版本的诗意与原文存在出入，在翻译过程中增加了自己再创作的内容，并不完全符合求真的最低标准。

此外，对于中国唐诗中出现的很多地名、人名等专有名词，两位翻译家的处理方法也是不一样的：例如李白《早发白帝城》一诗中“朝辞白帝彩云间，千里江陵一日还”出现了“白帝”和“江陵”两个地名，程抱一采取直译的方法，分别译为«la cité d'Empereur Blanc»，«Chiang-ling»，而许译版本中白帝这一地名并未译出，将江陵译为«Rivière»。

“中国和西方文化间永不疲倦的摆渡人”程抱一院士和“诗译英法唯一人”许渊冲教授都在诗歌翻译史上留下了浓墨重彩的一笔，程抱一翻译作品中的“求真”和许渊冲翻译作品中的“求美”给我们留下了深刻印象。通过上面选取例文的对比，我们可以发现，程译唐诗虽然在押韵与形式上有所欠缺，但是可以很好地表现出原诗所要表达的意义和意境，使读者特别是外国读者能够很好地了解原诗的内容及其思想，更容易走进中国诗歌文化，而许渊冲认为“在译诗时，求真是低标准，求美才是高标准。翻译要求真，诗词要求美。译诗如能既真又美，那自然再好不过，如果二者不能兼得，那就只好在不失真的条件下，尽可能传达原诗的意美、音美和形美”。许渊冲虽然声明翻译应以“不失真”为条件，但他的翻译实践表明他是将译诗的“三美”放在对“求真”的追求之上，“求美”重于“求真”，在笔者看来许渊冲教授更是将音美的重要性提升到了前所未有的高度。

三、翻译是遗憾的艺术——“求真”与“求美”兼顾之难

如何更好地翻译诗歌一直以来都是翻译理论界争论的焦点之一：英国语言学家和翻译理论家西奥多·萨瓦里（Theodore Horace Savort）在他的翻译名著《翻译艺术》中论及诗歌的翻译时，主要“以诗译诗”，赞成原文押韵的诗最好译成押韵。美国翻译理论家约翰·费尔斯蒂纳（John Felstiner）也认为只有以诗译诗才能表达诗人的心声。英国著名翻译理论家苏珊·巴斯奈特（Susan Bassnett）则反对任何有意增删、省略的译法，萨瓦里也不赞成因韵损文，对原诗任意增加更改，认为必要时可以译成现代的散文诗或诗的散文，可以既不受韵律的限制，又不受严格地重读规则的羁绊，我国的刘重德教授也主张在确实不能

用格律诗翻译格律诗的情况下，运用自由诗体来翻译，尽量保留原诗的思路、情节、意境和形象。

过去一系列的翻译实践证明，真与美的关系是文学翻译特别是诗歌翻译的根本问题之一，译者很难做到将真与美完美兼顾，难怪有人将翻译比喻成“戴着脚镣的舞蹈”，形象地说明了“求真”与“求美”兼顾的困难。但是笔者认为译者或是译作中所追求的美，应该是原作本身所蕴含的美，译者应该以最大限度地再现原文的美为己任。一味的“求美”或是“创造美”而损失了原文的精华，对于读者来说才是真正的遗憾。

参考文献：

[1]许渊冲. 文学与翻译[M]. 北京大学出版社，2003：114-120.

[2]许渊冲. 追忆似水年华[M]. 三联出版社，2009：56-79.

[3]杨柳. 翻译诗学与意识形态[M]. 科学出版社，2010：66-79.

[4]蒋向艳. 程抱一的唐诗翻译与唐诗研究[M]. 华东师范大学出版社，2008，217-228.

[5]许钧等. 文学翻译的理论与实践——翻译对话录（增订本）[M]. 译林出版社，2010：22-40.

从梁启超的《非唯》看
唯物主义与唯心主义翻译的不当之处

2012级　英语语言文学　李晶

摘　要：英文单词“materialism”与“idealism”在我国分别被广泛译为“唯物主义”和“唯心主义”。梁启超的《非唯》一文却对冠以“唯”字的一系列主义提出了质疑，并指出了其绝对性。但梁启超仅从哲学的角度对其进行批判，而并非从翻译的角度进行的。因此，本文试图在《非唯》一说的基础上，从“唯”字词义的角度指明“materialism”与“idealism”汉译的不合理之处，并尝试对其作出新的翻译。

关键词：非唯；唯物主义；唯心主义；翻译

一、“唯”字的起源

“唯物主义”、“唯心主义”及其他“唯……主义”并非中国固有，而是从国外翻译而来，属于舶来品。梁启超在《非唯》一文开篇便指出：“近来学界最时髦的话头是‘唯……主义’、‘唯……主义’等。这种话头起初是从印度学传来的，如‘三界唯心，万法唯识’之类便是。最近欧学输入，名目越发多了。最著者如‘唯物史观’、‘唯心哲学’，乃至‘唯用’、‘唯感’、‘唯美’、‘唯实’、‘唯乐’……等等，标名新颖，立说精奇，很替学界增许多光焰。”“唯……主义”虽非中国固有，但“唯”字在我国确是自古就有。根据《汉语大字典》，唯：只有，只是，也作“惟”、“维”。《广雅·释诂三》称：“唯，独也。”《易·序卦》记载“盈天地之间者唯万物”，是我国关于“唯”字的最早记载。现代汉语仍然选择将“唯”字解释为“独、只有、只是”。因此，唯物主义与唯心主义从字面理解，应为“独物主义”或“独心主义”，是一元论的体现。但是，唯物主义与唯心主义的实际解释却并非如此。二者均为哲学用语，根据《现代汉语词典》（第五版），二者解释分别如下：“唯物主义，哲学中两大派别之一，认为世界按它的本质来说是物质的，是在人的意识之外，不依赖于人的意识而客观存在的。物质是第一性的，意识是物质存在的反映，是第二性的。唯心主义，哲学中两大派别之一，认为物质世界是意识、精神的产物，意识、精神是第一性的，物质是第二性的。”从以上对二者的解释中不难看出，世界由物质与意识共同构成，唯物主义并不否认意识的存在，而唯心主义也并不否认物质的存在，之所以会产生两种对立的哲学派别，是因为在认识世界的本质及构成世界的形态的先后顺序上出现了分歧。其中一派认为世界的本质是物质，物质第一性，意识第二性，另一派认为世界的本质是意识，意识第一性，物质第二性。但是不管是物质派还是意识派，它不并不将自己视为构成世界的唯一形态，而只视作主要形态。但将 materialism 与 idealism 译为“唯物主义”与“唯心主义”显然违背了其真实含义，因为“唯物主义”一词无疑否认意识的存在，而“唯心主义”一词则否认物质的存在。

二、因翻译不当产生的矛盾

翻译的方法大致说来有如下几种：音译、意译及音译加意译。不管采用哪一种方法，都应保持源语的本来面目不失，尽量弥合不同语言产生的文化理解差异，而不是扩大这种差异。如果说，音译难以做到准确保持源语的本来面目的话，那么意译就必须担当起这一“重任”。显然，单词 materialism 与 idealism 译为“唯物主义”与“唯心主义”，并不是采用音译，我们只能借助意译来实现这一过程。但由于“唯”字的一元性的性质，将 materialism 与 idealism 分别译为“唯物主义”与“唯心主义”与其在哲学上“二元论”的性质相互矛盾，容易让人产生误解，反而加剧了理解上的鸿沟。梁启超在《非唯》一文中也曾指出唯物主义与唯心主义的矛盾：“物的条件之重要，前文已经说过，所以关于遗传咧、环境咧种种影响，乃至最狭义的以经济活动为构成文化的主要要素，这些学说，我都承认含有一部分真理。若在物字上头加上一个唯字，我又不能不反对了。须知，人类和其他动物之所以不同者，其他动物至多能顺应环境罢了，人类则能改良或创造环境，拿什么去改良创造？就是他们的心力。若不承认这一点心力的神秘，便全部人类进化史都说不通了。若要贯彻唯物论的主张吗，结果非归到‘机械的人生观’不可……心力是宇宙间最伟大的东西，而且含有不可思议的神秘性，人类所以在生物界占特别位置者就在此。这是我绝对承认的。若心字上头加上一个唯字，我便不能不反对了。充‘唯心论’的主张，必要将所有物质的条件和势力一概否认，才算贯彻。然而事实上那里能做到？”该文反复出现的“物”与“心”就是哲学上的“物质”与“意识”。如果采用“唯物主义”与“唯心主义”的译本，无疑会阻碍人们从根本上理解唯物主义与唯心主义的哲学含义，不利于帮助人类认识世界。

三、materialism 与 idealism 之重译

基于前文所指出的将 materialism 与 idealism 分别译为“唯物主义”与“唯心主义”存在的不对等问题，加上唯物主义在我国思想领域所占据的显著地位，本文主张翻译界对 materialism 与 idealism 二词重新进行翻译。虽然对于已经引入国内的新词一直存在“先入为主”的不成文规定，一旦使用便不再轻易更改，更何况以上二词在我国已使用逾百年，可谓“根深蒂固”，要想彻底改变原有的翻译版本几乎不可能，但本文仍尝试从哲学基本问题第一方面的角度对 materialism 与 idealism 作出新的翻译，以下是本文提出的几个新的译法，试图打破“唯”的一元论性质，还原其二元论的性质，希望能够对学界有所启发。

从“何者为世界的本原”的角度来看，由于 materialism 认为世界的本原是物质，idealism 认为世界的本原是意识，因此本文建议将 materialism 与 idealism 分别译为“物本主义”与“心本主义”。

从“谁是第一性，谁是第二性”的角度来看，由于 materialism 认为物质第一性，意识第二性，idealism 认为意识第一性，物质第二性，因此本文建议将 materialism 与 idealism 分别译为“先物主义”与“先

心主义”。

不管是何种译法，还原源语的本质含义、打破“唯”造成的一元论影响是本文建议进行重译的出发点，综合以上两方面，重译的版本需要既能体现“何者为世界的本原”又能体现“谁是第一性，谁是第二性”，本文建议将 materialism 与 idealism 最终分别译为“倾物主义”（pro-materialism）与“倾心主义”（pro-idealism）。

参考文献：

[1]葛懋春，蒋俊. 梁启超哲学思想论文选［M］. 北京大学出版社，1984.

[2]吕叔湘. 现代汉语词典（第5版）[K]. 商务印书馆，2008：1417.

[3]许力以. 汉语大字典[K]. 四川辞书出版社，湖北辞书出版社，1986：642.

关于报纸的汉译日考察
——以《今晚报》日译为例

2011 级　日语语言文学　李钰婧

摘　要：自天津市最受欢迎的报纸《今晚报》日语版创刊以来，笔者与同伴一同参与了日语版的翻译工作，受益匪浅，对于如何站在受众的立场上来考虑译文有了深刻的感悟。本文将从谋求信息的等效性出发，在探讨功能翻译理论原理的基础上，通过问卷调查来研究初译稿与终审稿的差别，从而对翻译方法进行总结，指出作为中国译者在汉译日时应当注意的问题与对策。

关键词：今晚报日译；功能翻译理论；自国化与异国化翻译策略

一、引言

本论文中，首先将对功能翻译论进行概说，之后讨论滕涛文子基于功能翻译论而著成的有关翻译的跨文化交流研究成果。接着，介绍本论文的分析标准，即自国化翻译理论与异国化翻译理论。最后，介绍功能翻译论在英语界的应用，以及汉日翻译的应用。

二、先行研究

（一）功能翻译论

20 世纪 70 年代到 80 年代，翻译理论的中心从原文文本开始向译文文本转移。这时候诞生了“功能翻译理论”，它强调翻译的目的和功能，把翻译定性为原文文化圈与译文文化圈之间的跨文化交际行为。此理论由德国的赖斯提出，之后由诺德继承并加以体系化，如今在实用翻译中被广泛应用。

20 世纪 70 年代，赖斯基于“等价”的概念，将以原文和译文为中心的翻译评价进行了体系化。但是，赖斯所言及的等价，与一直以来等价原则研究中相关的单词以及文章结构中的等价不同，他指的是文本之间的等价，是基于语言功能和文章风格以及翻译策略之间关系的等价作用的实现。

（二）自国化翻译与异国化翻译

作为与 Skopos[①]理论的运用密切相关的翻译策略，在翻译时，主要可以列举出自国化翻译，即以译文文化为背景的翻译策略，以及异国化翻译，即以原文文化为背景的翻译策略。

最初提出这个概念的 Schleiemacher 正式把原文作者与译文读者应怎样形成共鸣这一点当做论题，提出只有两条翻译思路，即“真正的译者，应在不改动原文初衷的基础上尽力使读者理解作者想表达的涵义，抑或是使译文尽力向读者的文化圈靠近，使读者易于理解”(2001:28）。

（三）中国学术界的研究

关于功能翻译理论的应用，在日语新闻界的翻译领域中还没有研究，在中国的汉语新闻英译的领域中已被广泛运用。最先开始运用的是陈小慰。在中国翻译界，严复在《进化论与伦理学》的翻译顺序中提倡的“信达雅”一直被奉为翻译的原则性标准。这其中的“信”即等价原则被视为最重要的一点。但是，在重视跨文化交际效果的当今社会，此理论还是否适用成为了一个问题。关于这一点，陈小慰（2000）着眼于从功能翻译论重视交际的效果，并基于原文想传达的效果来翻译译文的这一特点，向汉英翻译领域导入了这一理论。从实际的翻译结果来看，此理论能够引导译文向着不拘泥于原文的表达形式的思路发展，从而达到更好的翻译效果。

① Skopos，希腊语中表示“目标”之意，是表示“翻译目的”的用语。

三、问卷调查情况

自《今晚报》日文版创刊以来已经有26期了。翻译过程共分三步，第一，中国译者进行初译；第二，日本译者进行初审；第三，翻译总负责人进行终审修改。笔者有幸能参与到翻译工作中来，并在此期间，见证了译文质量不断地提高的过程。但是，初译者均为中国人，在翻译时出现不自然的日语表现是不可避免的。虽然审查修改的成员为日本人，但其修改意见只是代表个人的“一家之言”，想得到大多数日本读者的认同并非易事。所以，为了测试译文的质量，并且明确译文中所存在的问题，从迄今为止的今晚报译文中筛选出部分例句进行了问卷调查。

为了具体分析译文中存在的差距，问卷选择了不懂汉语的日本人作为回答者。然后，将两个版本的译文，即从26期报纸的初译版与终审版中选出的25个问题制成了问卷；最后，总结问卷调查结果，探索在日本读者来看到底什么样的译文才易于理解，才是好译文以及作为中国译者，在翻译时应当注意什么问题。

四、标题部分的分析总结

经过对一系列标题译文的分析，可以体会到在以跨文化为背景的翻译活动中，为了迎合译文文化圈的社会文化，在语言的删减上要下一番功夫。读者不易理解，或是容易招致误解的问题应尽量避开，并进行恰当的省略与注释。为了达到更好的跨文化交际的效果，在内容的取舍上应优先考虑自国化翻译策略。根据对问卷回答的总结，可以体会出在标题翻译的情况中，译文可运用同化、省略的翻译方法，采用体言结句、前置等特定构造，使译文更加贴近读者的文化圈；在语言方面，可向译文中导入释义、同化等自国化翻译策略，使原文中的比喻等修辞手法更加传神；在内容上，因两国的背景知识与文化有所不同，就算对于同样的内容，两国读者对其的理解也会有很大差距，这时应该在内容的取舍上考虑全面，可采用省略、注释的翻译策略。

基本来看，在标题翻译的情况下，自国化翻译策略优势较为明显。

其中，若遇到修辞习惯与文化的差异，可将原文中的跨文化要素通过释义、同化、省略等方法进行更有效的跨文化交际。

五、文章部分的分析总结

在文章的翻译上，中国译者在各方面都很容易受母语的影响。为了译出地道的日语，必须尽量避免这种情况的发生。通过对问卷调查的总结，在内容方面，因两国国情与文化不同，为了使读者更易于理解，在翻译时应优先自国化翻译策略的释义与同化等；在词汇方面，中国译者与日本译者在选词的倾向性上较为不同，为了更加贴近读者文化，在汉语词、和语词以及外来语的选择上应仔细体味，此时常采用自国化翻译的同化；在语法层面，作为刊登于报纸的新闻，应采用书面语进行翻译，并且要注意两国语言在主谓关系上说法习惯的不同，此时应优先考虑自国化翻译的同化。

六、总结

本次的分析结果只是从两个大方面对新闻翻译进行了考察，对于影响选择自国化翻译策略与异国化翻译策略的因素还未完全列举分析，今后，在基于上述分析思路并深入进行分析的同时，会进一步以功能翻译论为指导，研究新闻的中文日译工作。

参考文献：

[1]陈岩. 新编日译汉教程（第2版）. 大连理工大学出版社，2002.

[2]黄勤. 我国的新闻翻译研究：现状与展望. 上海翻译，2007（3）.

[3]牧野力. 翻訳の技法. 早稲田大学出版社，1980.

[4]柳父章. 翻訳とはなにか——日本語と翻訳文化. 法政大学出版社，1976.

[5]Nord Chritiane. *Translating as a Purposeful Activity: Functionalist Approaches Explained.* Shanghai Foreign Language Education Press, 2001.

文化视域下“异”之翻译策略

2012 级　俄语笔译　刘晨

摘　要：翻译是一种跨文化交流活动。我们在关注语言差异的同时，也要关注语言差异背后存在的文化差异以及在语言中所积淀的文化差异。本文正是将翻译置于一个广阔的文化交流语境下去研究，探讨文化视域下语言背后不同文化间的接触、碰撞与交流。

关键词：文化；“异”；翻译策略

一、引言

语言中的“异”相对于“同”，可理解为“不同”。对翻译研究来说，“异”是一个具有特别重要性的问题。没有“异”，就没有翻译的必要性。在这个意义上说，翻译是因语言之“异”而产生的，翻译的根本任务，便是“克服”语言之“异”造成的障碍，来进行思想的沟通与交流。但是，各种语言有着不可简化的多样性。在法国哲学家雅克·德里达看来，这种多样性的不可简化，是无法“克服”的，也是无法翻译的，他甚至提出翻译的根本任务之一，就是要“设法保持这种语言的多样性特征”(雅克·德里达，2001：23)。可见，“异”是一种必然的存在，有“同”而无“异”，便没有了世界的多样性和丰富多彩。翻译中我们面对这些“异”时，就是在保存这些“异”的同时，让这些“异”之间不隔绝，而是形成一种相互联系、相互渗透的关系，以达到各自语言的丰富和发展，使翻译通过语言的转化促进文化的开放，继而又促进我们的思维的开放。

在翻译中，语言的差异给翻译造成的障碍是直接而具体的，一直以来，大家对语言层面上的“异”深有体会，但随着我们认识的不断加深，逐渐透过语言间的“异”，发现了与之相关的思维、文化等更深层的“异”。本文就文化之“异”对翻译的影响及其处理策略做一探讨。

二、文化之“异”对翻译的影响

由于地理环境、宗教信仰、社会习俗、民族心理等方面的原因，形成了各个国家、民族的文化差异，这些差异势必反映到语言上，因而它对翻译的影响是必然的。但同时由于文化的共性大于差异性，且文化的差异性可以通过语言加以表述，而且文化伴随意义的词语只占词汇的一小部分，所以文化差异对翻译的影响是有限的。

翻译是一个动态的过程，译者面对的最大、最直接的困难就是两种文化的不同。我国外语界著名学者王佐良教授在《翻译：思考与试笔》一书中说：“翻译的最大困难是两种文化的不同。在一种文化里头有一种不言而喻的东西，在另一种文化里头却要花费很大的力气加以解释。对本族语者不必解释的事，对外国读者却得加以解释。”（王佐良，1989：27）

由于各民族的文化差异，在词语理解上造成的障碍比比皆是。如：熊在中国人的心目中一直是被贬的形象，“狗熊掰棒子”就是熊的典型形象，而在俄罗斯民族中，медведь 多为正面形象，俄罗斯人民喜欢熊的“傻得可爱”的外表，在它身上冠有一系列美称，如 хозяин русского леса（俄罗斯森林之王）、сладкоежка（甜食家）等。汉文化中玉兔、白兔为中华吉祥物，但兔（заяц）在俄文化象征“胆小”：трусливый как заяц——像兔子一样胆小（对比汉语的“胆小如鼠”），看到兔子跑过道路，预示此行不吉。数字 9、3、5 是汉文化中喜爱的数字，对于俄罗斯人来说，“7”才是被赋予神奇色彩的数字。俄罗斯人认为天有七重，最高层为七重天（这和中国文化完全不同），按照这种说法，七重天就是天堂了，因此产生了成语“на седьмом небе”。

因此说，翻译的任务就是在保存各民族文化多样性的同时，跨越社会文化差异障碍，使得人类之间的交流和沟通得以实现。那么文化障碍是如何跨越的呢？

三、处理翻译中“异”之策略

语言中“异”具体表现为：每种语言都有自己独特的表达手段，这些手段可能与该语言自身的语音、词汇和语法结构有关，也可能与该语言民族的文化传统、生活习俗和自然环境有关。那些具有鲜明民族特色的文化伴随词在译语中找不到对应形式，翻译时应尽量保持其民族特色，使其呈现出各民族文化的多样性，而不能扼杀这些词的文化个性。如鲁迅并没有将“Ни в мать, ни в отца, а в проезжего **молодца**”译为“不像爹，不像娘，倒像个过路的卖油郎”这样现成的中国谚语，而是译为“不像爹，不像娘，倒像个过路的**少年郎**”，巧妙地保留了原作的风味。“Нет худа без добра”同样不应译成现成的汉语谚语“塞翁失马，焉知非福”，而应译为“祸随福至，福伴祸来”。再如高尔基小说《母亲》第179页里的对话：

——Какой приговор?

——Поселение.

译文：“判决怎么样？”“充军！”

说明：充军是中国封建社会对犯人的处罚，用汉语文化特色代替俄国的文化特色不妥。应译为：“怎么判的？”“流放。”这种译法体现了俄国的特有文化。

虽然，文化差异具有可译性，但有一定的限度，并且将异性因素引入到另一种文化中，其难度是可想而知的。下面探讨两种方法。

（一）补偿或增加信息

据朱玉彬在《语言的不可译性与文化的不可译性——兼评卡特福德的可行性理论》一文中指出，文化方面的不可译性因素可以通过补偿或增加信息手段在一定程度上去消解；而语言的不可译因素则由出发语语言本身的特点所决定的，只能通过解释的办法达到翻译的目的（朱玉彬，2004: 150）。如，俄语中的“шлафор”，在汉语中找不到对应的词语，在翻译时需要我们增加注释译为：（家里穿的宽大的）长衫、睡衣。但是，文化方面的不可译因素只能通过补偿或增加信息手段来实现转换。如：俄语中“...верю, между ними **чёрная кошка** проскочила"直译成汉语为"一定是有一只黑猫从他们中间跑过去了"。这种译法我们不知所云。翻译时我们必须了解"чёрная кошка（黑猫）"在俄语中的文化伴随意义：俄罗斯人不喜欢黑色，特别忌讳"黑猫"，他们认为"黑猫"是不祥之兆的象征。我们在翻译时需将"чёрная кошка（黑猫）"的文化伴随意义补充出来，译为："一定是有一只黑猫从他们中间跑过去了——他们闹矛盾了。"

（二）借词

文化缺项造成的词汇缺项，只能通过"借词"来解决，而"借词"的生命力长短取决于这一文化现象在目的语国家能否扎根及被了解的程度。引进汉语中的借词，一是由于引进的外来事物所表达的概念在汉语中一时间没有适当的对译词，如因特网"Internet"就是从创造了网络神话的美国引入汉语的。再如：从英语词引入汉语中的黑客、拷贝、比萨、博客、雅思、AA 制、B 超、克隆等。再如，来自日语的借词：黄金周、量贩、宅急送、便利店、新干线、过劳死等。二是汉语诸多领域众多词语的"零翻译"现象出现，造成大量英文字母词直接涌入中文。如电子行业的 WIFI、 ipad、iphone、IP、3G、GPRS 等。再如，近几年，由于中国经济的快速发展，中国在国际政治经济中地位变得越来越重要，随之 2013 年初，大妈的汉语拼音"dama"曾登上了《华尔街日报》，被称为"影响全球黄金市场的一支主力军"。《经济学人》曾关注中国男女比例失衡问题，用上了"guanggun"这个直译自拼音"光棍"的单词。还有中国的户籍制度超乎外国人理解范畴，在外语中找不到"对等"词汇，所以无法翻译，只能直接借用汉语拼音"hukou"。近日，一则关于"tuhao"（土豪）等中文热词有望以单词形式收录进《牛津英语辞典》引发关注。以上这些词都是通过"借词"的办法使文化缺项得以补偿，从而使这些词的不可译变成可译。

四、结语

在全球文化交流的大背景下，翻译的根本任务是引进外来文化或者传播本国文化，为人类拆除语言文字障碍，促进不同社会、不同地域和不同文化背景的国家和民族之间的沟通和交流。在翻译过程中肯定会遇到各种各样难以逾越的文化翻译障碍，作为一名翻译工作者我们努力的方向是在维护好文化多样性的同时，正确处理好翻译中的“异”，促进目标语国家与外界的交流与合作。

参考文献：

[1]王佐良. 翻译：思考与试笔[M]. 北京：外语教学与研究出版社，1989: 27-51.

[2]谢天振. 当代国外翻译理论[M]. 天津：南开大学出版社，2008.

[3]许钧. 翻译概论[M]. 北京：外语教学与研究出版社，2009.

[4]雅克·德里达. 书写与差异[M]. 张宁译. 北京：生活·读书·新知三联书店，2001: 23.

[5]朱玉彬. 语言的不可译性与文化的不可译性——兼评卡特福德的可行性理论[J]. 合肥工业大学学报，2004，(3)：150-153.

梁启超的翻译思想及其翻译对社会的贡献

2012 级　西班牙语语言文学　刘津

摘　要：清末民初时期，兴起了中国历史上第二次翻译高潮。在这一时期出现了一大批中国近代翻译事业推动者，梁启超就是其中之一。梁启超倡导翻译西学，他的翻译思想和理论方法对推动译学和社会的发展有着深刻的意义。本文旨在通过对梁启超翻译思想和理论的研究，分析其对社会做出的贡献以及对现代社会的启示和意义。

关键词：梁启超；翻译思想；社会贡献

一、梁启超思想理论背景

梁启超所处的时代，是中华民族正处于危险的时刻。由于外国列强的侵入，闭关锁国的思想已经不能够使中华民族摆脱危机，所以急需要一些爱国人士来探索和寻求民族和国家的出路。就是在这样的情况下，催生了各个阶级向西方学习的迫切要求。其中，梁启超作为晚清维新运动的领袖之一，更加渴望学习和引进西方的先进知识与技术。他主张兴西学、译西籍、变法图存，并开始有针对性地翻译引进近代西方社会学、经济学、政治学等大量学术思想，并发表了大量阐述中国立国之道的文章和论著，同时他在翻译思想和理论方面取得了巨大的成就，促进了西方思想文化的传播，对近代中国社会产生了巨大的影响。

二、梁启超"翻译强国"的思想理论

梁启超将翻译作为强国的第一要义，作为救国之道。同时他在《论译书》中则更是具体地提出了翻译应注意的三个主要问题："故今日而言译书，当首立三义：一曰，择当译之本；二曰，定公译之例；三曰，养能译之才。"①

第一义是关于翻译内容的谨慎选择。在当时，江南制造局和各翻译馆翻译的大都都是兵学，这些著作并不会帮助国家强大，有很多更重要的书急需要翻译。他列举了外国法律章程、史书、政书、农书、经济学书等等，阐述了它们对我国改革的价值，认为都有翻译的必要。同时他也提出同一类的书籍要挑选最优秀的来进行翻译。第二义是关于译名统一的问题，旨在建立翻译规范。梁启超分析了因中西社会文化存在差异而在翻译过程中应与注意的问题，提出在翻译人名、地名、官制、纪年等方面统一译法。同时他认为翻译可以在不变其原意的前提下做出必要的删增和颠倒。第三义是关于翻译人才的培养。梁启超认为，只有精通中文外文和所译书中的知识才算是优秀的翻译。所以他提倡设立翻译学堂，带动更多的人走上翻译的道路。

为此，他积极进行编纂和译介。他编纂了《西学书目录》和《读西学书法》，系统介绍西学书籍，来扩大西学影响，利用其创办的《清议报》和《新民丛报》系统介绍了大量西方大思想家、大哲学家及其学说。1897 年，他又在上海创办大同译书局，他要以此来振兴国内的翻译事业，并以此来实践自己的翻译理论。

三、梁启超后期的"文学翻译革命"思想及其理论

1898 年维新运动失败后，梁启超的思想也有了新的变化。因为他意识到救国的失败是因为民众的觉悟低，他主张要新民——更新和提高国民素质，而其中最有效的方法莫过于文学小说的传播。他认为各种文学样式都能对国家和社会产生作用。至于小说和戏曲他更视为振兴国家、改造社会的利器，所以他更加强调翻译文学作品的重要意义。

1897 年，梁启超首先提出把小说作为学校教育的必修课，认为小说可作为"今日救中国第一要义"。之后他在 1898 年发表了《译印政

① 梁启超. 论译书. 翻译研究论文集（1894—1949）. 外语教学与研究出版社，1984：11.

治小说序》这一著作，集中体现了其思想理论。他首次在中国提出了“政治小说”的概念，认为英法德日等国家的强盛都归功于政治小说；同时并大力倡导翻译西洋小说，提高小说的社会地位和作用。

1902 年发表的《论小说与群治之关系》，进一步阐释了翻译国外小说对社会进步的推动作用。此文也成为了“小说界革命”的基本理论纲领。在此书中，他提出“欲新民，必自新小说始”[①]。同时他还认为，小说有改变社会风貌的力量，小说之所以具有这样的作用，是因为它具有“熏”、“浸”、“刺”、“提”四种神力。通过这样的作用可以使读者在不知不觉中接受影响，所以小说即成为最有效的宣传武器。

四、梁启超的译论对社会的贡献与借鉴

（一）译学贡献

梁启超对翻译的最大贡献并不是留下了很多的翻译作品，而是他引领了近代社会翻译的潮流。

首先，在晚清仁人志士中，梁启超更加重视翻译的重要性，更能够很好地理解翻译，总结翻译理论，也更能感觉到开展翻译的必要性和迫切性，将翻译作为强国的第一义。梁启超开办了报刊、翻译馆，并在其主编的报刊上推出了许多翻译作品，用实际行动推进了中国翻译事业的发展。上述介绍的《论译书》一文，更让我们看到梁启超对翻译的高度重视和深刻认识。其中提出的首立三义的理论，更加详尽地阐述了他的译学理论，也成为了当时翻译工作中最重要的理论问题。三义中有关翻译译名统一的一义，到现在仍是翻译界所关注的焦点，其中的理论也为后世所遵循。

其次，梁启超所主张的以译述方式翻译来介绍新思想、新精神，掀起了西学输入的新高潮。他认为在当时的情况下译述更通俗易懂，更容易被民众接受，更能够传播新思想，推动翻译事业的发展。此外，梁启超还对中国古代佛经的翻译也做了深入的研究，对佛经翻译阶段进行了划分，并对直译译意交替进行了总结。梁启超通过对佛经翻译

① 梁启超. 论小说与群治之关系.《饮冰室合集》之十，1902：6-8.

的研究以及从他自身的翻译实践中总结出的新的理论，丰富了我国的翻译理论思想，提高了国人对翻译的重视程度，推动了翻译事业的发展。

（二）文学翻译贡献

梁启超是最先提出用小说来改造社会的人，也是首先倡导翻译外国小说的人。他将翻译文学翻译小说作为作为改良群治、宣传西方先进思想的一种手段，成为了翻译政治小说第一人。在《译印政治小说序》一文中，梁启超通过对政治小说作用的夸大推崇，将翻译和翻译文学作为救国的重中之重，认为翻译外国小说能够启发民智，带动更多人一起去改造社会。同时他为小说重新定位，驳斥了千百年来文人学士对小说的轻视，使小说从边缘转向中心，正式纳入文学的范畴。

梁启超翻译发表的作品不算多，仅有日本柴四郎的政治小说《佳人奇遇》，自日文转译的《十五小豪杰》，以及《俄皇宫中之人鬼》《世界末日记》两个短篇，此外他还翻译了两首拜伦的诗。虽然他的翻译作品不多，但是在他的宣传与影响下，带动了学界输入外国文学的热情，也带动了人们对旧文学的批判和对新文学的探究。学界文人开始翻译小说，创作小说，发表了大量的作品。这种主动有意识的试图从外国文学中汲取营养，以丰富和改造中国文学的主张，对近代文学的发展变革有着巨大的意义，从而也迎来了我国历史上文学翻译的第一次高潮。

（三）社会政治贡献

许钧认为，翻译之于社会的推动力，在于对社会重大政治运动和变革实践的直接影响。[①]

作为系统翻译西方资产阶级学说思想较早的学者，梁启超主张的兴西学、译西籍、翻译强国的理论具有一定的思想解放意义。在维新运动期间，他把译书和变法图强结合起来。维新运动失败后，他在日本发起新民运动，又把翻译同提高国民素质结合起来。他的活动将翻译提升到了非常重要的高度，同时在翻译的活动中带动了人民学习西

① 许钧. 翻译论. 湖北教育出版社，2003.

方科学，启发了人民的才智，提高了人民的意识，从而推动了社会的进步。

梁启超的翻译理论对晚清事业的勃兴和发展，同时也对西学输入的勃兴和发展与社会的进步，有着巨大的推动和指导作用。更重要的是，正是由于梁启超的翻译活动，近代国民才了解了西方的学说；也正是梁启超的翻译实践构成了中国思想解放的源泉和基础。此外，梁启超还积极介绍马克思及其学说，成为迄今所知最早翻译马克思的第一人，也成为了民众了解马克思、推动马克思主义在中国传播的重要前奏，这不仅对近代中国具有重要的现实意义，同时在今天也仍然具有不可替代的作用。

五、对当今社会的启示

当今社会是个急速发展的社会，中国仍处于发展中国家的阶段。中国想要跻身世界的前列，顺应世界的潮流，不仅需要保持中国自己的传统与理念，还需要在此基础上，通过学习外来文化和理念去了解世界，扩大人民的视野，取其精华，去其糟粕，促进和推动社会的进步。

梁启超推动西学翻译事业的发展是为了推动国家的进步与富强，而当今社会也需要通过对西方先进技术、先进模式的学习和借鉴，解决当前所面临的问题，改善生活质量，促进国家与社会的发展与繁荣。翻译对社会做出过很大的贡献，在当今社会也需要重视翻译对社会发展的作用，进一步推动翻译事业的发展。

参考文献：

[1]连燕堂. 二十世纪中国翻译文学史近代卷[M]. 百花文艺出版社，2009.

[2]谢天振，查明建. 中国现代翻译文学史[M]. 上海外语教育出版社，2004.

[3]陈福康. 中国译学史[M]. 上海外语教育出版社，2011.

[4]谢天振. 中西翻译简史[M]. 外语教学与研究出版社，2009.

浅析中日互译中的不可译现象
——以金陵十二钗判词的三大译本为例

2013 级　日语语言文学　刘俐君

摘　要：在当今的翻译界，关于可译性与不可译性还存在着很大的分歧。纵观前人的研究，大体将不可译的原因归为两类，即语言方面的不可译以及历史文化原因不可译。因此，在本文中，笔者选取中国古典文学名著《红楼梦》，并以其第五回的“金陵十二衩正册”的判词为例，通过十二衩判词中译文的对比，对不可译的限度以及对策等方面进行了归类阐述，最终得出中日翻译中的不可译现象，在一定程度上会对翻译实践产生较大的影响。

关键词：不可译性；语言；历史文化；对比

一、不可译现象的发生

在研究不可译的时候，我们首先来看看关于不可译的定义。

「ある言語で表現されている文を、他の言語になおして表現すること。また、そのなおされた文。」——『大辞林』

「ある言語で表現された文章の内容を他の言語になおすこと。」——『広辞苑』

就像上面提到的，翻译是一个利用相应的词汇及语法，把 A 语言（起点语）转换成为 B 语言（目标语）的一个过程。但是，有的翻译，译文没有办法做到与原文的文字、词汇和语法完全对应。甚至，对于阅读原文与译文会产生不同的效果与美感。这样一来，就产生出了翻译的不可译现象。

二、先行研究

通过查阅文献，我们可以找到一些关于中日互译中不可译现象的研究。他们通常将不可译分为绝对与相对两大类别。但实际上，关于中日互译中不可译现象的研究还是非常少的。例如，山东师范大学的李伟（2008）认为不可译的主要原因是同构的相对性、语言的不确定性、语言转换障碍以及文化差异等等。[①]此外，广东外语外贸大学的庞焱（2009）曾指出，“由于文化的差异，由于作为文化表现形式的语言文字的差异，在不同的文化、风土之中形成的不同语言之中某些概念或现象的表现形式是很难原封不动地转移到其他语言之中的”[②]。与这些先行研究相比，针对《红楼梦》中日互译的研究显得相对较少。

三、不可译现象的原因与种类

文化、语言、翻译这三者紧密相连。语言作为传播文化的载体，也属于文化的一部分。翻译是在不同语言之间进行的一个过程，通过它来实现跨文化的交流。

地域不同，其风土人情以及宗教信仰也各不相同。也正是由于这种语言文化上的不同，才导致了翻译的困难。具体地讲，有两个方面造成了不可译现象的出现。

第一，语言学方面。起点语与目标语若属于同一范畴的词汇，则不会出现不可译现象。相反，如果目标语无法采取相应的形式来表现出起点语的某种意义、特征等，便产生了不可译现象。这便是不可译现象的语言学根源。

第二，历史文化方面。该方面包含着语言背景、思维习惯、表现形式等多方面因素。例如，原文所表现的内容对于译文而言，是较为新潮，抑或未被以译文为母语的民族所认知的情况下，自然而然也就会产生出不可译的现象。这便是历史文化方面的原因。

当然，可译性与不可译性也并非绝对的，它伴随着跨文化的交流，

① 李伟在《浅析日译汉过程中的可译性限度问题》（2008）中有所阐述。
② 庞焱在《可译性和不可译性——以日汉互译为例》（2009）中有所阐述。

在不断地变化。原本不可译的内容变为可译，随之又会产生新的概念，衍生出新的不可译现象。

也正是根据以上原因，通常我们将不可译现象划分为两大类，即语言不可译与文化不可译。

四、《红楼梦》“金陵十二钗正册”判词及其不可译现象

《红楼梦》作为中国古典小说的最高水平，也堪称世界文化史上的瑰宝。《红楼梦》大量采用了传统文化及典故，使用了中国语言的技巧。因此，其翻译被公认为史上一大难题。最具代表性的就是该书第五回“金陵十二钗正册”判词，用极为精炼的语言，确立了全书的主线，暗示出了主要人物的发展与结局。正是由于其为全书重要回目的原因，在翻译过程中的难度也就最大。清乾隆 58 年（1793 年），《红楼梦》被传到日本，此后在日本广受赞誉，涌现出各种译本。其中，最具代表性的便是松枝茂夫（松）①、伊藤漱平（伊）②、饭冢朗（饭）③的三种版本。我们比较一下这三个译本，具体研究其中的不可译现象。

（一）音韵的不可译

以《红楼梦》“金陵十二钗正册”第十句判词“如冰水好空相妒，枉与他人作笑谈”为例。

（松）氷水の如く好きも空しく相妬み、枉げて他人のために笑談となる。

（伊）この操氷ぞとねたまばねため、よし人の笑いを拓く事あるも。

（飯）冷たさを　嫉まば嫉め、情なきを　笑わば笑え。

（松）的译文直接采用了中国古典诗词的日文读法。而（伊）（饭）则采取了意译的方法，特别是（饭）还创造了新的日语韵律。比较这三个译本，（松）（伊）相对忠实于原文，而（饭）相当于进行了再创作。但是在翻译此类带有韵律的诗歌时，为了更好地尊重原文，译文

① 引自松枝茂夫改译的『紅楼夢（一）』（1972）。
② 引自伊藤漱平翻译的『中国古典文学大系 44——紅楼夢（上）』（1969）。
③ 引自饭冢朗的『世界文学全集　集英社版（11）』（1980）。

还是要重视如何表现出韵律。因此，韵律的翻译是最难的，这种情况下大多会出现不可译。

（二）双关语的不可译

我们还以上篇的判词为例：

“桃李春风结子完，到头谁似一盆兰？如冰水好空相妒，枉与他人作笑谈。”

（松）桃李春風に子を結び完り、到頭誰か似かん一盆の蘭。氷水の如く好きも空しく相妬み、枉げて他人のために笑談となる。

（伊）桃李　春風に実をむすばせつ、老い迎う身の誇らかに蘭香る。この操氷ぞとねたまばねため、よし人の笑いを拓く事あるも。

（飯）桃李　実を結びけり　春の風、このわれに誰及ばんと　蘭香る。冷たさを　嫉まば嫉め、情なきを　笑わば笑え。

其中的“完”与“纨”双关，此判词表现的正是李纨。而以上三个译本均未译出双关这一语言技巧。

汉字三要素为音、形、意，而日语当中则只存在音读训读之分。因此，双关语也易产生不可译。

（三）拆字（组字）的不可译

与欧美语言不同，中日两国语言之中许多汉字是共通的。因此，许多拆字组字的地方是可译的。但是有些情况因为语法不同，也会产生不可译。例如：

判词“子系中山狼，得志便猖狂”。“子”与“系”组合变成了“孙”字，原文中表现出了迎春与孙姓的坏人结婚。但是我们看译文，只是将“中山狼”译为「中山の狼」，虽能看出此人为恶人，却不能完全了解真正之意。因为原文的“系”在日语当中相当于「…は…である」，具有实际语法意义，所以这种情况下，也产生了不可译。

（四）藏字的不可译

以第四句判词中的“富贵又何为？襁褓之间父母违；展眼吊斜晖，湘江水逝楚云飞”为例。

“湘”“云”乃是暗示的“史湘云”，虽然汉字在中日两国共通，但如果想感受到原文的真意，还需读者具有较高的汉文化功底。所以，此种情况也多半会出现不可译。

（五）寓言典故的不可译

判词“一载赴黄粱”中的“黄粱”为中国有名的典故，这对于日语读者恐怕就不太了解了。所以像这样的翻译就需要译者有极高的汉文修养，也正是如此才极易出现不可译的现象。

综上所述，不可译现象确实存在于中日互译的过程中，特别是语言以及文化上面的不可译尤为突出。这就要求我们在翻译过程中，尽可能遵循等价原则，在尊重原文的基础上，通过增译、减译等方法来最大限度再现原文的效果。

参考文献：

[1]李伟. 浅析日译汉过程中的可译性限度问题[J]. 科技信息，2008.

[2]刘宓庆. 新编当代翻译理论[M]. 中国出版集团公司、中国对外翻译出版有限公司，2012.

[3]罗新璋，陈应年. 翻译论集[M]. 商务印书馆，2009.

[4]庞焱. 可译性和不可译性——以日汉互译为例[J]. 外语研究，2009.

[5]张辉. 浅论部分中文熟语日译的不可译性——从音声、语义角度[J]. 东京文学，2009.

中欧口译笔记法体系对比分析

2013级　英语口译　卢思斌

摘　要：口译笔记法是每一位译员都必须掌握的必备技能。改革开放后中国口译事业蓬勃发展，逐渐发展形成一套与欧洲笔记法完全不同的笔记体系。本文通过对中欧笔记体系的代表——林超伦和吉里斯的笔记体系在英、汉两种语言中应用的对比分析，来探究两者的优点和缺点。

关键词：口译笔记法；中欧笔记体系；林超伦；吉里斯；对比分析

笔记法无疑是口译员交替传译时所必备的一项技能，每一个初学口译的人都需要发展出一套适合自己的笔记系统。译员使用笔记是为了通过笔记与短期记忆和已有知识的互动，达到完整地传译讲者原话，传达原话效果的目的（林超伦，2012：76）。所以，无论使用怎么样的笔记系统，最终的目的只有一个——准确无误地传达讲话者的原意。我们应该明白，笔记系统具有个性化的特点，每个译员对同一篇材料进行传译时，记下的笔记很有可能大相径庭，其差别也许体现在符号上，用不同的语言进行记录抑或是完全不同的笔记结构。本文将主要分析不同笔记结构体系的差异及其优劣。

自2007年1月国务院学位委员会批准设立翻译专业硕士学位后，我国口译教学飞速发展，各个学校相继设立各语种口笔译专业。交替传译是口译专业第一学年最重要的科目，如何快速地掌握笔记法对学好交替传译至关重要。目前，市场上充斥着各种各样的口译教学书籍，每部书都会专门讲述笔记法体系。本文将对其中两个具有代表性的体系进行介绍分析——林超伦笔记法体系和吉里斯笔记法体系。这两种笔记法体系也分别代表着中欧笔记法体系。

一、中欧口译笔记法体系介绍

（一）林超伦（中）笔记法体系

林超伦教授的笔记体系最为鲜明的特征就是他在其所著的《实战口译》和《实战交传》中所提出的笔记法6大原则：少写多划、少字多意、少线多指、少横多竖、快速书写及明确结束（林超伦，2012：83）。这6大原则就支撑起了林超伦的笔记体系，其关键是记录下关键词和词与词之间的逻辑关系，忽略源语的句子框架。我们举个简单的句子来看一看林超伦笔记法是如何记录的。

例1：As two of the five permanent members of the UN Security Council, our governments work together on a daily basis on problems affecting every corner of the world. ①

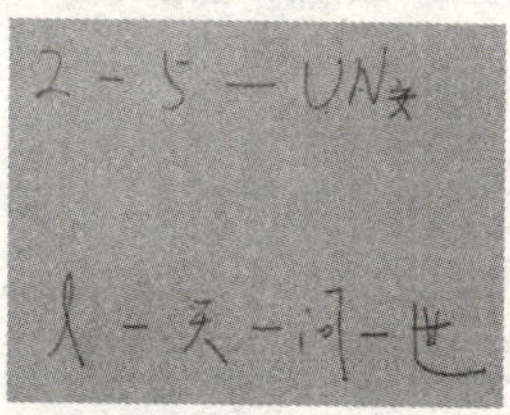

图1 林超伦笔记法体系

（二）吉里斯（欧）笔记法体系

吉里斯的笔记法体系是以欧洲印欧语系为基准发展而来的，是根植于欧洲语言的笔记法体系（Gillies，2005：9）。该笔记法是基于欧洲几代口译工作者的大量实践发展总结得来的，是非常全面和完善的笔记法体系。由于中文并不属于印欧语系，我们应用该体系时就需要

① 本文例句分别选自林超伦的《实战口译》（例1、3和4）和Gillies的*Note-Taking For Consecutive Interpreting: A Short Course*（例2）。

根据中文的特点做出必要的调整。吉里斯笔记法体系最显著的特征就是将源语的主语（S）、谓语（V）和宾语（O）记录下来，并将 S、V、O 以斜向缩进的方式进行排列以表示其之间的关系。具体操作请见下面例句。

例 2：I don’t believe that common rules across the EU are a solution to everything.

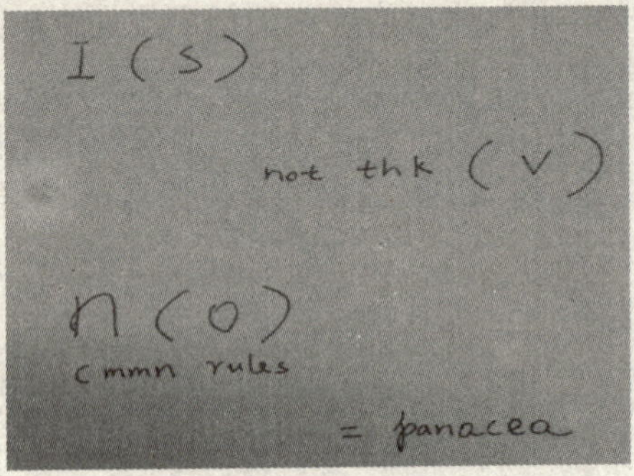

图 2　吉里斯笔记法体系

通过对以上两种中欧笔记法体系的介绍，我们很容易就可以看出其差异——林超伦的笔记体系完全抛去了源语的框架，通过对关键词和词与词之间的逻辑关系的记录，完成对源语所要表达意思的梳理；吉里斯的笔记体系则是很大程度上保留了源语的句框。这两种笔记体系对于我们最终的口译产出表达会产生什么影响呢？接下来我们就来进行详细的分析。

二、案例分析

（一）两种笔记法体系在英译汉中的应用

现在我们分别用这两种笔记体系对同一段落进行笔记记录，对两者优劣及异同进行对比分析。

例 3：As a signatory of the Joint Declaration, the UK has an abiding interest in the continued well-being of the Special Administrative Region. But this is only a part of our wider commitment to China. We are increasing the resources we allocate through our Department for International Development to poverty reduction in China from £25m this year to £60m by 2004.

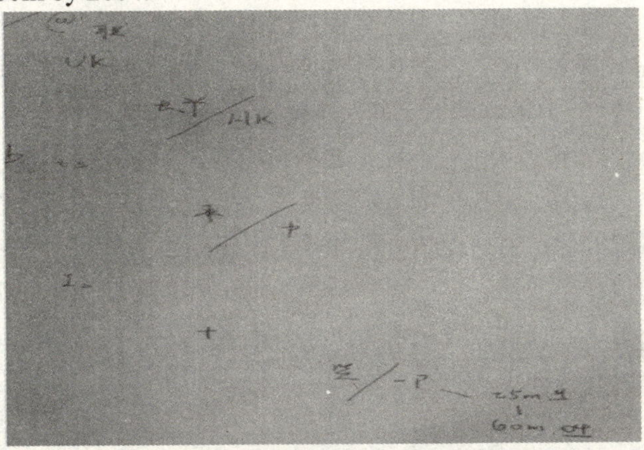

图 3 吉里斯笔记法体系

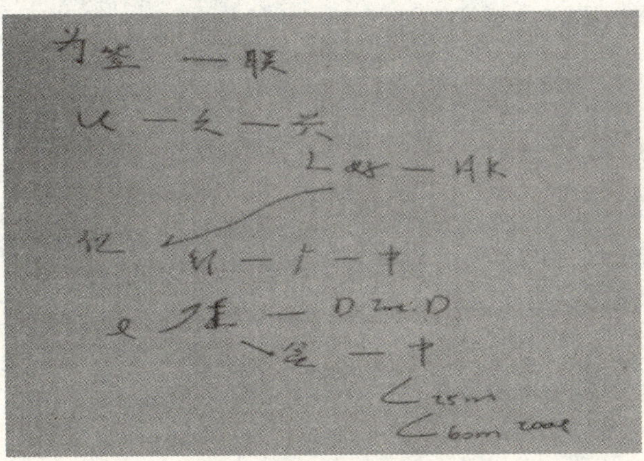

图 4 林超伦笔记法体系

从这两种笔记法体系的笔记记录我们可以很容易发现两者的不同。林超伦笔记系统中各种形式的线条起到的作用非常大，线条即代表词与词之间的逻辑关系。吉里斯的笔记系统则基本保持了源语的基本句框，如有逻辑关系词时，则将其写到最左处。林超伦曾在其所著的《实战交传》中对吉里斯的笔记系统进行过评述，他认为吉里斯的笔记法系统不适用于中文。吉里斯要求译员在听到讲话之后经过思考决定记什么、不记什么，也就是要在脑中进行处理之后再记笔记。林超伦认为中国译员的英语不如汉语，在英译汉时经常遇到没听懂或者有生词的情况，吉里斯所要求的这种整体思考势必导致译员被卡住（林超伦，2012：81）。从笔记对比上我们可以看出，林超伦教授这种观点是有一定道理的，吉里斯的笔记法系统要求译员知道该记什么和不该记什么，始终保持着对源语分析的状态，记录下的笔记形式就好像是处理过的口译半成品一样，而林教授的笔记则是紧贴源语，把听到的词汇立刻记下，并标清楚其逻辑关系。笔者认为林教授的笔记体系在记录英译汉时实际上是冒着一定的风险的。首先，我们知道交传笔记要求我们在记录时注意手脑之间的协调。如果译员在记笔记上投入过多精力的话，将会有两大风险：第一，可能会记录下过多的字和不是关键词的字，这样的笔记在口译产出阶段将会给口译员带来巨大的障碍；其次，译员在记笔记上投入过多，也会影响其对源语意思的理解和分析（Jones，2002：39）。对于林教授这种具有大量实践经验的口译员来说，即使记下很多内容也不会过分占用其分析和理解的精力，但对于其他译员来说，这种笔记体系是非常难于把握的。单从记下笔记的量来看林体系笔记也比吉体系笔记多上了不少，所以对年轻译员甚至于初学口译的人来说就需要借鉴吉里斯笔记法体系中的一些优点，把精力更多地分配给理解和分析，将源语句框记下，这样也方便口译产出阶段的表达。

（二）两种笔记法体系在汉译英中的应用

下面我们在来看一看以中文为源语时，这两种笔记体系的应用情况。

例 4：我个人认为，当前中国经济发展需要注意以下几个方面：一是加强房地产投资引导，运用经济、法律手段，约束高档商品房的盲目发展，促进经济适用房建设。二是做好国际国内经济形势的跟踪监测，及时制定应对方案。

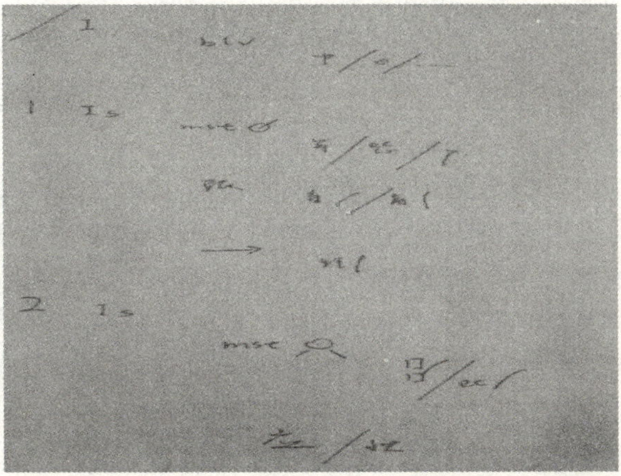

图 5　吉里斯笔记法体系

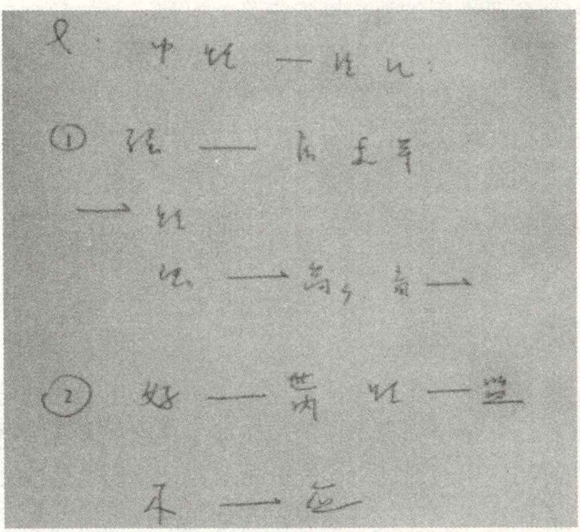

图 6　林超伦笔记法体系

从这两种笔记法系统在中文源语中的应用来看，有以下两点值得我们注意：首先，我们可以看到林超伦的笔记法体系中几乎没有使用任何的笔记符号，其大多数情况是使用中文进行记录，记录的词基本上都是源语中的名词，动词则用线条代替或干脆不记。在《实战交传》一书中林超伦有过这样的描述："……中文是你的母语、英语是你的第二语言，这两种语言你都不用，而是去设计一个自己完全陌生的第三语言用作笔记，有点像作茧自缚。"（林超伦，2012：84）林教授的这段话说的很有道理，但笔者认为适当的使用符号有时会对简化笔记起到很关键的作用，所以译者应该有一套自己用来得心应手的符号体系。其次，在吉里斯的笔记体系中我们可以发现其在笔记中增添了一些内容，这是因为吉里斯笔记体系要求记录 S（主语）、V（谓语）和 O（宾语）使然。我们知道在中文中经常对主语进行省略处理，比如例 4 原文中"加强房地产投资引导"这个短句，就省略了主语"我们"。此外，"加强"这个动词译为英语时应该加上情态动词"must"，这两点在吉里斯的笔记体系里都有所体现。这在交传汉译英时有着很大好处，译员在产出表达阶段会更省力，当然记录的时候，大脑的分析量也相应地上升，这就需要译员在大量练习中掌握这一点。同时，林超伦教授的笔记体系在汉译英产出阶段时则有着很大的灵活度，也许对译者摆脱源语束缚从而"脱壳"有很大帮助，但同样有可能因为没有任何对产出阶段译文的辅助，加大口译表达时的负担。总之这两种笔记法体系各有其优点和劣势，需要译员自己去把握，找到一个折中的解决方案。

三、结论

本文是笔者在学习交替传译笔记过程中对于中欧两种笔记体系实践体会的阐释。林超伦和吉里斯的笔记体系分别代表着中欧对于笔记法的不同理解和应用。通过全文的分析对比，我们清楚地发现了两种笔记法体系的优缺点，译员在发展自己笔记法体系的过程中应该做的就是吸取两者之长处并加以改进，应用到自己的英汉和汉英笔记系统中。

在对汉、英两种不同源语进行笔记记录时，采取的策略是不同的，汉译英时可以在笔记中加入源语隐含的内容，方便口译表达；英译汉时如果遇到无法理清句框的情况，则需要将关键词记下并用线条标清其逻辑关系。笔记法是译员必不可少的一项基本技能，但对其过分依赖也是不可取的，对于源语的逻辑分析和理解是每一个译员更应该重视的部分。

参考文献：

[1]达妮卡·塞莱斯科维奇，玛丽雅娜·勒代雷. 口译训练指南[M]. 闫素伟，邵炜译. 中国出版集团，中国对外翻译出版有限公司，2012.

[2]林超伦. 实战交传（英汉互译）[M]. 中国出版集团公司，中国对外翻译出版有限公司，2012：76，81-84.

[3]林超伦. 实战口译（学生用书）[M]. 外语教学与研究出版社，2004.

[4]Gillies, Andrew. *Note-Taking For Consecutive Interpreting: A Short Course* [M]. St. Jerome Publishing, 2005: 9.

[5]Jones, Roderick. *Conference Interpreting Explained*[M]. St. Jerome Publishing, 2002: 39.

英汉词汇空缺现象与翻译策略

研究生院　马慧（老师）

摘　要：语言是交流的工具和文化的载体。它是文化不可或缺的一部分，反映并且传承着文化。每个民族都有自己不同于其他民族的语言和文化。文化差异引起了语言中词汇的空缺。词汇空缺现象是翻译工作的一大困难。译者须采取必要的手段正确处理词汇空缺现象。本文通过中西方文化的对比，举例说明造成英汉词汇空缺的原因，以及在翻译过程中如何应对。

关键词：文化差异；词汇空缺；翻译策略

一、空缺的定义

Lado 曾指出，"我们把生活经验变成语言，并给语言加上意思，是受了文化的约束、影响的，而各种语言则由于文化的不同而互为区别。有的语义存在于一种语言之中，但在另一种语言中却不存在。"①两种语言文化内涵不同，造成两种语言在文化上存在"真空"地带，即文化空缺。

人们对空缺有不同的定义，主要有下列几种：①"存在于一种局域文化而缺省于另一种局域文化的东西"（潘惠霞 2000）；②"原语中存在某种为异族文化接受者所不明白的、莫名其妙的、易于误解的东西，造成异族文化的空白"（王秉钦 1995）；③"某个民族所具有的语言、文化现象，在另一民族中并不存在"（王振亚 1996）。词汇是语言

① Lado, R. *Linguistics Across Cultures* [M]. Ann Arbor: Michigan University Press，1957.

的最基本的、最活跃、最具生命力的组成部分。英语中的词（word）是最小的有意义的成分，汉语中的词是语言中最小的可以自由运用的单位。文化空缺反映在词汇上尤为明显，即词汇空缺。所以词汇空缺可以定义为：两种语言由于各自的文化不同，一种语言的词汇在另一种语言中找不到对等词的现象，或者两种语言中看似对等的词，但是实际内涵不同，造成语义空缺的现象。

二、引起词汇空缺的原因

谭载喜在《翻译中的语义对比试析》中提到，造成词汇空缺的原因可以概括为五大类："1. 由于生活环境、生活经验的差异而引起的词汇空缺；2. 由于风俗习惯的不同而引起的词汇空缺；3. 由于宗教信仰的不同而引起的词汇空缺；4. 由于对客观世界认识的不同而引起的词汇空缺；5. 由于语言及非语言（指文化）原因而引起的词汇空缺。"①经过分析总结，词汇空缺的原因可以进一步归结为两大类："一类是物质生活差异引起的词汇空缺，另一类是文化方面差异引起的词汇空缺；物质生活差异引起的词汇空缺指表示一个民族物质生活中特有或最初特有事物的词语在异族语言中没有与其概念相同的对应语，它们主要分布在饮食等方面，文化因素引起的词汇空缺主要是指那些具有民族文化意蕴的词语或语义在另一个民族的语言中没有对应成分。"②

1. 物质文化差异引起的词汇空缺

中西方的生活环境不同，所接触的事物不同，因而语言中的有些词汇也必然会有所不同。如果某一事物或是现象或者事物的喻义在另一些人的生活环境中不存在，那么词汇就可能出现空缺。这种物质文化差异造成的词汇空缺表现在生活中的方方面面，如食物名称、动物喻义、植物喻义等方面。

（1）食物方面

饮食文化是人类生活必不缺少的一部分。中西方饮食文化完全不

① 谭载喜. 翻译中的语义对比试析[J]. 外国语，1980.
② 郭爱先. 词汇空缺及其可译性[J]. 洛阳：解放军外语学报，1998.

同，所以许多食物的名称在两种语言中找不到完全对等的词。如英语的 pie，在汉语中就找不到完全对应的词，有时会译成“馅饼”，但是这跟汉语意义上的馅饼并不一样，中国的馅饼一般是做为主食的，一般是菜馅儿或是肉馅儿，而西方的 pie 是饭后甜点，多为南瓜，或是苹果馅儿。还有中国的粽子、包子、宫保鸡丁、冰糖葫芦等中国特色食物，英语中都没有对应的说法。

（2）动物喻义方面

动物是人类的朋友。然而不同的民族，对待不同的动物有不同的态度，反映了不同的文化。一种动物在一种语言中所代表的喻义与在另一种语言中的喻义完全不同，造成了动物喻义方面的词汇空缺。如：①在汉语中，龙是吉庆高贵的象征，在中国享有很高的地位，中国人经常称自己为“龙的传人”成语中经常出现“龙”字，如“龙凤呈祥”“龙马精神”“龙腾虎跃”。而西方的 dragon 所引起的联想与“龙”在中国人心中的形象大不一样。“dragon 是一条拖着长尾、满身长鳞、口中喷火、有双翼的巨大蜥蜴”[①]，它是罪恶的象征。不过随着中国文化的传播，中国龙的形象已经基本被西方人所接受。②狗是人类的朋友，但是在中国文化中，狗通常带有贬义，如“走狗”“狼心狗肺”“狗胆包天”“鸡鸣狗盗”“偷鸡摸狗”“狗仗人势”。而在西方，dog 一词常带有褒义，如 lucky dog, top dog, Every dog has its day（凡人都有得意时），A good dog deserves a good bone（有功者当受赏），Love me, love my dog（爱屋及乌）。③中国是农业大国，“牛”在生产劳动中成了人们的好帮手，在中国牛是辛劳的象征，如“俯首甘为孺子牛”，“像老黄牛一样地工作”，而在西方常用马来代指辛劳，如 work like a horse。④中国人常说“像蜜蜂一样的勤劳”，而西方常用“蚂蚁”来代指“勤劳”。

这些动物名称在汉、英两种语言的引申义、喻义基本是属于语义彼此空缺的范畴。

① 胡文仲. 英美文化辞典[M]. 北京：外语教学与研究出版社，1995.

（3）植物喻义方面

汉语中经常用植物来表情达意。在汉文化中，中国人在一花一木中负载着自己的感情，梅兰竹菊“四君子”是中国文人感物喻志的象征，代表着文人的精神文化追求，其中梅高洁傲岸，兰幽雅空灵，竹虚心有节，菊冷艳清贞。此外中国人用柳代表离别，红豆代表相思，松柏喻高洁，汉语中，花木的象征意义非常丰富。而英语中用 rose 来表达自己的感情，用 lily 来比喻纯洁的人或洁白的东西，用 woods 来代表死亡，或者神秘不确定的事物，用水仙 narcissus 指自恋。中西方植物喻义的不同常常会引起文化空缺，在翻译中必须充分理解中西方文化，做出恰当处理。

2. 精神文化差异引起的词汇空缺

精神文化与物质生活紧密相关，在物质生活的基础上产生，并且影响着物质生活。精神文化差异中的宗教信仰、历史背景、风俗习惯方面的差异，常常引起词汇空缺。

（1）宗教信仰差异引起的词汇空缺

宗教是文化的一个重要组成部分，不同的民族有不同的宗教信仰。中国的三大宗教为佛教、道教、儒教，西方的主要宗教信仰为基督教。中国为多元信仰，西方为一元崇拜，在我国的传统文化中，我们有道教的“仙”、佛教的“佛祖”和主宰自然界的“老天爷”。而这些概念在西方文化中并不存在，西方信奉万能的“上帝”。另外，中国崇尚“性善论”，人是中国宗教关注的中心，其最终目的是人的幸福而不是神的尊严。基督教崇尚“性恶论”，认为上帝是世界之根本，是人之根本，一切都是从上帝出发的，也都是以上帝为最终目的的。这些宗教文化的不同，常常引起中西方词汇的文化空缺。如 god 与“天”在各自的文化中有各自的意义，实际并不是对等词。还有“阿弥陀佛”是典型的佛教用语，是人们表达感叹语气时的口头禅，在不同的场合有不同的含义，在英语中很难找到对等词，因而在《红楼梦》中不同人物口中的“阿弥陀佛”的翻译，成了译者探讨的话题。另外，由于宗教的差异，“阴阳八卦”“苦海无边回头是岸”“佛法无边”“不看僧面看佛面”“临时抱佛脚”“道高一尺魔高一丈”等词在英语中找不到对等词，而基督教《圣经》中的典故，在汉语中也并不存在，如“Eden Garden”，“tower of Bible”，“Noah’s Ark”。

（2）历史背景差异引起的词汇空缺

在有些情况下，词汇空缺是由于历史背景的差异引起的。中西方国家的历史发展不同，文化不同，反映在语言词汇上即出现了词汇层面的文化空缺。中国是有五千年悠久历史的文明古国，其中有无数典故传说，也有许多典型人物，这些是西方国家不曾存在的。如东施效颦、三顾茅庐、塞翁失马、名落孙山等。同样，英语中也存在许多典故，这也是汉语中所空缺的，英语中许多典故来自《圣经》和希腊罗马神话，如 Achilles’ heel，Penelope’s web，cut the Gordian’s knot。中西方这些典故承载了许多文化信息，只有了解了历史文化内涵，选择正确的方法，才能更好地传递典故所承载的文化。

（3）风俗习惯文化差异引起的词汇空缺

风俗习惯文化指的是贯穿于日常社会生活和交际活动中由民族风俗习惯形成的文化。如中国传统节日，还有中国的二十四节气、十二生肖在英语中并不存在。除此之外，不同的民族在打招呼、称谓、恭维等方面也表现出不同的习惯。以称谓为例，中国封建家庭中，几代同堂，人员之间关系复杂，为彼此区分，亲属间称谓词语数量众多，语义明晰，并且汉语中区分长幼和性别，每一类不同的亲属均有不同的称谓；而西方人则不同，他们家庭成员居住较分散，强调个人的独立性，亲属关系松散。比如 cousin 一词即为汉语中的堂兄弟姐妹、表兄弟姐妹；uncle 可以译为伯父、姨丈、叔叔、舅父、姑父、伯伯；aunt 可以译为阿姨，舅妈，姑妈。由于英语称谓词语的短缺造成的词汇空缺，给中国人在理解文章时带来了很大的障碍，我们必须通过上下文去分析去研究男女长幼。另外，中国是礼仪之邦，汉语中存在许多谦词，形成了礼貌称谓系统，如尊称、敬称，谦称等，“贵庚”、“尊姓”、“府上”、“令尊”、“令堂”、“贱内”、“小女”、“犬儿”、“鄙人”、“在下”等等，除此，中国还有拟称谓系统，非亲属关系的人有时也会使用亲属称谓。因为西方强调人人平等，强调自我价值，几乎从不像中国人那样通过自谦甚至自贬来表示对他人的恭敬，西方人会直呼姓名，前面加上 Mr, Mrs, Miss 等词。与汉语相比，英语中礼貌称谓数量要少得多，在汉英翻译过程中，很难找到对等词，经常会出现词汇空缺的现象。

三、词汇空缺与翻译

王佐良先生曾指出："翻译者必须是一个真正意义的文化人。人们会说：他必须掌握两种语言，确实如此；但是，不了解语言当中的社会文化，谁也无法真正掌握语言。"翻译是两种文化交流的纽带。文化空缺乃至词汇空缺是翻译的一大障碍，译者必须要联系两个民族的文化差异，采取恰当的方式，力争使译文既最大限度地保留原语文化特色，同时又能被异语读者所接受。在翻译过程中，遇到词汇空缺现象主要采取以下几种方式：

1. 音译法

一些新概念名词，如人名、地名等在目的语中并不存在，找不到对等词。要把这些新概念介绍到异语国家时，经常采取音译的方法，这种方法有助于目的语语言词汇的扩充，译入的词汇也会慢慢融入人们的生活，被人们所接受。如英译汉中的三明治（sandwich），沙发（sofa），咖啡（coffee），克隆（clone），纽约（New York），白兰地（brandy），艾滋（AIDS），基因（gene）；汉译英中的 kungfu（功夫），kowtow（叩头），mahjong（麻将），silk（丝绸），tofu（豆腐），taichi（太极），Confucius（孔夫子）等。

2. 直译法和直译加注法

由于两个民族的文化不同，有些词汇空缺要采取直译法或直译加注的方法。瞿秋白曾经就翻译的作用说过这样一句话，"翻译——除了能够介绍原本的内容给中国读者之外——还有一个很重要的作用：就是帮助我们创造出新的中国的现代言语。"一些外来词汇可以采取直译的方法，这样可以扩大词汇量，如 hot dog（热狗），software（软件）等词。而对于一些典故成语而言，如果直译，异语读者可能会误解，或是难以理解，这种情况下如果采取直译加注的办法，或者是在直译之后加上相应的解释，既保留了原语文化，又可以使异语读者接受。

如杨宪益先生将“东施效颦”译成 Tung Shih imitates Hsi shih（Hsi Shih was a famous beauty in the ancient Kingdom of Yieh. Tung Shih was an ugly girl who tried to imitate her way），杨先生的这种加注直译法，既使外国读者了解了这个成语，又传播了中国的历史文化。

3. 借译法

当两种语言中，同一事物所包含的喻义不同，会造成同一词汇的语义空缺，翻译的时候可以采用借译法，借用异入语中类似的说法进行翻译，使译文言简意赅，易于理解。如翻译习语俗语的时候经常使用这一方法，如：胆小如鼠（as timid as a rabbit），挥金如土（to spend money like water），快乐得像只鸟（as happy as a cow），hungry as a horse（饿得像狼一样），cast pearls before swine（对牛弹琴），paint the lily（画蛇添足；多此一举）。

4. 意译法

针对词汇空缺，陆厚祥曾说：“为了准确地传达作者的意图而又不想将原文化强加于译文文化，对于这些词的翻译译者完全可以抛弃原文形式上的束缚大胆地发挥想象以求得‘功能对等’。”如“she is a cat 她是位包藏祸心的女人”，不能直译成“她是只猫”。“cat”和“猫”在中英文中的喻义是不同的，在西方 cat 带有明显的消极的语义，在西方传说中，“cat”是魔鬼的化身，是中世纪巫婆的守护精灵；而在汉语里，“猫”的语义常常是中性或积极的。

四、结语

张培基认为，“英译汉的一切理论、方法和技巧都建立在英汉两种语言的对比上”，因此，“对于翻译实践来说，对比英汉两种语言的异同，尤其是相异之处，从而掌握它们的特点是十分重要的”[①]。词汇空缺是客观存在的，在翻译过程中，一定要明确英汉两种语言的文化差异，采取恰当的方法，将词汇空缺造成的文化交际障碍最小化。

① 张培基. 英汉翻译教程[M]. 上海外语教育出版社，1980.

参考文献：

[1]Lado, R. *Linguistics Across Cultures* [M]. Ann Arbor: Michigan University Press, 1957.

[2]郭爱先. 词汇空缺及其可译性[J]. 洛阳：解放军外语学报，1998.

[3]胡文仲. 英美文化辞典[M]. 北京：外语教学与研究出版社，1995.

[4]潘惠霞，李辉. 汉泽英过程中文化空缺现象探索[J]. 外语教学，2000.

[5]谭载喜. 翻译中的语义对比试析[J]. 外国语，1980.

[6]王秉钦. 文化翻译学（第1版）. 天津：南开大学出版社，1995.

[7]王振亚. 语言与文化（第1版）. 北京：商务教育出版社，1996.

[8]张培基. 英汉翻译教程[M]. 上海外语教育出版社，1980.

功能对等理论在文学作品翻译中的应用

2011 级　亚非语言文学　孙壮

摘　要：本文在阐述功能对等理论内涵和特点的基础上，从词汇、语法、语篇三个方面分析和考察《红高粱家族》的韩译版本，并指出功能对等理论可以用来指导文学作品翻译实践，讨论其理论意义和应用价值。

关键词：奈达功能对等；翻译实践；《红高粱家族》

一、功能对等

功能对等理论由曾任美国语言学会主席的尤金·奈达提出，为使源语和目的语之间的转换有一个标准，减少差异，奈达从语言学的角度出发，根据翻译的本质，提出了著名的“动态对等”翻译理论，即“功能对等”理论。在这一理论中，他指出“翻译是用最恰当、自然和对等的语言从语义到文体再现源语的信息”。奈达有关翻译的定义指明翻译不仅是词汇意义上的对等，还包括语义、风格和文体的对等，翻译传达的信息既有表层词汇信息也有深层的文化信息。“动态对等”中的“对等”包括四个方面，即词汇对等、句法对等、篇章对等及文体对等。在这四个方面中，奈达认为“意义是最重要的，形式其次”。

二、功能对等理论在《红高粱家族》韩译本的分析

《红高粱家族》是诺贝尔奖获得者作家莫言的成名作，被译成近二十种文字在全世界发行。书中创造了他的文学王国“高密东北乡”，通过“我”的叙述，描写了抗日战争期间，“我”的祖先在高密东北乡上

演了一幕幕轰轰烈烈、英勇悲壮的舞剧。莫言在这部小说中显示出了驾驭汉语言的卓越才能，他运用了大量充满了想象力并且总是违背常规的比喻与通感等修辞手法，在语言的层面上就形成了一种瑰丽神奇的特点，以此造就出了整个小说中那种异于寻常的民间之美的感性依托。

文学翻译追求译文与原文之间文学功能的对等，其理论往往主张在不可能复制原文文学表现手法的情况下，译文只能尽最大限度与原文相似。下文将从三个层次对《红高粱家族》韩译本进行分析。

（一）词汇对等分析

翻译的首要之点，是翻译信息的内容，即翻译原文的意思。因此，语言信息或语义的传译在翻译实践过程中享有优先地位。做翻译时，可产生因缺乏词汇而不能体现出对等的现象。换句话说，在目标语言里译者找不到跟原语意思一样的词汇时引起了问题，这是每个翻译都难免的。

1. 语义的调整

通过翻译过程，从原语翻译成译语时，在复杂的词汇意思中，除了中心词汇之外，可以省略处于次要地位的功能成分。采用这样的方法可以体现出对等。例如：

【ST】余司令怒冲冲地骂："舅子，你打出王旅长的旗号也吓不住我。老子就是这地盘上的王，吃了十年抹饼，还在乎王大爪子那个驴日的？"

【TT】위 사령관이 노기등등해서 욕했습니다.

"외삼촌， 당신은 왕위장의 이름을 빌려 나를 누를 수 없소. 내가 바로 이 지방에서의 왕이란 말이오. 십 년 동안이나 차뻥을 먹고 자랐는데 그 왕 가 놈 같은 후레자식을 내가 대단하게 여길 것 같소？"

例子中出现的"舅子"是在中国孩子对母亲的弟弟的称呼。原来"舅子"是亲戚关系，但是随着语言的发展，延伸出其他的意义，即骂人的意思。原文中余司令和冷队长并不是真正的亲戚关系，而是余司令表示对冷队长的愤怒和不满而骂人的意思。译文的翻译失去了原文骂人的意思，而且容易使读者对两位人物的关系产生误解。译者没有真正理解原文作者想要传递给读者的意图，译文失去了原文的意思。

2. 根据语境选择词汇

如果想要得到韩译汉的正确过程，译者不但应该掌握要翻译词汇的词典意义，而且要掌握原语的语感、内涵意义、语义等各种各样的因素，然后广泛地考虑怎么译成目的语。在这过程中最关键的是语境。例如：

【ST】“可恶！”曹县长一拍桌子，吓得五猴子和外曾祖父都矮了不少。

【TT】“못된놈!”

차오 현장은 탁자를 치며 소리를 질렀고, 우후즈와 외증조할아버지는 너무도 놀라서 저만큼 물러났다.

译者根据语境将“矮了不少”翻译成因为害怕往后退了几步。译者真正理解了原文读者想要传达给读者的意思，活用翻译，体现了功能对等理论的要求。

3. 解释

在原文所出现的词汇难以翻译为目标语言或者原文的词汇译成目标语言不自然的时候，可普遍应用“解释的方法”。解释战略的优点是可提高译文的正确性。例如：

【ST】车上站着几个鬼子，叽里咕噜地跟站台上的鬼子打着招呼。

【TT】기차 위에는 몇 명의 일본인들이 서 있었는데, 그들은 플랫폼에 있는 일본인들과 뭐라고 지껄이고 있었어요.

上面例子中“叽里咕噜”是拟声拟态词，用来表达人们听不懂的话语。同样的词汇表现在韩国语中很难找到。但是译者通过解释，将之翻译成听不懂的声音，使韩国读者对原文的意思一目了然。

词汇因素并非是影响经验的分析以及传达方式的唯一条件。换言之，语法体系决定传达经验的规则性分类方式。将所有的具体内容完全复制的划一不二的以及客观性的方式根本不存在。各个语言及结构都存在着核心部分，所以翻译时，如果能够传达原语的核心部分，就可以说体现出对等。以语序的调整为例，语言的词性结构制约了语言传达信息的方式。在某种语言当中，主语、谓语、宾语等顺序安排是更为固定的。所有的语言为了表示段落之间的关系，依存句法的程度大不相同。以韩语为例，韩语拥有固定句子搭配，按照句子成分的顺序来决定句子的意思。例如：

【ST】“自来得”手枪在他手里声嘶力竭地叫着，枪体散着灼热的气息。枪筒发出暗红色，在白得如霜，凉得如冰的中秋月下。

【TT】서리처럼 하얗고 얼음찬 추석 달 빛 아래에서 모제르 권총은 그의 손아귀에서 기진맥진하게 울어댔으며, 총체에서는 뜨거운 기운이 발산됐고 총구멍은 검붉은 색상을 띠고 있었습니다.

译文中将“白得如霜，凉得如冰的中秋月下”提到句子的前面进行调整。这样的语序的调整更符合韩国人的思考方式和阅读习惯。韩国读者可以更易于理解和接受原文的意思。

（三）语篇对等分析

最终追求翻译的对等，不但体现词汇与语法层面的对等，而且译者应该考虑体现语篇的对等，所以分析对象要扩大到整体的语篇。以语篇重新组织为例，译者作为语篇重新组织，给读者可传达信息且重新构成原文的信息。译者面对原文，可以使用许多方式来完成理想的翻译。但关键的是作者要表达的信息如何更为明显地表达出来，如何给译文读者传达语境的信息。译者应当考虑在译文当中如何反应作者与译文读者相互之间的作用。例如：

【ST】外曾祖父第三次来找我奶奶，索要一头大黑骡子。外曾祖父对奶奶说，这是她公公生前答应过的，人死了债不能死。赖账不还就要去县府里告状。奶奶说自己根本不认识外曾祖父，三番五次来扰乱治安，要去告他。

【TT】외증조 할아버지가 세번째로 나의 할머니를 찾아왔을 때는, 아예 검은 노새 한 마리를 요구했다. 외증조할아버지는 말했다.

“너의 시아버지가 생전에 대답한 일인데 사람이 죽어도 빚은 살아있다. 만약 여기서 억지를 부린다면 나는 현으로 찾아가서

너를 고발할 테다. ”

할머니는 말했다.

“나는 당신을 알지도 못하는데，왜 자꾸 와서 이렇게 소란스럽게 구는 거요. 내가 당신을 고발할 거요.”

上述例子本来是“独白”，但译者把它变成“对话”结构。所以这场面显得更加精彩，更有余味，让读者更容易读懂段落，体现出对等。

三、结束语

功能对等的翻译，主张译文在译文读者中所引起的效果应与原文在原文读者中所引起的效果对等。通过对《红高粱家族》韩译版本在词汇、语法、语篇方面的分析，都基本实现了功能对等，尽管有不足之处。由此可见，在翻译文学作品的过程中，奈达提出的“功能对等”理论可以作为指导原则。功能对等理论不仅具有重要的理论意义，而且具有实际的应用价值。因篇幅限制，本文仅局限于汉译韩的部分内容，但仍希望对各位的翻译实践有所帮助。

参考文献：

[1]陈维嘉. 从奈达的功能对等理论看杨宪益、戴乃迭翻译的鲁迅小说《阿Q正传》[J]. 语文学刊，2009（3）：79-81.

[2]梁爽. 功能对等理论在电影字幕翻译中的翻译研究[J]. 经贸教育，2012（9）：140-142.

[3]谭载喜. 新编奈达论翻译[M]. 中国对外翻译出版公司，1999.

[4]杨芸芸. 从功能对等角度看小说《红高粱》对话中骂词的英译[J]. 文化与传播，2005：348.

[5]안석열. 등가번역이론의 특징과 그 수용상의 한계점고찰[M]. 총신대학 신학대학원，1987.

从目的论角度浅析英文电影名汉译策略

2013 级　英语语言文学　王金雪

摘　要：电影已经成为当今社会主流文化艺术形态，为越来越多的人们接受并喜爱。随着中国改革开放和市场经济的发展，大量英文电影涌入中国的影视文化市场，因此一部英文电影的汉译名，对于中国观众的观影选择而言，起着至关重要的作用。随着电影业的商业化和产业化，电影名的翻译应具有更强的目的性，以更好地服务于电影应达到的信息功能、美学功能和尤为重要的商业功能。因此，本文以目的论为理论依据，把电影看作有目的的交际行为，探索电影名的汉译策略，以满足电影产业化对电影名翻译所提出的新要求，更好地实现其商业价值，获得更高的商业效益。

关键词：电影名；目的论；翻译策略

一、电影及电影名

电影一直被称为第七艺术，也是不同文化间交流学习的重要桥梁。自改革开放以来，中国引进了大批英文电影。作为一种独特的艺术形式，电影同时具有美学功能兼商业功能。而电影名作为一部电影的“商标”，代表了电影内容和精神的核心，对观众的观影选择起至关重要的作用。一个好的电影名就好比一本经典书籍的名字，不仅能反应主题，概括主要内容，更能激发人们的观影欲望。

一个好的电影名至少要具有三个功能，即信息功能、美学功能和商业功能。在英文电影名汉译过程中，达到信息功能就要求汉译本在内容、形式和文化上忠实于源语。根据许渊冲的“三美”原则，翻译应达到意美、音美、形美，虽然该理论主要针对诗歌翻译，但对电影名汉译也具有指导意义。在英文电影名汉译过程中，需注重美学功能。如 *Waterloo Bridge* 汉译为《魂断蓝桥》，不仅是四字短语，而且《蓝桥会》又是中国经典戏剧，暗示了电影的悲情基调。在前两个功能的基础上，电影名更需具有商业功能。因为电影不仅仅是一种大众娱乐方式，更是市场上可用于交换的商品。在当今电影市场，票房无疑已成为制片人的主要目的之一。

二、目的论简介

目的论是德国功能学派的核心。其发展共经历了四个阶段。

1971 年，凯瑟琳娜·莱斯在其出版的《翻译批评：潜力与局限性》中提出的理论实质上就是功能翻译理论的原型，首次把功能范畴引入翻译批评。同时她也将非语言因素和其他主要因素列入考虑范围。莱斯认为理想的翻译应该是综合性交际翻译，即在概念性内容、语言形式和交际功能方面都与原文对等，但在实践中应该优先考虑的是译本的功能特征，而非“对等”。

在第二阶段中，汉斯·费米尔提出了目的论，构成了该理论的核心。作为莱斯的学生，费米尔打破了对等理论只关注源语的限制，认为翻译是以原文为基础的有目的和有结果的行为，这一行为必须经过协商来完成，翻译必须遵循一系列法则，其中目的法则居于首位。也就是说，译文取决于翻译的目的。换言之，翻译的目的决定了翻译的策略和方法。此外，翻译还须遵循连贯原则，意味着译文需实现语内连贯，即译文应被读者理解并在目标语文化中有意义。最后一条即为忠实原则，意味着源语与目标语之间的语际连贯，这一点和传统翻译研究相似，即忠于原文本，但是忠实的形式和度由译者的理解决定。

对于中西翻译史上的归化、异化之争，乃至近二三十年译界广泛讨论的形式对等与动态对等，“目的论”都做出了很好的解释。翻译中到底是采取归化还是异化，都取决于翻译的目的。由于功能翻译理论就是以“目的原则”为最高准则，而任何翻译活动都是有目的的行为，电影片名翻译的最终目标和主要功能是帮助人们了解影片的主要内容，并激发观众的观看欲望。因此，在英文电影名汉译的过程中，我们把功能翻译理论尤其是“目的论”作为首要指导理论。

贾斯塔·霍茨—曼塔里进一步发展了功能派翻译理论，曼塔里借鉴交际和行为理论，提出翻译行为理论。该理论将翻译视作受目的驱使，以翻译结果为导向的人与人之间的相互作用。

克里斯汀娜·诺德提出译者应该遵循“功能加忠诚”的指导原则，从而完善了该理论。她首次用英语系统阐述了翻译中的文本分析所需考虑的内外因素，以及如何在原文功能的基础上制定切合翻译目的的翻译策略。

三、从目的论的角度浅析英文电影名的汉译策略

以目的论为理论基础，英文电影名的汉译可采取多种策略。无论是选择直译、意译还是创造性翻译都由电影名的目的决定。本文主要介绍 6 种在目的论指导下的翻译策略。

（一）音译

音译即为用发音近似的汉字将外来语翻译过来，这种用于译音的汉字不再有其自身的原意，只保留其语音和书写形式。这就是说，音译策略的应用保留了语音上的对等和对应。这种方法被认为是最简单也最常用的英文电影名汉译策略。许多英文电影都以主人公的名字、故事发生的主要地点而命名，这就能提供相关的背景信息并且为观众所熟知，能够达到吸引观众的目的。通过音译，汉译的电影名保持了源语的语音，从而带有浓厚的异域风情，这也能够激起观众的观影欲望。

Hobbit《霍比特人》是近年来票房较高的电影之一。对于 *The Lord of Rings*《指环王》迷来说，*Hobbit* 自然是他们的首选。因为在《指环王》中，主人公 Frodo 就是一个霍比特人。采取音译的策略，会勾起观众关于《指环王》的记忆，从而将《指环王》的高票房延续到《霍比特人》上。因此，在这种情况中，在目的论的指导下，音译是最好的策略。而经典电影 *Titanic*《泰坦尼克号》则是按事件发生的地点而命名，采取音译的策略后的汉译版本提示了背景信息，增加了异域风

情，进而激发观众的观影兴趣。

（二）直译

直译要求最大程度上忠实于源语的形式和内容，以传达出源语的内涵意义和指示意义。在英文电影名的汉译方面，直译被视为一种最有效的方法，不但可以保证对源语的忠实，更能充实目标语文化。大量的英文电影名都采取直译的方法，并被中国观众所接受和喜爱。如：*National Treasure* 直译为《国家宝藏》，*Saving Private Ryan* 直译为《拯救大兵瑞恩》等。

（三）意译

目的论强调目的决定方法，这就给译者足够的自由空间去选择翻译策略以更好地服务于最终目的。在目的论的指导下，意译需对应源语的文化内涵，并抓住其中心意义。为加强电影名的影响力，在翻译过程中，需采用增译、减译或改译。如著名电影 *Ghost*，如直译为《鬼》，观众会误以为这是一部恐怖电影，而对其中浪漫的爱情故事毫无了解。而按照意译的方法，该电影汉译名为《人鬼情未了》，不仅在名字中体现出两位主人公，同时也表明男女主人公之间至死不渝的爱情，以此达到抓住观众眼球、吸引观众观影的目的。

（四）音译与意译结合

由于中英两种语言间的不同，一些以主人公或地点命名的电影名并不能完全被中国观众理解。因此在此情况下，单纯的音译就不能满足吸引观众、赢得高票房的目的。译者需采取灵活的策略，将音译与意译相结合。

美国动画电影 *Tarzan* 被译为《人猿泰山》，在翻译过程中，不但采取音译的方法使观众了解主人公的名字，而且加之意译的策略进一步描述了主人公的特征，即半人半猿，更易激起观众的好奇心和观影欲。

（五）直译与意译结合

对于一些英文电影名，直译的方法会导致美学效果的缺失并且最后的汉语译文与源语电影想表达的内容相去甚远。在直译不能满足翻译目的的时候，就需要译者加入意译的方法。

著名英文电影 *Interpreter* 正体现了这一点。如采取直译，译为《口译者》，会给观众带来一种纪录片的感觉，而原电影却不是讲述口译者工作的纪录片。在此处，就应加之意译的辅助，译为《翻译风波》。

（六）创造性翻译

许多电影都试图通过电影的形式表达深刻的文化内涵，在这种情况下，译者需要在充分理解并分析源语内容、题材、剧情以及风格的基础上，采取创造性的翻译方法，充分发挥译者的创造力。在传统的翻译理论中，译者仅是源语文本的仆从，甚至是隐身的。而在目的论的指导下，译者的独立性和创造性被大大地提升了。译者一方面作为源语的读者，另一方面又是目标文本的创造者，是最能掌握源语核心并了解原作者思想的中间人。在创造性翻译中，翻译结果无疑会受到译者的个人价值观、品味和翻译目的等影响。

Top Gun 在英语国家中是一部广为人知的电影，在中国大陆的译本为《壮志凌云》。此种翻译方法既不是直译，也不是意译，更不是上述的任何一种翻译策略。因为在目的论的指导下，以上的策略都不能很好地表达电影的内涵，起到吸引观众提高票房的目的。

四、结论语

近几年，英文电影尤其是好莱坞电影被大批地引入我国。作为电影主题的表现者以及观众对电影的第一印象，电影名是一部电影浓缩的精华。因此，英文电影名的汉译越来越多地引起大众的关注。一个好的英文电影名汉译会吸引更多观众，进一步赢得高票房。

目的论认为翻译不仅是翻译的过程，而且是有目的的人类行为的一种特殊形式。电影名的翻译亦是以赢得高票房为主要目的的人类行为，在此，目的论的应用更有利于实现电影的商业功能。

受全球化的影响以及不同文化间的冲击，电影名的翻译方法不一且略显混乱。在目的论的指导下，这种情况能够得以改善，也能够更好地实现电影名的功能。

参考文献：

[1]包惠南. 文化语境与语言翻译[M]. 北京：中国对外翻译出版公司，2003.

[2]贺莺. 电影片名的翻译理论和方法[J]. 外语教学，2001（1）.

[3]王惠玲，张碧航. 目的论在电影名的翻译中的运用[J]. 西北大学学报（哲学社会科学版），2006，36（5）：158-161.

[4]Nord Christiane. *Translating as a Purposeful Activity: Functionalist Approaches Explained* [M]. Manchester, St. Jereme Publishing, 1997.

[5]Yang Wangqiu. The Chinese Translation of English Film Titles from the Skopos Theory's Perspective [J]. Chinese Knowledge Net, 2011.

小议鲁迅“直译”产生的背景

2011级　英语语言文学　王娜

摘　要：鲁迅作为一名翻译家，向中国译介了大量东北欧、亚洲等受压迫民族的反战、追求民族独立的作品。在翻译风格上，他一改文坛上的“意译”之风，提出“宁信而不顺”，大力鼓吹“直译”。然而他的译文却因生硬、不自然、晦涩难懂，受到文学界的非议。要想全面把握鲁迅的“直译”观，必须综合考虑社会背景等因素。

关键词：直译；宁信而不顺；社会背景

一、引言

“鲁迅用日文写的作品，……或尖锐深刻，或风趣幽默，一例亲切动人，具有浓厚的个人情调与风格。”“读鲁迅作品——尤其是他直接用日文写的，每一篇特征如此鲜明……说明鲁迅的日文和汉文一样好。”[①]鲁迅青年时代在日本待了7年，他对日语和日本文学有着很深的造诣。将鲁迅的译作与原著拿来对照，发现很少有误译，译文言简意赅，十分精确。然而，中日文精通的大文豪鲁迅的翻译作品，却被当时的文学界称为“天书”，很多文学家批评其译文“晦涩”“极其难懂”，是“死译”。

举几个例子：

（《与幼小者》）暁方の三時からゆるい陣痛が起こりだして不安が家中に拡がったのは今から思うと七年前の事だ。

① 唐弢. 鲁迅日文作品集・序[M]. 上海文艺出版社，1981: 4.

鲁迅译：从夜里三时起，开始了缓慢的阵痛，不安弥漫了家中，从现在想起来，已经是七年前的事了。

(《沉默之塔》) 疲れたような馬が車を重げに挽いて、塔の下に来る。何物かが車から卸されて、塔の内に運び入れられる。

鲁迅译：乏力似的马，沉重似的拖了车，来到塔下面。有什么东西卸了下来，运进塔里去了。

(《鼻》) 内供は心の中でこう自分に囁いた。長い鼻をあけ方の秋風にぶらつかせながら。

鲁迅译：使长鼻子荡在破晓的秋风中，内供自己的心里说。

从以上对照不难发现，译文不仅句子的语序没有变更，就连日语中的一些语法习惯（如主语的省略），以及单词都直接沿用了原文。

鲁迅的“直译”一提出便遭到了非难，最著名的莫过于与梁实秋的那场长达八年的翻译论战了。那么鲁迅为什么要“冒天下之大不韪”执意采用“直译”呢？这里面是有着深刻的社会背景的。

二、背景

（一）林纾等人“意译”的盛行

鲁迅生活的时代，正值新文化运动盛行。很多翻译届人士为了宣传其政治思想、实现国民启蒙，肆意篡改原著的主题、结构及人物形象，或者对原著进行删减、改译，根据个人的理解添加原著中没有的内容，又或将原著中的地名、人名、典故等改成中国式的。其中代表人物便是林纾。

林纾是中国近代的文学家和翻译家，他一生翻译了美、英、法、俄等 11 国的 180 多篇作品，但他本人并不懂外语。他将助手对原著的现场口译，直接翻译成文言文。这种翻译方式由于多了一个媒介，译文出错的几率也相应增加。再加上助手的外语水平有限，林氏也经常按照自己的意志对原著或增或删，导致他的译作与原著有很大的出入。另外，太过强调翻译的速度，也是导致译文失误频出的一大原因。

随着与西方文化接触的深入，林纾等人恣意篡改原著的“意译”，已阻碍了西方文明在中国的进一步传播。鲁迅对此深表不满，他在

1932 年 1 月 6 日给增田涉[①]的信中这样写道：“当时流行林琴南用古文翻译的外国小说，文章确实很好，但误译很多。我们对此感到不满，想加以纠正，才干起来的。”

（二）鲁迅的经历

在最初翻译科学小说的时候，鲁迅也一度使用当时流行的“意译”法。他在晚年回忆起这一时期的翻译时说：“年青时自作聪明，不肯直译，回想起来真是悔之已晚。”称这些作品“虽说译，其实乃是改作”，否定了自己当时的翻译。1909 年，鲁迅与周作人合编的“直译”风格的代表作品集《域外小说集》在中国出版，但却只卖出了 20 几本，最后不得不停止了发行。导致这次失败的原因主要有两个：一是清末以林纾为代表的“意译”风格已深入人心，根深蒂固；二是周氏兄弟之名还鲜为人知，加上鲁迅这一阶段的“直译”还停留在半文言文半白话文的阶段，“直译”观尚未成熟，所以未能引起较大反响。

（三）汉语的不足

随着外国文学作品不断被译介到中国，要求更精确地传达西方思想的呼声越来越高，而此时汉语文言文自身的局限也日益明显。鲁迅对汉语的句法表示了忧虑，他认为“中国的文或话，法子实在太不精密了……讲话的时候，也时时要辞不达意，这就是话不够用……要医这病，我认为只好陆续吃一点苦，装进异样的句法去，古的，外省外府的，外国的，后来便可以据为己有”。也就是说，鲁迅感到了汉语的不足，决心要引入外语的表现手法，创造新的汉语。“翻译，的确可以帮助我们造出许多新的字眼，新的句法，丰富的词汇和细腻精密的正确的表现。”[②]可以说，鲁迅对翻译的作用进行了重新的审视和定位。

三、“宁信而不顺”原则的确立

1931 年 3 月，复旦大学教授赵景深在文章《论翻译》中这样写道：“译得错不错是第二个问题，最要紧的是译得顺不顺。”鲁迅对这种不

---

① 增田涉（1903 年 10 月—1977 年 3 月），日本中国文学研究者，鲁迅学生，《中国小说史略》日本语译者。

② 鲁迅. 鲁迅全集第 10 卷·出了象牙塔后记[M]. 人民文学出版社，1981: 245.

负责任的翻译宣言极为不满，针锋相对地提出了“宁信而不顺”的直译原则。他在《二心集·风马牛》中指出，译本“不但在输入新的内容，也在输入新的表现法”。

鲁迅的“直译”原则的提出并非心血来潮，而是为了明示自己的翻译立场。“宁信而不顺”并非只“信”不“顺”，而是对原著的忠实度和译文的流畅性两者只能择其一的话，自己会毫不犹豫地选择前者。

不难想象，鲁迅的“直译”观被很多人认为是矫枉过正而深受诟病。对此，鲁迅做出解释称自己的“直译”也是这一特定时期的“权宜之计”。从本论引言部分列出的《现代日本小说集》中的例文可以看出，虽说是“直译”，但译文并非机械地照搬原著。“信”是第一要重视的，第二便是“顺”了。所以鲁迅的译文是在忠实于原著的基础上，“为比较的顺眼起见，只能换换它的衣裳，却不该削低它的鼻子，剜掉它的眼睛”（1935 年 6 月 10《题未定·草·二》）。当时与周氏兄弟住在一起的许寿裳后来评论《域外小说集》时说，译文“字字忠实，丝毫不苟，无任意增删之弊，实为译介开辟一个新时代的纪念碑”。

四、结语

要准确判断一部翻译作品，不仅要看译文是否信、达、雅，还要看其历史价值。单从翻译的角度来评，鲁迅的译文称不上优美流畅。但鲁迅敢于打破翻译界的旧俗，顺应时代发展潮流选择翻译对象和翻译风格，对推动现代汉语改革、丰富中国文学文化、促进国民思想启蒙起了重要作用。在当今市场经济背景下，面对多元化价值的文学作品，该如何选择翻译对象和译介方式，考验着每一个翻译者的责任感和判断力。

参考文献：

[1]鲁迅. 鲁迅全集第 4 卷·关于翻译的通信[M]. 北京：人民文学出版社，1981：382.

[2]王登文，孙小丹. 从意译到直译：鲁迅翻译策略变因探析[J]. 宜宾学院学报，2007（2）：84-86.

[3]鲁迅. 鲁迅译文选集·现代日本小说集[M]. 上海：上海三联书店，2007.

从“形”“神”矛盾角度分析韩译汉中误译现象的产生——以课堂翻译实践为例

2013级　朝鲜语口译　王叶立

摘　要：翻译活动中，形与神这对矛盾一直以来是译者们热衷探讨的问题。纵观众多中国译者的韩译汉文本，都能发现“形似神不似”等误译之处，十分影响译文的质量。本文以真实课堂翻译实践中出现的误译为例进行分析，试图探寻出现这些误译产生的原因，进一步提高译者韩译汉时的翻译水平。

关键词：形神矛盾；韩译汉；误译

一、引言

中韩两国同属东亚文化，在唐代甚至形成了一个“汉字文化圈”。现今，韩语词汇中汉字词就约占了60%，因此中国译者在进行韩译汉翻译活动时，能感到相对容易、轻松。但是这是否意味着韩汉翻译过程就很难出现误译现象呢？答案是否定的，我们来看下面这个例句：

（1）서울 지역 **중·고교**에서 남녀 **혼성 학급**을 **운영한** 결과 학교 폭력이 크게 감소했다는 조사 결과는 상식의 허를 찌른다.

译文：首尔地区**中·高校**男女**混成学级**的**运营**结果是学校暴力大幅减少，这一调查结果令人大吃一惊。

相信不懂韩语的读者在读完译文之后，普遍的感受都是似懂非懂，似乎明白原语想要表达的意思，但又觉得十分别扭。这就是对原文（1）的误译。这种误译的产生是由于中国译者只注重对与汉语发音极其相似的韩语汉字词的“形（言）”译，却忽略了“神（意）”译。在韩译汉翻译活动中，如何处理“形”与“神”的矛盾，才能避免误译的产生，确保译文的准确呢？笔者经过整理课堂译文文本发现，出现最多的误译为汉字词的误译以及惯用语的误译。本文将从“形神矛盾”这个角度对这些问题进行分析。

二、汉字词的误译

普遍认为，译词就是只需会查词典即可，其实不然。同一个词，由于客观因素和环境的变化，词义会不断发生改变，并且在不同的句子和文章中，可以有多种意义。特别是吸收古汉语的韩语汉字词，经过时间的流逝，其“形（发音）”虽与汉字相似甚至一样，但是词义早已发生了巨大变化。如：

（1）서울 지역 **중 • 고교**에서 남녀 **혼성 학급**을 **운영한** 결과 학교 폭력이 크게 감소했다는 조사 결과는 상식의 허를 찌른다.

误译：首尔地区**中 • 高校**男女**混成学级**的**运营**结果是学校暴力大幅减少，这一调查结果令人大吃一惊。

（2）요즘 음주 운전 사고로 집안이 온통 ‘분말’처럼 **풍비박산**되는 경우가 적지 않다.

误译：近来由于酒驾导致整个家庭如“粉末”般**风飞破散**的例子不在少数。

表（1）

韩语	汉字	文意
중 • 고교	**中 • 高校**	**初中和高中**
혼성 학급	**混成学级**	**混合班级**
운영한	**运营**	**开设**
풍비박산	**风飞破散**	**支离破碎**

通过表（1）可以很清楚看到韩语原文与其所代表的汉语文意之间的区别，例（1）中的“**중 • 고교**”其外在形态对应汉语中的“**中 • 高校**”，若译此处译者只注重对源语外在形态的翻译，则很容易译成表面意思“**中 • 高校**”。但是首先汉语中不存在这种表达，其次若是译者拆

分翻译成“**中校**”“**高校**”，那也与文意相差甚远。“中校”若理解成“中学”，那么它在汉语中有两层意思，一指初中，二指高中。“高校”在汉语中则指更高一级别的大学。但“**중·고교**”在韩文中真正要表达意思为初中和高中。“**혼성 학급**”若也只考虑“形”译，那么只能翻译成“**混成学级**”这一不伦不类的词语，其内在含义则为“混合班级”。“**운영한** ”本意是“运营”，这一词在汉语中是存在的，主要与公司或工厂之类的词汇进行搭配，在与“**학급**”（班级）搭配时，若翻译成运营则属重“形”译造成的搭配不当，联系上下文译成“开设”比较合适。

例（2）“**풍비박산**”属韩语中的四字成语，对应的汉语形态为“**风飞破散**”，这似乎很接近汉语成语“魂飞魄散”，但是不管是“风飞破散”还是“魂飞魄散”，放在句子当中用来形容家庭都显得不伦不类，根据前后文可以译成“支离破碎”来与家庭搭配，既准确表达了原文之意，同时保留原文四字成语的形态。

三、惯用语的误译

韩语中亦存在许多惯用表达说法，这类语言包含着更深层次的文化底蕴，若不懂得其代表的文化内涵，只一味“直译”“硬译”，即使形态上表述正确，那也不能算作一篇完美的译文。如：

（3）퇴직자나 ‘**아줌마부대**’ 뿐만 아니라 본업을 잊은 ‘**넥타이부대**’ 등이 증권사 객장을 달군 다.

误译：退休人员或是“**大妈部队**”，甚至包括忘记自己本职工作的“**领带部队**”等都纷纷涉足股市。

（4）하지만 여기서 주목하려는 것은 위기때 **발 벗고 나서**는 우리 여성의 강인함이다.

误译：但是这里值得我们关注的是女性在经济窘困时**脱掉鞋站出来**的坚韧不拔的精神。

（5）은행 금리가 낮아져 애써 모은 돈에 대한 이자가 **쥐꼬리**만 하다.

误译：银行利息降低，使得储户辛苦攒的钱得到的银行利息如**老**

鼠尾巴一般多。

表（2）

韩语	汉字	文意
아줌마부대	**大妈部队**	**已婚妇女**
넥타이부대	**领带部队**	**白领一族/上班族**
발 벗고 나서	**脱鞋站出来**	**挺身而出**
쥐꼬리	**老鼠尾巴**	**不够塞牙缝/少得可怜**

例（3）中的“**아줌마부대**”（大妈部队）“**넥타이부대**”（领带部队）都是韩语中的习惯用法，汉语中不存在这样的表达，因此这里就不能直译，必须在理解这两个词所表示的真正含义基础上进行意译，同时若能在汉语中找到表示同样含义的惯用语表达，那么最后的翻译才是级别最高的。在韩语中“**부대**”（部队）一词除了表示真正的军队以外，还表示某一群体，而在汉语中“部队”并没有这层含义，所以在翻译这个单词时就必须改变形式，做到“得义忘形”。“**아줌마**”（大妈）与汉语表达其实已十分接近，在韩语中指的是已婚妇女，这已足够表达文本的内在含义，此处可做减译处理，无需再将“部队”翻译出来。“**넥타이**”（领带）则指公司上班人士，因为韩国男人上班都会打领带，后来渐渐演变成公司职员的统称，但多指男性职员。汉语中类似的惯用表达有“白领一族”或“上班族”，相比较而言，在“形”与“神”上都能与韩文达成统一，因此译成其中一词，都较为合适。

例（4）“**발 벗고 나서다**”（脱鞋站出来）在形态上的译文与实际意思相差甚远，译者在翻译时，要么有一定的惯用语积累，要么只能根据上下文推断其真正含义。此处用来形容女性在困难当中“挺身而出”的精神。

例（5）“**쥐꼬리**”（老鼠尾巴）在韩语中用来形容某种东西少得可怜，译者本身可能了解韩国人这一表达方式，在翻译时不加考虑便直译出来，但是对于其他不懂韩语的中国人来说，其实不太清楚“老鼠尾巴”到底是多还是少，因此此处的翻译不太恰当。其实译者稍加思考就会发现汉语中有类似的表达方式，或是直接译出“少”的意思即

可。

四、结论

奈达曾说，翻译即翻译意义。因此，在进行韩译汉的过程中，若遇见类似汉字词及惯用语的翻译，则需多加谨慎，通过词“形”来探究其内在含义，却不能全盘皆袭其“形”而忽视了“神”。形神难一致的情况下，则以神为主，在确保原作与译文之间没有产生歧义时，则可以进一步考虑能否达到“形神统一”的境界，以译文新的形神统一来代替原文的形神统一。韩译汉中误译的出现，不能简单归咎为译者语言能力的不足，亦存在一些客观因素。笔者针对中国学生在韩译汉中最易出现误译的两点进行了整理分析，希望通过本文的分析，能让读者在今后的翻译中多加仔细，继而提高自己的译文质量。

参考文献：

[1]张敏等. 韩中翻译教程[M]. 北京大学出版社，2013.

[2]张敏等. 中韩翻译教程[M]. 北京大学出版社，2005.

[3]林从纲等. 韩国语写作[M]. 北京大学出版社，2012.

[4]许钧. 翻译概论[M]. 外语教学与研究出版社，2010.

《少爷》中被动句翻译的对比研究

2011级　日语语言文学　吴昊阳

摘　要：日语学习过程中，被动句是一个难点。翻译必须在准确把握原文的基础上，用另一种语言将内容整体、适当地进行再现。本论文从夏目漱石的作品——《少爷》中挑选被动句，就其三个译文进行比较分析。所选三个译本的作者分别是：原北京大学日本文学部刘振瀛教授；中国海洋大学外国语学院林少华教授；吉林大学傅羽弘教授。

关键词：被动句；翻译；比较分析

一、日语和汉语的被动句

（一）日语被动句

1. 日语被动句的类型

日语被动句的主语是动作或影响的对象，同主动句不同，通过助动词“れる”“られる”进行标识。寺村秀夫（1982）将日语被动句分为“直接被动句”和“间接被动句”。

直接受身文とは能動文をそのまま転換して得られる受身文のことをいう[①]。例如，将“猫が太郎を助けた”这一主动句转换成被动句，即“太郎が猫に助けられた”。也有主语是非生物的情况，例如“図書館が建てられて”，“ここでは英語はあまり話されていない”。

间接被动句的主语不是动作的直接承受者，而是间接地受到影响。

---

① 水谷修. 編集. 新版日本語教育事典. 東京：大修館書店，2005: 108.

2. 日语被动句的特点

日语被动句一般带有消极的含义。例如，“兄は蚊に刺された”（哥哥被蚊子叮了），句子的重点在哥哥身上。直接被动句也有表达积极含义的情况。例如，“私は先生に褒められた”（我被老师表扬了）。间接被动句通常情况下带有受害的含义，例如，“赤ちゃんに泣かれた”（婴儿一直哭）。

（二）汉语被动句

「A＋“被/叫/让”+B+動詞」の形で「AはBに～される」という受け身の意味を表す表現となります[①]。王力和吕叔湘把被动句分为一般被动句和意义被动句。一般被动句通过“被、叫、让、给”进行标识。意义被动句则没有明显标识。

二、《少爷》中直接被动句的翻译

（一）被动者是有生命体

1. 被动者和主动者都是有生命体

おやじには叱られる。兄とは喧嘩をする。

刘：受俺爹的呵叱，和俺哥吵架。

林：被父亲训，和哥哥吵。

傅：受老爸的责骂、与哥哥吵架。

本句的主动者是“親父”，被动者是“私”，三个译本都将这一典型的带有受害含义的直接被动句翻译成汉语的一般被动句，不管是用“被”还是“受”标识，清晰明了地表达出了消极的含义。

2. 被动者是有生命体，主动者是无生命体

ひろびろとした海の上で、潮風に吹かれるのは薬だと思った。

刘：俺想：在茫茫的大海上，让海风吹吹，对身体是有益的。

林：在这一望无际的海面上，被海风一吹，实在浑身舒坦。

傅：在宽阔的海面上，沐浴着海风，心情格外爽朗，有益于身心健康。

① 丸尾誠. 基礎から発展まで よくわかる中国語文法. 倉敷印刷株式会社，2012：150.

这句话的主动者是“潮風”，被动者是“私”。刘振瀛和林少华将这句话翻译为汉语的一般被动句，但这里的“让”和“被”并不是要表达受害的意思，只是在阐述客观事实。傅羽弘则将这一日语的直接被动句翻译为汉语的主动句，从“我”的角度出发，用“沐浴”一词体表现出“我”的愉悦的心情。

3. 被动者是有生命体，主动者在原文中没有出现

大方高慢ちきな釣道楽で、自分の釣るところをおれに見せびらかすつもりかなんかで誘ったに違いない。そんな事で見せびらかされるおれじゃない。

刘：大概他是个骄傲自大的钓鱼爱好者，为了向俺显示他钓鱼的手段，才约俺同去的吧。俺才不怕他臭显示呢。

林：大概是想在我面前炫耀一下他那引以为自豪的钓鱼手段吧，我可不会那么轻易上钩。

傅：一定是他自以为钓鱼手段了得，要显摆给我看才来约我的，我可不吃这一套。

动作的施事者是“赤シャツ”，被动者是“私”。作为文学作品的翻译，在遵守语法规则的基础上，还要考虑到语言环境和表达效果。三个译本都将这一被动句翻译为汉语的主动句，主要是出于语言习惯的考虑，比起生搬硬套，这种翻译方法表达效果更加完善。

（二）被动者是无生命体

1. 被动者和主动者都是无生命体

吸いかけた巻烟草を海の中へたたき込んだら、ジュと音がして艪の足で掻き分けられた浪の上を揺られながら漾っていった。

刘：俺把吸剩下的香烟扔进海里，香烟吱的一声，飘飘荡荡浮在被船橹激起的浪花上。

林：把刚吸几口的卷烟扔下船去，“吱”——落在橹叶划起的海浪上，随波漂离。

傅：将吸了一半的烟扔进海里，烟蒂发出“呲”的一声，而后便在船橹搅动起来的浪花中起伏飘荡。

整体上看这是一个主动句，但作为地点状语的“浪”与其定语“艪

の足で掻き分けられた”可以构成被动关系。对于这一带有定语的地点状语，刘振瀛将其翻译为“被”字标识的被动形式，但并没有受害的含义，只是对客观现象的描述。林少华和傅羽弘则将其翻译为主动形式，重点放在了船橹的动作上。

2. 被动者是无生命体，主动者在原文中没有出现

いくら月給で買われた身体だって、あいた時間まで学校へ縛りつけて机と睨めっくらをさせるなんて法があるものか。

刘：虽说自己是用薪水雇来的，在没有事儿的时候，也不该把人拘束在学校里，让人和桌子相面呀。

林：虽说我这身子以月薪受雇于人，也断无干完事还要死守学校、徒对空桌之理！

傅：虽说我的人被学校用月薪买下了，可是为什么没课的时候也不得离开，非要跟那些桌椅板凳大眼瞪小眼地耗时间呢？

被动者是“身体”，主动者是原文中没有出现的学校。刘振瀛将其翻译为主动句，没有清晰地表达出受害的含义。林少华和傅羽弘的版本则将其翻译为“受”和“被”标识的一般被动句，表现出轻微的受害。比起前者的翻译，后者更能表现出作者对这件事的反感。

三、《少爷》中间接被动句的翻译

（一）翻译为汉语主动句的日语间接被动句

最前は失敬、君の受持ちは……と人が起き上がるや否や談判を開かれたので大いに狼狽した。

刘：“适才多有怠慢，您担任的课是……”人家刚一起来，他立刻就和俺商谈起工作来了，使俺毫无思想准备，多狼狈呀。

林：还没等我起身坐稳，即拉开谈判架势：“打扰了，您担任的课……”叫人哭笑不得。

傅：他一进门就说：“抱歉，刚才怠慢了！您负责的课程是……”。我还没起来，他就开始谈工作，弄得我很狼狈。

动作的发出者是“山嵐”，受其发出动作的影响而受害的是“私”，其翻译为主动句主要是源于汉语的语言习惯。如果单纯地照原文的意

思翻译为被动句，即“谈判被开始了”，语感上会给人不自然的感觉。这句话即使三个译本都将其翻译为主动句，依然可以明显地感受到“我”的反感，并不影响表达效果。

（二）所有者间接被动的被动句

自分がした事を笑われて怒るのが卑怯じゃろうがな

刘：自己做的事情，被人家一笑就发火，那才是卑鄙哦。

林：自己做的事被人笑还恼火，这才叫卑鄙！

傅：卑劣就是自己做事被人嘲笑就恼羞成怒，是不是？

句子的被动者是“事”，是被嘲笑的直接对象，而间接受害的是“自分”，三人都将其翻译为“被”字标识的一般被动句，明显地表达出受害的含义。

四、结论

无论是日语的直接被动句或间接被动句，都可以将其灵活地翻译为一般被动句、意义被动句，或主动句。翻译与数学不同，没有固定的公式，也没有放之四海皆准的准则。而文学作品的翻译又同科技翻译、经贸翻译不同，必须考虑到作品的背景、语言环境及表达效果。就文学作品被动句进行翻译时应灵活地运用翻译方法，力求最好的表达效果。

参考文献：

[1]（日）夏目漱石，刘振瀛译. 哥儿[M]. 上海译文出版社，1987.

[2]（日）夏目漱石，林少华译. 哥儿[M]. 中国宇航出版社，2008.

[3]（日）夏目漱石，傅羽弘译. 少爷[M]. 吉林大学出版社，2009.

[4]夏目漱石. 坊っちゃん[M].（株）新潮社，2013.

浅析翻译中的“假朋友”现象

2013 级　英语语言文学　肖雯

摘　要：翻译中的“假朋友”现象指字面意义、字形结构上看似相同，但意义却截然不同的词汇、习语或句子结构。本文从中西方思维差异、文化差异的角度对“假朋友”现象进行分析，剖析其产生的原因，并在此基础上阐述应对方法，使译者避免出现误译成“假朋友”的现象。

关键词：“假朋友”现象；思维差异；文化差异

一、引言

英语和汉语一个隶属于印欧语系，一个隶属于汉藏语系，都有着源远流长的历史，发展至今，语汇极为丰富多彩，因此它们在词类的用法、句型结构、表达方式、思维习惯等方面存在较大差异。而这些差异则构成了汉英、英汉翻译中的诸多难点，其中一个难点便是那些在字面意义、字形结构上看似相同，但意义却截然不同的词汇、习语或句子结构。这一现象在英文中被称为“False Friends”（假朋友）现象，在翻译中译者一定要仔细鉴别“假朋友”现象，否则稍有不慎便会掉入“假朋友”的陷阱，造成翻译上的笑话。

二、“假朋友”的概念

假朋友（False Friends）源自法语的 Faux Amis，Mark Shuttleworth & Moira Cowie 将其解释为“a standard term used to describe SL and TL items which have the same or very similar form but different meanings, and which consequently give rise to difficulties in translation”。方梦之教授则认为，“如果不考虑特定的语言，‘假朋友’可定义为‘两种语言中字面意义相同而实际意义全然不同的词语’”。

简单来讲，翻译中的“假朋友”指在英汉两种语言中形同义异的词语、习语和结构，并因译者主观的“想当然”而造成的误译、错译现象。

三、“假朋友”现象产生的原因

“假朋友”现象是翻译过程中一种独特的语言现象，究其原因是英汉两种语言的不对等造成的，由于思维习惯和文化传统的不同导致了这种差异。因此，可以从中西方思维和文化差异两方面来分析其产生的原因。

（一）从中西方思维差异分析

语言受思维的支配，是思维的载体。英汉两种思维系统存在巨大差异，因此导致了翻译的困难。许多“假朋友”就是由于译者受母语影响，从而产生了“想当然”的思维定式引起的。

正如著名翻译家傅雷所说：“中国人的思想方式和西方人的距离多么远。他们喜欢抽象，长于分析；我们喜欢具体，长于综合……况东方人与西方人之思想有基本分歧，我人重综合，重归纳，重暗示，重含蓄；西方人则重分析，细微曲折，挖掘唯恐不尽，描写唯恐不周。”总的来说，中国人倾向于形象思维，而西方人受西方哲学思想体系的影响，重抽象思维；中国人偏爱综合型思维，其思维方式是整体优先，而西方人重分析型思维，其分析方式是部分优先；西方人理性思维特别发达，具有严密的逻辑性和科学性，因而非常重视形式逻辑，相比之下，中国人直觉思维发达，具有较强的情感性和直观性，因而更注重辩证思维；西方人习惯直线思维，表达思想直截了当，而中国人则倾向于曲线思维；中国文化以人本文化为主体，西方文化则以物本为主体；中国的人本主义文化形式以人为中心，形成了本体型思维方式，而西方人则偏重于对自然客体的观察和研究，形成了客体型思维方式。

例如，对于句子“I know all the ins and outs of our company building”，按照中国人的思维习惯会把它翻译成“我知道我们公司大楼的里面和外面”，因为中国人重形象思维，而这句话应译为“我知道我们公司大楼的一切情况”，这里的 in 和 out 都作名词用，为“详情，细节”之意，从这个例子中可以体现西方人抽象的思维方式。

（二）从中西方文化差异分析

语言与文化相互联系，相辅相成。文化对语言有重要影响，范围极广，包括很多方面，比如生活习俗、宗教信仰、民族心理与意识、经济政治等。Nida 把翻译涉及的文化因素分为五类，即生态文化、语言文化、宗教文化、物质文化和社会文化。这些文化因素会使得译者对目的语中某一事物或现象产生的联想和反应与母语使用者不一致，如果此时译者不了解目的语的文化背景，就很容易造成误译、错译。

1. 生态文化

不同的地理位置、环境气候条件会形成不同的自然与生存环境，中国和英美国家都形成了自己独特的生态文化，包括地理、环境、气候、动物、植物等方面。译者若不了解中西方生态文化方面的差异，就可能掉入“假朋友”的陷阱。

例如，句子“He is poor fish”，也许有人会将其翻译为“这个人像鱼一样可怜”，而正确的译法应为“这个人是个穷光蛋”。众所周知，英国为一个岛国，渔业非常发达，所以用“鱼”来比喻一个普通人也就不难理解了。

又如，句子“Textbooks remain the meat and potatoes of publishing in Canada”，误译为“教科书仍然是加拿大出版业的肉和土豆”，而改译为“教科书依然是加拿大出版业的主要部分”。英美国家的气候环境决定了农作物的种植条件，其中产量最大的要数土豆了，而西方白种人多生活在高纬度的寒冷地区，需要肉类高热量的食物补充能量，所以他们主要以土豆和肉为主食，也就是为什么此说法常用来指代“最重要的部分”“基本的部分”“主要的部分”了。

2. 语言文化

英汉两种语言都是高度发达的语言系统，有着独特的表达方式，形成了蕴含本民族文化的语言，这样的例子有很多。

如，“Harry thinks he is God’s gift to women that none of them can resist his charm. So we all gave him the horse laugh when he asked the new girl in class to go to a movie and she told him to get lost.”

误译：哈里总是以为自己具有莫大的魅力，女人们都为他倾倒，他就像上帝恩赐给女人的礼物一样。所以，当他请班里新来的那个女孩去看电影，而被那个女孩毫不客气地拒绝了的时候，我们禁不住都像马一样笑他。

改译：哈里总是以为自己具有莫大的魅力，女人们都为他倾倒，他就像上帝恩赐给女人的礼物一样。所以，当他请班里新来的那个女孩去看电影，而被那个女孩毫不客气地拒绝了的时候，我们禁不住都嘲笑他。

这个用法来自美国西部牛仔的俚语，他们很善于创新语言，用词简练朴实、生动形象，其中不少表达方式被推广使用，horse laugh 就是其中一个，不是“马在笑”，而是“哈哈大笑”“刺耳的笑”。

3. 宗教文化

宗教文化是每一个国家和民族文化的重要组成部分。中国传统上信奉道教、儒教和佛教，而西方人大多信奉基督教，译者必须对中西方的宗教文化都有所了解。例如，Adam’s apple 指男人的“喉结”，相传亚当偷吃苹果，在他的喉头前部留下了一个记号，称作“亚当的苹果”。所以翻译此类词汇时一定要熟知一些典故，切勿望文生义。与之相关的词汇还有 Adam’s needle 指一种植物，名为“丝兰”，并非“亚当的针”；Adam’s wine 意为“水”，并非“亚当的葡萄酒”。

4. 物质文化

中西方生活习惯的巨大差异产生了独特的物质文化生活。例如，句子“She always leaves the office files in apple-pie order”，若将其译为“她总是把办公室的文件摆得跟苹果馅饼一样”便会让人费解。据传新英格兰家庭主妇喜欢整齐，什么东西都摆得井井有条，她们做苹果馅饼时总是把苹果切得很均匀，然后一排一排、有条不紊地放进饼里面。也许这就是 apple pie order 的来历。

5. 社会文化

中西方有着不同的历史背景、社会背景、思想意识形态，对于一个词的理解因社会文化的差异而不同。例如，英语中的“Communism”与汉语中的“共产主义”就有截然不同的两种色彩。在欧美国家，一提到“Communism”人们便会想起前苏联那样僵化的体制，而在中国，“共产主义”是一个远大的理想和政治目标。这种感情色彩上的不对等是由不同国家的政治背景和意识形态决定的。

四、翻译“假朋友”的应对策略

对于英汉翻译中存在的“假朋友”现象，译者要进行几方面能力的培养才能避免掉入“假朋友”的陷阱里。

首先，译者要积累大量的英语词汇和句型结构的表达方式，提高英语水平，为避免翻译“假朋友”出现误译提供基础。译者要增加英语词汇量，全面了解词汇及特定表达方式的深层含义、引申义、比喻义。同时，还应增强根据上下文语境推测词义的能力。其次，要努力培养英语思维，以源语作者的角度思考问题，避免想当然，减少母语思维对英语词汇及表达方式的影响。另外，要加强英汉文化对比的研究，深入探讨其文化差异的原因，分析历史文化差异的影响以及反映在语言上的表现。翻译作为一种跨文化交际活动，需要以文化作为切入点进行剖析和研究，只有这样才有可能最大程度地避免因文化差异而造成的错译、误译“假朋友”的现象。

总之，译者只有不断加强英汉双语文化上的修养，扩大知识面，才能避免落入“假朋友”的陷阱。当然，这是每个译者的不懈追求。

参考文献：

[1]陈福康. 中国译学理论史稿[M]. 上海：上海外语教育出版社，2000: 390.

[2]方梦之，张顺梅. 译学词典[M]. 上海：上海外语教育出版社，2004: 8.

[3]张海涛. 英汉思维差异对翻译的影响[J]. 中国翻译，1999（2）：65.

[4]Eugene A. Nida. *Language and Culture: Contexts in Translating* [M]. Shanghai: Shanghai Foreign Language Education Press, 2001: 78.

[5]Mark Shuttleworth, Moira Cowie. *Dictionary of Translation Studies*[K]. Shanghai：Shanghai Foreign Language Education Press，2004: 57-58.

从普通语言学的角度浅析双关语的可译性

2012级　西班牙语语言文学　徐璞玉

摘　要:“一语双关”是在许多语言中都广泛存在的一种重要的修辞手法，它可以使语言表达更加富有深意，也更加生动有趣。但是双关语的双重内涵也构成了一个棘手的翻译难题。本文将从普通语言学的一些基本理论出发，对双关语的可译性问题进行探讨。

关键词：双关语；普通语言学；可译性

一、引言

“双关”是指用词造句时表面上是一个意思，而暗中隐藏着另一个意思[①]。尽管世界上各种语言千差万别，但双关修辞却普遍存在。不管是在日常幽默、媒体广告，还是在新闻报道、文学名著中，双关语都因其灵活、诙谐又含蓄的表达效果而备受宠爱。例如商业广告“大宝明天见，大宝天天见”(第二个“大宝”既指广告中的人，又指所宣传的品牌)。

随着各国语言文化交流的增强和译介活动的发展，关于双关语可译性的争论在翻译界始终没有停止过。英国语言学家 J.C.卡特福德在 *A Linguistics Theory of Translation* 中明确指出：“语言的不可译性主要发生于以下情况:原语文本所特有的歧义就是一个功能上的相关特征。如原语的双关语。”[②]中国西班牙语教授赵士钰在《新编汉西翻译教程》中也提到,“某些利用语音、句法特点造成的特殊修辞效果，如回文诗、

---

① 《现代汉语词典》，2004：1180.

② 穆雷译本，1991：110.

藏头诗、双关语、歇后语、绕口令等等，都是不可译的，或是很难译的”[①]。但是也有比利时翻译家Delabastita提出了为后人广泛引用的双关语翻译的六种技巧，以及中国翻译家侯国金提出的七条双关翻译要诀。可见，关于双关语可译性的问题不可片面下定论。

翻译学是语言学的一个分支，翻译离不开语言学基础。只有对语言进行编码、解码、二次编码和二次解码，才能完成翻译活动对信息的传达任务。因此，本文将试图以普通语言学的最基本理论为支撑，对双关语的可译性进行分析，剖析翻译难题出现的语言学根源以及可译性的语言学根据。

二、双关语不可译或难译的原因

（一）从语义学的角度看双关语的形成

英国语言学家利奇在《语义学》中提出了七种意义，在“反映意义”（“联想意义”）中指出“在存在多重理性意义的情况下，当一个词的一种意义构成我们对这个词的另一种意义的反映的一部分时，便产生反映意义”[②]。这种特定语境下设计的反映意义实际上就构成了双关语。

双关修辞的形式多种多样，最常见的是谐音双关和语义双关。

谐音双关如：

东边日出西边雨，道是无晴却有晴（情）。

春蚕到死丝（思）方尽，蜡炬成灰泪始干。

眼镜公司商标“OIC”，读音为“Oh, I see”。

语义双关如：

偶因济刘氏，巧（“碰巧”和“巧姐”）得遇恩人。

（《红楼梦》第五回）

银行广告 Money doesn’t grow on trees. But it blossoms at our branches（“树枝”和“分行”）。

¿Cúantos patas tiene un pato?（西班牙语）pata 既指“腿”，又指“母

---

① 赵士钰，2010：13.

② 王秉钦，1998：35.

鸭子”。因此，表面上是问“一只鸭子有几条腿”，深层的幽默含义是问“一只公鸭子可以拥有几只母鸭子”。

除此之外，还有许多其他形式的双关。例如颠倒双关：“玉带林（林黛玉）中挂，金簪雪中埋”；仿拟双关：“Where there is a way, there is a Toyota”（Where there is a will, there is a way.）。

（二）从语言符号的任意性解释双关语的难译

索绪尔将语言符号的单位看成是“概念”和“音响形象”的两面实体。“音响形象”作为一种心理印记，承载着“符号”的意义，这种意义就是符号带给我们的“概念”。索绪尔又将“概念”和“音响形象”分别用“所指”和“能指”来代替，并提出了“能指和所指之间的联系具有任意性”①。对这种任意性可以从多个方面进行解释，例如汉语中的“狗”这个所指，在英语中的能指是 dog，在西班牙语中的能指是 perro。再比如“go”这个英语单词的发音，放在汉语中会让人联想到“狗”。一个能指对应多个所指，构成了抽象的语言体系；而在具体的言语体系中，一个能指通常只能对应一个所指。翻译的对象不是抽象的语言体系，而是具体的言语体系。所以在一个能指对应一个所指的情况下，翻译活动才得以顺利展开。

双关修辞的特殊性就在于能指和所指的不唯一。在两种语言的能指与所指不完全对等的情况下，就会造成翻译的困难。例如前面提到的西班牙语中 pata 既可以指“腿”，可以指“母鸭子”，当 pata 作为双关语出现同时包含这两个意思时，在汉语中无法找出直接对应的同时涵盖这两个意思的词语。

（三）从语言的类型分类角度解释双关语的难译

对比语言学按照构词、语法、句法等多个角度对语言进行了类型分类，其中最常见的是按照词的结构和语素关系进行分类，可以分为根词语、粘着语、屈折语和多式综合语。汉语是典型的根词语，而印欧语系诸语言则是典型的屈折语，每种语言都利用自己的构词特点形成具有特色的双关表达。例如：

---

① 索绪尔，2009：82.

Hopeless widower: Nothing can mend a broken heart.

Hopeful window: Except re-pairing.

绝望的鳏夫：没什么能够修补一颗破碎的心。

满怀希望的寡妇：除非重配。

其中“pair”的表层意思是“修理”，加上前缀“re”表示“重新、再一次”，用来呼应前一句中的“broken”。而“pair”在这里的深层意思是“匹配”。因此，其汉语翻译看似通顺合理，但其实只选择翻译了双关语的深层意思，而放弃了对表层意思的翻译。

再比如汉语中的析字双关：“何处合成愁？离人心上秋。”汉语方块字利用偏旁部首的独立成字构成双关，这种情况下很难在其他语言中找到合适的译法。同样的拆字法在英语中也可以发现，如：Joe was painting in the class of the great Magister—you know his fame. His fees are high; his lessons are light—his highlights have brought him renown. “highlights”的表层意思是图画中光线最明亮处，拆开以后“high”指费用“高”，“light”指课程“轻松”。要同时译出“highlights”包含的三个意思几乎是不可能的，只能做出取舍。

三、双关语的可译性

（一）语言的普遍性

尽管早期许多译者坚持认为双关语是不可译的，但是随着翻译活动的不断发展，越来越多的译者提出，双关语的不可译只是相对的。他们不仅采用“功能对等”“翻译补偿”等理论来解决双关语的翻译，还将“语言的普遍性”作为可译性的理论支撑。

古希腊哲学家亚里士多德曾经这样解释语言的性质：“人类的思想反映是一样的，语言的词汇只是这些思想的标记。”[①]世界上存在几千种语言，人类可以习得和掌握另一门或者另外几门外语的事实，就证明了人类具有共同的生理基础和心理语言基础，正是这种潜在的基础使语言或言语交流得以展开，也使翻译活动得以进行。从语言的社会

① 夏廷德，2006：32.

功能来看，“语言是为了交流思想和感情而进行的活动”，任何语言都具有这种相同的社会功能。奈达曾针对可译性问题指出，“语言最重要的普遍性就在于一系列重大的在心理学和社会学方面的语言功能”①，并提出了“功能对等”的翻译理论。这一理论在双关语的翻译中作用尤为突出。

（二）符号的相似性

皮尔斯将符号分为三类，即图像符号、标志符号和象征符号。我们发现，前两种具体的符号类型在许多情况下是被普遍认可的或容易被理解的，例如雕塑、交通信号灯等，因此符号具有相似性。语言属于象征符号，包含了语音、词形、句法等更加复杂的形式，虽然是更加抽象的符号，但也具有相似性。克里斯特尔提出，语言符号的具体形态与语义的抽象内涵之间存在着相互对应的关系，这种同构现象不仅存在于语内，还存在于语际。奈达将这种同构现象看作是符号相似性概念的扩展。这种同构关系成为语际交流的重要理论支持，也为翻译的可行性提供了可能。尽管双关语的语言符号形式复杂，语义内涵也不止一层，但还是可以利用这种同构机制完成语际交流。例如：

—对不起，我太不小心了（以至于把茶杯打碎了）。

—没关系，碎碎（岁岁）平安嘛！

—Sorry. Excuse me for may carelessness having broken the cup.

—Don’t mind, as Chinese saying goes “Piece leads to peace”.

既翻译出了“碎碎”的字面意思，又巧妙地运用英语的相同发音将谐音含义翻译了出来。

四、结语

本文从普通语言学的几个观点出发，对双关语的可译性进行了分析。可以看出，由于语言符号和语义的复杂性，双关语的翻译的确存在许多难题，但并不是不可译的。只要译者愿意探索，哪怕无法完成真正的“神似”，也可以达到一定的“形似”或“意似”。在文化交流

① 夏廷德，2006：35.

中，越来越多的双关语译介的成功案例也证明了这一点。

参考文献：

[1]J.C. 卡特福德，穆雷（译）. 翻译的语言学理论[M]. 北京：旅游教育出版社，1991.

[2]菲尔迪南·德·索绪尔. 刘丽（译）. 普通语言学教程[M]. 北京：中国社会科学出版社，2009.

[3]林元龙. 双关语的语用研究[M]. 成都：西南交通大学出版社，2010.

[4]夏廷德. 翻译补偿研究[M]. 武汉：湖北教育出版社，2006.

[5]王秉钦. 语言与翻译新论——语义学、对比语义学与翻译[M]. 天津：南开大学出版社，1998.

透过认知翻译观看非文学作品的翻译

2012 级　英语语言文学　尹姗姗

摘　要：认知翻译观是翻译学科与认知语言学结合所建构成的翻译理论。认知翻译观强调翻译所包含的认知机制和过程。因此，在认知翻译观框架内，隐喻翻译研究的重点是在非文学文本中使用广泛的概念隐喻，然而此类隐喻翻译并没有得到应有的重视。本文通过对非文学作品隐喻语言翻译的分析，探讨认知翻译观为隐喻翻译所带来的新视角。

关键词：认知翻译观；非文学作品；隐喻翻译

翻译学一直与其他学科紧密联系，不断丰富自身，并在此基础上建构了多种翻译理论。近年来随着认知语言学的迅猛发展，其影响也渗透到翻译研究之中。认知语言学是当代普通语言学中新派生出的一种范式，是语言学与具体科学发生联系和交叉而产生的边缘学科，包含不同的理论、方法及课题。意义的研究是认知语言学的重点，是使认知语言学与翻译学科相互结合的基础，从而对认知翻译观的提出以及翻译实践提供了有力的指导。

一、认知翻译观的研究基础

早在 20 世纪六七十年代，Seleskovitch（莱丝科维奇）和 Lederer（勒代雷）开创性地进行了翻译认知研究，从意义理解和再表达的视角出发，提出翻译的阐释理论。以 Lakoff（莱科夫）、Langacker（兰盖克）、Taylor（泰勒）、Talmy（塔尔密）、Dirven（德尔文）等语言学家为首提出的认知语言学则是认知翻译的研究基础和理论来源。

认知语言学的观点首先强调语言所包含的意义。语言是一个整合的系统，在这个系统中一切都通力协作，传递意义（Wierzbicka, 1988: 1）。认知语言学"尽力解决人类是如何理解自己世界的意义这一问题"，并且把自己"置于人类经验这一潮流中，而不是纯粹的形式王国里"（Fesmire, 1994: 150）。从认知语言学的角度看，语言是人类表达或交流观念和思想的方式，它不仅是对语言内部特征的一种解释，而且还是揭示人类认知的有力工具。

二、认知翻译观下隐喻翻译的研究重点

传统隐喻翻译关注的重点往往是《红楼梦》等文学作品中的隐喻，而并非人们日常语言中所包含的隐喻。传统隐喻观认为隐喻并非下里巴人。相反，它是文人雅士在文学作品中才能使用的语言，它忽视了"隐喻随处可见"这一事实，阻断了隐喻与思维之间的联系。而认知隐喻观与传统隐喻观可以说是针锋相对，隐喻和转喻被认为是"我们对抽象范畴进行概念化的有力的认知工具"（Ungerer & Schmid, 1996: 114）。认知语言学家 Lakoff 和 Johnson（约翰逊）更是将隐喻作为人们的思维、行为和表达思想的一种不可或缺的方式。他们指出，在日常生活中，人们往往参照熟悉的、有形的、具体的概念来认识、思维、经历和表达无形的、难以定义的概念，从而形成了语言中的跨概念的认知思维方式，这种思维方式基本上是在概念隐喻的基础上进行的（梁晓波，2002: 92）。因此，在认知翻译观下，隐喻翻译的研究重点则是日常语言中使用普遍，无意识、不用费力就能说出的隐喻。

三、认知隐喻翻译观指导下的非文学作品隐喻翻译

通过以上总结我们可以认识到隐喻具有特殊的认知身份，但此时隐喻只是静态地停留在语言系统之内。而隐喻一旦进入实际语言活动，译者所要面对的是在言语交流中鲜活的隐喻，只有在文本形成之后，才能判断文本中的隐喻真正的翻译价值，才对译者有意义。因此，在处理隐喻翻译时，首先要做的就是文本分析，文本不同，翻译的策略

也不尽相同。

纽马克依据文本功能将不同类型的文本分为三大类：表情类、信息类、呼唤类。文学作品是表情类文本的代表，翻译策略应更多关注原文和作者。科技文章和教科书是信息类文本的代表，翻译这类文本最重要的原则是达到信息传递的目的，要取得等效，因此原文语言结构的限制不应成为影响交流的障碍。广告则是呼唤类文本的代表，翻译时应更多关注读者，以取得与原文广告相同的效果。由于认知隐喻观创新之处就在于提出隐喻不仅存在于文学作品中，更在人们日常生活中随处可见，因此本文着重探讨表情类文本以外非文学作品中隐喻的翻译策略。

例一：*Immersing myself in* a book or a lengthy article used to be easy. Now, my concentration often starts to drift after two or three pages. I get fidgety, *lose the thread* and begin looking for something else to do. I feel as if I'm always *dragging my wayward brain back* to the text.

译文一：过去要沉浸在书本文章中着实容易。如今我顶多读个两三页就开始恍神，烦躁不安，无法专注，想找别的事做。总觉得要一直把神游于书外的自己拉回到文章上。

译文二：静下心来阅读一本书或一篇鸿文曾经很容易。现在，读书不过两三页，注意力便开始飘散，于是我会坐立不安，跟丢了文章的思路，不得不改做其他事情。我感觉自己要不停地把到处乱跑的思绪拖回到文本上。

原文出自一段非文学文本，描写的是由于受到网上阅读习惯的影响，人们已无法像从前一样静下心来阅读。

文中第一个出现的隐喻是“immersing myself”，这个隐喻已被中英两种语言体系所接受，常规度高，其概念基础是将“book and article”比作“liquid”。因为不构成理解困难，这样的隐喻通常直译较多，译文一就将“immersing”直译为“沉浸”，译文二采用释义，译为“静下心来阅读”，从表达等效上讲也未尝不可。“lose the thread”和“dragging my wayward brain back”是原文中比较生动鲜明的隐喻，译文处理方法有所不同。“lose the thread”的概念基础是将“reading”比作“cloth”。译文一删除意象，译为“无法专注”，译文二贴近原文，译为“跟丢了文章的思路”。“dragging my wayward brain back”的概念基础是将“thought”比作“body part”，在翻译时，两个译文都保留意象，分别译为“拉回”和“拖回”。

认知隐喻翻译观将隐喻分为语言体系中的概念隐喻和独创的意象隐喻。通过以上分析可以看出，在非文学文本中，这两种隐喻常并不涉及主旨，因此在翻译方法上是直译还是释义不必过分拘泥和刻意忽略，做到能被读者理解便可。

再以《纽约时报》中一段文字为例：

例二：In its tough, often remorseless way, New York is a *crucible* for every manner of talent. Some of the talented young are swiftly defeated, and retreat into more ordinary lives. Others are *shooting stars*, here and gone. Those made of *sterner stuff* last longer, and it helps if they have *lived on our streets*.

译文一：纽约是个严酷无情的大熔炉，考验着每个有才华的人。有些才华横溢的年轻人很快被击退，退回到更普通的生活中去。有些人像一闪而过的流星，来过又走了。那些意志更为坚强的人坚持得更为长久；如果他们在我们的街区住过，这会对他们有所帮助。

译文二：纽约是考验天才的地方，而且这种考验近乎残酷。许多有才华的年轻人在纽约激烈的竞争中败下阵来，退而求其次地去过普通人的生活。有些人才虽一时成功，但却昙花一现。只有那些意志坚强的人才能笑到最后，而在纽约生活过的经历也会有所助益。（叶子南，2013: 154）

从整体风格上看，译文一保留原文隐喻较多，译文二则偏释义。

译文一保留了原文的主要隐喻“crucible”和“shooting stars”，分别将这两个隐喻翻译成“大熔炉”和“一闪而过的流星”。这两个隐喻起到的是修饰作用，是否保留可谓见仁见智，只要不影响读者对原文的理解，不影响译文的流畅就可以。然而译文一将“crucible”翻译为“大熔炉”可能会给读者造成误解。这里将纽约比喻成“熔炉”，是想强调生活在纽约对于有才干的人是一种历练，而并非人们通常意义上将美国比喻成的"熔炉"。另外将"shooting stars"译成"一闪而过的流星"是恰当的，然而将"here and gone"译为"来过又走了"似有字对字翻译之嫌，影响了译文流畅，其实不必完全保留。另外，译文一中还有一处误译即将"live on our streets"直译为"在我们的街区住过"，其实联系上下文可以发现这里的"streets"指的是纽约生活。

译文二的翻译策略则与译文一相反，译文二意图尽力摆脱原文隐喻的束缚。比如将"crucible"进行词性转换，将名词转换为动词，译为"考验"，避免了简单直译造成的歧义。将"shooting stars"译为"一时成功"，将"here and gone"译为"昙花一现"。值得注意的是，虽然非文学文本不同于文学文本，不一定必须保留隐喻，然而一些恰当的、可理解的隐喻，如"shooting stars"还是可以保留，译者不必非要放弃。

从以上两个例子可以看出，在认知翻译观框架内，非文学作品的隐喻翻译不同于文学作品。由于非文学作品的翻译目的是使语言自然流畅，完成信息传递，对于出现的隐喻，译者需谨慎分析，不必牵强保留或删除，以免影响读者对原文的理解，造成译文效果的削弱。

四、结语

学者们在将翻译学科与认知语言学进行交叉结合的过程中提出了认知翻译观。认知语言学的观点认为语言是人类自身经验的产物，强调语言所包含的意义，因此认知翻译观为更好地研究隐喻语言翻译提供了理论基础。隐喻翻译是一种复杂的心理认知过程，对非文学作品中的隐喻语言的理解离不开对日常生活的体验认知和隐喻所存在的认知语境。隐喻又具有丰富广博的文化内涵，是一种特殊而又普遍的认知现象。正是出于这样的特点，翻译学科与认知语言学结合所提出的认知翻译观能为非文学作品中隐喻的翻译研究带来新的视角和新的突破。

参考文献：

[1]Fesmire, S. A. What is "cognitive" about cognitive linguistics? [J]. *Metaphor*

and Symbolic Activity 9, 1994.

[2] Ungerer, F. & H. J. Schmid. *An Introduction to Cognitive Linguistics* [M]. London: Longman, 1996.

[3] Wierzbieka, A. *The Semantics of Grammar* [M]. Amsterdam: John Benjamins, 1988.

[4] 梁晓波. 认知语言学对英语词汇教学的启示[J]. 外语与外语教学，2002 (2).

[5] 叶子南. 认知隐喻与翻译实用教程[M]. 北京：北京大学出版社，2013.

《围城》中隐喻翻译策略研究

2012级 英语语言文学 尹姗姗

摘 要:《围城》是钱钟书先生的一部长篇小说，文中诸多典故和隐喻的使用使得整部小说风格独树一帜。隐喻不仅是一种修辞手段，更是人类思维方式的一种认知工具和看待、认识事物的一个视角。珍妮·凯利和茅国权先生的《围城》英译本面世后，立即引起了强烈反响。本文通过对《围城》中英两个译本的分析，探讨其中隐喻翻译策略。

关键词:《围城》英译；隐喻翻译；认知

《围城》是钱钟书先生的一部长篇小说。1979 年由美国翻译家珍妮凯利翻译，再由茅国权先生进行校阅、润饰、附注、撰序。《围城》英译本面世后，一时引起反响极为热烈。《围城》这部作品反映了现代中国知识分子由于西方文化的影响所造成的精神上的种种困境。它深奥微妙，充满智慧又发人深省。在选词用句上才智横溢，妙语连珠。特别是文中诸多典故和隐喻的使用使得整部小说风格别出心裁、独树一帜。凡是读过此书的人，都会被书中新颖奇特、佳句迭出的典故和比喻所吸引。据统计，在二三十万余字的《围城》中，使用的比喻约有五百多个，这是小说、戏剧创作中所罕见的。因此，将钱钟书称为“比喻大师”也不为过。这些新奇的比喻正体现了钱钟书先生幽默、多变、广博的语言风格，也反映了他对社会、人生、道德缜密的思索。

隐喻是一种常见的语言现象，其研究已从单纯的修辞学扩展到哲学、符号学、外语教学等学科，呈现出多元化的趋势。隐喻不仅是一种修辞手段，更是人类思维方式的一种认知工具和看待、认识事物的一个视角，既然如此，隐喻就不可否认是一种认知现象（束定芳，2000）。

隐喻不仅是一种修辞方法，而且是人们普遍使用的一种认知手段和思维方式。尽管不同民族有不同的文化背景，而且语言（包括隐喻）与文化密切相关，但是人类的生活环境大致相同，在各不相同的隐喻中，由于它们共有类似的人类的认知基础，也存在着某些共同的东西，迥然各异的文化背后也有一些相似的因素。既然语言扎根于人的认知结构中，隐喻能反映出人类认知的心理基础，跨文化的隐喻之中理应表现出某些相似性。（徐丽娟、郭春燕，2005）

"翻译是一种创造隐喻的过程，也是一种创造差异的过程。如果翻译不能完全复制或模仿，就不可能产生一一对等。"（许钧、穆雷，2009:182）隐喻是一种特殊的语言形式和认知方式，针对隐喻进行翻译就是要透彻分析本体和喻体在原文本中所要表达的丰富且深刻的内涵，及这种表达所产生的语言效果，然后再尽最大努力将这种内涵和表达效果移植到目标语文本当中。因此，隐喻的系统特征就是要求在翻译中使源语文本和目标语文本达到一致的认知效果。

针对文中的隐喻，译者翻译策略的选择往往受多种因素的影响，如文本类型、翻译目的、作者意图、读者对象以及意识形态等等。

从文本类型上看，译者称《围城》是"一部带有许多流浪汉故事式幽默风格的喜剧，也是一部包含着对恋爱婚姻的讽刺、评论和对当代人的研究的学者小说"。作为一部"学者小说"，其翻译策略自然有别于通俗文学和科普著作，韦努蒂也曾指出，"异化的翻译在知识阶层中更容易认可"。因此，在《围城》英译的过程中，应以源语文化为归宿。译者在全力保留源语语言形式的同时，为了文化上的沟通，采用了多种方式进行注释。

从翻译目的上看，在译序中译者也承认钱钟书是伟大的小说家，《围城》是伟大的作品，然而在很长时间里却被人们忽视，他们的译本就是这种背景下所产生，同时也希望借他们的译本引起读者们对钱钟书和他作品更多的兴趣。由此可知，译者关注的焦点是作者和原著。因此，这就决定了译者所采取的翻译策略的基调势必更多地从源语文本角度出发，尽可能原汁原味地把钱钟书和《围城》呈现在异语读者面前，而要做到这一点，最有效的方法是直译，最合理的翻译策略是异化翻译。

例一：鸿渐道："啊呦，你又来了！朋友只好绝交。你既然不肯结婚，连内助也没有，真是***'赔了夫人又折朋'***。"

"Ai yo! There you go again. I might as well cut off my friends. Since you refuse to get married, I don't even have a wife. It's a true case of "Losing a wife, and having one's friendship destroyed.'"

Annotation: Losing at both ends, from the story in the Romance of the Three Kingdoms.

从这个例子中可以看出，作者引用了中国传统名著《三国演义》中的典故，并对这一典故进行了改写，对于异语读者而言，由于认知和文化背景的缺省，这一隐喻概念直接映射到目的语中就会使译语读者感到云山雾罩，困惑不解。为避免这一情况，译者采用了直译加注释的方法，将原语的隐喻恰到好处地转移至目的语中。如果没有对于这一典故的背景知识，则很难理解这段中此典故所产生的隐喻作用，故而，译者在处理这一翻译的时候，对译文做了加注的处理，以便异语读者进行理解。

例二：方鸿渐受到两面夹击，才知道留学文凭的重要。这一张文凭仿佛有***亚当夏娃下身那片树叶***的功用，可以遮羞包丑；小小一方纸能把一个人的空疏，寡陋，愚笨都遮掩起来。自己没有文凭，好像精神上赤条条的，没有包裹。

Finding himself pressured on both sides, Fang Hung-chien finally realized the importance of a foreign diploma. This diploma, it seemed, would function the same as ***Adam and Eve's fig leaf***. It could hide a person's shame and wrap up his disgrace. This tiny square of paper could cover his shallowness, ignorance, and stupidity. Without it, it was as if he was spiritually stark naked and had nothing to bundle up in.

在这个例子中，作者将"文凭"比作"亚当夏娃下身的那片树叶"。作为喻体本身就是异语文化当中来源的事物，而且它的含义在异语文化中也与在此段文本中所要表示的比喻意义相同。由此可见，世界各地虽然文化各有不同，但作为一个整体，人类在某些思维和概念上也享有相同的观点和认知。汉语中许多隐喻在字面含义、喻体形象和比喻意义上有很多与英语的隐喻一致，其喻体与英语读者脑中的联想意义相同，此时则可直接采用直译的策略。所以，作为译者，完全可以将这一比喻直译，而丝毫不影响异语读者对原文的理解，而且异语读者还能充分体会语言当中的幽默与睿智。

隐喻具有丰富广博的文化内涵，是一种特殊而又普遍的认知现象，隐喻翻译是一种复杂的心理认知过程，正是出于这样的特点，使得隐喻翻译的难度随之增加；除此之外，《围城》作者钱钟书先生善于在截然不同的事物中，出其不意地找到众人未曾发现或难以发现的相似点，这是作者独具匠心的文风。用新鲜贴切的喻体去表现描绘本体，也是《围城》这部小说最吸引人的地方所在。这些陌生、新奇的隐喻为《围城》译者提出了更大的挑战。《围城》译者能够根据不同的认知效果，采用相对应的翻译手法，有效传递原著的微妙信息，成功再现了源语的文化背景，使目的语读者以最小努力最大限度地欣赏到了原文中那些趣味横生的隐喻之美。笔者也认为无论通过采取怎样的翻译方法，译者都必须将源语和目的语之间相同、类似，甚至不同的本体和喻体进行区别，以达到最佳的翻译效果。

参考文献：

[1]束定芳. 隐喻学研究[M]. 上海：上海外语教育出版社，2000.

[2]徐丽娟，郭春燕. 英汉概念隐喻的相似性研究[J]. 燕山大学学报，2005（4）：83.

[3]许钧，穆雷. 翻译学概论[M]. 南京：译林出版社，2009.

奈达核心句在汉语长句英译中的应用研究

2012 级　英语语言文学　翟珮玥

摘　要：汉语属于意合的语言，句子与句子之间的逻辑关系往往并不明确，需要读者自己意会；而英语则更重形合，逻辑关系清楚明了。这样在汉译英中往往就会出现句子分散、逻辑不明、句式冗余等问题。奈达核心句概念的提出是基于对英语长句进行分析，以便利于理解和翻译，笔者在此基础上进行思考，将其运用到汉语长句的分析和翻译中来，并得出相应的翻译策略。

关键词：奈达；核心句；汉译英

一、引言

英汉互译经常会涉及句子的对应问题，然而由于英汉两种语言各自的特点，几乎很难做到语句的逐一对应。据调查，在汉英翻译作品语料中，1:1 对应的比例为 54%～82%，平均下来为 63.3%（王克非，2004: 103）。这表明汉译英的过程中，将汉语长句进行拆解和重组是难以避免的，这也就要求译者能够掌握拆解分析汉语长句的有效方法。核心句的概念是美国翻译理论家尤金·奈达（Eugene Nida）在其著作《翻译理论与实践》（*The Theory and Practice of Translation*）当中提出来的，原文旨在通过分析句子的核心成分，确定当中的关系，通过重组这些成分产生出符合译入语习惯的译文。李长栓（2004）、封权初（2007）运用核心句翻译英语复杂句、长句。笔者通过引入核心句的概念，试图为汉语长句的核心句分析提供一种方法，从而为汉译英的翻译方法提供借鉴。

二、核心句简介

奈达（2001：40）在《翻译理论与实践》当中提到了核心句（kernel sentences）这个概念，灵感来源于乔姆斯基"转换生成语法"中的深层结构（deep structure）。所谓核心句，就是"用于建构复杂表层结构的基本句式"（Nida & Taber, 2001: 39）。他认为英语中最简单的核心句有 7 种：

1. John ran quickly.	(Subject +predicate+adverbial)
2. John hit Bill.	(Subject +predicate+object)
3. John gave Bill a ball.	(Subject +predicate+object+object)
4. John is in the house.	(Subject +be+subject complement)
5. John is sick.	(Subject + be +attributive)
6. John is a boy.	(Subject +be +indefinite article +noun)
7. John is my father.	(Subject +be + pronoun +noun)

奈达认为，"各种语言在核心结构上的一致性大于在表层结构上的一致性"（Nida，2004: 39），因此译者可以将核心句作为过渡，找到语言之间内在的一致性，再将其转化为令人满意的译文。有经验的译者不应受句子表层结构的束缚，避免直接进行句子表层结构的转换，为此，奈达（2001：51-52）建议翻译时遵循以下 5 个步骤：1）分析句中每个词的词类；2）为组合成核心句，将原语中隐含的词显化出来；3）列出核心句；4）弄清核心句之间的关系；5）重组核心句，使之易于向目的语表层结构转换。然而，"这个过程在实际翻译时只是在人的大脑中完成的，决不会写在纸上，这只是一个模式，旨在描写翻译时译者克服句法障碍的过程"（叶子南，2001：170）。我们来看一个例子，下面是个复杂句：

原文：There is something I must say to my people who stand on the warm threshold which leads to the palace of justice.（叶子南，2001：170）

译文：对于站在通向正义之宫艰险门槛上的人们，有些话我必须要说。

根据奈达对核心句的定义，我们可以把这个复杂句分解成以下六个句子：

1. There is something
2. I must say something (to my people)
3. My people stand (on the warm threshold)
4. The threshold is warm
5. The threshold leads (into the palace)
6. The palace is of justice.

所谓重组就是按照译入语的习惯，将数个简单句自然地连接起来，于是一句意义和原文相同的地道句子在译入语中就会诞生了。

三、汉语中核心句的定义及划分

根据奈达（2001：40）的定义，核心句是肯定陈述句，不能是被动句，不能含有形容词短语、动名词和不定动词。简单地说，核心句就是最简单的句子。我们知道，汉语按结构可以分为单句和复句，单句包括谓语句和非谓语句，复句指的是关联词语连接的句子（钱乃荣，1990），也就是我们常说的长句。

那么如果按照英语中核心句的标准来定义汉语，核心句就必须满足以下条件：是肯定句、主动句、陈述句，只有一个谓语，不含有形容词短语等附属成分。笔者将其简化为：核心句指只含有一个主谓关系的单句，或是复句中由关联词连接的只含有一个主谓关系的单句。

李长栓教授认为，“核心句分析的实质就是找到谁做了什么，或某某具有什么属性”（李长栓，2004：223）。那么，如果说英译汉是要把英语原文的逻辑层层拆分开来，重组成符合汉语行文习惯的句子，那么汉译英中，核心句分析要做的就是把汉语句子中隐藏的逻辑关系通过核心句找出来，再把它们层层重组起来。笔者将这个过程概括为：1）分析原文句子，找出核心句；2）分析原文核心句之间的关系；3）翻译出核心句；4）将翻译好的核心句按照译入语的语法习惯重组。

四、核心句在汉译英长句中的应用举例

根据现在的汉语句法理论，我们可以把汉语长句分为三种类型来

讨论：流水句、动词句和名词句（董兵，1998）。流水句也称为平行铺排句式，是指一连说几件事，中间似断似连，直到说完为止才有一个句号；动词句是指一个施动者做了一连串的动作；名词句是指一句话前面是一个名词做话题，或者一句话做话题，后面是对这个话题的评论。

例 1：这是民国六年的冬天，大风刮得正猛，我因为生计关系，不得不一早在路上走。

核心句分析：

1）　这是民国六年的冬天

It happened during the winter of 1917

2）　大风刮得正猛

A bitter north wind was blowing

3）（但是）我因为生计关系

But to make a living

4）（我）不得不一早在路上走

I had to be up and out early

该句是流水句，根据核心句分析，第二句和第三句是转折关系，第三句和第四句是因果关系，那么将第四句的主语补充出来，将核心句进行整合重组，我们得到这样的句子：

原文：这是民国六年的冬天，大风刮得正猛，我因为生计关系，不得不一早在路上走。

译文：It happened during the winter of 1917. A bitter north wind was blowing but to make a living, I had to be up and out early.

流水句的核心句分析只需找到各小句之间的关系，将主语补充出来，所得到的组合顺序与原文大致相同。

例 2：全党一定要牢记人民信任和重托，更加奋发有为、兢兢业业地工作，继续推动科学发展、促进社会和谐，继续改善人民生活、增进人民福祉，完成时代赋予的光荣而艰巨的任务。

核心句分析：

全党一定要牢记人民信任和重托

全党一定要更加奋发有为、兢兢业业地工作

全党一定要继续推动科学发展、促进社会和谐，改善人民生活，（增进人民福祉）

（从而）完成时代赋予的光荣而艰巨的任务

该句属于动词句，通过核心句分析，我们了解了这个长句由主语发出的三个并列动作即牢记、工作、继续，和一个目的（完成目的）构成，而且句中改善人民生活和增进人民福祉有相似的意思，进行排列和精炼我们得到这样的句子：

原文：全党一定要牢记人民信任和重托，更加奋发有为、兢兢业业地工作，继续推动科学发展、促进社会和谐，继续改善人民生活、增进人民福祉，完成时代赋予的光荣而艰巨的任务。

译文：The whole party should keep in mind the trust the people have placed in us and the great expectation they have of us. We must aim higher and work harder and continue to pursue development in a scientific way, promote social harmony, and improve the people's lives *so as to* complete the glorious and arduous tasks bestowed on us by the times.

例 3：我想，我眼见你慢慢倒地，怎么会摔坏呢，装腔作势罢了，这真可憎恶。

核心句分析：

1）我想

2）我眼见你

3）（你）慢慢倒地

4）（你）怎么会摔坏呢（不会摔坏）

5）（你）装腔作势罢了

6）（装腔作势）真可憎恶

该句属于名词句，“我想”后边一句是话题，后边三句是对该话题的评论。通过核心句分析，第 2 到 6 句均是第一句的内容，第 6 句是第 5 句的评论，通过重组，我们得到这样的句子：

原文：我想，我眼见你慢慢倒地，怎么会摔坏呢，装腔作势罢了，这真可憎恶。

译文 1. I had seen how slowly you fell. How could you be hurt? You must be pretending, which was disgusting.（笔者译）

译文 2. I had seen how slowly she fell and was sure she could nit be hurt. She must be pretending, which was disgusting.（杨宪益、戴乃迭译）

对比两个译文，通过核心句分析得出的译文与杨宪益和戴乃迭的译文语序大致一致，只不过杨译本采用第三人称来描述人的心理活动。这说明核心句分析只是为译者摆脱句式的束缚提供方法，具体翻译还得结合文本，正如纽马克（Peter Newmark）（2001: 54）所说，语篇才是“最终上诉法庭”（the last resort of lawsuit）。

五、结语

核心句在汉语长句英译中能给我们新的启示，只要摆脱原文词汇和句子的束缚，抓准原文的核心成分，之后按照隐含关系进行重组，流畅地道的译文就不难呈现了。核心句的分析过程可以在大脑中直接进行，本文提供的分析方法可对汉译英的翻译策略起到一定的启示作用。

参考文献：

[1]Nida, E & C. Taber. *The Theory and Practice of Translation* [M]. Shanghai Foreign Language Education Press, 2001.

[2]Nida, Eugene. *Toward a Science of Translating* [M]. Shanghai Foreign Language Education Press, 2004.

[3]Peter Newmark. *A Textbook of Translation* [M]. Shanghai Foreign Language Education Press, 2001.

[4]陈小全. 汉英翻译中的句法结构转换[J]. 中国翻译，2008（5）.

[5]董兵. 汉译英：何时断句？[J]. 上海科技翻译，1998（2）.

[6]封全初. 论英语长句“核心句分析”汉译策略[J]. 湘潭师范学院学报（社科版），2007（3）.

[7]李长栓. 非文学翻译理论与实践[M]. 北京：中国对外翻译出版公司，2004.

[8]钱乃荣. 现代汉语教程[M]. 北京：高等教育出版社，1990.

[9]王克非. 双语对应语料库研制与应用[M]. 北京：外语教学与研究出版社，2004.

[10]伍小君. 论汉语长句断句译法[J]. 外语教学，2006（2）.

[11]叶子南. 高级英汉翻译理论与实践[M]. 北京：清华大学出版社，2001.

浅析文化负载词的日译
——以鲁迅小说《阿 Q 正传》为例

2012 级　日语语言文学　詹璇

摘要：世界上的每个国家都有其独特的文化。这种独特文化在文学作品中就是通过“文化负载词”反映出来的。文化负载词又称词汇空缺，即在翻译的时候译者很难找到完全对等的表达，翻译存在一定的难度。本文以鲁迅小说《阿 Q 正传》的日译为例，从目的论角度来探讨文化负载词的日译策略。

关键词：文化负载词；《阿 Q 正传》；目的论；日译策略

一、前言

随着经济全球化的发展，跨文化交际达到了鼎盛状态。翻译作为跨文化交际的一个重要组成部分，不仅仅体现在语言方面，更体现在文化方面。每个国家的文化都不尽相同，如何克服文化障碍便成了翻译中的难点。而在文学作品中，独特的文化很大程度上是通过文化负载词反映出来的，因此对于文化负载词的翻译会直接影响外国读者对于整篇文章的理解，对于它的研究有着重大的意义。

鲁迅先生被称为“中国现代文学之父”。《阿 Q 正传》是鲁迅先生的代表作之一。这篇文章在特定的政治、经济和文化背景下发表，文化负载词频繁出现。探究如何将这些文化负载词准确地翻译成日语，便成了我们翻译学习者和研究者必须攻破的难点。

二、翻译目的论

20世纪70年代，功能派翻译理论兴起于德国，其核心是目的论（Skopos Theory）。该理论认为“目标文本的形式应当首先由功能，即目标文本在目标语境中想要表达的目的决定”[①]，即翻译应该是以原文为基础的有目的有结果的行为，不仅仅是纯语言的转换，而应该是不同文化之间的交流。对于译文的评价，目的论用的是充分性（adequacy）而不是等值（equivalence）。也就是说，译者的翻译策略必须由译文的预期功能来决定。

三、文化负载词的概念

“在文化传承与弘扬的过程中，有一些词汇承载了非常多的文化信息，由于文化差异的原因，使其极具地域性、民族性，而且源语词汇所承载的文化信息在译语中没有对应语，这种词叫做文化负载词。”[②]

人们在不同的自然和社会环境下，产生了不同的语言、价值观、风俗习惯等等，这就是文化差异。文化负载词正是从文化差异中产生，并且充分地体现了文化差异。

四、《阿Q正传》日译本中文化负载词的翻译分析

美国翻译家E．A．Nida将文化负载词分为：（1）生态文化；（2）语言文化；（3）宗教文化；（4）物质文化；（5）社会文化。本文按照以上分类，比较《阿Q正传》两个日译本，从目的论的角度对文化负载词的翻译策略进行探讨。

（一）生态文化负载词的翻译

①他癞疮疤块块通红了，将衣服摔到地上，吐了一口唾沫，说：“这毛虫！”

“癞皮狗，你骂谁？”（P495）

---

① 引用自：Mark Shuttleworth & Moral Cowie. 翻译研究词典[K]. 谭载喜，译. 外语教学与研究出版社，2005：121.

② 引用自：包惠南、包昂. 中国文化与汉英翻译[M]. 北京：外文出版社，2004：10.

竹内译本：全部の禿げを真っ赤にして、彼は上着を地面に叩きつけ、ぺっと唾を吐いてどなった。「毛虫野郎め！」「ハゲ犬、そりゃ誰のことだ？」(P112)

藤井译本：彼はすべてのハゲを真っ赤にして、服を地面に叩きつけると、ペッとツバを吐いていった。

「この毛虫め！」

「ハゲ犬め、誰に悪態ついているんだい？」(P88)

分析：因为狗是动物的一种，各个国家对于狗的看法和态度有所不同，所以属于文化负载词的范畴。

在日本，狗被看做是人的朋友和忠诚的象征，比如日本就流传着忠犬八公的故事。虽然日本也有一些「犬死に」这样贬义的用法，但是大多数都是「犬は人に付き猫は家に付く」「犬は三日飼えば三年恩を忘れぬ」这样褒义的用法。而中国大多数情况下还是把狗作为贬义比喻，比如“狗眼看人低”、“狗腿子”、“狼心狗肺”等等。这里的“赖皮狗”根据《现代汉语大词典》指的是“卑鄙无耻之人”，而根据《スーパ大辞林》「はげ」则是指「頭髪が抜け落ちた状態であること」。

笔者认为藤本的译本更为贴切，在「ハゲ犬」后面加一个「め」来表达出蔑视的语气。但是考虑到两国对于“狗”的看法还是有本质的不同，用“意译”的方式更为妥当。比如可译为「下劣なやつ」，这样就可以兼顾意思和感情色彩了。

（二）语言文化负载词的翻译

②谁知道他将到“而立”之年，竟被小尼姑害的飘飘然了。(P500)

藤井译本：ところが、「而立[22]」の歳にさしかかって、ついに若い尼さんに毒され、ワクワクになってしまった。(P96)

而立[22]：『論語』「為政」篇で、孔子が三十歳で学問的に自立したことを述べる「三十而立」から出た言葉。

竹内译本：そろそろ三十にして立つ年頃になって、若い尼さんから、ふわりふわりにさせてしまった。(P118)

分析：“而立”“不惑”等都是表示年龄的俗语，是中国的特有词汇，因此属于语言文化负载词。

《现代汉语大词典》对“而立”一词的解释是，《论语为政》：“子曰：‘吾十有五而志于学，三十而立。’”后因称三十岁为“而立”。藤本用“直译+注释”的方法很好地在意思和文化上做到了准确的传达。竹内则用了“意译”的方法，从目的论的角度也表达了准确的意思。

（三）宗教文化负载词的翻译

③阿Q没有家，住在末庄的土谷祠里。（P490）

藤本译本：阿Qには家はなく、末莊の土神様の祠に住んでおり（后略）（P77）

竹内译本：阿Qには家がなく、末莊の土地廟に住んでいた。（P105）

分析：土谷祠是一个与佛教有关的词汇，也是蕴含着中国独特文化的词汇，因此属于宗教文化负载词。

“土谷祠”即土地庙，土地庙是指供奉土地神的庙，在中国主要是与佛教相关。藤本和竹内分别用和神道有关的「土神様の祠」和「土地廟来」翻译。虽然属于不同的宗教，可是在各自国家象征的意义都是一样，即祈求土地肥沃、五谷丰登。从目的论的角度，都很好地传达了语意和感情色彩。

（四）物质文化负载词的翻译

④那是赵太爷的儿子进了秀才的时候，锣声镗镗的报到村里来，阿Q正喝着两碗黄酒，便手舞足蹈的说，这于他也很光彩。（P448）

藤本译本：それは趙の大旦那の息子が科挙の秀才になったときのこと、銅鑼を打ち鳴らして合格の知らせが村に届くと、阿Qはちょうど地酒を二、三杯飲んだところ、躍り上がって喜ぶと、これは彼にとっても光栄だと言ったのだ。（P72）

竹内译本：それは趙旦那の息子が秀才に試験に合格したときのことである。合格の通知が銅鑼を鳴らして村へ来たとき、折りから二、三杯ひっかけていた阿Qは、躍り上がって喜んだ。（P101）

分析：“黄酒”是一直中国特有的酒，是一种物质产物，并且蕴含着中国独特的文化，因此属于物质文化负载词。

《现代汉语大词典》中对“黄酒”的解释是“一种用大米，糯米或

者黄米酿成的酒，呈黄色，酒精含量较低。以产于浙江绍兴的为最佳”。而藤本译本中的“地酒”根据《スーパ大辞林》是指「その土地で作る酒。田舎酒」。的确，鲁迅的故乡和黄酒的产地都是浙江绍兴，意思是传达了，但是造成了文化方面的损失。而竹内则直接运用了减译的手法，省去了“黄酒”的翻译，也造成了一定的文化损失。《中日クラウン辞典》中对“黄酒”的解释是「紹興酒。浙江省紹興で生産される醸造酒。日本で一般にいうラオシュウ（老酒）」。而对日本人来说「紹興酒」很熟知。因此，笔者认为在这里直译为「紹興酒」或者「ラオシュウ」可以将文化传达中的损失降到最小限度。

（五）社会文化负载词的翻译

同上例句④。

分析：例句④中的“秀才”一词是从中国独特的社会文化制度中产生的词汇，因此属于社会文化负载词。

《现代汉语大词典》对“秀才”的解释是“本为才华优秀者的通称。汉代以后成为推举人才的科目之一。隋和唐都置秀才科以取士，后渐废。宋代凡应科举者都称为秀才，后逐渐成为对读书人的通称”。而《スーパー大辞林》中对于「秀才」一词的解释是「学問・才能の優れた人；中国で、科挙の科目の一。また、その合格者」。

因此，中日的“秀才”一词都不止包含了一个意思。如果像竹内译本一样直译的话，可能会引起误解。所以笔者认为像藤本译本那样采取加译的方式译为「科挙の秀才」的话，更为准确。

五、结语

笔者对《阿Q正传》文化负载词按照以上分类做了一个统计。结果表明，生态文化的文化负载词共有7个，语言文化的有24个，宗教文化的有7个，物质文化的有29个，而社会文化的有57个，共有124个。笔者还运用以上方法依次分析了两个译本中各类文化负载词的翻译，得出了以下结论。

对于生态文化负载词的翻译运用“意译”最佳。

对于语言文化负载词的翻译运用“直译加注释”或者“意译”最

佳。

对于宗教文化负载词的翻译运用“直译”或者“直译加注释”最佳。

对于物质文化负载词的翻译运用“直译”最佳。

对于社会文化负载词的翻译运用“加译”或者“直译加注释”最佳。

参考文献：

[1]李现联. 浅析鲁迅小说中的文化负载词[J]. 外国语言文化研究，2013（4）：53-56.

[2]宋宵. 浅析文学作品中文化负载词的翻译[J]. 北方文学，2012（5）：102-103.

[3]纪可. 译者的定位和文化负载词的翻译[J]. 学术论坛，2010（12）：225-230.

文学领域新现象及其对文学翻译批评的要求

研究生院　张慧（老师）

摘　要：一切事物都在运动变化之中，文学领域亦是如此。社会生活的深刻变化使得文学作品呈现出主题自由化、主体大众化、个性化、信息化和商业化等新特征。文学作品的产生是文学翻译批评的前提和基础，文学领域的新现象要求翻译批评做出相应调整，只有这样，文学翻译批评才能真正实现它的导读、评价和导引功能。

关键词：文学新现象；文学翻译批评；功能；要求

一、引言

古往今来，文学尤其是经典的文学作品一直发挥着教化世人的社会功能，但是随着时代的变迁，人们的审美标准和价值判断发生了变化，文学不再单纯的只是少数人才能掌握的“文字游戏”，它变得更加大众化和商业化。同时，报纸、杂志、互联网、电视等大众传播媒介的结合使得信息传递更为方便快捷，一定程度上加速了文学的信息化进程。

本研究旨在梳理当今文学领域的新现象并探究其产生的原因，同时结合文学翻译批评的功能，提出这些新现象对文学翻译批评的新要求，以期更好地发挥文学翻译批评的导读、评价和导引功能。

二、文学新现象及其产生原因

（一）文学新现象

笼统地讲，随着社会的发展，文学创作的主题、题材、表现形式、创作主体等都发生了深刻变化，具体表现在：

第一，文学创作主题自由化。过去，文学创作的主题受到一定程度的限制，文学作品的产生往往服务于特殊的政治需要。如今，社会更加开放、开化，从经济到政治，从伦理到道德，从生理到心理，从历史到现实，作家们总能找到一些切入点进行文学创作，于是题材不一、手法各异的作品一起出现在图书市场上，满足了不同阅读群体的兴趣选择和阅读要求。

第二，文学创作主体大众化。写作主体[1]的扩大，是文学走向大众化的一个重要原因。主持人出书、明星出自传，他们依靠大众传播媒介的宣传形成了自己的读者群。商界的名流也不甘示弱，企业家纷纷将自己的创业事迹编辑成一本本的成功宝典如《道路与梦想》、《卡内基口才训练》、《洛克菲勒写给儿子的38封信》等供他人借鉴、学习。鉴于绝大多数人有功利心，都想成功，都想富有，所以那些壮志未酬、血气方刚的年轻人就成为他们忠实的读者群。

第三，文学创作个性化。文学作品只有与众不同才能脱颖而出，作家们的个性化随之显现出来，其中一个不容忽视的作家群体就是新生代作家[2]，他们大多拥有双重乃至多重文化背景，国际化程度更高，世界相对和平、社会诉求较少使得他们的作品缺少了浓重的政治色彩，增加了更多随心随性创作的成分，思想独特，视角新颖，作品中充斥着个人的呐喊和对社会的唠叨，在青少年中间有着广泛影响。日本作家青山七惠出生于1983年，她的《一个人的好天气》写成于乘电车上班的途中，讲述了一名自由职业者的心酸，其简体中文版在中国推出两年，总印数就超过了15万册。在中国，现在青春文学已占到整个图书市场份额的10%，而整个中国现当代文学加起来也只有10%。“80后作家”的领军人物韩寒以及由他引发的“韩寒现象”曾在中国文坛激起轩然大波，虽然作品中“愤青”式的愤慨和讥讽颇受争议，但它

---

① “作家”是以写作为工作，从事文学创作且有成就的人；文中“写作主体”不仅包括真正意义上的“作家”，也包括具有影响力的其他公众人物，其含义相当于“作者”。

② 文中“新生代作家”指20世纪末及21世纪初文坛涌现的年轻作家尤其是80后、90后作家，他们的作品虽然文学性较差，但却有相当稳定的青少年读者群。例如，中国80后作家韩寒，一个七门功课不及格的人，写出的《三重门》畅销200多万册，创造了小说类书籍销量神话，他的故事也引发了社会对中国教育的反思。

在青少年中的影响却不容小觑，韩寒的很多话语也已成为脍炙人口的网络流行语，其中的个性和坦率显而易见。

第四，文学创作商业化。《财经时报》通过追踪记录国内外作家版税数据，分别推出“中国作家富豪榜”和“在中国最赚钱的外国作家富豪榜”榜单[①]，杨红樱、韩寒、郭敬明、J.K.罗琳等都是名列前茅。“作家富豪榜”使得“作家”和“金钱”两个原本并不对等的词语在商业意义上获得平等，社会各界对此众说纷纭。有人说，作家也是一种职业，既然有劳动就要有报酬，而且作家从事的是繁重的脑力劳动，报酬的多少与作家在读者中的影响力即作品销量成正比，“晒”作家财富可以激励其他人积极进行创作。也有人认为，将作家创作与金钱直接联系，是一种世俗化、商业化的表现，文学价值的标准不再坚挺，金钱的标准占据上风，这会降低文学作品的质量，使得文学创作如同快餐产业一样，来也匆匆，去也匆匆，经不住时间的考验。不可否认，文学创作的商业化在一定程度上是商品经济的产物。

第五，文学创作信息化。大众传播媒介尤其是互联网的普及使得文学传播更加方便、快捷。在网络平台上聚集了更多的素材、更多的分享、更广的人群，读者可以超越时空的限制，轻松获得想要的信息。“羊羔体”和“梨花体”的流行都是借助网络的力量实现的，网友们在分享的同时也进行再创造甚至恶搞，使得原来的文本发生了或好或坏的变化。网络文学最初是基于个人兴趣的写作，伴随着下载量的增多，网络作家和大量网站从中获利，网络文学迅速发展为一条产业链。网络文学的有序运转，需要法律法规的约束，国家已经出台相应措施来规范互联网的使用。随着网络技术的发展和网民规模的扩大，网络文学的发展愈加势不可挡。新浪、搜狐等大型门户网站开辟了文学频道参与竞争，而博客、微博、微信等新媒体的介入也使个性化的博文、日志加入到网络文学的洪流中来。

---

①“中国作家富豪榜”和“在中国最赚钱的外国作家富豪榜”榜单均由吴怀尧创制，通过走访诸多作家、出版社、书店，了解作家作品的销售情况，根据版税的多少排名形成。2013年，第八届“中国作家富豪榜”前十名是江南、莫言、郑渊洁、雷欧幻想、杨红樱、张小娴、沈石溪、郭敬明、韩寒和柴静；J.K.罗琳连续三年蝉联“外国作家富豪榜”冠军，村上春树跃居第二，他们在中国都有相当大的影响力。

（二）文学新现象产生的原因

以上文学新现象的出现并不是偶然的，它们与整个社会的变化是分不开的。

首先，读者群不断扩大。随着教育的普及，读者群的层次有所增加，势必需要不同作家创作适应不同阅读品位的作品，所以文学市场变得参差不齐，既有纯文学的作品，也有言情、侦探、武侠小说的流行，既有老一辈的文坛领袖，也有独树一帜的文学新秀。如果作家们还是只捧着专业作家的金饭碗固步自封，肯定会被社会所淘汰。因此，他们走向市场也是必然。

其次，信息化的推进使得交流更加及时有效。面对全球化的大趋势，文学创作也不能闭门造车。经过几十年的发展，网络文学更加规范化、制度化，内容上也更加精进，文化产业的革新和繁荣指日可待。

三、文学新现象对文学翻译批评的新要求

文学领域新现象并不是孤立的，它们与整个世界后现代主义思潮的盛行是紧密相连的。文学创作的速度加快，对传统经典文学是一种冲击，翻译界和批评界是否也会出现“快餐”产业链？文学翻译批评如何才能更好地发挥其功能？既然文学领域发生了变化，必然要求文学翻译批评也相应变化，从而用一张无形的网将优秀的东西留住，将腐朽的思想过滤。

（一）文学翻译批评的功能

文学翻译批评有三大功能，只有这些功能得到全面满足，才能真正发挥批评的价值。随着国际交流的深入，各种文化的碰撞、融合和渗透也更加明显。在这种形势下，文学翻译批评需要做好“安检”的工作，把真正好的翻译作品呈现给广大读者。王宏印老师在《文学翻译批评论稿》一书中总结了文学翻译批评的三大功能：

导读功能指向文本自身，就是“帮助读者阅读和理解文学翻译作品”（王宏印，2006: 61）。文学翻译作品的导读，从一开始就不同于原作的阅读欣赏。只有真正进入译文的阅读，才能实现阅读译文的价值。阅读译作对于批评家的要求更高，需要他们客观、公正地对读者进行

引导，批评家也要接受原文作者、译者的双重检验，因此需要批评家有更高度的责任感。

评价功能是奠基在文学翻译批评的导读功能之上的(王宏印,2006:64)。不管是单纯评价译作还是将原作与译作比较评价，都需要客观、公正，把个人的喜恶排除开来，关注作品本身而不是作者的人格。对同一作者的不同作品或不同作者的相关作品给出适当的判断，这种评价需要建立在仔细阅读译作的基础之上，不能凭习惯看法、印象给译作打分。

导引功能指向翻译界,它建立在文本导读和质量评价的基础之上,但具有更广泛的社会影响和学术影响（王宏印，2006: 66)。翻译家在翻译之前对文学作品进行筛选判断，翻译批评再次对译作进行评价，因此它的影响范围更大。

（二）文学新现象对文学翻译批评的新要求

首先，避免文学翻译批评的功利化。商品经济的发展带来的是文化商品的普遍流行。如果要求文学翻译批评家都成为世外高人，丝毫不考虑商业利益是不可能的，只能说批评家要尽量把文学与金钱分离开来，不能用畅销量或者作家财富榜来衡量译作本身的好坏，毕竟翻译家翻译作品有时候只是出于一种个人兴趣，他并不在乎译作会被很多人所阅读。而且，不能出于某种政治需要对译作做出不适当的评价。

其次，避免文学翻译批评的世俗化。文学日益大众化，需要经受住向世俗化退变的考验。文学创作为了迎合大众口味降低了某些标准，但是文学翻译批评家要本着对译者和读者负责的态度将那些过于世俗化、低俗化的糟粕剔除出去，将真正经典的作品介绍给广大读者，规范整个社会的阅读风气。而且，在翻译的过程中，欧美一些资产阶级的思想会通过字里行间渗透到我国，如果译者坚持忠实于原作，他就不会对这些内容灵活处理，这就要求批评家客观地评价这些激进的思想，为社会提供正确的引导。

再次，文学翻译批评的时代化。文学出现了新现象，要求文学翻译批评也与时俱进，在坚持先前文学翻译批评原则和理论的基础下，探究适应时代的新方法、新标准。理论更新必不可少，这对整个翻译批评界都是影响深远的。

四、结语

当代文学领域的新现象只是整个世界文学新趋势的缩影。作为生活的教科书，文学在某种程度上发挥着教化功能，让人们可以有比较的反思自己的作为。基于此，译者在翻译时须有选择地把真正好的作品介绍过来，而批评的任务就是彻底地认识世界上人们所知所想的最好的东西，并让世人知晓，从而形成真实而有新意的思想潮流。以批评的眼光看待译作，同时注意批评的标准和原则，这样才能把“深巷中的酒”更好地呈现到“饮酒人”面前。

参考文献：

[1]潘冰洁. 文化视域下网络文学发展趋势之透析[J]. 综合学术论坛. 2010: 247-248.

[2]谭楚良. 欧美后现代主义与中国新潮文学发展趋势[J]. 衡阳师范学院学报（社会科学）. 2002，23（1）：101-106.

[3]王宏印. 文学翻译批评论稿[M]. 上海外语教育出版社，2006:61.

[4]王宏印. 文学翻译批评概论[M]. 中国人民大学出版社，2009.

[5]杨虹. 消费主义时尚影响下的文学发展趋势[J]. 湘潭大学学报（哲学社会科学版）. 2004，28（3）：67-70

[6]杨平. 读者反应批评——文学翻译批评新视角[J]. 北京第二外国语学院学报. 2009，8: 36-41.

[7]杨舟. 2013 作家富豪榜主榜发布　36 岁作家江南力压莫言登榜首[C/OL].（2013-12-06）[2014-03-30]. http://news.xinhuanet.com/book/2013-12/06/c_125815279.htm.

[8]2013 外国作家富豪榜公布 罗琳 850 万再夺冠（图）[C/OL].（2013-12-05）[2014-03-30]. http://news.china.com.cn/live/2013-12/05/content_23746069.htm.

理解、细节、表达，一个都不能少

2012 级　英语语言文学　张慧琳

摘　要：本文从翻译微观理论出发，研究翻译中出现的具体问题。作者基于平时的翻译实践和素材积累，发现许多翻译中值得思考的问题，主要总结为三方面：理解、细节、表达，表现为不求甚解，忽视细节，表达不地道。本文通过总结问题，提出相应的解决办法，希望得出一些有益的结论。

关键词：微观理论；理解；细节；表达

方梦之先生将翻译理论分为三部分：宏观理论、中观理论和微观理论，认为"微观理论研究翻译实践的具体方法和技巧（方梦之，2013：1）。我们平时所做的翻译实践，就很值得进行微观理论上的总结提升。结合翻译课堂上英译汉的翻译实例，本文总结出理解、细节和表达三方面最容易出现问题。接下来就一一进行阐释。

一、理解

正如周煦良先生所说，"我们学生做起翻译练习来，错误发生最多的还是在原文理解方面"（周煦良，1984：133）。往往我们觉得很难译的地方，再拿来仔细分析会发现是因为自己理解不透彻。但通常翻译当下，我们并没意识到自己不理解，而是把自以为理解的译文写了出来。其实，理解是翻译过程中最首要的阶段。奈达在《翻译理论与实践》的前言（2003）中有一句话很重要，他认为翻译技巧相对于理解原文，永远是第二位的（Techniques of translation are always secondary to the understanding of the source text）（Nida & Taber, 2004：ix）。奈达与周煦良都是强调理解在翻译中的重要作用。下面，我就主要拿例子来说明：

例 1：We'll kiss…now, I kept thinking. Then, OK…now. And on it went, more tortuous by the second. (Guy Walks into a Bar Car by David Sedaris, *The Best American Essays 2010*）

译文：我们会接吻的，就是现在，我不停的想。是的，就是现在……一切就这样继续着，每一秒都无比煎熬。

初看译文，好像没有错，再仔细看，就发现前后矛盾。"我不停的想"表明想接吻但还没发生，但译文又说"就是现在"给读者感觉是已经发生了。所以问题就出在 now 的翻译。now 对应"现在"，最常见不过，所以下意识就会觉得这没什么可争议的。但就是越常用的小词，在翻译上就越是陷阱。now 在牛津高阶上也查不到能与原文吻合的意思，还是得求助原文词典。Webster 上的解释，now 还表示"in the time immediately to follow"（接下来，马上），用在此处就很合适。生僻的词当然要查字典，常用的小词更要勤查字典。而且要查原文字典，因为原文字典给出的英文解释是帮助理解而不是直接给个翻译，这样能让译者自己根据原文选择适合的翻译，而不是先入为主使用字典给出的所谓对等词。就像林克难老师所说，对等词其实并不对等。还是要结合语境和原文字典解释，在自己的词汇库中寻找最适合的译语翻译。

例 2：There are a few deaths every year in Kruger, Alfie says: someone taking that all-important, final close-up. (The Bad Lion by Toni Bentley, *The Best American Essays 2010*）

译文：在克鲁格公园，每年都有些死亡，阿尔菲说道：有些人就那样定格在最后一张特写上。

这个例子的误译则是因为没有理解句子语法。英语中，为了避免结构上或内容上的重复，或者使上下文连接更紧密，经常会有省略的语法现象。例子中是状语从句中的省略，还原应为：someone is killed when he is taking that all-important, final close-up。这里省略应该是为使上下文连接更紧密，强调人被杀的场景。而且，译文逻辑也不合理，谁会专门去拍游客被动物袭击致死的画面？笔者试着对译文进行了修改：有些人就是在拍摄动物特写的当下遭到攻击而丧命，那张特写成为了他们留在世上最重要也是最后的遗物。

可以看到，理解是实实在在要落到原文的字、词、语法及文化背景知识上。这就要求我们平时要多看多积累，翻译过程中多分析，勤查字典和资料。

二、细节

对原文细节不重视也是我们译文中常常出现的问题。对原文一些字词，要么直接忽略不译，要么画蛇添足，要么处理得很随便。不注意细节的人不在少数，呈现出一种集体无意识的倾向。

例 3："Someone told you that you are gonging to see an old man and you ought to leave after a short time," he said, and my expression told him that was just what had happened. (Lunching on Olympus by Steven L. Isenberg, *The Best American Essays 2010*）

译文："是不是有人告诉你，你要见的是一位老人家，必须早些离开，" 他问，我的表情证实了他的猜想。

原文第二个 told，译文翻成了"证实"，是有些随便。当然不是针对本文的译者，而是说我们翻译过程中常常有想把这些基本词译得不一样的冲动。其实，就是认为这种细节微不足道。但如果进行回译，"证实"不会想到译为"told"。也许会有辩解说这是意译。所谓直译、意译都是基于原文，正确传达原文思想的翻译。也就是说，直译和意译都是在准确理解原文和表达基础上的译文。而意译的使用情况，笔者认为有两种，一是在原文句法结构十分复杂，照原文词序翻译不符合译入语句字构成习惯时，要调整词序意译；二是原文使用的字词不是其所指意义而是内涵意义，或在译入语中不常使用或不存在的情况下，要意译以方便读者理解，这些是表达阶段的问题，此例中不存在直译、意译之别。

三、表达

这里所考虑的表达，就是接受读者检验的阶段，要让读者接受。出现的问题也不再有理解上的不到位，主要是句式结构怎么表达能更地道。

例 4：Fluent in three languages, he relies on prefabricated response to talk about his work. (When Writers Speak by Arthur Krystal, *The Best American Essays 2010*）

译文：熟练使用三种语言的他，却依靠事先准备好的回答谈论自己的作品。

这句译文很明显受到英语句式的影响，汉语中不会有这么长的修饰语在主语前面。这种翻译腔在没有多少翻译经验、汉语水平也不高的学生中尤其常见。

有观点认为欧化中文到一定时候就不算欧化，而为大家所接受了。思果在《译道探微》中对翻译欧化结构也做了探讨，他担心的是一旦欧化成了时髦，大家放纵起来，欧化很可能恶化，破坏汉语的文法结构。其实这种泛滥已经在一定程度上存在了，如碰到 when，很自然会翻成“当/在……时”，而查字典会发现 when 还有“……之后/之前；但是；如果”等很多意思，但同学们看到 when，“当/在……时”的结构就先入为主，可见这个结构已经深深影响了我们。中文不用这种表达是因为汉语是意合的语言，强调逻辑关联与意义关联而不在意词语之间和句子之间的形式衔接，这也是中国人重整体、重综合思维方式的特点使然。英语则是形合的语言，英语句子成分之间关系要求用形式标记表明，所以会有 when, before, until 这些连接词。不注重两种语言的差别，表达自然不会地道。

综上，翻译实战中，理解、细节和表达上很容易出现问题，影响翻译质量。首先是我们对待翻译的态度不正确，往往不求甚解，追求整体上的忠实通顺，而忽略细节。受英语句式结构影响大，欧化表达很多，汉语使用不够规范。所以不仅英语要多读多积累，汉语同样需要。还有很重要一点是误读理论，刚学翻译，我们就知道中国翻译标准的圣经“信达雅”，但严复的信、达、雅到底指什么，其历史局限性和适用范围有多广，我们并不清楚。之后翻译界不断神化这一标准，还出现了傅雷的“神似”和钱钟书的“化境”。这是对译文近乎完美的要求，是初学者或一般译者可望而不可及的境界。但我们又确实是在这种理论潜移默化的影响下进行翻译，这可能是导致我们翻译比较随意的原因之一。翻译还是要踏踏实实深入原文本，理解、细节和表达相辅相成，只有真正理解原文，才会注意到细节的重要性，从而更准确地表达。

参考文献：

[1]方梦之. 翻译策略的理据、要素与特征[J]. 上海翻译，2013（2）：1.

[2]周煦良. 翻译与理解.翻译研究论文集[C]. 外语教育与研究出版社，1984：133.

[3]Bill Buford and Jason Wilson ed. *The Best American Travel Writing* [M]. Boston and New York: Houghton Mifflin Harcourt Publishing Company, 2010.

[4]Christopher Hitchens and Robert Atwan, ed. *The Best American Essays* [M]. Boston and New York: Houghton Mifflin Harcourt Publishing Company, 2010.

[5]Eugene Nida and Charles Taber. *The Theory and Practice of Translation* [M]. 上海外语教育出版社，2004：ix.

论汉语新闻英译中文化词的翻译

2012级　英语语言文学　周晓娜

摘　要：新闻翻译是对外宣传交流的一个重要部分，要想使新闻翻译充分发挥外宣的作用，文化特色词的翻译十分重要。文化词的翻译体现了译者的跨文化意识以及翻译策略。文化词的翻译策略多种多样，译者应根据不同情况采用不同的翻译策略。

关键词：新闻翻译；文化词；跨文化传播

新闻翻译是对外宣传的一种媒介，因此新闻翻译在跨文化传播交流中起着重要作用。新闻翻译中的一大重点，也是一大难点便是文化词的翻译。文化词的处理恰当与否直接关系到对外传播的效果。这里所谓的文化词是指带有国家或民族特色的词汇，能够反映出原语文化中特有的、不同于译入语文化的现象。

中华文化博大精深，在漫长的历史长河中，中华民族形成了许多自己独特的文化现象，而且随着时代的变迁，这些现象也处在不断更新、变化的过程中。每种文化现象都有其形成的政治、经济、社会等背景，因而成就了其独特性，也就造成了翻译中的困难。中国文化与西方文化差距较大，中国文化趋向具象思维、综合性思维和本体性思维，而西方文化趋向抽象思维、分析性思维和客体性思维，这就导致了英语和汉语在词汇、句法方面产生诸多差别。身为译者，我们既肩负着使译语读者准确明了获取原语信息的任务，又肩负着传播中国文化的使命，如何在两者之间取得平衡，需要译者针对不同文化词采取不同的翻译策略。

一、译者的跨文化传播意识

译者在翻译的过程中承担着传播本国文化的责任，是跨文化传播交流的使者。要想完成跨文化传播的任务，译者首先必须具有文化差异的意识。世界上任何国家的文化都是在其历史地理环境等因素的共同作用下形成的，所以具有各自的独特性。在新闻翻译中，文化词所承载的文化现象便是两种文化不同的一个重要表现，而这些独特的文化现象则可能造成文化交流的障碍。所以，译者要给予其充分的重视。其次，译者必须掌握原语和译入语的文化。谭载喜说："在翻译过程中，译者对某段文字理解的正确与否，在很大程度上取决于他对有关文化的了解。没有两种文化的对比知识，就无从谈起对语言文字的正确理解与表达。"所以译者应是两种文化的精通者，这样才能最大程度上克服文化交流的障碍，达到传播文化的作用。

随着人们对信息交流的渴求越来越强烈，新闻翻译发挥的作用就越来越大。所以，译者必须掌握多方面的知识，使信息交流最大化。在清楚地意识到自己文化传播交流的任务的同时，译者必须找到恰当的翻译方法。针对不同的文化词以及不同的文化现象，翻译方法也会截然不同，以下将探讨具体的翻译策略。

二、文化词翻译策略

译者要想充分发挥文化词在文化交流中的作用，就必须因词而异，不同的词采用不同的翻译方法。下面以汉英新闻翻译为例，探讨文化词的翻译策略。

（一）寻找对等词

需要说明的是，此处的"对等"并不是指完全一样，而是指相似，具体说是指在译入语中寻找能达到同种表达目的的词汇。这种翻译方法可以使译文更加地道，读者更易于理解，但是需要注意的是这种翻译方法可能损失文化特色词中一些特色或独特的东西。但综合来说，如果能找到恰当的对等词，也不失为一种很好的翻译方法。

首先，这种翻译方法较为适合成语及俗语的翻译。因为成语及俗语所蕴含丰富的文化背景，如果想要完全译出其中含义，需要繁琐的解释，所以较为有效的方法便是寻找对等词。如翻译“爱屋及乌”时，如果直译或是采用其他方法，结果只会使译语读者感到困惑。我们可以将其翻译成“love me, love my dog”，虽然在文化意象等方面有所改变，但在形式或是所传达的意思方面较为充分，也就是说“爱屋及乌”与“love me, love my dog”在功能上实现了对等。

除了成俗、俗语等的翻译，有一些概念中外名称有很大不同，但表达的意思基本一致，这时，我们同样可以采用寻找对等词的翻译方法。如“穷游”一词的翻译。穷游是中国近几年兴起的一种旅游方式，就是用很少的钱游历很多的地方。当我们翻译时，很容易想到将其意译，翻译成 travel with a small amount of money，虽然说此种翻译能够传达出原文含义，但并不形象，而且较为繁琐。经过仔细查找，我们可以发现，西方有一个短语为“budget travel”，这一短语的意思与“穷游”意思十分接近，而且又简洁明了，所以可以作为一个较好的翻译版本。再如“鹰把式”一词的翻译。鹰把式就是指驯鹰的人，“鹰把式”是很能体现中国特色的一种叫法。其实，在西方世界，也有驯鹰人这种职业，名为“eagle-trainer”，二者表达了相似的概念，所以可以看做翻译对等词。

（二）直译

直译通常是译者遇到文化特色词时首先想到的翻译方法。很多中国文化特色词在西方文化中并不能找到对等词，此时，直译便成为了一个较为直接的翻译方法。但这种方法并不是所有词都适用的，主要适用于那些较为简单，直译便可以传达其含义的词汇。如“正能量”的翻译，这个词是最近在中国兴起的词汇。在翻译时，我们可以将其直译为“positive energy”便足以传达其中的含义。再如“九年义务教育”，这个词在中国再普遍不过，但这一概念在西方却是缺失的，在翻译时，我们可以将其直译为“nine-year compulsory education”，一目了然便可传达给西方读者这个短语的含义。

此外，直译的翻译方法也可用来保留一些文化特色词中的修辞手法或是特色之处。如“春劫”一词的翻译。这一个词采用了谐音的手法，用来表达春节时人们开销很大。当然，译者在翻译时可以将其意译为“high expenditure in the Spring Festival”，但这样则会缺失了原文的特色，所以我们不妨把它直译为“spring robbery”，虽说此种表达比较奇怪，但很能传达出原词的特色，而且读者通过上下文便可轻易理解这个词的含义。

（三）意译

意译的翻译方法在翻译文化特色词中最为常见。因为中西方文化有很大不同，所以很多词在翻译时常要加以解释，以便译语读者能够充分理解。如“富二代”和“小三”的翻译。这两个词汇在中国十分流行，如果在翻译时将其直译，则意思不能充分表达出来。其实这两个词并不难翻译，只要稍加意译，译语读者便很容易理解，所以我们把“富二代”翻译为“come from a wealthy family”或“have a rich dad”，把“小三”翻译为“third party in a relationship”。

再如“农民工”一词的翻译。这一词汇反映了一个中国特有的现象，如果直译为“farmer worker”，虽说能体现出原词的某些含义，但并不充分，所以我们可以将其意译为“migrant worker”，这样既能体现出原词含义，又能体现出原词背后的文化。

（四）音译加解释

音译加解释是最能保留中国特色的翻译方法，最大限度地将中国文化传播给国外的读者。这种翻译方法比较适合翻译文化特色十分浓厚的事物。其实，很多词在新闻翻译中都可以采用这种翻译方法。如“红包”可以翻译为Hongbao（red envelopes containing money），“福娃”可以翻译为Fuwa（Beijing Olympic Games' mascots），“北漂”可以翻译为Beipiao（meaning people who work in Beijing but without registered residence）。需要注意的是，这种翻译方法较为繁琐，在对信息性要求较强的新闻文本里需慎重使用。

三、结语

新闻中的文化词汇体现了浓厚的中国特色，是传播中国文化的关键，所以在新闻翻译中应给予文化词足够的重视。以上只列举了几种常用的翻译方法，此外，还可以采用音译、直译加解释等方法。但无论采用哪种方法，译者都必须谨记自己跨文化传播交流的使命，采用恰当翻译方法，使翻译效果最佳化，即在准确传递原文信息的同时最大程度地保留中国特色，以更好地传播中国文化。

参考文献：

[1]包惠南. 文化语境与语言翻译[M]. 中国对外翻译出版公司，2001：23.

[2]谭载喜. 新编奈达论翻译[M]. 中国对外翻译出版公司，1999：11.

浅谈新闻翻译
——以译《星云大师一笔字书法展》为例

2012 级　英语语言文学　朱若思

摘　要：随着全球化的发展，各国之间的交流日益频密。新闻作为增进各国间了解的有效途径，其在世界范围内的传播自然离不开翻译，而新闻这一信息性文本的翻译也有其特殊之处。本文作者将以新闻翻译实践《星云大师一笔字书法展》为例，谈谈翻译过程中受到的启发以及今后翻译过程中值得借鉴的经验。

关键词：新闻翻译；整体；局部

在全球化背景下，日益开放的中国需要更多的外部资讯，也需要及时向国外传递信息。在这一过程中，新闻是有效的传播媒介。国内外对于新闻的定义多种多样。其中，美国新闻学者约斯特认为“新闻是已经发生或正在发生的事实的报道”，这是笔者认为比较简明扼要且用于翻译实践最贴切的定义了。

新闻翻译，作为二次信息传播，其真实性、时间性、客观性是核心，也是需要在翻译过程中时刻考虑的因素。

彼得·纽马克根据布勒对语言功能的分类，把文本主要分为表达功能文本、信息功能文本和呼唤功能文本。他认为一种文本不会只有一种功能，但任何文本应该只有一种主要功能。新闻文本的功能主要在于传递信息，其次是吸引读者，即新闻的主要功能是信息功能，其次为说服功能。在新闻翻译中，信息交流的成败取决于新闻译本为读者所接受的程度。纽马克还指出信息型和呼唤型文本应以读者为中心，在翻译过程中为达到交流效果要考虑读者不同的期待和心理感受。

这也是笔者在翻译过程中感触最深的一点，即以读者为中心的篇章意识。无论是整体还是局部，考虑到的都是与读者相关的因素，从读者反映角度出发。接下来就以一篇新闻翻译为例，谈谈笔者在翻译过程中受到的启发。

一、局部把握

新闻英语遵循“ABC”原则，即 Accuracy（报道内容的准确性）、Brevity（语言文字的简洁性）、Clarity（结构条理上的清晰性）。英语中，主干结构突出，即主、谓、宾结构突出。汉语中，往往借助动词，按动作发生的顺序或逻辑顺序，逐步交待，层层铺开。

因此，很多时候都需要译者结合外国读者的思维方式和文化心理，在保持原有内容特色的基础上对新闻内容进行增、删、改、调，以确保良好的传播效果。

（一）增

“增”即增加必要的背景知识或补充缺损的语义内容。

不同文化背景下的人们听同样的信息会有不同的反应，任何翻译都须考虑到此，新闻翻译自然也不例外。由于文化环境的不同，在中国妇孺皆知的人或事，对外国人来说却可能是非常陌生的，所以在翻译的时候，也要考虑到内容中文化差异的可接受性。比如，可以采用添加注释的方式进行一定的说明，也可以直接在名字前冠以身份、头衔等修饰词，这样能够使报道通俗易懂，让大众更好地接受所传达的内容。

例：“星云大师一笔字书法展——2013 中国大陆巡回展”天津展，日前在天津美术馆开幕，87 岁的星云大师接受了记者专访，将自己对人生、对一笔字、对天津这座城市的看法和感悟娓娓道来。

译文：87-year-old Venerable Master Hsing Yun, **who is an internationally renowned Buddhist monk from Taiwan**, unveiled his calligraphy in Tianjin Art Gallery on April 18th. **Each of those calligraphic works was finished in one stroke** and they are on his 2013 tour exhibition on Chinese Mainland. When interviewed, Master Hsing

Yun talked about his life, calligraphy and also his impression on Tianjin.

简析：译文中对“星云大师”及“一笔字”进行简单解释。对于外国读者来说，这两个词都是陌生的，即便对于本国读者也是如此。作为新闻的重点词汇内容，又是在文章开头，要想抓住读者眼球同时将意思表述明确，适当进行解释是有必要的。

（二）删

换言之就是“摘译”，即译者摘取一些认为重要的，或者说传达了重要信息的段落或内容作为翻译对象进行翻译。有时候由于文化和认知语境的差异，竭力想译出某些内容，反而让目标语读者不明所以。

例：星云大师的书法气韵流畅，意境深远，蕴含着美、善、和谐的精神，传递着净化人心、幸福安乐的正能量，令参观者无不赞叹。

译文：His calligraphy, admired by all visitors, was a perfect combination of beauty and harmony. It purifies our heart and gives us calm.

简析：中文表述细致优雅，但是英文表述很难完全对应，而且有些对等词比较难把握，如果硬译反而让外国读者一头雾水，不如直接简练些。

（三）改

在翻译时，译文不必处处对应，可以在不影响整体文章的情况下根据内容适当调整，以小标题翻译为例。

例：1）谈人生经历先说自己缺点

2）“一笔字”因患眼疾练成

3）“一笔字”展品为天津“量身”创作

译文：1）The weakness in life experience

2）The creation of his one-stroke calligraphy

3）His special greetings for Tianjin

简析：三个小标题采用了并列的结构翻译，其中 3）的中英文虽出入较大，但一方面与前两个标题的结构相似，另外意思也照应小标题以下的内容。这是翻译时译者自己的决定，翻译时少不了译者自己做决断，当然也少不了实践中积累的经验。

（四）调

如果说我们可以把摘译形象地比喻为“跳跃式”的话，那么我们也可以把新闻翻译的第二特点叫做“跳上跳下”式的译文重组，即要求译者打破原文顺序，根据新闻翻译的需要重新组织译文。实际上，不少译者把中文新闻翻译成英语时也要进行必要的句式调整，然后撰写成文，以符合英语的表达习惯。

例：“星云大师一笔字书法展——2013 中国大陆巡回展”天津展，日前在天津美术馆开幕，87 岁的星云大师接受了记者专访，将自己对人生、对一笔字、对天津这座城市的看法和感悟娓娓道来。

译文：87-year-old Venerable Master Hsing Yun, who is an internationally renowned Buddhist monk from Taiwan, unveiled his calligraphy in Tianjin Art Gallery on April 18th. Each of those calligraphic works was finished in one stroke and they are on his 2013 tour exhibition on Chinese Mainland. When interviewed, Master Hsing Yun talked about his life, calligraphy and also his impression on Tianjin.

简析：此处先根据意思拆句，介绍星云大师干了什么，再重新组合，介绍这次活动的重要性。这是新闻核心内容，也符合开门见山的特点。

二、整体意识

（一）衔接

衔接是生成语篇的必要条件之一，也是提高新闻翻译质量的理想手段，在语篇翻译中占有重要的地位。根据韩礼德和哈桑的衔接理论，衔接手段可分为语法衔接和词汇衔接。前者包括指称、替代、省略、连接，后者包括词语重复和词语搭配。

（二）理解

一名称职的译员不是词句转换的“对号者”，而应是沟通思想的搭桥人。正确理解原文是最基本的环节，是翻译的基础与关键，在翻译中如果理解错误或理解不准确就会影响对原文的忠实，就不能正确传达原作者的思想、感情和风格，文字表达得再漂亮也是枉然。即只有在理解的基础上，才能发挥在“达”和“雅”方面的艺术才能。

例：70多岁时，星云大师因患疾病视力严重下降，眼睛已看不清书和报纸。“那时我就告诉自己，残而不废，**我的人生还有用**。于是我开始写字，由于眼睛看不到，一下笔就要一气呵成，如果一笔写不完，第二笔就不知下在哪里了，这就练成了‘一笔字’，每个字都是一笔到底，一挥而就。”

译文：In his seventies，Master Hsing Yun almost lost his eyesight because of diseases. “At that time，I told myself that although I’m nearly blind, I should live a meaningful life. Then I started to practice calligraphy. I had to finish my calligraphy in a single stroke because once stopping, I wouldn’t know where to continue. That’s why I could do one-stroke calligraphy.”

简析：星云大师提到“我的人生还有用”，并不是指 useful，而是说自己残而不废，眼睛看不清还有别的事情做，此处转译成 I should live a meaningful life。对中文的理解还是很重要的。

以上的例子都是笔者在新闻翻译中挑出的比较具有代表性并能够为自己积累一定实践经验的例子。当然，译文还有不够完善的地方，欢迎指正。

总之，译者应该具备良好的汉英理解和表达能力，并掌握一定的翻译技巧和翻译素养。从某种程度上而言，新闻翻译肩负着对外宣传的责任。许多外国人，尤其是那些无缘亲自造访中国的外国人，在很多时候正是通过我国发布的对外新闻来了解中国的发展的。所以，对外新闻关系到我国的国际形象，我们在进行翻译实践时也应给予足够的重视。

参考文献：

[1]曾雍静. 从读者期待视野看英语新闻汉译[D]. 湖南师范大学，2010.

[2]关于文学作品翻译的一点体会. 翻译研究论文（1949—1983）[C]. 外语教学与研究出版社，1984：562.

[3]俞建村. 论新闻报道的翻译特点[J]. 上海科技翻译，2001（3）.

[4]张健. 新闻英语文体与范文评析[M]. 上海外语教育出版社，2004.

语言教育学研究部分

回声话语在日语教育中的应用

2011 级　日语语言文学　范雯艳

摘　要：回声话语是指在对话过程中，重复前一个说话人话语的部分或全部内容，以表达自己的某种态度的语言现象。国内外关于回声话语的论著已十分丰富，但在中国日语教育方面对回声话语应用情况的考察还处于空白阶段。基于此，本文将从考试和教材两方面对回声话语的应用情况进行考察。

关键词：回声话语；日语教育；应用情况

回声话语是言语交际中有趣而普遍的语言现象，在言语交际中起着重要的作用。回声话语是指在对话过程中，重复前一个说话人话语的部分或全部内容，以表达自己的某种态度。回声话语又分为回声问、回声叹和回声陈述。其形式包括同形回声话语和异形回声话语。同形回声话语即与前一说话人所说话语的部分或全部完全一致。异形回声话语指对前一说话人的话语通过省略或重组后的回声话语。回声话语的语用功能包括疑惑、向对方确认、震惊、不满、拖延时间·表思考、赞成或强调、回应对方。

稻木昭子（1992，1997）、崛内奈美（2011）对日语回声话语及其应用情况进行了一定的研究。但在中国的日语教育领域，关于回声话语实际应用情况的研究几乎还处于空白阶段。为此，本文将从考试和教材两方面对中国日语教育中回声话语的应用情况进行考察。

一、调查资料

在考察回声话语在考试中的应用情况时，本文选用了目前应试人数最多的日语国际能力考试 1 级（以下简称 JLPT1）、2 级（以下简称 JLPT2）和注重考查实践能力的实用日本语鉴定考试（以下简称 J-Test）[①]最近 10 次考试的真题[②]作为考察对象。

关于教材方面的考察，本文选用了《新编日语 3》和《新编日本语 4》作为考察对象[③]。

二、回声话语在日语考试中的应用情况

该部分的调查从 46 套听力真题中共收集 99 例回声话语用例。本文对这 99 例回声话语进行了分类，并对功能进行判断[④]，最后进行汇总分析。

在这 99 例回声话语中，回声话语在所调查的两大类考试中的分布情况如下：

表 1　回声话语在两大类考试中的分布情况

考试类型	回声话语例数	比例（%）
JLPT1	22	22.2
JLPT2	23	23.2
J-Test	54	54.5
合计	99	100

如表 1 所示，从两大类考试共 46 套听力真题中就能提取出多达

① 数据参照 http://www.jlpt.jp/cn/index.html と http://www.j-test.com。

② 由于 J-Test 分 A-D、E-F、G、商务四种类型，且 G 和商务类考试开始时间及每年考试次数与其他类型不同，所以按照收集最新 10 套真题的原则，共收集 JLPT1、JLPT2、J-Test A-D、J-Test E-F 各 10 套真题；J-Test 商务 4 套真题；J-Test G 2 套真题。总数共 46 套。

③《新编日本语》是普通高等教育"十五"国家级规划教材，其教材内容及编辑原则已历经多年教学实践检验。考虑到日语专业大一阶段主要学习词汇和语法，学生会话能力有限，本文选用作为大二教材的第 3、4 册会话部分作为考察对象。

④ 所搜集的 99 例回声话语先通过笔者对其种类、语用功能进行判断，之后前 50 例回声话语由日本北海道教育大学 5 位母语者，后 49 例回声话语由日本九州大学 5 位母语者进行了确认。

99例的回声话语，证明了回声话语在日语考试中使用范围广，出现频率高。回声话语在 J-Test 中的出现频率比在 JLPT 中要高 10%。究其原因，J-Test 更注重应试者实际运用能力，听力部分分数占总分的 50%，听力部分对话出现越多，回声话语出现频率也就越高。

表 2　各类型回声话语出现频率对比

回声话语类型	例数	比率（%）
回声问	62	62.6
回声叹	5	5.1
回声陈述	32	32.3
合计	99	100

从表 2 中可以看到，回声问例数占总数 62.6%，回声陈述也占到 32.3%。数量最少的是回声叹，只占 5%。本次的调查证实，作为回声话语研究的重点，回声问的出现频率最高。而在以往的回声话语研究中，回声陈述往往不被重视，甚至不被归结到回声话语种类中来。但此次调查显示，在日语考试听力试题中，回声陈述的出现频率较高，是不可忽视的回声话语类型。

表 3　回声话语各类语用功能使用频率对比

语用功能	用例	比率（%）
疑惑	10	10.1
确认	48	48.5
惊讶	12	12.1
不满	5	5.1
拖延时间·表思考	11	11.1
赞成·强调	7	7.1
回馈	6	6.1
合计	99	100

如表 3 中所示，回声话语运用最广泛的功能是重复他人话语以向对方确认信息，占总数 48.5%。接着是是表惊讶、拖延时间·表思考及疑惑，分别占 10%以上。由此可以看出，回声话语可在对话中向对方

确认获取的信息，促进对话顺利的进行。此外，需要注意的是，因为本次考察对象有限，所以像“表讽刺”等功能的例句没有出现，但它们在回声话语语用功能中也占到一定比例。

表 4　各语用功能在各类回声话语类型中的分布情况

语用功能	回声问		回声叹		回声陈述	
	例数	比例（%）	例数	比例（%）	例数	比例（%）
疑惑	10	16.1	0	0	0	0
确认	33	53.2	0	0	15	46.9
惊讶	8	12.9	3	60.0	1	3.1
不满	3	4.8	1	20.0	1	3.1
拖延时间 · 表思考	5	8.1	0	0	6	18.8
赞成 · 强调	3	4.8	0	0	4	12.5
回馈	0	0	1	20.0	5	15.6
合计	62	100%	5	100%	32	100%

如表 4 所示，各语用功能在各类回声话语中的分布既有共同之处又有相异之处。

分布的共同之处体现在：一、在回声问和回声陈述中基本所有语用功能都有出现，尤其像“确认”这一语用功能在回声问和回声陈述中分别占到 53.2%和 46.9%；二、“表感叹”在回声问和回声叹中占比较大比例，特别是在回声叹中占到 60%；三、在回声陈述和回声叹中，“表回馈”的语用功能分别占 15.6%和 20%。

分布的相异之处体现在：一、回声叹主要用于表达像“惊讶”、“不满”这样强烈的情感，其他语用功能没有出现；二、虽然各语用功能在回声问和回声陈述的例句中都有出现，但侧重点不同，回声问主要用于表达像“疑惑”、“惊讶”这样较强烈的语气，而回声陈述主要用于表达像“拖延时间 · 表思考”、“赞成 · 强调”、“回馈”这样缓和的语用功能。

上述分布的异同主要源于疑问句、感叹句和陈述句根本性质的差异。疑问句主要用于对他人提问，当期待他人回答时语调也会上升，因此在表达“确认”、“疑惑”及对他人的回答表示惊讶时常会用到回声问。感叹句主要用于表示说话人的惊讶和感慨，因此回声叹常会用于表达说话人的感叹和不满。而陈述句是表命令、疑问、感叹意外的普通语言表达方式，主要由肯定句和否定句组成。因此，回声陈述主要表达一些比较缓和的语气。

三、回声话语在日语教材中的应用情况

通过对《新编日本语》第3、4册的会话部分的调查发现，回声话语在这两本教材中共出现21例。其中回声问9例，回声陈述12例，回声叹0例。

仅从两本教材的会话部分就能提取出多达21例的例文，这证实了回声话语在教科书中被广泛运用。此外，回声陈述例句超过回声问这一现象也肯定了回声陈述的重要性。

但是，与此相反，《新编日本语》第3、4册并未提及回声话语的任何知识点。这并不是个例，堀内奈美（2011）中提到，在交流过程中学习者对于重述不熟练，对于重述的表现形式及相关知识不了解的现象非常普遍[①]。

四、对教材与教学法的建议

综上所述，回声话语在日语教育中起着重要作用，但教材中与其相关的知识点还处于空白。基于此，本文提出以下建议：

（1）将回声话语作为课程教学目标的一部分在教材中明确提出。

（2）当课文中出现回声话语时，要对其进行详细介绍。如先让学生判断其类型、形式、语用功能，然后教师进行解释。

（3）以课文中出现的回声话语为基础，让学生进行相关练习。如模仿例句编写回声话语对话、听录音判断回声话语、让学生用回声话语向老师提问等。

① 重述的一部分与回声话语相重叠，这部分在原文中被称为回声形重述。

参考文献：

[1]陈治安，文旭．论言语交际中的回声话语[J]．解放军外国语学院学报，2001：24-27.

[2]Quirk, R. etal. *A Comprehensive Grammar of the English Language* [M]. Longman, 1985: 835-838.

[3]稲木昭子．談話分析ーCp 付加疑問文と発 Echo 発話の場合[C]．成田義光教授還暦祝賀論文集，1992.

[4]稲木昭子．エコー発話について[C]．追手門学院大学文学部紀要，1997.

[5]堀内奈美．接触場面における「聞き返し」のストラテジーー日本語非母語話者の学習レベルの相違による特徴ー[C].『四天王寺大学紀要』，2011.

小语种专业大学生批判性思维倾向调查

2012级　英语语言文学　李翠玉

摘　要：本研究对天津外国语大学阿拉伯语专业本科二年级学生的批判性思维倾向进行了调查分析，旨在了解小语种专业本科生批判性思维倾向基本状况。数据结果显示，目前小语种专业本科生批判性思维呈负向倾向。

关键词：小语种；大学生；批判性思维倾向

促进大学生创造性思维能力的发展，培养具有创新意识、创新精神、创新能力的创新型人才是我国高等教育的一项重要任务，需要高等学校采取行之有效的措施（姚利民，2001）。大学生作为21世纪社会主义建设的主力军，他们的批判性思维能力如何，创新性思维如何越发成为高等教育一个核心问题。我国高等教育根本目的是培养综合素质高的创新性人才，这样才能从根本上解决著名的钱学森之问，即为什么我们的大学培养不出大师？为什么我们的大学培养出的拔尖创新人才如此之少？这些问题的解决归根到底要考虑：如何让学生成为思维批判性的学生。

本研究关注小语种专业大学生的批判性思维。对小语种的定义一般有两种。一种是指除联合国通用语种外的所有语种；另一种定义就是指英语以外的其他语种。本研究采用第二种定义。小语种专业大学生可能会有更多的机会接触国际人士、国际社会，在未来的工作环境中，可能会遇到不同于国内环境的各样问题。这样的情境下，具有批判创新思维的人可能会更适应环境。因此，关注他们批判性思维状况如何是有必要的。基于这个原因，本文采用实证研究方法调查，并对研究结果进行了讨论。

一、批判性思维倾向的内涵

关于批判性思维，不同的学者给出了不同的定义。美国学者杜威（Dewey）最初提出了反省思维（Reflective Thinking）这个概念。之后学者们逐渐提出了批判性思维这个概念。美国学者罗伯特·恩尼斯（Robert Ennis）对批判性思维的定义是：批判性思维是为决定信什么或做什么而进行的合理的反省的思维。具体说来，批判性思维包括两个方面：一是认知技能，二是情感意向。前者被称为批判性思维技能，后者被称为批判性精神。另一项权威的定义是由美国哲学协会在 1990 年提出的，批判性思维是有目的的自我调节判断。这种判断表现为解释分析、评估、推论以及说明该判断赖以存在的论据、概念、方法、标准或语境（Facione，1990）。批判性思维包括六项认知技能和七个维度的思维倾向。思维倾向包括探索真理、思想开放、分析性、系统性、公正性、自信心和好奇心等七个维度。虽然关于批判性思维定义不同，但是它们的共同之处是：批判性思维是一种高层次的思维，强调对事物本质的探究和认知能力。其强调在合理的框架内提出质疑，在此过程中还要注重反思自己的思维过程。在判断事物时能够有理、有据、有步骤、有计划地对自己的观点进行多边求证，对自己的假设不断进行质疑和探寻反思，最终找到合理的解释。

二、对小语种本科学生批判性思维倾向的调查

（一）研究问题

1）小语种专业被试者的批判性思维倾向总体状况如何？

2）小语种专业被试者在批判性思维倾向七个维度的表现状况如何？

（二）研究对象

被试者为天津外国语大学阿拉伯语专业二年级的学生，共计 31 人。其中男生 10 人，女生 21 人。实地发放问卷 31 份，回收 31 份，

有效率为100%。问卷采用无记名方式，被试者们自愿参加本调查。

（三）研究工具

本研究所使用的工具是加利福尼亚批判性思维倾向量表（CCTDI）的中文版。它是由彭美慈和汪国成等学者在2004年编订的，测得问卷具有良好的信度和效度。本量表测量批判性思维倾向七个方面特质，即寻找真相、开放思想、分析能力、系统化能力、批判性思维的自信心、求知欲和认知成熟度。量表共有70个陈述，每10条反映一个维度的特质。测试计分采用利克特六分计分制。作答时间为20分钟。每个维度60分，总分420分。单个维度得分30以下，说明该项特质负向；得分40分以上，说明该项特质正性；得分50分以上，说明该项特质表现全面强。总分低于210分，说明批判性思维倾向呈负向；280分以上，说明具有正性批判性思维倾向；总分350分以上，说明批判性思维倾向较强。

（四）研究结果

根据批判性思维量表说明，得分低于210表明被试者批判性思维倾向呈负向；总分在210～280之间，表明批判性思维倾向气质为中性；高于350分表明批判性思维倾向气质全面强。表1显示：被试样本总体最高分为270分，最低分151分。被试者样本总体平均得分为198分，得分低于210分，这表明，从总体情况而言，受试者批判性思维倾向呈负向。

受试者样本没有人得分高于280分，说明没有人批判性思维倾向呈正性倾向。有21人得分低于210分，占总体样本的比例为67.74%，这说明大多数人的倾向是和批判性思维对立的。

表1 被试者总体得分情况

	人数	最小值	最大值	平均值
得分	31	151	270	198.00

表2 被试者总体在各分数段人数分布情况

分数（Score）	210≧S	210<S<280	280≦S
人数	21	10	0
百分比	67.74%	32.26%	0%

根据批判性思维量表说明，各个维度得分把 40 分为批判性思维的正面倾向和负面倾向的分界值。表 2 所示被试者在七个维度的平均得分全部低于 40 分，这说明被试者在批判性思维的七个维度倾向表现是较弱的。被试者在寻找真相和批判性思维自信心两项平均得分处于 30~40 区间内，这表明被试者在该倾向处于矛盾状态。在开放思想、分析能力、系统性化能力、求知欲和认知成熟度五个方面平均分都在 30 分以下，这表明被试者在该维度表现的倾向与批判性思维相背离。

表 4 显示了在各个维度上受试者在不同分数段人数分布情况。虽然表 3 的数据显示样本总体在各维度上没有表现出较强的批判性思维倾向，但是通过表 4 可以看出在寻找真相、开放思想、系统性化能力以及批判性思维自信心上有少数受试者表现出了正向的批判性思维倾向。在求知欲、分析能力以及认知成熟度上受试表现较差。在这三个维度上大多数受试者表现出与批判性思维相背离的倾向。

表 3　被试者在各维度上的得分情况

	人数	最小值	最大值	平均值
寻找真相	31	20	49	31.81
开放思想	31	20	41	29.65
分析能力	31	18	38	27.03
系统性化能力	31	18	41	28.97
批判思维自信心	31	19	50	30.16
求知欲	31	16	38	25.65
认知成熟度	31	16	40	24.74

表 4　被试者在各维度分数段人数分布

分数（Score）	30≧S	30 <S<40	40≦S
寻找真相	13	15	3
百分比	41.94%	48.39%	9.68%
开放思想	16	13	2
百分比	51.61%	41.94%	6.45%
分析能力	24	7	0

续表

分数（Score）	30≧S	30 <S<40	40≦S
百分比	77.42%	22.58%	0%
系统性化能力	19	9	3
百分比	61.29%	29.03%	9.68%
批判思维自信心	15	13	3
百分比	48.9%	41.94%	9.68%
求知欲	25	6	0
百分比	80.65%	19.35%	0%
认知成熟度	24	6	1
百分比	77.42%	19.35%	3.23%

三、结果与讨论

（一）主要结果

经过数据分析，本实验得出两项结论：1）小语种专业大学生总体呈现负向批判性思维倾向；2）小语种专业大学生在批判性思维倾向的七个维度上呈现负向倾向。

根据研究结果，下面将进一步讨论小语种专业大学生为什么在批判性思维倾向上会有如此表现。

（二）小语种专业大学生批判性思维倾向呈现负向原因分析

对于造成小语种专业大学生批判性思维倾向呈负向的原因，研究者主要从小语种学科和学习的特点方面进行讨论。

首先，这是由于学科学习特点决定的。一般人可能认为学习外语的大学生接触更多的外国文化，他们应该具备更加广阔的视野、开阔的视角，看问题更会多角度。但是从实际的大学小语种专业学习过程来看事实并非如此。研究者查阅了阿拉伯语、德语和俄语等小语种的课程教学大纲，发现它们有很多共同之处：基础阶段的小语种学习更加注重的是语言基础的夯实、语言技巧的提高、学生实际语言运用能力的提升。对于学习者的思维训练方面，尤其是在培养他们的质疑精神，增强创造力方面并没有特别要求。

其次，对于大学生尤其是二年级的小语种专业大学生来说，他们还处在小语种语言学习的初级阶段，他们接触的语言材料和学习内容匹配的是本族语者的低年级学习者学习内容，对于处于认知发展高水平的大学生来说，这种认知水平和学习材料呈现的认知水平的差异，对于促进思维发展的作用是有限的。

再次，在语言学习过程中，一门外语的习得往往离不开重复、记忆、反复等类似的学习方法和过程，课堂和课下的学习真正涉及让学生去思考、辨析、评估的过程偏少，缺少思维方面的锻炼和练习也会造成他们不善于思考、懒于质疑。

四、本研究的局限

本研究被试样本数量偏小，选择了一个年级作为研究对象，研究的结果是否适用于全国其他的高校学生还有待进一步的验证。本研究着重比较一个样本的总体情况，相关更加丰富多样的横向和纵向研究都还需要进一步的补充研究。

参考文献：

[1]彭美慈，汪国成，陈基乐. 批判性思维能力测量表的信效度测试研究[J]. 中华护理杂志，2004，39（9）：644-647.

[2]姚利民. 国外对教学促进大学生批判性思维发展的研究及启示[J]. 高等理科教育，2001（5）：18-21.

[3]Dewey, J. *How we think: A restatement of the relation of reflective thinking to the Educative Test* [M]. Boston: D.C. Heath& Company, 1933.

[4]Ennis, Robert. A concept of critical thinking [J]. *Harvard Educational Review*, 1962(1): 81-111.

[5]Facione, P. A. *Critical Thinking: A Statement of Expert Consensus for Purpose of Educational Assessment and Instruction. "The Delphi Report"* [M]. Millbrae, CA: California Academic Press, 1990.

针对韩国语能力考试高级阅读的速读对策
——以图式理论为中心

2011 级　亚非语言文学　马雯

摘　要：本论文旨在以韩国语能力考试（TOPIK）第 22 届至第 30 届中高级阅读部分为研究内容，以活用图式理论为中心，提高作为第二外语韩国语的速读能力。要有效地提高速读能力就必须把内容图示和形式图式理论结合起来加以运用，最关键的是教师利用图式理论寻求更加有效的教学法和指导法，学习者将这些学习策略内化为自己的知识。

关键词：速读能力；图式理论；韩国语高级考试

一、绪论

在“知识爆炸”的信息社会，具有短时间内大量、快速地获取文字信息，捕捉、提取主要信息，迅速做出正确概括和判断的能力越来越重要，这几乎成为现代人成功的重要前提。

自从 1992 年中韩建交，特别是 2000 年以后，中韩交流日益广泛和频繁，据统计，截至 2010 年在国内开设韩语专业的大学达到 170 所之多，学习韩国语的学生超过万名。这些莘莘学子都承担着中韩交流的重任，要想让这些学生在现代信息社会更好地承担起中韩交流使者的责任，提高他们第二外语韩国语的速读能力显得尤为重要。韩国语能力考试（TOPIK）是由韩国国立国际教育院主管实施，从 1997 年开始已经进行 32 届，是韩国语界最权威、最具影响力的考试。本文选取其中第 22 届至第 30 届高级阅读部分作为速读能力研究对象进行阐述。

在当前教育界提高第二外语阅读能力最有效的理论要数图式理论。图式理论就是读者的知识背景和篇章中的新知识相互作用而达到阅读理解的效果。第二外语学习者语言知识不够完备，从形态素、音节、单词、词组这些比较小的语法单位入手理解文章相对困难，因此读者就要充分调动自己脑中的图式将其活用到篇章中，选择有用的阅读策略进行有效阅读。

二、图式理论背景

1932 年，英国格式塔心理学家 Bartlett 首先将图式概念引入心理学领域，他把“图式”定义为“对先前反应或经验的积极组织”。[①]根据图式理论，“阅读理解就是给合适的图式填充新信息而使图式具体化的过程，填充的内容可以是直接理解的或推断出的新信息。图式理论认为，读者的阅读能力由两种图式决定，即内容图式和形式图式。内容图式指读者对文章涉及的主题熟悉的程度，而形式图式指的是读者对文章体裁的了解程度，即通常所说的篇章结构方面的知识”。[②]在阅读过程中，读者不断摄入的篇章中的信息与头脑中的已有图式知识交汇融合并将其激活，从而构成新的更具体的图式。头脑中的图式越丰富，读者的理解力和记忆力就越强，阅读的速度就越快。

三、针对韩国语高级考试阅读部分的分析

本文将第 22 届～第 30 届高级阅读部分从阅读文章体裁、问题选项类别、阅读文章内容三个方面进行分析。

（一）阅读体裁

类型	22 届	23 届	24 届	25 届	26 届	27 届	28 届	29 届	30 届
新闻	2	2	2	2	2	2	2	2	2
说明文	17	16	16	17	19	17	14	18	16
论述文	2	3	3	2	-	2	5	1	2

① Bartlett, F. C. Remembering: *A Study in Experimental and Social Psychology* [M]. London: Cambridge University Press, 1932: 201.

② 赵艳芳. 认知语言学概要[M]. 上海：上海外语教育出版社，2001: 190.

续表

类型	22届	23届	24届	25届	26届	27届	28届	29届	30届
小说	1	1	1	1	1	1	1	1	1
散文	-	-	-	-	-	-	-	-	1
总计	30	30	30	30	30	30	30	30	30

从上表中可以看到高级考试阅读部分文章类型有新闻报道、说明文、论述文（主张）、小说和散文五种。其中新闻报道、说明文、论述文（主张）始终出现，分布比例比较平均，散文只有在30届才出现；说明文占比例最大，接近70%。

（二）问题选项类别

	问题类型	22届	23届	24届	25届	26届	27届	28届	29届	30届
1	题目理解	2	2	2	2	2	2	2	2	2
2	插入题目	1	1	1	1	1	1	1	1	1
3	目的理解	3	3	3	3	3	3	3	3	3
4	题目理解	4	4	4	4	4	4	4	4	4
5	主题理解	6	6	6	6	6	6	6	6	6
6	位置判断	3	3	3	3	3	3	3	3	3
7	文脉理解	1	1	1	1	1	1	1	1	1
8	一致内容	7	7	7	7	7	7	7	7	7
9	中心内容	2	2	2	2	2	2	2	2	2
10	心理判断	1	1	1	1	1	1	1	1	1

由上表可以看到高级考试阅读部分的问题选项类别有题目意义理解、插入题目、目的理解等共10种类型，其中选择一致内容和主题理解分别占30个题中的7个和6个，需要引起我们注意。

（三）文章内容

	22届	23届	24届	25届	26届	27届	28届	29届	30届	合计
生活	**4**	**3**	**3**	**4**	**2**	**6**	**6**	**1**	**9**	**38**
建筑	-	**1**	**2**	-	-	-	**1**	-	-	**4**

续表

	22 届	23 届	24 届	25 届	26 届	27 届	28 届	29 届	30 届	合计
经济	2	-	-	1	3	1	3	2	1	13
政治	1	-	1	-	-	-	-	-	-	2
社会	2	7	5	5	-	6	2	5	-	32
历史	1	-	-	-	2	1	2	1	-	7
医学	1	-	1	1	-	-	-	-	-	3
法律	2	-	-	1	-	-	-	-	-	3
文化	4	5	3	4	4	5	4	3	8	40
科学	1	1	2	1	4	-	4	3	1	17
生物	1	1	3	1	2	1	1	1	2	13

从上表可以看到高级考试阅读所涉及的内容多，涉及面广。不仅有学习者日常生活经常接触的题材，还包括科学、经济、法律等专业的或是未知的领域。

四、针对韩国语高级考试阅读部分的速读对策分析

（一）针对阅读题材的对策

如 26 届高级考试第 31～32 题：

예년보다 포근한 날씨, 봄꽃 개화 당겨

①평년에 비해 기온이 높아서 봄꽃이 피는 시기가 빨라졌다.

②작년에 비해 기온이 낮아서 봄꽃이 피는 시기가 늦춰졌다.

③작년에 비해 기온이 높아서 피어 있는 기간이 늘었다.

④평년에 비해 기온이 낮아서 봄꽃이 피어 있는 기간이 줄었다.

看到此题目之后，首先需要确认这是一条新闻，脑中就要启动关于新闻报道的形式图式：5W——When、Where、Who、What、Why以及内容形象化等特点[①]，与题目中给出的关键词比较连接之后，即使

① 阳晴 等. 新编实用文体大全[M]. 气象出版社，1997：364.

不一一确认选项也能得出答案。

（二）针对问题选型类别的对策

再如 28 届 35 题，要求找出主题句：

ㄱ 책꽂이에 빼곡히 꽂혀 있는 책들 가운데 보지 않는 책들을 어떻게 처리해야 할지 고민하는 사람들이 많다. ㄴ 버리자니 아깝고 가지고 있자니 책꽂이가 비좁아 관리가 힘들기 때문이다. ㄷ 이럴 때는 책의 활용도를 높이기 위해 다른 사람과 책을 바꿔 보는 것이 좋다. ㄹ 나에게 필요 없는 책들이 다른 사람에게는 필요할지도 모르니 말이다.

①ㄱ ②ㄴ ③ㄷ ④ㄹ

此类要求找出主题句的题目，首先启动头脑中相关题材文章形式图式。此文是论述文，特点是中心句常常在首尾句，这时候我们只要区分好记叙性的语言和论述性的语言就可以很容易找出主题句。

（三）针对文章内容的对策

再如 25 届 55~57 题（部分）：

지구에서 3 만 광년 떨어진 곳에는 탱양의 460 만 배나 되는 거대 질량 블랙홀이 있는데, 천문학자들은 이 블랙홀이 다른 별을 삼키면 광선 다발이 발생해 갑자기 밝아지는 현상이 나타날 것이라고 예견한 바 있다.

此短文就属于对学习者来说比较生疏的天文学领域，不光是单词或是词组表现，就连内容都十分生僻，这对于外语学习者来说是最困难的情况。这个时候，加强自身的语言能力当然是必须的，但是如果对于此类文章事先有所了解，在此时就可以动用脑中相应的内容图式，在整体把握文章内容之后，就可以消除考试时对于未知的恐慌和紧张，许多问题都可以迎刃而解。

五、结论

图式理论为如何提高学生的快速阅读理解能力提供了有益的借鉴。快速阅读教学中应重视学生内容图式和形式图式的建立和调用技能的培养。

首先，丰富的内容图式有助于理解所读材料的主题；其次，丰富的形式图式有助于提高阅读速度与理解效度；最后，综合利用内容图式和形式图式才能全面提高速读能力。

快速阅读是一项技能训练，要有正确的理论指导，提高学生的策略意识，帮助学生使用正确的阅读技巧，养成良好的阅读习惯，这样他们就完全可以在 21 世纪的信息时代，成就真正的成功。

参考文献：

[1]皮亚杰. 结构主义[M]. 商务印书馆，1984.

[2]赵艳芳. 认知语言学概要[M]. 上海：上海外语教育出版社，2001.

[3]阳晴等. 新编实用文体大全[M]. 气象出版社，1997.

[4]권미정，외국어로서의 한국어 읽기 교육: 독해 전략을 통한효율적인 읽기 방안[J]『한국어 교육』국제한국어교육학회，1999.

[5]Bartlett, F. C. *Remembering: A Study in Experimental and Social Psychology* [M]. London: Cambridge University Press, 1932.

注释对高中生阅读中词汇附带习得的影响

2012 级　英语语言文学　任艺

摘　要：在二语学习过程中，词汇量的大小与语言水平有着直接的关系。因此，词汇的习得也广泛受到了国内外学者的重视，大量关于词汇习得的研究应运而生。大量研究表明，学习者能在听、说、读、写等过程中附带习得词汇。近年来，大量研究致力于研究高水平学习者的词汇附带习得效果，而对于中低水平学习者则鲜有涉及。本文通过对中等水平英语学习者阅读中的词汇附带习得效果研究进行分析，分析哪种注释方式最适合中等水平学习者词汇附带习得。

关键词：词汇附带习得；阅读；中等水平学习者

一、前言

词汇学习是外语学习中的重要一环，不仅对学生来说充满挑战性，对教师的要求也同样很高。Wilkins（金斯）曾说过，没有语法，意义很难被理解，而没有词汇，意义则完全无法被理解。因此，大量研究都致力于二语词汇习得。

二、词汇附带习得

词汇附带习得（incidental vocabulary acquisition）这一概念是 Nagy（纳吉）等在研究儿童学习母语词汇的基础上提出来的。他们认为，大多数的母语词汇可能不是通过刻意学习习得的，而是附带习得的，但 Nagy 等没有具体界定什么是词汇附带习得。目前较多的人认同 Laufer（劳费尔）的定义。Laufer 认为，“词汇附带习得”是相对于刻意学习而言的，“刻意学习”（intentional language learning）指学生刻意地背记单词，而“附带习得”则是学生在进行其他学习任务，如阅读文章时，附带习得了单词。不少研究发现，直接教学时学生所习得的词汇量与他们所需的词汇量并不成正比。例如，Nagy 和 Anderson（安德森）（1984）实验得出结论，即使是最好的一语词汇教学课程，每年最多也只能教授几百个单词。而一名普通美国大学生至少认识 20 万个单词，因此他们得出结论，大量单词并非靠刻意学习习得的。

三、阅读中词汇附带习得的影响因素

由于阅读被视为扩大单词量的最有效方式，因此阅读中的词汇附带习得获得了学者的广泛关注。而研究发现，阅读材料的特征、生词的属性，以及学习者个体差异等构成了阅读中词汇附带习得的几个影响因素。其中，阅读材料的特征影响显著。首先，如果阅读材料有趣生动，学习者则愿意在理解文章时花费更多的时间，而生词则也会被分配更多时间。其次，Nation（内申）指出，阅读中若想达到词汇附带习得的最佳效果，文中的生词率必须小于 5%，如果生词率大于该比例，则学习者不能在文中获取足够的信息来猜测词义，从而影响阅读理解及词汇附带习得。除此之外，材料中生词的属性也是影响词汇附带习得的另一大因素。如果生词在文中起重要作用，学习者则会在此花费更多精力，词汇附带习得因此得以发生。词汇的反复出现也同样会对词汇附带习得造成影响，Zahar（扎哈尔）、Cobb（柯布）和 Spada（斯帕达）调查发现，较低水平学习者在词汇学习中更依赖于词汇的反复出现。Laufer 实验得出，对于二语学习者来说，若要达到词汇附带习得的目的，学习者至少要拥有 3000 词族。

四、词汇附带习得实证研究

关于词汇是否能够附带习得的实验屡见不鲜，而实验结果也普遍为积极的。盖淑华（2003）实验证明，英语专业大学生可以在阅读中附带习得词汇。阅读中词汇可以附带习得，但不同的阅读目的以及学习者原有的词汇量会对习得效果产生影响。

五、注释对词汇附带习得影响的研究

Roby（罗比）提出，注释指的是为读者程序性或陈述性知识上的缺乏提供补偿的一种努力。这里我们把注释定义为词义的提供。提供词汇注释对学习者在特定语境下理解生词有很大帮助。第一，注释可以帮助学习者更准确地理解文意。第二，频繁的输入可以让在文中和注释中反复出现的生词在记忆中停留更久。实验表明，虽然注释对阅读理解的帮助不大，但却可以显著提升学习者的词汇附带习得效果。Jacobs（雅各布斯）等（1994）以母语为英语的西班牙语专业二年级学生为实验对象，在阅读同一篇文章时以得到的不同注释类型分为三组，分别为母语注释、二语注释以及没有注释。实验结果表明，三种注释类型对词汇附带习得效果并无显著差异，但学生表示更喜欢二语注释。

相反，也有许多实验表明不同注释类型对词汇附带习得有不同效果。Hulstijn（赫尔斯特莱）（1992）实验证明，多项注释对词汇附带习得的效果要显著高于单项注释。段世平和严辰松（2004）实验证明，单多项注释均能对词汇附带习得产生显著效果，且多项注释优于单项注释。

六、对高中词汇教学的启示

高中外语学习者经过几年的英语学习，已达到中等水平学习者水平，已基本满足词汇附带习得对 3000 词族的要求。阅读作为提高词汇量的一个重要手段，应该被给予足够的重视，可通过在平时的阅读训练中适当增加注释的方式促进词汇的附带习得，同时帮助学生更好地理解文章内容，从而达到一箭双雕的效果。

大量实验表明，多项注释对词汇附带习得的效果要优于单项注释。因此，在阅读过程中，根据学生水平适当增加多项注释来促进学生的词汇附带习得率，可以视为在刻意学习之外学习词汇的另一种词汇学习方法。

七、结论

通过对国内外词汇附带习得研究的归类和探讨，我们不难发现，关于阅读中词汇附带习得的研究大多局限于高级水平学习者而忽略了中低水平学习者。然而，对大多数中国高中生来说，词汇附带习得的条件已基本满足，因此教师在训练学生阅读能力的同时可以依据学生水平适当增加不同种类的注释，以促进高中学习者的词汇附带习得。

参考文献：

[1]段世平，严辰松. 多项选择注释对英语词汇附带习得的作用[J]. 外语教学与研究，2004（3）：213-218.

[2]盖淑华. 英语专业学生词汇附带习得实证研究[J]. 外语教学与研究，2003（4）：282-286.

[3]Hulstijn J.H. Retention of Inferred and Given Word Meanings: Experiments in Incidental Vocabulary Learning [C]. P. Arnaud & H. Bejoint. *Vocabulary and Applied Linguistics*. London: Macmillan, 1996.

[4]Jacobs G. M., Dufon P., & Hong F. C. L1 and L2 Vocabulary Glosses in L2 Reading Passages: Their Effectiveness for Increasing Comprehension and Vocabulary Knowledge [J]. *Journal of Research in Reading*, 1994(17): 19-28.

[5]Nagy W. E., & Anderson R. C. How Many Words Are There in Printed School English? [J]. *Reading Research Quarterly*, 1984(19): 304-330.

新手型教师和熟手型教师课堂教学行为差异研究
——以天津某军校教员为例

2011级　英语语言文学　王荃　张倩

摘　要：本论文从课堂教学行为角度，以天津市某军校的一位新手教师和一位专家教师的授课为研究对象，使用观察法、访谈法和定性分析法对课堂实录进行详尽的分析。通过对新手型教师、专家型教师课堂教学行为的现场记录及对教学行为的各项分析，笔者发现，就外语课堂而言，专家教师和新手教师在课堂导入、课堂提问和给予学生反馈方面都存在显著差异。具体表现在：在课堂导入方面，新手教师的突出特点是教学方法多样化，专家教师注重厘清知识间的关系，帮助学生建立知识网络，而新手教师关注每一知识点的呈现。在课堂提问方面，专家教师能密切关注学生行为，根据学生行为确定教学行为，而新手教师则以自我为中心，主要关注自己的教学设计是否顺利完成。在给予学生反馈方面，专家型教师更善于引导学生、鼓励学生。

关键词：外语教师；新手型；专家型；教学行为；个案研究；军校

一、引言

研究专家型教师有助于教师培养方向的确定，研究新手型教师有助于了解目前的教学培养现状的优势和不足，研究者们认为，教师的成长过程即是一个由新手型教师向专家型教师的转变过程，研究的目的在于找出新手型教师与专家型教师之间的差别，确定在教学领域专家所需的“因素”，明确新手型教师向专家型教师转变的规律，从而为师资培训提供科学依据，尽可能缩短新手型教师的成长周期，使之尽快成为专家型教师。

二、相关研究综述

专家型教师和新手型教师的界定源于对教师成长过程的划分。在20 世纪 70 年代，Fuller（富勒）和 Brown（布朗）（1978）根据教师在不同的发展阶段所关注对象的不同，将教师教学专长的发展划分为三个阶段：关注生存阶段、关注情境阶段、关注学生阶段（转引自张学民，2001）。Berliner（伯利讷）（1995）提出专家教师教学专长发展的五阶段论：①新手阶段（Novice Level）；②优秀新手阶段（Advanced Beginner Level）；③胜任阶段（Competent Level）；④熟练阶段（Proficient Level）；⑤专家阶段（Expert Level）。我国以连榕为代表的学者赞同三段划分，即“新手—熟手—专家”（连榕，2004；孟迎芳，2004）。

目前尚无统一标准去界定专家型教师及新手型教师。在 20 世纪70 年代后期，心理学家主要通过两种方法来挑选专家教师：一是根据学生成绩，在一定地域范围内以标准化测验研究学生在一定时期（如 5 年）的学业成绩，如果一位教师所教学生的成绩至少有三年位于前15%，则认为该教师是专家教师；二是由校方提名或推荐的优秀教师（俞国良，1999）。考虑到我国目前尚乏统一的标准化测验，无法以学生的成绩为统一标准对教师进行划分，故本研究基于我国国情，对专家教师的选择以联合提名为主要依据，即通过校长、同行的推荐，以职称、教龄、教学专业水平为参考依据在推荐基础上选择。选择新手教师时，考虑教龄和学科知识、教学理论知识掌握程度等综合因素。

三、研究设计

（一）研究问题

本研究主要结合外语教学的特点，研究外语教师的新手、专家教师在课堂教学中的异同。

具体研究问题包括：

1. 两种类型的教师在外语课堂教学的结构及时间上有什么不同？

2. 两种类型的教师在课堂导入上有什么不同？

3. 两种类型的教师在课堂提问及反馈上有什么不同？

（二）研究对象

研究对象为某军校两名大学英语公共课教员的大学英语课，两位教师的年龄、教龄、职称水平、学历水平如下所示（见表1）。

表1 教师情况

	新手型教师（李教师）	专家型教师（张教师）
年龄	27	49
教龄	1	23
职称水平	助教	教授
学历水平	硕士	硕士
学科背景	某师范大学英语翻译方向	某外国语大学英语语言文学方向

笔者认为选择这两位老师为个案研究的对象符合典型性的要求。选择李教师作为新手型教师的代表而不是刚入职尚不足一学期的新手教师，是因为她已经在该校教学一年多，已经对学校环境完全适应，可以全身心投入教学工作，不必考虑新环境对新手教师在教学活动中的影响因素。而选择张教师作为专家型教师的代表，是因为张教师是学校里被其他教师和学生公认的优秀教师，且教龄较长，具有教授职称，教学经验丰富。

（三）研究方法和步骤

本研究分别观察两位英语教师8节课（一节课50分钟），随后研究者从教学导入方式、导入内容、课堂提问及反馈等方面对田野日志进行整理分类，从细节角度分析专家型教师和新手型教师的课堂导入、课堂提问及应对学生反馈。教学内容均为全新版大学英语精读课第二册第五单元 Overcoming Obstacles，研究者从单元开始对两位教师的授课进行了课堂观察，做了详细的记录，通过观察笔记记录课堂上除师生对话外的其他重要组成，如板书、课件、教学效果等，并在研究对象的配合下，收集了两位教师的教学日志，作为研究的分析素材，最后，分别在两位教师的班级里随机采访了两名学生，对课堂上发生的细节问题予以求证。

四、结果与分析

（一）比较两位教师在课堂上的导入方式及讲授时长

从导入方式看，专家教师和新手教师都注意将新课教学建立在对学生已有知识的复习上；与专家教师相比，新手教师在课堂起始行为中表现出呈示方法更丰富、设计意识更明显的特点，专家型教师仅在第一课时教学起始时设置情境，第二课时教学中往往都使用复习前一节课内容的方式引入新课，而新手型教师的导入分别采用了视频演示、图片讲解、复述故事等方法，虽然新颖多变，但是与接下来的授课内容联系不够紧密，跳跃性明显。究其原因，笔者认为，新手教师由于对教材、教学要求、教学目标、教学重点等教学基本内容方面还没有达到非常熟练的程度，因此在备课过程中，新手教师更注重教学过程的设计。

在讲授时长方面，笔者分别收集了两位教师 8 节课 400 分钟的授课视频，以 50 分钟的课堂教学为例，根据笔者的统计结果显示，专家型教师的平均讲授时长为 29 分钟，而新手型教师的平均讲授时长为 43 分钟。专家型教师在课堂上更倾向于鼓励学生参与意识，互动式教学的意识更加明显。笔者还发现一有趣现象：在各个教学班级的平行授课中，专家型教师会根据学生的反应，对教学内容作适当调整，而新手型教师更多关注自己的教学内容的呈现，忽略了学生的感受。

（二）比较两位教师在课堂上的提问方式及对学生回答的反馈

在提问方式上，两位教师存在着明显的差异。专家型教师在教学时往往倾向于问更多的问题，从而使学生获得反馈的机会增加；在学生正确回答后，专家教师会再提出一个问题，促使学生深入思考。对于学生错误的回答，专家教师相对而言更易针对同一学生提出另一个问题，或给出针对性反馈，告诉学生问题解决过程中的哪一步骤导致错误，而新手型教师在说出该答案错误后，会倾向于找另一学生寻求正确答案，师问生答的模式浮于表面，教师提问不为获取信息而是已经知道答案，学生只需给出那个特定事实即算回答正确，这属于“封闭性”问题（亢晓梅，2001）。新手型教师提出封闭性问题是为了看学生是否掌握已知信息，于是常常因等不及而很快就重复问题或让另一学生来回答，结果学生没有足够时间来组织想法，回答率很低。笔者认为，强调记忆而不鼓励思考的提问不会促进深层理解以及语言习得，对学生的采访也部分验证了笔者的疑虑，学生认为开放式问题的解答更具挑战性，做到条理分明需要清晰的思维、逻辑的判断，比回答封闭性问题更能彰显能力。

此外，笔者对学生回答问题的词频做了统计，研究发现，学生用于回答封闭性，也称展示性（display）问题的句子平均有4.23个单词，而用于回答参考性（referential）问题，即所谓的“开放性”问题的句子平均有10个单词。可见后一种问题能提供判断、解释和表达看法的机会，有利于增加输出；前一种问题却因不能促进思维而不能促进语言表达。

五、结语

笔者认为，从发展角度而言，“专家型教师”应该是一个动态追求的过程，而并非是一个将要达到的终极目标，没有最好的专家型教师，只有更好的专家型教师。提升教师的专业化水平的最终目的仍是服务于课堂教学，使教师的课堂教学水平有所提升。

参考文献：

[1]Berliner, D. C. The development of expertise in pedagogy. Charles W. Hunt Memorial Lecture presented at the Annual Meeting of the American Association of Colleges for Teacher Education, New Orleans, LA, February 17-20, 1988.

[2]亢晓梅. 师生课堂互动行为类型理论比较研究[J]. 比较教育研究，2001（4）.

[3]连榕. 新手—熟手—专家型教师心理特征的比较[J]. 心理学报，2004.

[4]孟迎芳，连榕，郭春彦. 专家—熟手—新手型教师教学策略的比较研究

[J]. 心理发展与教育，2004（4）.

[5]俞国良. 专家—新手型教师教学效能感和教学行为的研究[J].心理学探新，1999.

[6]张学民，申继亮. 国外教师教学专长发展理论述评[J].比较教育研究，2001（3）：3-4.

国内外批判性思维能力研究的综述

2012级　英语语言文学　武丹

摘　要：近20年来，以英美国家为代表的发达国家愈发重视批判性思维在教育工作中的作用。20世纪80年代，我国教育学者开始提出“思维的批判性”概念，并于90年代末，开始进行培养外语专业人才批判性思维能力方面的研究。本文旨在对批判性思维概念进行回顾，对批判性思维分类和相关研究进行综述，并对测量批判性思维的量表进行总结。

关键词：批判性思维技能；批判性思维倾向；测量工具

一、引言

自1933年杜威首次提出“反思性思维”的概念以来，批判性思维在美国逐渐成为教育改革的核心。1995年美国国家研究理事会颁布的《国家科学教育标准》也规定，“学校教育的重点应是帮助学生掌握每天使用的多种技能，如创造性地解决问题、批判性思维能力和在工作中具有合作精神。”（National Research Council, 1995: IX）近20年来，以英美国家为代表的发达国家愈发重视批判性思维在教育工作中的作用，同时一些发展中国家也开始参与其中。20世纪80年代，我国教育学者开始提出“思维的批判性”概念，并于90年代末，开始进行培养外语专业人才批判性思维能力方面的研究。本文旨在对批判性思维概念进行回顾，对批判性思维分类和相关研究进行综述，并对测量批判性思维的量表进行总结。

二、批判性思维的理论概述

杜威是首个提出“反省思维”概念的学者。在1910年，杜威将其定义为：主动、持续和周密地思考任何信念或被假定的知识形式，洞悉支持它的理由以及它进而指向的结论。随着研究的继续发展，其他研究者相继也提出了自己对批判性思维概念的理论。20世纪60年代，恩尼斯在奥舍尔·史密斯提出的批判性思维的观念的影响下，将批判性思维定义为“对陈述的正确评估”，但于80年代摒弃了早期的局限于评估范畴的说法，并将批判性思维定义为：为了决定什么可做、什么可信所进行的合理、深入的思考。1990年，根据美国哲学协会做出的定义，Facione（法乔恩）提出批判性思维是有目的、自我调节的判断。并指出，这种判断表现为解释、分析、评估、推论以及说明该判断存在的论据、概念、方法、标准或语境（Facoine, 1990: 2）。在最近的理论研究中，国际公认的批判性思维权威、美国“批判性思维国家高层理事会”主席Richard Paul把元认知模式引入批判性思维研究，认为批判性思维是一种个体思维模式，在这个思维模式中思考者熟练地控制思维的内在结构并应用知识标准来评价它们，借此改善自己的思维（理查德， 2006: 17）。

三、批判性思维的构成要素和相关研究

虽然研究者对批判性思维的理论定义有着不同的见解，在描述“批判性思维者”的构成要素持有共同点：（1）澄清意义；（2）分析论证；（3）评估证据；（4）判断推导是否合理；（5）得出可靠的结论。并依据不同的分类对批判性思维进行相应的研究。

（一）批判性思维的构成要素

在对批判性思维的研究中，较为普遍的是将其分类成批判性思维技能和批判性思维倾向两大类。批判性思维技能的构成要素包括：（1）抓住中心思想和议题；（2）判断论据的准确性和可靠性；（3）判断推理的质量和逻辑的一致性；（4）察觉出那些已经明说或未加说明的偏见、立场、意图、假设及观点；（5）从多种角度考察合理性；（6）在

更大的背景中检查其适用性；（7）评定事物的价值和意义预测可能的后果等。而在《加利福尼亚批判性思维倾向问卷》中，将批判性思维的个人倾向分为七个维度：（1）寻求真理性；（2）思维开放性；（3）分析性；（4）系统性；（5）自信性；（6）询问性；（7）成熟性。

（二）我国批判性思维技能和倾向的相关研究

国内学者均根据批判性思维技能和批判性思维倾向分别对本国的学生进行了研究。其中实证研究偏多，较为有影响的如董元兴等（2010）对国内高校的毕业班学生进行了批判性思维技能的抽样测试，并将测试结果与美国大学毕业班学生的测试结果进行了比较。罗仕国等采用《加利福尼亚批判性思维能力测量表》，对广西大学内10个学院的300名本科生的批判性思维倾向进行了调查，调查结果显示，受测学生整体批判性思维倾向能力不足。在我国，多数研究者将批判性思维的技能和倾向结合在一起进行研究，旨在调查中国学生的批判性思维能力，但有的学者则将批判性思维能力和批判性思维倾向混为一谈，并没有给出准确的研究方向。有的学者使用《加利福尼亚批判性思维倾向问卷》测量学生的批判性思维能力，得出的结果与测量对象之间会出现不一致的问题。

四、批判性思维的测量方法

为了使批判性思维能够以量化的形式展现给研究者并更方便地对其进行研究，西方学者自20世纪80年代开始研发批判性思维的量具，这些量具中普遍在中国广泛使用的有以下三种：《加利福尼亚批判性思维倾向问卷》《加利福尼亚批判性思维技能测量量表》《恩尼斯—韦尔斯批判性思维作文测验》。其中，《加利福尼亚批判性思维倾向问卷》和《加利福尼亚批判性思维技能测量量表》的测试内容为：测试学生寻求真理、思想开放、分析能力、系统性、自信心、追求探究和认知成熟等的能力，并采用李克特等级评分制。《恩尼斯—韦尔斯批判性思维作文测验》的测试内容为：测试学生抓要点、明白理由和假设、陈述要点、合理推理、理解其他可能性（包括其他解释）、对错误推理、论证做出适当回应或避免等能力，并采用阅读与写作（主观题）的方式进行测量。这三种量具中，《加利福尼亚批判性思维倾向问卷》属于对学生的批判性思维倾向的测量，而《加利福尼亚批判性思维技能测量量表》和《恩尼斯—韦尔斯批判性思维作文测验》则是对学生批判性思维技能能力的测量。这三种量表广泛应用于我国研究者对中国大学生批判性思维能力的实验中，既包括了对英语专业大学生的研究，也包括非英语专业大学生在使用英语时的批判性思维能力。其中《加利福尼亚批判性思维倾向问卷》和《加利福尼亚批判性思维技能测量量表》为选择题题型，使用较方便，但由于这两个问卷的题量偏多，如果在使用时没有很好地对受试进行指导，较容易出现受试回答到最后出现倦怠情绪并消极作答，这样会导致测量的数据不准确。

五、结语

本文通过对批判性思维的理论概念的回顾，对批判性思维分类和国内相关研究的综述，以及对测量批判性思维量表的总结，旨在对国内外批判性思维能力的研究进行对比和分析。自 20 世纪 30 年代批判性思维首次被提出至今，批判性思维的发展在不断地变化，这既包括国外的研究，也包括国内研究者的不断努力。在往后的研究中，希望我国学者在使用批判性思维量具的时候能够在概念、构成要素和量表使用上达到统一，并且在做研究的时候能够较为清晰地区分测量的变量。在使用量表的时候，能够对受试做出正确的指导，预防受试在回答题量过多的量具时产生消极和倦怠的情绪。笔者希望通过对过去的研究的分析和回顾，能够给其他的研究者起到一些参考和借鉴的作用。同时，希望能够在我国研究者在今后研究我国学生批判性思维能力的时候，帮助其在对理论基础和分类上做出更加精细的研究和分析。

参考文献：

[1]董元兴，李慷，刘芳. 大学生的批判性思维技能：评估与培养[J]. 外语电化教学，2010（135）：33-38.

[2]理查德 · 保罗，琳达 · 埃尔德. 思考的力量：批判性思考成就卓越人生[M]. 丁薇译. 上海：上海人民出版社，2006，17: 219.

[3]王建卿，文秋芳. 国外思维能力量具评介及启示[J]. 江苏技术师范学院学报，2011，17（7）：38-77.

[4]Facione, P. A. *Critical Thinking: A Statement of Expert Consensus for Purposes of Educational Assessment and Instruction (Executive Summary). The Delphi Report* [M]. Millbrae, CA: California Academic Press, 1990.

[5]National Research Council. 1995. National Science Education Standards [OL]. Washington, D. C.: National Academy Press. http://www.nap.edu/openbook.php?record_id=4962&page=R9, accessed 08/22/2010.

语言学习策略及 SILL 的理论回顾与分析

2012 级　英语语言文学　武丹

摘　要：语言学习策略在第二语言习得中占有重要的地位，自不同的学者提出各自对语言学习策略的理论基础后，各国语言研究者均开始不断地使用与研究语言学习策略。本文通过对 Rebecca Oxford（丽贝卡·奥克斯福德）的语言学习策略理论及其 SILL 的回顾，对语言学习策略进行了进一步的深入研究。通过回顾 Oxford 语言学习策略的定义及分类和 Oxford 语言学习策略量表，笔者对语言学习策略及 SILL 的应用进行了论述，希望在日后对 SILL 的使用中，本文能够给研究者起到一些参考以及借鉴的作用。

关键词：语言学习策略；SILL；二语习得

一、引言

20 世纪 70 年代起，语言学习策略在第二语言习得中占有重要的地位。自不同的学者提出各自对语言学习策略的理论基础后，各国语言研究者均开始不断地使用与研究语言学习策略。20 世纪 90 年代，中国语言学者也开始关注语言学习策略，并不断地深入研究。在众多著名的语言学习策略理论中，Rebecca Oxford 的理论基础及其设计的 Oxford 语言学习策略量表（Strategy Inventory for Language Learning）得到世界各国学者的广泛使用。本文旨在对 Rebecca Oxford 的理论基础及其 SILL 进行回顾，能够对其理论基础及量表进行深度的分析。

二、Oxford 的语言学习策略的理论概述

Oxford（1989）在对于语言学习策略的研究中指出，学习策略是学习者为了帮助习得、储存和回顾信息时而使用的手段，并指出，策略是一种学习工具、行为或动作，或者是一种用于学习和问题解决的技巧。因此，学习策略是一种帮助学习而被学习者主动使用的手段或技巧。基于此定义并结合别人研究成果的基础上，Oxford 将语言学习策略归纳为直接策略和间接策略两大分类，前者是指学习本身和目的语之间直接相关的策略，后者是指支持和帮助管理学习、不涉及学习本身的策略。直接策略及间接策略分别分三小类。直接策略包括记忆策略、认知策略和补偿策略。记忆策略的内容包括联想、利用图像和声音、有计划地复习等策略，认知策略包括操练、分析和推理等策略，补偿策略包括合理猜测、弥补缺陷不足等策略。间接策略包括元认知策略、情感策略和社交策略。元认知策略包括制订学习重点、评估学习效果等策略，情感策略包括克服焦虑、控制情绪等策略，社交策略包括提问、与他人合作等策略。Oxford 同时提及了语言学习策略的重要性：首先，语言学习策略是学习者自主学习的关键；其次，由于二语习得训练的其中一个目标是培养学习者的自主性，学习策略在二语习得中有着重要作用；再次，语言学习策略是了解不成功学习者学习困难的原因之一；最后，教师应该通过观察学生表现出来的策略来不断调整学生策略的使用。

三、Oxford 语言学习策略量表

Oxford 指出，SILL 的设计目的在于获知学生使用不同种类策略的频率，其中包括直接策略和间接策略。基于 Oxford 提出的关于语言学习策略的理论基础，Oxford（1986）编制语言学习策略（Strategy Inventory for Language Learning），其中包含六个维度，分别对应 Oxford 提出的六种学习策略。Oxford 语言学习策略量表（以下称 SILL）经过了多次检测，拥有不同的版本。程晓棠（2002）指出，SILL 有两个版本，一个供以英语为母语学习其他语言的学习者使用，一个供把英语

当做外语或第二语言来学习的学习者使用。为了测试其信度以及效度，Oxford 对全球各地区数千名学生进行测试，并且对每一题进行了信度检验。其内部一致信度达到.95，其量表中每一项和其理论中的每一项之间的对应的信度达到.98。正如 Oxford 所说，SILL 与其他量表的不同之处包括了基于理论基础进行了较为广泛的测试，并拥有较高的信度和效度。SILL 量表涵盖的六个维度中的每一题项合计 50 个题项，采用李克特（Likert）5 级评分制，从“从来不”（1 分）到“总是这样”（5 分），其中包括 9 个题项测量记忆策略、14 个题项测量认知策略、6 个题项测量补偿策略、9 个题项测量元认知策略、6 个题项测量情感策略、6 个题项测量交际策略。

四、对于 Oxford 语言学习策略理论的应用

对于语言学习策略的研究目前较广泛的包括以下几个方面：成功学习者与不成功学习者之间使用语言学习策略的差异、个体差异与语言学习策略的选择及语言学习策略的培训。多数研究发现成功的学习者使用语言学习策略的频率较高，不同的学习风格或性别等个体差异均会对语言学习策略的选择产生影响。对于策略的培训研究者们提出了各种方式，其中 Oxford（1990）介绍了三种训练方法：策略意识培训（awareness training）、短期策略培训（one-time strategy training）和长期策略培训（long-term strategy training），并指出策略意识培训应该是有趣的，能够激发并鼓励学习者了解更多的策略知识。对于 SILL 的实际用途，Oxford 提出了几点建议，其中包括：1）学生可以通过 SILL 是否来获知他们所使用的语言学习策略，并了解他们所使用的策略最适合他们学习来达到目标和要求；2）对于那些还没有意识到学习者使用的教师，SILL 能够帮助他们提高识别学生学习策略的意识；3）教师能够通过使用 SILL 的结果来获知学生使用的策略适合与否；4）教师可以通过 SILL 来指导学生使用语言学习策略。因此，教师在平日的教学工作中，可以根据 Oxford 语言学习策略量表来获知学生个体不同的学习策略使用情况，并参照策略的使用差异来分析学生不同的学习特点。教师还可以给学生教授不同的学习策略，比如教授认知

策略来帮助学生更好地进行阅读和写作、教授元认知策略来帮助学生更好地进行策略的选择。

五、结语

语言学习策略是 20 世纪 70 年代兴起的一项研究第二语言习得的新的视角和方向，在紧随的几十年间对与学习策略的研究愈发深入。本文通过对 Rebecca Oxford 的语言学习策略理论及其 SILL 的回顾，对语言学习策略进行了进一步的深入研究。通过回顾 Oxford 语言学习策略的定义及分类和 Oxford 语言学习策略量表，笔者对语言学习策略及 SILL 的应用进行了论述。在使用一个量表之前，要了解该量表的目的以及理论基础，希望在日后对语言学习策略的研究中或在对 SILL 的使用中，本文能够给研究者起到一些参考以及借鉴的作用。

参考文献：

[1]Oxford, R. Development and Psychometric Testing of the Strategy Inventory for Language Learning (SILL) [J]. ARI Technical Report 728. Alexandria, VA: Army Research Institute for the Behavioral and Social Sciences, 1986.

[2]Oxford, R. *Language Learning Strategies: What Every Teacher Should Know* [M]. Boston: Heinle & Heinle, 1990.

[3]Oxford, R. & Crookall, D. Research on Language Learning Strategies: Methods, Findings, and Instructional Issues [J]. *The Modern Language Journal*, 1989, 73 (4): 404-419.

[4]程晓棠，郑敏. 英语学习策略——基础外语教学与研究丛书[M]. 北京：外语教学与研究出版社，2002.

对中国非英语专业大四学生英语词汇学习策略的实证调查

2012级　英语语言文学　周亚男

摘　要：本研究以46名非英语专业大四学生为研究对象，运用调查问卷来调查分析他们的英语词汇学习观念和策略的使用情况。研究结果表明，词汇在运用中学习认可度最高，且词汇学习策略中认知和情感策略使用得最多，另外高低分组在只有词汇在学习策略中的情感策略上存在显著性差异。

关键词：非英语专业大学生；词汇学习观念；词汇学习策略

一、前言

由于词汇学习在语言学习中的重要性，从20世纪到目前为止，词汇学习策略一直备受国内外研究者的关注。尤其是从20世纪80年代开始，国外学者如Rubin（1987）和 Ellis（1999）等首先对词汇学习策略的定义描述做了深入的研究，然后O'Malley and Chomat（1990）和Gu and Johnson（1996）等对词汇学习策略的分类进行了详细的研究。由于这些研究都为后来的实证研究提供了理论基础和框架，所以从20世纪90年代开始，国内外研究者们尤其是中国研究者开始转向做词汇学习策略的实证研究，如吴霞和王蔷（1998）等。这些实证研究主要通过使用调查问卷的方法研究了中国非英语专业或英语专业大一和大二的学生使用词汇策略的情况，但只是对研究对象的总体词汇使用策略的情况做了一个大体的描述，而很少根据他们的英语水平分为高中低组，对不同水平学生所使用策略进行比较，并且研究对象一般仅限于大一、大二学生而没有研究大三、大四非英语专业词汇学习观念和策略的情况。因此，本研究旨在调查研究大四非英语专业学生的总体词汇学习观念和策略使用情况，以及高低水平组在使用词汇学习观念和策略上是否有显著性差异。

二、研究方法

（一）研究问题

1）中国非英语专业大四学生持有怎样的英语词汇学习观念？

2）中国非英语专业大四学生使用怎样的英语词汇学习策略？

3）在词汇学习观念和策略使用上，高分组与低分组大四学生是否存在显著性差异？

（二）研究对象

本研究以山东一所二本综合性大学的 46 名非英语专业大四的学生为研究对象，既有如汉语等文科专业，又有机电、土木、生物、地理等理工科专业的学生。另外其中有 23 名男生、23 名女生，他们的年龄在 22 到 24 岁之间。

（三）研究工具

此研究使用的是由赵明（2009）编写的词汇学习观念和策略调查问卷，此问卷基于 O'Malley and Chamot（1990）的学习观念和策略的调查问卷并参考 Gu and Johnson（1996）的问卷改编而成。问卷包括两部分，第一部分是三种词汇学习观念：（1）学习词汇应该死记硬背；（2）应该在上下文中学习；（3）应该通过运用来学习。第二部分是词汇学习策略，主要分为四大类：元认知策略、认知策略、社会策略以及情感策略，每一大类又有几个子策略（详见表 2）。调查问卷中的每一项都是采用五分制：1—非常不符合；2—较不符合；3—说不清楚（即有时符合有时不符合）；4—比较符合；5—非常符合。

三、研究过程

首先是问卷数据的收集，本文作者在 2012 年 3 月 6 日向 46 名研究对象发放了调查问卷，并向他们说明此次问卷调查的目的和填写注意事项，给他们 30 分钟的时间填写调查问卷，最后统一收回调查问卷，最终的有效问卷共有 40 份。

然后是问卷数据的统计分析，本研究采用 SPSS16.0 软件统计词汇学习观念和策略使用的均值，并用 independent samples t-test 检测高分组和低分组之间在词汇学习观念和策略上是否有显著性差异。

四、研究结果与讨论

（一）词汇学习观念调查结果与讨论

表 1　词汇学习观念调查结果

分类	题号	均值	方差
（1）学习词汇应该死记硬背	1, 2, 3	3.23	0.24
（2）应该在上下文中学习	4, 5, 6	3.73	0.77
（3）应该通过运用来学习	7, 8, 9	3.98	0.76

词汇学习策略观念是指学习者对词汇学习的态度，它影响学习者选择何种词汇学习策略并且帮助学生控制他们的学习过程，评估他们的学习结果（赵明，2009）。此研究结果显示词汇学习观念（3）词汇应该通过运用来学习（M=3.98，SD=0.24）是三个观念中支持者最多的一个，并且波动较小。而观念（1）学习词汇应该死记硬背（M=3.23，SD=0.76）是三个观念中支持者最少的一个，但是波动较大。

此研究结果说明中国非英语专业大学生已经认识到英语词汇的学习应该在运用或上下文中学习而不是单纯地死记硬背。这有可能是因为现今大学时期的英语课程更加注重学生的英语实际运用能力，课上或课下会开展更多的活动，例如：小组讨论或展示、英语演讲或辩论、表演英语话剧、英语角等，来锻炼学生的英语实际运用能力，并且学生确实在这些活动中有效地学到很多新单词，从而改变了他们之前单纯死记硬背学单词的观念。

（二）词汇学习策略使用调查结果和讨论

表 2　词汇学习策略使用调查结果

分类	总平均值	策略	题号	平均值
元认知策略	3.90	S1 监控	1, 2, 3	2.89
		S2 计划	4	2.90
		S3 评价	5, 6	3.30
		S4 选择注意	7, 8	3.21
认知策略	3.14	S5 死记硬背	9	3.45
		S6 利用构词法	10, 11	3.02
		S7 联想	12, 13, 14, 1, 15, 16, 17	3.32
		S8 记笔记	18, 19	3.00
		S9 利用情境	20, 21, 22, 23	3.17
		S10 分组	24, 25, 26	3.35
		S11 全身反应法	27	2.58
		S12 重复练习	28, 29	3.06
		S13 猜测	30, 31	3.55
		S14 积极使用单词	32, 33	3.24
		S15 使用策略	34	3.33
社会策略	2.80	S16 问问题	35	2.85
		S17 合作	36	2.75
感情策略	3.11	S18 降低焦虑	37, 38	2.92
		S19 建立自信	39	3.23
		S20 培养毅力	40	3.18

如上面表 2 显示，在这四种词汇学习策略中，被使用的程度依次是：元认知策略（M=3.98）>认知策略（M=3.14）>情感策略（M=3.11）>社会策略（M=2.80）。由此可见学习者更多地会使用认知策略，而使用社会策略相对较少一些。

另外，针对 4 个元认知策略，其中自我评估（M=3.30）使用相对较多，而自我监控（M=2.89）使用较少，这可能是由于大学期间老师不会每天检查默写单词，所以没有了老师的监管，学生容易变懒惰，而不会天天记忆学习新单词，因此老师应该帮助学生对他们的词汇学习过程进行自我监控。

在 11 个认知策略中，猜测（M=3.55）、死记硬背策略（M=3.45）、分类（M=3.35）使用得相对较多，而身体完全反应（M=2.58），记笔记（M=3.00），构词法（M=3.02）使用相对较少。这可能是因为中国学生已经习惯死记硬背和猜测，并且不懂得构词法，或懒于做笔记。因此老师课上应该讲解一些基本的构词法，帮助学生记忆单词，另外督促学生要养成记笔记的好习惯。

在两个社会策略中，提问策略（M=2.85）和合作策略（M=2.75）使用得都很少。这有可能是由于中国学生的性格所引起的，因为他们不太愿意也不太擅长与他人合作学习，或者不好意思向他人提问题或请求解决问题。因此，老师有必要引导学生学会合作学习，愿意向他人提问。

最后的 3 个情感策略中，降低焦虑感（M=2.92）使用相对较少，另外两个建立自信（M=3.23）和培养毅力（M=3.18）使用还相对较多一些。这可能是因为老师在这方面关注得比较少，以致于学生不知道如何降低自己学习单词的焦虑感。

（三）高分组与低分组在词汇学习观念和策略使用上的差异

表 3　高分组与低分组在词汇学习观念和词汇使用策略上的差异

		高分组平均值	低分组平均值	T 值	P 值
词汇学习观念	（1）学习词汇应该死记硬背	3.30	3.58	-.67	0.51
	（2）应该在上下文中学习	3.61	3.91	-.83	0.42
	（3）应该通过运用来学习	4.09	4.12	-.087	0.93
词汇学习策略	（1）元认知策略	4.16	3.8	1.45	0.16
	（2）认知策略	3.21	3.15	.31	0.85
	（3）社会策略	2.64	2.91	-.74	0.61
	（4）情感策略	3.48	2.90	2.08*	0.04

（显著水平：*：$p<0.05$）

首先，高分组与低分组的划分是按照他们的考研英语（一）成绩的 50%和词汇知识测试成绩的 50%之和，在总的 40 个研究对象中，排名前 25%的学生为高分组，后 25%的学生为低分组。通过运用 SPSS16.0 软件进行 independent samples t-test 检验后的结果如表 3 所示：在词汇学习观念方面，高分组与低分组不存在显著性差异。另外在词汇学习策略方面，只有（4）情感策略这一项，高低分组才有显著性差异，这也与吴霞和王蔷（1998）的研究结果显示分数高低学生在元认知和认知策上存在显著性差异有所不同。本研究者认为造成此差别的原因可能是本研究样本数量太少，仅有 40 人，而吴霞和王蔷（1998）的研究中有 202 个，或者是由于采用划分高低分组的标准不一样。所以在以后的研究中有必要选择更大的样本和制订统一划分高低组的标准。

五、结论

本研究结果表明大多数的中国非英语专业大学生认为词汇应该通过运用或上下文中来学习，而不是通过死记硬背来学习。而在使用词汇学习策略方面，认知策略和情感策略使用得最多，所以中国大学生在以后的词汇学习中，应该更多地使用元认知策略和社会策略，从而更有效地学习词汇。另外在词汇学习观念和策略上，本研究表明高低分组基本上不存在显著性差异，但是由于本研究的样本数量太少，所以在以后的研究中需要选取更大的样本进行研究。

参考文献：

[1]吴霞，王蔷. 非英语专业本科学生词汇学习策略[J]. 外语语教学与研究，1998（6）：53-57.

[2]赵明. 非英语专业大学二年级学生英语词汇学习策略调查研究[D]. 山东大学，2009，34.

[3]Gu and Johnson. Vocabulary Learning Strategies and Language Learning Outcomes [J]. *Language Learning*, 1996(46): 643-679.

[4]O’Malley and Chomat. *Learning Strategies in Second Language Acquisition* [M]. Cambridge: Cambridge University Press，1990.

[5]Rubin. Study of cognitive process in second language learning [J]. *Applied Linguistics*, 1981(11): 117-131.

社会经济文化研究部分

基于因子分析的中国直辖市综合竞争力比较研究

2013 级　英语语言文学　崔意茁

摘　要：本文运用数理统计中的因子分析法，对中国四个直辖市综合竞争力进行了分析评价，并提出相应的发展策略。建议各市优化模式，发挥自身优势，提高综合竞争力；深化合作，促进城市联动发展。

关键词：直辖市；竞争力；因子分析；评价

一、引言

在全球化的大背景下，城市化的不断发展使城市在社会经济生活中的作用日益显著。城市作为国家的经济、政治、文化中心，对国家经济发展起着重要作用，而决定城市发展趋势的主要因素是该城市的综合竞争力。国内外学者都对城市综合竞争力进行了诸多方面的研究。波特曾指出，一个国家在某个行业取得国际优势的可能性程度是该国的资源与才能要素、需求条件、关联和辅助性行业以及企业战略、结构和竞争企业这四个方面综合作用的结果；瑞士洛桑国际管理学院（IMD）提出竞争力模型，强调的是国家竞争力与企业竞争力之间的密切关系；倪鹏飞博士提出城市竞争力弓箭弦模型。北京、上海、天津、重庆作为我国的四个直辖市，对我国经济发展起着至关重要的作用。因而，对中国四大直辖市的综合竞争力进行综合评价与分析，对宏观经济政策的制定具有重要意义。

二、因子分析法简介

（一）因子分析的原理

因子分析法是从研究相关矩阵内部的依赖关系出发，根据相关性大小把变量分组（使得同组内的变量之间相关性不高，而不同组内的变量之间相关性较低），这样，在尽量减少信息丢失的前提下，从众多指标中提取出少量的不相关指标，然后再根据方差贡献率确定权重，进而计算出综合得分的一种方法。

（二）因子分析的数学模型

因子分析通过求协方差阵或相关系数阵的特征值和特征向量，按照指定的贡献率求出集中原来随机变量主要信息的、相互无关的主因子。其模型如下：

设有 n 个样本，每个样本有 $D^2{}_{MJ}=\frac{1}{2}D^2{}_{KJ}+\frac{1}{2}D^2{}_{LJ}-\frac{1}{4}D^2{}_{KL}$ 个观测变量，分别用 $CSRD_i=\beta_0+\beta_1 LNDR_i+\beta_2 MECP_i+\beta_3 LNS_i+\beta_4 LNB_i+\beta_5 YEAR_i+\xi_i$ 表示；$F_1,F_2,\cdots,F_{\mathrm{m}}(m<p)$ 分别表示 m 个因子变量。如果：

（1） $X=(X_1,X_2,\cdots,X_P)^T$ 为 P 维可观测变量，且均值向量 $E(X)=0$，协方差阵 $\mathrm{cov}(X)=\Sigma$，且协方差阵与相关系数矩阵 R 相等；

（2） $F=(F_1,F_2,\cdots,F_P)^T(m<p)$ 是不可测的变量，且均值向量 $E(F)$=0，协方差阵 $\mathrm{cov}(F)=I$，即向量 F 的各分量之间是相互独立的；

（3）$\varepsilon=(\varepsilon_1,\varepsilon_2,\cdots,\varepsilon_P)^T$ 与 F 相互独立，且 $E(\varepsilon)=0$，协方差阵 $\mathrm{cov}(\varepsilon)$ 是对角阵，即 $\mathrm{cov}(\varepsilon)=\sum\varepsilon$，说明 ε 各分量之间也是相互独立的，则模型

$$\begin{cases} X_1=a_{11}F_1+a_{12}F_2+\cdots+a_{1m}F_m+\varepsilon_1 \\ X_2=a_{21}F_1+a_{22}F_2+\cdots+a_{2m}F_m+\varepsilon_2 \\ \qquad\qquad\qquad\vdots \\ X_p=a_{p1}F_1+a_{p2}F_2+\cdots+a_{pm}F_m+\varepsilon_m \end{cases}$$

或写成：$X=AF$，即为因子模型。

三、中国直辖市综合竞争力对比分析

（一）建立指标体系

本文根据相关文献资料，结合实际情况，共选取了 19 项反映经济发展的指标来构建评估体系，数据来源于《全国统计年鉴》2012 年最新数据，分析软件为 SPSS16.0。

本文中：X_1为国内生产总值（GDP，亿元），X_2为人均国内生产总值（元/人），X_3为第二产业总产值（亿元），X_4为第三产业占 GDP 比例（%），X_5为固定资产投资额（亿元），X_6为地方财政收入（万元），X_7为金融机构存款余额（亿元），X_8为全年进出口总额（亿美元），X_9为实际利用外商直接投资额（万美元），X_{10}为消费品零售总额（亿元），X_{11}为城市居民人均工资性收入（元），X_{12}为农村居民人均总收入（元），X_{13}为城市居民可支配收入（元），X_{14}为城市人均居住面积（m²），X_{15}为公路里程（公里），X_{16}为人均公园绿地面积（m²），X_{17}为卫生机构数（个），X_{18}为全年各类学校数（个），X_{19}为邮电业务总量（亿元）。

（二）因子分析过程

根据选定的实际数据，结合因子分析法，可以得到总方差分解表（表 1），得到了相关矩阵的全部特征值。

表 1　因子解释原有指数方差的情况（Total Variance Explained）

Component	Initial Eigenvalues			Extraction Sums of Squared Loadings			Rotation Sums of Squared Loadings		
	Total	% of variance	Cumulative %	Total	% of variance	Cumulative %	Total	% of variance	Cumulative %
1	10.190	53.633	53.633	10.190	53.633	53.633	8.606	45.297	45.297
2	5.415	28.502	82.134	5.415	28.502	82.134	5.229	27.521	72.818
3	3.394	17.866	100.000	3.394	17.866	100.000	5.165	27.182	100.000

由表 1 可知，相关系数矩阵中三个最大的特征值分别为 10.190、5.415、3.394，而且累计贡献率已达到 100%，故提取 3 个公共因子 F_1、F_2、F_3。

（三）因子解释

将因子载荷矩阵进一步旋转得到旋转后的因子载荷矩阵（见表2），可以发现：

第一公共因子 F_1 的方差贡献率最大，为 53.633%，并且在“国内生产总值”、“金融机构存款余额”、“消费品零售总额”、“金融机构存款余额”、“第三产业占 GDP 比例”等指标上载荷大，该因子可定义为经济和社会综合发展因子。

第二公共因子 F_2 的方差贡献率为 28.502%，在“公路里程”、“城市居民人均居住面积”等指标上载荷大，该因子可定义为人民生活水平提高因子。

第三公共因子 F_3 的方差贡献率为 17.866%，在“地方财政收入”、“人均公园绿地面积”、“卫生机构数”等指标上载荷大，该因子可定义为基础设施建设和城市化发展水平因子。

表 2　旋转后的因子载荷矩阵（**Rotated Component Matrixa**）

	Component		
	1	2	3
国内生产总值	.949	.219	-.228
人均国内生产总值	.302	.416	-.858
第二产业总产值	.231	-.879	-.416
第三产业占 GDP 比例	.640	.761	-.108
固定资产投资额	-.963	-.189	.194
地方财政收入	.591	.345	.729
金融机构存款余额	.779	.626	.031
全年进出口总额	.975	-.045	-.217
实际利用外商直接投资额	.061	-.696	-.716
消费品零售总额	.893	.449	.007
城市居民人均工资性收入	.944	-.221	-.244
农村居民人均总收入	.675	.577	-.459
城市居民人均可支配收入	.125	.950	-.285
城市居民人均居住面积	-.956	.288	.056

续表

	Component		
	1	2	3
公路里程	.118	.992	.032
人均公园绿地面积	.084	.093	.992
卫生机构数	-.409	.012	.912
全年各类学校数	-.326	-.070	.943
邮电业务总量	.972	.234	-6.163E-6

提取的三个公共因子的方差贡献率作为权重，结合因子得分，综合评估模型建立如下：

$$F = 0.53633F_1 + 0.28502F_2 + 0.17866F_3$$

利用 SPSS 的数据转换功能计算各样本综合得分 F，并利用 SPSS 的排序功能对各直辖市的综合发展水平进行了排序比较（见表 3）。

表 3　我国四大直辖市的因子综合测评得分

城市	F_1	F_2	F_3	综合	排名
北京	0.32155	1.43654	0.28801	0.63334	1
上海	1.26211	-0.73688	-0.33775	0.40654	2
重庆	-0.63423	-0.62240	-1.20846	-0.73346	3
天津	-0.94943	-0.07726	-1.15871	-0.73824	4

从第一个主因子得分看，上海名列第一，分数远远超过其他三个城市。该因子代表经济发展和社会综合发展，上海市的“国内生产总值”、“金融机构存款余额”等指标位居四大直辖市前列，而这些指标在第一主因子中占有较大载荷。因此，上海在经济发展上处于龙头地位。

从第二个主因子得分看，北京名列第一。虽然北京的综合经济实力还很难同上海相匹敌，但北京在资金资源、人民生活水平改善上有一定的优势。第二主因子主要体现人民生活水平，因此可以看出北京在民生建设方面成就显著。

从第三主因子上的得分看，北京仍名列第一。可见，北京的基础设施建设还是相对完善的，城市化发展水平也提高很快。北京并非着重于一方面的发展，而是着眼于各方面均衡发展。

从综合得分看，北京得分最高，具有最强的竞争力，充分发挥了其作为全国的政治、经济、文化中心的作用。上海得分位居第二，与北京相比，相差不大。重庆和天津位于第三、第四，在各个方面与北京和上海还存在一定差距。因此，如何加快天津和重庆的经济发展，推动各直辖市平衡发展，是下一阶段的关键问题。

四、建议

由2012年中国四大直辖市综合竞争力的因子分析结果，结合各城市的实际情况，提出如下两点建议。

（一）优化模式，发挥优势，提高综合竞争力

北京的战略定位是政治中心、文化中心、对外交流中心和科技创新中心，因此该市应充分利用其各方面的优势促进其经济发展，同时带动周边城镇地区发展，通过协同创新发挥资源的聚合效应，推动以首都为中心的经济圈的发展。

上海地处长江三角洲地区，作为我国的经济中心，应充分优化城市资源配置，完善城镇体系，形成以上海为中心的区域经济带，以国际化视角完善产业布局，促进新型工业化和信息化的良性互动，进而促进国民经济良性发展。

天津作为北方经济中心，应充分利用其丰富的土地资源及港口优势，积极利用其产业和载体优势，提高高新技术产业产值的同时推进招商引资向全方位、宽领域、纵深化发展，努力建设成为高水平的现代制造和研发基地。同时，天津应与京、冀展开联动发展，形成良性循环的环渤海经济圈。

重庆市地处我国长江上游，是东西部的结合地区，对东西部的双重辐射性不容小觑，应该充分利用其地理优势，加大东西部地区资源整合力度，发展自身的同时形成区域经济体系，实现经济快速发展。

（二）深化合作，促进城市联动发展

在经济全球化进程不断加快的大背景下，各国之间的合作日益密

切，深化区域合作，特别是直辖市间的合作，有利于完善分工体系，推动经济良性互动发展。四大直辖市应充分利用地理位置、资金、技术等资源优势形成互补。既要保持上海、北京的经济稳定增长，又要加快天津、重庆的发展，用科学发展观来促进四个直辖市的可持续发展。因此，要完善产业发展机制，促进产业与城市联动发展，增强直辖市的带动和辐射效应，建立城市间的合作平台，带动区域协调发展，进而推动国内区域一体化进程。

五、结语

如今，中国已经进入高速发展阶段，北京、上海、天津及重庆作为我国四大直辖市，对经济发展的带动作用更是举足轻重。四大城市应结合自身优势，优化发展模式，以提高综合竞争力。与此同时，应加强城市间合作发展，继续完善分工体系，推动经济联动发展，进而促进国民经济协调发展。

参考文献：

[1]韩胜娟. 我国城市综合竞争实力的数量评价[J]. 山西统计，2003，2（7）：7-8.

[2]迈克尔·波特著，李明轩，邱如美等译. 国家竞争优势[M]. 北京：华夏出版社，2002.

[3]倪鹏飞. 中国城市竞争力理论研究与实证分析[M]. 北京：中国经济出版社，2001.

[4]王淑芬. 应用统计学[M]. 北京：北京大学出版社，2011.

[5]中国统计年鉴 2013[M]. 北京：中国统计出版社，2013.

借鉴日本经验发展中国快递

2012 级　日语语言文学　高令君

摘　要：日本快递的发展起步早，拥有丰富的经验，对中国民营快递企业有很多启示。中国民营快递企业应结合国情，借鉴日本，加强硬实力和软实力。为了应对新一轮挑战，民营快递应重新定位，寻找自己的经营出路。

关键词：民营快递；服务；网店

一、引言

日本快递服务可以说改变着人们的生活方式，融入了人们的生活，并成为生活的一部分。朝日新闻曾有篇报道，福岛一名男子四年之内给大阪的儿子及亲戚寄了 684 次快递。日本快递有着 30 多年的发展历史，从扩张期到成长期，现已进入成熟期。日本快递的发展对中国快递有很多的借鉴之处。

二、日本快递发展战略

在快递产生之前，邮电局和国有铁道推出的邮电小包裹及铁道小行李等服务主要寄送个人小包裹，存在着速度慢、办理业务麻烦、效率低等问题。1976 年大和运输公司推出了快递业务，揭开了快递行业的帷幕。随着高速公路交通网络的完备、快递经营网点的扩增、快递运作系统的完善，新兴企业如雨后春笋般发展，在“群雄割据”的局面下，竞争异常激烈。如今快递企业为了站稳脚跟，在经营网络资源的基础上，凭借导入高新技术、服务产品的多元化、提升服务质量等战略，开拓新的市场。

企业的发展离不开科技的进步。佐川急便2006年引入了新型集配车，在集配车中配置有收件所需全部设备：车用电脑、货物计量器等，一辆车便可完成收件的全部工作。因此，这种集配车被称为移动的营业店，穿梭于大街小巷的同时还进行了品牌宣传。为了实现作业的自动化和机械化，日本快递企业建立了自动分拣系统。具有代表性的是大和运输公司的三乡物流中心分拣系统。三乡物流中心的客户有20家之多。每月订单量12万～20万张，每天发送4000～5000件商品。中心的一系列分拣都是根据电脑指示，流水线分拣，被称为"自动的仓库"。

在网络系统建立的基础上，开拓新市场的关键在于挖掘消费者的潜在需求。日本快递企业不断推出新的服务，比如让顾客轻松享受地方特产直销快递。在旅游地或博览会设立快递点，随买随寄，方便快捷。高尔夫球杆、滑雪橇等运动器材携带不便，便有了专门寄送高尔夫球杆、滑雪橇的快递服务。还有指定日到达快递、节庆快递、城际免费快递等等。这些多元化、多层次的快递服务满足了消费者的特殊需求。

日本快递公司重视提升服务品质。他们将服务体系细分，制定每一个环节的标准，并编成工作手册。细节决定成败，而手册标准的细致让人惊叹。光是收件员就需要确认几十条信息。收件员需确认货运单信息，如收件人姓名、收件人地址、电话号码、货件内容、货件价格及其他注意事项，需检查货件包装是否牢固，是否有易碎品，是否是规定日期运送的货件等。货件如有延误或丢失，追究责任给予处罚。同时加强对业务员的培训教育，在培训点进行集中教育，让业务员遵守业务手册，铭记服务质量的重要性。

三、中国快递现状

目前国内的快递企业有三种：外资的国际快递企业、国营EMS、民营快递中小企业。外资快递企业凭借全球服务网络、高端先进设施、优越的管理方法和可靠的质量信誉，占据着高端国际市场。国营快递企业有政策的支持，并且建立了完善的国内网络。当然，民营快递企业如“四通一达”（圆通、申通、中通、汇通、韵达）则处于低端市场，价格低回报低；投诉不断，问题不断，未来发展令人担忧。

中国物流与采购联合会常务副会长丁俊发说道：民营快递企业“小、散、弱、差”，分化与重组势在必行。民营快递企业在抢占市场，互相厮杀的同时，还扰乱了正常的市场秩序。还有一部分是无营业执照的非法快递企业。民营快递企业大打“价格战”，服务水平大打折扣。丢件、坏件、错发件等质量问题频频发生，引发纠纷。

四、提高硬实力

日本快递服务体系的终端是货物回收网点，设立在周边米店、酒店、便利店内。在消费者身边增设网点可以扩展服务网络体系，有效地增加订单量。小区、大学等网点可以委托周边小店、小超市，提供固定场所，受理收件、取件业务。快递服务货物配送时经常会遇到收件人不在的情况。再次配送对于公司来说造成了人工、仓库等的浪费。收件人当然也希望尽快收到货物。活用附近零售店，将货件放在店内，收件人营业时间内到店内自取便可。送件员无需等待进行下面的配送。

民营企业依托于电子商务，定位大众市场，降低运费能够显著地提升业绩。价格战不利于整个快递行业健康有序的发展。这时就需要实行差异化战略，推出特色服务，满足消费者的特殊要求，形成竞争优势。根据不同的时期可以推出特色服务，如高校学生毕业季行李托运快递、情人节巧克力快递、中秋节月饼快递、端午节粽子快递等。根据不同的货件推出特色服务，如地方特产直销快递、高尔夫球杆快递、雪橇快递、旅游区快递、博览会快递等。根据不同的要求推出特色服务，如即日到达快递、准点到达快递、三日件、四日件等。根据物品贵重程度推出特色服务。针对附加值高的货件提供提供高质量的服务。如机密货件服务、贵重物保价服务、防震货件服务。在运送时单独包装、单独线路、特别方法配送。细分市场，创造附加价值。

五、提高软实力

货件延误、货件损毁、货件丢失、货件送错时有发生。有的送件员无视“先验货后签收”的规定，态度恶劣，甚至辱骂顾客。

日本大和运输公司强调先服务再有生意，重视与消费者的情感交流。为了提升服务，需要加强对送件员的培训教育。针对送件员的服务态度、职业素质、派送技能、问题处理等进行培训。制作业务手册，并不断改进细化业务手册，使得责任明确，有理有据。

快递是劳动密集型行业，丰富的劳动力资源支撑着快递事业的发展。无节假日，休息时间少，长时间高强度工作使员工流失严重，人才匮乏。日本是一个老龄化严重的国家，日本快递行业劳动保障措施较完善，有很多值得借鉴的地方。一方面需推动机械化、标准化，改变“人背肩扛”的分拣作业方式；另一方面，改变工作体制，提高福利，吸引毕业生，从而留住人才。

六、结束语

中国有自己的国情，中国的民营企业在借鉴日本等国外发展经验同时，必须结合本国国情，走中国特色的快递之路。取长补短，内外兼修，拓展服务网络体系、实施差异化战略、提升服务、留住人才是民营快递企业提高竞争力，实现可持续发展的关键。

参考文献：

[1]李前喜，王耀球，冈本真一. 日本快递业的发展动态研究[J].海外物流，2008，30（5）：37-59.

[2]菊田一郎，张毅. 日本宅急便雅玛多物流公司为邮购企业提供快速配送服务[J]. 物流技术与应用，2010，15（5）：52-57.

[3]清水清. 物流システムの品質保証：宅配便に見る品質管理[J]. 品質，1993，23（3）：276-281.

[4]高橋しま. 宅配便の現状と今後：二極化進む宅配便市場[J]. 流通問題研究，1987，9：18-26.

[5]松下電器. 車載用営業支援システム[EB/OL].（2006-05-14）[2013-11-20].http://panasonic.biz/pc/solution/zirei/sagawa.html.

我国居民消费价格分类指数的聚类分析

2013 级　政治经济学　韩敏

摘　要：本文利用 R 软件对 2011 年中国各地区居民消费价格分类指数数据进行聚类分析，采用中间聚类的方法得到各地区的分类情况，并据此提出政策建议，为地区宏观经济政策的制定和有针对性地开拓消费市场提供了有利的依据。

关键词：居民消费价格分类指数；聚类分析；R 软件

随着我国经济的发展，居民消费价格指数也有着相应的提高，而我国的物价水平从波动转化成持续上升的状态，通货膨胀日益加剧。据中国人民银行公布的调查数据显示，人民对物价的满意度持续下降，基于我国各省份发展水平差距较大，因而对我国各地区消费价格分类指数进行归类研究，对我国宏观政策的调控变得尤为重要。

一、引言

居民消费价格指数（简称 CPI）是反映一定时期内居民所购买的生活消费品价格和服务项目价格变动趋势及程度的相对数，是对城市居民消费价格指数和农村居民消费价格指数进行综合汇总计算的结果。居民消费价格指数可以观察和分析消费品的零售价格和服务价格变动对城乡居民实际生活支出的影响程度，通常是观察通货膨胀和通货紧缩水平的重要指标。一般说来，当居民消费价格指数大于 3%时，我们称经济运行发生了通货膨胀，而当居民消费价格指数大于 5%时，我们称经济运行面临着严重的通货膨胀；运用居民消费价格指数判断通货紧缩程度较为复杂，需要结合具体经济运行态势进行具体分析。

目前看来，2011 年我国 CPI 在 1～11 月同比上涨 3.2%，具有通货膨胀的特征，若持续此趋势，将会影响人民的生活质量，但由于各地区的发展水平不一，居民消费价格分类指数也会由此不同，因而在全国平均水平的基础上对 CPI 进行调整并不能达到理想的效果，故本文针对 2011 年我国消费价格分类指数进行聚类分析，将会对不同地区进行政策的调整，实施更好的宏观调控有着一定的实际意义。

就影响 CPI 的因素来看，目前我国食品和娱乐教育文化用品及服务对 CPI 的影响最大，其次为居住、交通、通信和医疗。

关于 CPI 的计算方法，CPI 的价格分类指数基于权数资料（CPI 中的权数，是指每一类别商品或服务项目的消费支出在居民全部商品和服务项目总消费支出中所占的比重。我国 CPI 中的权数，主要是根据全国城乡居民家庭各类商品和服务项目的消费支出详细比重确定的）和基本分类价格指数，其汇总计算方法相对复杂一些，有比较强的专业性。我国采用的汇总计算方法与其他国家基本是一样的。主要区别在于世界上大多数国家仅仅汇总计算国家一级的 CPI，计算分州、分城市等分区域 CPI 的国家不多。我国的情况相对特殊一些，既有分省的 CPI，部分市县也计算 CPI。基本汇总计算过程是：

首先，市县统计部门根据国家统计局制定的《流通和消费价格统计调查制度》，按照统一的统计标准、统计口径和计算方法要求，结合当地居民消费的实际情况计算本市县的 CPI。其次，国家统计局各调查总队对辖区内市县统计部门计算的 CPI 数据进行审核确认后，按人口和消费水平加权汇总计算本省（区、市）的 CPI。最后，国家统计局对各省（区、市）计算的 CPI 数据进行审核确认后，按人口和消费水平加权汇总计算全国的 CPI。

本文采用的是我国 31 个省份的消费价格分类指数，以食品、烟酒及用品、家庭设备用品及服务、医疗保健和个人用品、交通和通信、娱乐教育文化用品及服务、居住这八类为因变量进行聚类分析。

二、方法简要介绍

聚类分析是一类将数据所研究对象进行分类的统计方法。方法原理是，根据样本自身的属性，用数学方法按照某些相似性或差异性指标，定量地确定样本之间的亲疏关系，并按照这种亲疏关系程度对样本进行聚类。这类方法的共同特点是事先不知道类别的个数与结构，据以进行分析的数据是对象之间的相似性或向异性的数据。将这些相似（相异）性数据看成是对象之间的“距离”远近的一种度量，将距离近的对象归入一类，不同类之间的对象距离较远。这也是聚类分析方法的共同思路。

一般来讲，进行聚类时使用的方法有很多，根据数据的来源及测量方法的不同，变量可以大致分为两类：一类是定量变量，如长度、重量、产量、人口、速度和温度等，它们是由测量或计数、统计所得到的量，这些变量具有数值特征，称为定量变量。第二类是定性变量，这些变量没有数量上的变化，只有性质上的差异，这些量根据是否有次序等级关系又可以分为有序变量和名义变量，如性别、职业和产品的型号为名义变量。

三、实证分析

本文基于 2011 年我国各地区居民消费价格分类指数，选取影响其指数的八类因素进行分析，数据来源于中华人民共和国国家统计局数据库。

运用 R 软件对这些数据进行聚类分析，采用中间聚类法对我国 31 个省份居民消费价格分类指数进行归类，结果如图 1 所示。

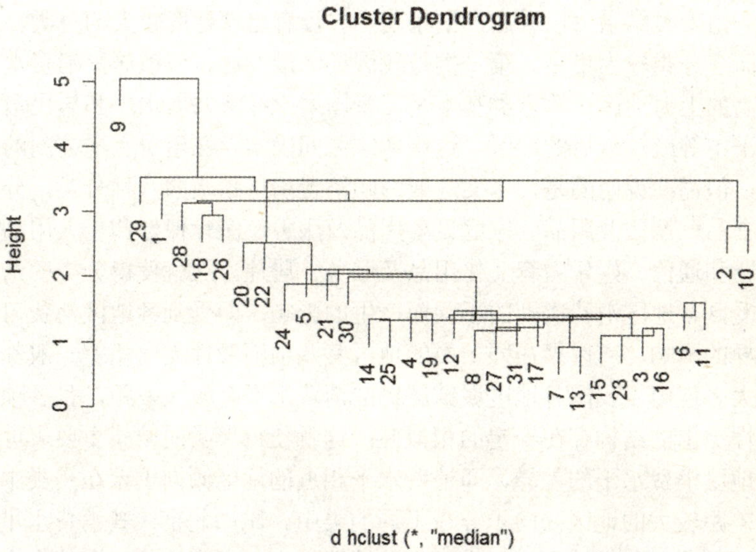

图 1 2011 年我国各地区居民消费结构分类谱系图

由图 1 可以将我国 31 个省份分为六类。第一类：上海。第二类：青海。第三类：北京。第四类：甘肃。第五类：湖南、西藏。第六类：广西、重庆、贵州、内蒙古、海南、宁夏、江西、云南、山西、广东、安徽、黑龙江、陕西、新疆、湖北、吉林、福建、山东、四川、河北、河南、辽宁、浙江、天津、江苏。详见表 1。

表 1 2011 年我国各地区居民消费结构分类

类别	地区
第一类	上海
第二类	青海
第三类	北京
第四类	甘肃
第五类	湖南、西藏
第六类	广西、重庆、贵州、内蒙古、海南、宁夏、江西、云南、山西、广东、安徽、黑龙江、陕西、新疆、湖北、吉林、福建、山东、四川、河北、河南、辽宁、浙江、天津、江苏

由聚类结果可以看出，谱系图中并没有出现梯度较大的分类，总体而言分类较为集中。第一类是我国经济最发达、城镇居民消费水平最高的上海地区；第六类基本是在我国属于经济发展水平和居民消费水平中等或较落后的地区。这些地区之间确实存在消费水平之间的差异，但需要说明的是，本文选取影响消费价格指数的八种分类，分别是食品、烟酒及用品、家庭设备用品及服务、医疗保健和个人用品、交通和通信、娱乐教育文化用品及服务、居住。这就使得分类的结果会受到各地区消费类别的不同而产生的影响，即受到各地区消费习惯差异的影响，所以聚在同一类的地区其八项消费性支出相差一般都不太大。但由于我国各地区城镇居民的消费水平有较大差距，且各项消费性支出的结构存在一定的相似性，这就使得聚类的结果主要表现为各地区消费水平的差异，即消费水平相近的地区倾向于聚在一类中，而差距较大的地区倾向于分在不同的类中。比如北京，其消费水平在全国是属于偏高地区，但由于它的消费性支出很可能与上海的支出结构不同，比如在居住方面支出较大，这样就使得在与上海同等级的消费水平中，北京倾向于自成一类。而这样的例子在其他聚类中也同样存在。

四、结束语

由 2011 年我国居民消费价格分类指数的聚类结果，结合我国实际消费水平，提出如下几点建议，以稳定我国 CPI 指数，缩减通货膨胀。

1. 调整收入分配政策

从目前的经济运行趋势来看，我国各省份之间、省份内部之间仍然存在着贫富差距过大的问题，尤其是农村与城镇之间、东西部之间的发展，这就使得我国消费水平有着较大差异，比如在聚类中上海市与其他省份之间的差异较大。为了促进全国消费需求的稳定增长，必须对国民收入分配问题做调整，努力促进城镇低收入居民的收入增长，重点促进偏远省份的经济增长，以达到城镇贫富差距与东西部贫富差距的缩小。

2. 优化居民消费结构

微观而言，需转变消费观念，宏观则需调整消费政策，取消限制消费的各种政策和行为，加大消费政策的调整力度，鼓励发展新的消费热点和消费方式，大力促进消费结构升级。例如在居民消费中住房、买车占较大比例的城市，推出鼓励个人汽车消费的政策，积极培育住房二级市场，降低居民购车、买房的门槛等等。

3. 培育优化消费环境

培育和优化消费环境，建立文明、健康、科学的消费方式，形成有利于产业结构优化的软环境。针对某些地区居民的消费状况，要注重环保意识，采用可持续发展战略来培育优良的有利于消费的生态环境、自然环境，要着力改善消费的社会环境和文化环境，引导消费者树立正确的消费观念。

参考文献：

[1]王怀亮. R 软件在系统聚类分析中的应用[J]. 合作经济与科技，2011（421）：126，127.

[2]何维炜，田皓. 居民消费价格指数影响因素分析[J]. 统计与决策，2007（23）.

[3]王子林. 聚类分析在各地居民消费价格分类指数中的应用[J].科技创业月刊，2012（2）.

[4]关爽. 优化居民消费结构，推动产业结构升级. 市发展研究中心.

附录：

指标	总指数	食品	烟酒及用品	家庭设备用品及服务	医疗保健和个人用品	交通和通信	娱乐教育文化用品及服务	居住
全国	105.4	111.8	102.8	102.4	103.4	100.5	100.4	105.3
北京市	105.6	110.6	102.5	104.2	103.7	101.5	99.7	108.5
天津市	104.9	111.4	104.8	106.1	101.8	99.9	99.5	104.7
河北省	105.7	112.2	103.3	101.8	103	100.2	100.5	106.9
山西省	105.2	112	102.9	102.3	103.4	100.5	101.3	103.8
内蒙古自治区	105.6	113.7	102.9	100.1	102.3	100.6	100.8	104.7
辽宁省	105.2	111	101.8	103	103.4	100.1	100	105.9
吉林省	105.2	110.9	102.2	101.7	103.5	100.7	100.1	105.5
黑龙江省	105.8	112.4	103.6	102	104.5	99.8	99.8	106.1
上海市	105.2	110.8	101.3	107.1	104.1	100.2	99.2	105.4
江苏省	105.3	111.8	104	104.4	103.1	100.8	100.6	104.1
浙江省	105.4	112.1	101.7	103.7	103.7	100.7	100.1	105.3
安徽省	105.6	112.2	103.6	101.3	103.5	100.3	99.9	104.6
福建省	105.3	111.2	102.8	101.7	103.8	100.9	99.6	105.6
江西省	105.2	111.2	101	102	103	100.4	100.7	104.6
山东省	105	111.3	103.9	101	102.5	100.6	100.4	105.8
河南省	105.6	111.9	103.9	102.1	103	101	100.9	106.6
湖北省	105.8	111.6	104.1	102.7	103.8	101.1	100.5	105.8
湖南省	105.5	111.2	101.6	101	103.3	101.1	101.5	106.6
广东省	105.3	111.4	102.6	102.8	103.9	99.8	101	104.5
广西壮族自治区	105.9	114.4	103.7	101.7	103.5	101.9	100.1	102.2
海南省	106.1	113.3	100.8	101.4	101.6	101.7	100.5	104.9
重庆市	105.3	114.1	103.7	102.2	102	99.1	98.9	103.7
四川省	105.3	112	103.2	101.1	102.5	101	100.3	106
贵州省	105.1	113.5	102.4	100.2	102.6	100.1	99.9	102.8
云南省	104.9	111.5	100.8	101.4	103.3	100	99.7	104.4
西藏自治区	105	109.1	102.7	101.9	102.8	102.2	100.7	106.3
陕西省	105.7	111.9	102.3	102.1	104.6	100	100.5	105.5
甘肃省	105.9	111.4	101.8	101.6	105.8	101.1	102.9	105.7
青海省	106.1	111.1	103.3	101.2	103	99.9	101.3	110.3
宁夏回族自治区	106.3	113.5	101.7	102	103.8	101.6	100.8	104.3
新疆维吾尔自治区	105.9	112.6	103.3	102.4	104.3	100.5	101.1	105.4

克利考特大地伦理学理论研究

2012级　外国哲学　姬艳婷

摘　要：本文认为，克利考特作为当代环境哲学领域的核心人物，从一种全新的伦理学视角出发，以生物进化论、生态学和哥白尼天文学为基础，引入休谟和斯密的道德情感理论，深化和完善了大地伦理学，对环境伦理学的发展有着重要的现实意义。同时，本文也指出他的理论存在着一定的局限性。

关键词：环境哲学；大地伦理；伦理整体主义

一、克利考特大地伦理的概念基础

过去25年来，环境哲学已经迅速发展成为一个充满活力的重要哲学领域。尽管起初它是应用伦理学的一部分，但后来迅速发展成为道德、形而上学、认识论、社会学等领域的关注热点。毕竟，面对不断加剧的环境危机，创造良性环境以及包含着一种切实可行的环境伦理的有益的世界观，显然是极其必要的。

J. 贝尔德·克利考特（J. Baird Callicott）一直是环境哲学发展领域的核心人物。他的思想引发了环境哲学领域的一次次激烈讨论，并发展了该领域的一个核心理论，即大地伦理，他的成果引发的反应和思考使得诸多环境问题得以阐明，并为环境哲学未来的工作开辟了新的道路。

我们的世界面临着无数人为的环境问题：全球变暖，热带雨林以及无数动植物物种的迅速消失，荒野转化为农田，农田又转化为城市、道路和商场。针对此类问题的一个回应是，我们人类应该改变导致这些后果的行为，否则我们就是在伤害自身以及我们的后代。尽管这种回应可能颇具吸引力，但是包括克利考特在内的许多人认为它并不完善，甚至可以说，只要我们还是仅仅致力于认为会使情况好转的技术上的修修补补，就会导致我们仍会沿着当前的道路走下去。

因此，他们认为，在以人类为中心的针对环境问题的回应中缺乏的元素，是环境本身。虽然先前它并不是道德直接关注的一个主题，但是把它从我们当前以及未来的伦理研究中忽略掉看似不仅傲慢而且是在公然延续我们过去的不端行为。但加入环境元素，考虑到西方传统对人与人之间道德上的束缚，问题就变成，我们应该如何去证明人类在道义上对环境的关注。

1948 年，作为对这个问题的回应，奥尔多·利奥波德（Aldo Leopold）提出了大地伦理，而克利考特阐释、分析并且捍卫了大地伦理的核心观点，并因此赢得了自己的声誉。其基本的道德训谕是利奥波德经常被引用的著名格言：“当一切事情趋向于保持生物群落的完整、稳定和美丽时，它就是正确的，反之则是错误的。”

二、克利考特对大地伦理的捍卫

但我们为什么要接受这种新的道德训谕？克利考特回答说，有关道德的精准的图像显示出我们不仅能够接受这种训谕，而且也应该接受它。克利考特把科学单独拿出作为其理论的核心部分，主要包括三个方面，即生物进化论、生态学和哥白尼天文学。有时，克利考特还经常加上对于当代物理学的阐释。

达尔文的进化论表明，我们是大自然的一部分，我们人类成为现在这种样子，并不是通过神圣的法令，而是通过与地球上数以百万计的其他生命形式相同的进化过程，这使得我们与自然界的其他成员有了多种多样的亲密联系。生态学从本体论的角度出发强化了这种观点，并补充说，没有任何有机体是一种无根的原子，所有这些生命形式整合成一个相互影响、相互依存的关系，它们都是相互依存的生命系统的一部分，这种相互依存的关系更加明确地阐释了我们与世界的关系。也就是说，我们是生物共同体中的一部分。天文学告诉我们，地球只是茫茫宇宙中的一个小星球，地球是我们的家园，地球上所有居民的命运都不可分割地联系在了一起，我们是“人类家庭”或“地球村”的一员，在“地球村”中，我们彼此都是亲戚关系。

量子理论提供了更多的形而上学和认识论的力量，连同相对论，把宇宙描绘成是一个内部相关联的有机整体。这种融合彻底消除了现代主义者对于认识主体和认识客体的二元论，尤其包括事实—价值的区分。在克利考特对于新伦理学的阐释中，所有的品质都在同一个本体论的基础上，没有什么是客观或是主观的。相反，它们是实际存在的，从构成宇宙整体的元素之间的相互作用之中浮现出来。因此，当我们与世界互动时，我们所“感知”的品质就是由这种相互作用所产生的。

这种新的伦理学视角的哲学基础来自于道德理论。这些科学理念需要一个纽带使其转向道德训谕，克利考特从大卫·休谟（David Hume）和亚当·斯密（Adam Smith）的道德情感中找到了这种纽带，并通过达尔文的道德进化论得以加强。休谟和斯密并不像大多数西方论理学家那样把理性置于道德的核心位置，而是声称正是情感（各种积极或消极的感情或感觉）赋予我们道德。最重要的是，在休谟看来，这种感情并不仅仅是对其他个体的关爱，还包括对社会群体或者整个共同体的关爱。克利考特则有力地证明，达尔文了解休谟的道德心理学说，并在叙述伦理或利他行为是如何进化的过程中运用了这一学说。达尔文解释说，人类祖先在自然选择的过程中具备了更加紧密的情感联系，并凭借这种亲密联系及互助行为而得以生存发展。因此，他们的后代在自然选择的进化过程中生存下来，因为一个有凝聚力的群体比个体的独自挣扎有更高的生存可能。

因此，对伦理道德起源的进化论描述证实了休谟—斯密的伦理道德理论。进化论和生态学也告诉我们，我们是共同体的一部分，当然，共同体也包含着自然的其他部分，各部分间并不是相互独立的简单集合，而是一个相互统一的整体，即一个生物共同体。这种共同体关系可以刺激我们进化了的情感走向可感知的群体联系。我们的环境责任源自于对共同体的情感联系，这种情感就像对我们自己的家庭一样强烈。

最后，克利考特总结说："因此，环境或大地伦理都是可能且必要的。说其可能是因为生物心理和认知状态都已恰到好处，说其必要是因为人类整体已具备了摧毁自然的完整性、多样性和稳定性的力量。"从更广泛的角度来讲，这正是克利考特环境伦理学的基础。更确切地说，他认为通过对进化论和生态理论的运用，使利奥波德的大地伦理学打开了一种后现代主义的视角。

三、克利考特大地伦理的局限性

克利考特对大地伦理的捍卫和发展有着清晰的脉络和翔实的论证，然而，在笔者看来，其对大地伦理的阐释也存在着一些不足之处。

首先，如果我们源于共同体的积极情感是自然选择的结果，那么为什么人类不展现出更多的类似情感？我们人类本性的行为至少展示出与利他行为同样多的攻击性。因此，攻击性一定与利他性一样是人类的基本情感。无论那种评论的社会含义是什么，它似乎表明我们永远不可能有一个完全有效的生态伦理的共同体，这不仅仅是因为理想总是很难实现，还因为理想本身与我们的本性或者说本性的一部分相悖。

其次，关于共同体的另一个问题是：克利考特认为，或许我们应该把我们自然化的社会情感扩展到生物共同体，因为我们能够看到我们是其中的一部分。参与共同体源于生物共同体所展示出的相互依存的成员关系。但是对于我们在生态系统中的角色，相互依存貌似是一个太过强烈的词语。毫无疑问，我们依赖于他们，但是生态系统又是以什么方式依赖于我们的呢？它们对于我们的独立性并不像父母与后代的独立，后代将来可以把爱及其他相互的活动回报给父母，这就发展成相互依赖关系。我们在任何生态系统中都不扮演这种角色；对于生态系统的功能我们貌似真的很多余。但是，如果是这样的话，那么作为共同体必要组成部分的相互关系就缺失了，把环境视作共同体的呼吁就退化为了自身的利益。

四、结束语

尽管克利考特的论证存在着一些不足之处，但他引用多种理论来证明和充实大地伦理学，以一种全新的哲学视角对其进行了捍卫和发展，他的研究工作对环境伦理学的发展有着重要的现实意义。正如他在《捍卫大地伦理》一书的序言中所说，他对于环境哲学所进行的探讨，“不仅是为了捍卫利奥波德独具开创性的伦理学说，也是为了号召人们能够沿着他的足迹继续进行批判性的探索”。

参考文献：

［1］Aldo Leopold. *A Sand County Almanac with Essays on Conservation from Round River* [M]. New York: Ballantine Books, 1966: 262.

［2］Adam Smith. *The Theory of the Moral Sentiments [M].* Oxford: Clarendon Press, 1976.

［3］Charles Darwin. *The Descent of Man and Selection in Relation to Sex* [M]. New York: J. A. Hill, 1904.

［4］Callicott. *In Defense of the Land Ethic* [M]. State University of New York Press, 1989: 83.

论儒家传统文化对韩国社会发展的影响及启示

2013 级　朝鲜语笔译　林笑梅

摘　要：从孔子算起，儒家文化绵延至今已有 2500 余年的历史，它不仅促进了中华民族文化的发展，还影响了周边各国，包括我们的邻邦——韩国。韩国将儒家文化应用于社会政治、经济、文化等多个方面。我们作为儒家文化的起源国，必须进行反思。

关键词：儒家文化；韩国；影响；启示

中韩两国是山水相连、一衣带水的邻邦，又都是东方文明古国，文化交流历史非常悠久。从古代到现代，中韩两国之间的政治、经济、文化等方面的交流从未间断过。在长期的交往过程中，两国都从对方国家获得了营养，为各自的文化注入了新鲜的血液。谈到中韩两国文化，首屈一指的自然是儒家（教）文化。产生于中国的儒家文化不仅仅促进了中华民族的文化发展，而且对世界的文化发展留下了深深印记。

儒家文化传入韩国，经过韩国人自身的理解消化，已深深融进韩国的传统文化之中，影响了韩国社会的发展，并形成了具有韩国人自己民族特色的韩国儒家文化。

一、儒家传统文化对韩国的影响

（一）对韩国现代化的影响

韩国是一个善于学习的民族，在古代，韩国人就大量学习汉文化，到了近代，韩国人在经济上又全面学习日本，并全套学习日本的科学管理技术。到了现代，他们又虚心学习美国。他们一方面提倡世界化，另一方面又保护和弘扬以儒家文化为主体的中国传统文化。儒家文化奠定了国内人与人之间的和谐，在这个基础上，结合鼓励个人竞争的西方文化的积极成分，带来了在国家经济建设中的巨大生产力，最终成就了韩国的现代化。

20世纪后半叶的韩国经济迅速腾飞，一跃而起成为亚洲四小龙之首，正是得益于全体国民在儒家精神基础之上的现代化意识。儒家文化已经成为韩国人救亡图存、凝聚民族精神和推动现代化进程的精神动力。

（二）对韩国社会伦理道德及日常生活的影响

在韩国，儒家文化一直被当作是个人生活行为的规范，对他们的日常生活也产生了重要的影响。当今的韩国，优良的儒家文化在国民精神中一直占据着支配地位。

1. 对家庭生活的影响

韩国把儒家文化中孔子所倡导的礼和孝完美地结合了起来，并通过家庭民俗表现出来，所以，家庭里的孝道至今不衰，并强烈地抵制了西方文化的冲击。韩国现在仍然保留着父家长制，每到父亲节、母亲节，从小学生到成年人都会给父母送上节日礼物。如果因工作必须与小家庭分开的话，必要的团聚还是不能少，比如周末团圆、遇到大事全家商讨、过节祭祀等。孟子的“老吾老以及人之老，幼吾幼以及人之幼”也被韩国广泛应用。夫妻和睦相处、父慈子孝依然是国家倡导的良好社会风气，儒家提倡的行为规范对家庭的和睦、社会的稳定、国家的安全都起着重要作用。

2. 对人际关系的影响

在当今韩国社会的人际关系中，儒教的一些伦理观念还是很有影响的。韩国人十分注重血缘亲族关系，至今坚持同本同姓不得通婚的原则。韩国人也十分看重社会等级身份，朝鲜时代的两班身份，至今还受到一些人的崇拜，成为部分家长为子女择婚的一个门第条件。此外，到处可见的宗族会、宗亲会把散居各地的族人们连结在一起，充分体现了儒教注重亲亲血缘关系的伦理观念。各种各样的同窗会、同门会等组织同样随处可见，它又是儒教不忘故旧观念的具体体现。在当今韩国人的家庭成员关系中，儒教伦理观也还有着深刻的影响，尤其在那些上层社会的家庭和原来两班出身的家庭中，这种影响就更为深刻。

因此，有韩国学者说：韩国人现在是思想上西洋化，而在感情上则仍然是儒教传统的。

3. 对文化产业发展的影响

目前，韩流在中国盛行，其中的韩剧更是给中国人带来了很大的影响。韩剧已成为韩国文化产业重要的一环，也日渐成为韩国对外文化输出的一个重要的工具。而韩剧当中以家族为题材的连续剧尤其有着超强人气，这也与儒家思想有着密切的关系，因为其反映的文化精髓正是以家族主义为核心的儒教文化。

以家庭为题材的韩剧更贴近生活，与真实生活有很多的相似之处，观众可以从中寻求处理家庭关系的最好途径。而且，韩国的生活剧中有很多儒家文化，使现在的年轻人能更好地学习一些传统的、优秀的东西，可以从侧面引导当代年轻人尊老爱幼，对亲情、友情、爱情的认识，告诉我们传统的东西和现代社会的更好融合。韩剧中所有这些通过显性或隐性体现出来的儒家文化思想，是促成韩剧文化产业盛行的一大原因。

二、韩国儒家文化的发展对中国的启示

儒家文化在中国和韩国都有着两千多年的历史，发展历史相似，但时至今日，发展现状却截然不同。

韩国已经成为了公认的“儒学的样板国家”。他们把儒家义理精神应用于民族主义上，把伦理道德视为治世之宝典，把君臣父子观念作为修身养性之德铭。而儒家文化也已经大众化，贯穿于韩国的社会生活当中，现在韩国人的生活习惯与对人关系等等，无论其宗教如何，大都是来自儒教的。而反观当今的中国，儒学似乎成了“稀罕物”，儒学作为我国传统文化最重要的组成部分，声音越来越弱小。虽然一批现代新儒学家受寻求儒家现代化的理想驱使，费神地设定了种种实现

儒学现代化的途径，但仍难以消解现代民众在情感上的排斥，他们推行儒家现代化的过程举步维艰。

那么面对儒家文化在两国的这种截然不同的发展现状，我们应该从中获得何种启迪，又该做些什么呢？

（1）要以正确的态度和方法对待儒家文化和外来文化。一方面，要注重对传统文化的传承和创新，在保护好儒家文化这一根基的基础上对其进行发展；同时又要以辩证的态度对待外来文化，取其精华，去其糟粕，既不能全盘接受，也不能全盘否认，所有的选择和接受都应以促进中华民族的大发展为基点。

（2）加强对儒家文化教育的重视程度，用道德教育推进传统文化的弘扬和发展。首先，要让道德教育贯穿整个学校教育过程，伸展传统文化教育长度；其次，要创新道德教育手段，增进传统文化教育效度。要创新道德教育手段，实践是应该第一个被重视的。实践是道德教育的最终归宿。

综上所述，起源于中国，也曾一度昌盛的博大精深的儒家文化，被韩国完整地继承发展下来，并对其社会的发展产生了深远影响。我们应该借鉴韩国的经验，继承并发扬儒家文化的合理内核，使其放射出更璀璨的光芒，更有利地服务于中国的经济、政治、文化建设。

参考文献：

[1]柳承国. 韩国儒学史[M]. 台湾：商务印书馆，1989.

[2]刘新庚，吴萍莉，余知资. 中韩儒家文化比较及启示[J]. 海南广播电视大学学报，2008（4）：67-69.

[3]蒲星光. 儒家文化道德对韩国的深远影响[J]. 东北亚论坛，2005，14（6）：221-223.

[4]石源华，胡礼忠. 东亚汉文化圈与中国关系[M]. 北京：中国科学出版社，2005.

[5]郑风霞，张顺兴. 中国儒家传统文化对韩国社会发展的影响[J]. 吉林：延边大学学报，2009（8）：63-66.

冷笑话的个体心理调查

2011级　外国语言学及应用语言学　刘津

摘　要：近年来，冷笑话作为一种新兴的语言现象和文化现象逐渐受到语言学家的关注，但是对于它的定义目前仍没有统一的界定，很多将其简单定性为“失败的笑话”。语言的发展受到社会因素和个体因素的影响，对于冷笑话所体现的独特幽默方式，个体对冷笑话的心理接受程度是影响其发展的关键因素。

关键词：冷笑话；定义；个体心理

2000年，在一档台湾综艺节目中冷笑话首次给大众留下深刻印象，从此冷笑话开始在中国大陆青年人群中流行。如今，在网络、媒体的推动下，冷笑话的形式越发多样，特点也越发鲜明。冷笑话以其独特的幽默方式受到越来越多的人喜欢，偶尔爆出的一两句冷笑话能使交流氛围变得轻松愉悦，也能展示交谈者的幽默和智慧。

冷笑话发展至今，已经逐渐成为了一种新的语言现象，也是一种新的文化现象，因此近年来冷笑话逐渐受到语言学者们的关注。但是尽管如此，目前对于冷笑话的概念仍没有一个统一的界定，很多研究都将冷笑话定性为“失败的笑话”。事实上，笑话和冷笑话都属于幽默的范畴，笑话为大众所熟知，它是指“能引起人们发笑的谈话或者故事”；相比之下，冷笑话则属于幽默的一个类别——冷幽默，“它是一种淡淡的、在不经意间自然流露的幽默，让人发愣、不解、深思、顿悟、回味无穷的幽默”。社会语言学认为“语言和社会相互影响，这种影响是双向的、互动的”，冷笑话作为一种新兴的语言现象，它的产生和发展无疑受到了社会的影响。"社会对语言的影响主要与两个因素有关：一是语言使用的环境；二是语言使用者"，其中前者指的是社会因素，后者指的是个体因素。社会因素通常包括地域、种族、性别、语域等方面，个体因素主要涉及个体的年龄、教育背景、社会地位、心理、性格等，具体到冷笑话自身独特的幽默方式，本文认为个体心理对冷笑话理解和接受才是影响冷笑话发展的关键因素。为了解大众对冷笑话的态度，也为了更客观地对冷笑话进行定义，本文将对冷笑话的个体心理进行实际调查。

一、调查对象和方法

通过各种媒体以及其他传播渠道，冷笑话已渐渐深入人们的日常生活。为了使调查结果更加全面客观，本次调查的对象主要针对 12 岁以上人群，并尽可能覆盖所有可能接触以及理解冷笑话的年龄层。此次调查主要采用调查问卷的形式，一共包括 18 道题，主要为选择题。共发出调查问卷 200 份，回收后实际有效数据为 140 份。调查对象主要分为 5 个年龄层：13～18 岁 30 人(21.4%)、19～30 岁 30 人(21.4%)、31～40 岁 30 人（21.4%)、41～50 岁 30 人（21.4%)、50 岁以上 20 人(14.4%)。除此之外，本次调查还对每个年龄层的部分调查对象进行了访谈，以防止校正统计数据可能造成的误差。

二、调查结果与分析

（一）冷笑话认知范围

调查显示，13～18 岁和 19～30 岁年龄层的人群对冷笑话的了解范围是 100%，31～40 岁和 41～50 岁年龄层中分别有 93.3%和 73.7%知道冷笑话，50 岁以上的人群中只有 3%知道冷笑话。由此可见，冷笑话的认知群体主要集中在年轻人，随着年龄的递增，中年人认知范围逐渐缩减，而老年人对冷笑话基本不了解。虽然冷笑话独特的幽默方式为很多人津津乐道，但是它的发展历程也只有 20 多年，而且它的传播渠道主要为网络，因此它的受众对象必然不会是所有人。通过访谈我们发现，冷笑话在年轻人群体中广为传播，但是对于中年人，他们中很多能够感知生活中冷笑话的不同之处，但是却不知道它们的称呼，有的甚至把冷笑话和笑话相互混淆，比较之下，老年人对于冷笑话并不熟悉，很多甚至对这种冷幽默不太理解和接受。

（二）冷笑话的幽默程度

很多人在听/读完冷笑话后会有一种无聊，甚至被愚弄的感觉，这也正是冷笑话的特别之处——荒诞、无厘头。本文对冷笑话的幽默程度按照四个等级进行调查：认为“非常好笑”的占 13.8%，认为“好笑”的占 36.2%，认为“有点好笑”的占 33.6%，认为“不好笑”的占 16.4%。根据以上的调查数据，我们知道有 83.6%的人群认为冷笑话的语言有一定的幽默效果，也就是有大部分人基本认可冷笑话的这种独特的幽默方式。

（三）冷笑话的受喜爱程度

“笑话”一直是大众普遍喜爱的一种娱乐方式，但是先比之下，冷笑话体现冷幽默则通常是以搞怪的方式来制造笑料，并且这种笑料常常需要人们通过思考发现。对冷笑话的喜爱程度的调查结果显示：“非常喜欢”冷笑话的占 18.2%，“喜欢”冷笑话的占 30.2%，“不喜欢也不讨厌”冷笑话的占 29.4%，“不喜欢”冷笑话的占 24.2%，“讨厌”冷笑话的占 6.9%。由此我们发现，48.4%的人偏爱冷笑话，29.4%的人持中立态度，31.1%的人对冷笑话反感。通过访谈我们发现很多喜欢冷笑话的人基本都是通过电视节目主持人或者他人微博等来知道冷笑话，他们的喜欢在某种程度上受到了冷笑话讲述主体的影响，以及对冷笑话各种新颖、有创意的表现形式的好奇所致，并且他们虽然喜欢，但通常不会主动去找寻冷笑话。

（四）冷笑话的功能

冷笑话作为一种幽默的语言形式，它的功能将在一定程度上影响它的接受程度和范围，也将会影响它未来的发展趋势。通过综合大众的普遍意见，此次调查将人们听/读/说冷笑话的目的分为五种：A. 打发时间、B. 调节气氛、C. 捉弄别人、D. 批评讽刺、E. 其他，调查结果显示：选 A 的占 46.6%，选 B 的占 30.2%，选 C 的占 11.2%，选 D 的占 5.1%，选 E 的占 1.7%。以上的数据告诉我们，人们认为冷笑话的主要功能就是娱乐功能和调节气氛功能，尤其对于年龄在50岁以上的人群，通过之前的分析我们知道他们不了解并且不喜欢冷笑话，但对于他们来说，听/读冷笑话唯一的目的就是娱乐。在访谈中我们发现虽然冷笑话有“调节气氛”的功能，但是很多人在生活中却并不认同并喜欢利用冷笑话的这种功能，它们常常使得气氛也随着变“冷”，与人们的目的背道而驰。除此之外，它们也并不能很好地体现说话人的幽默感，说话人自己觉得很好笑，而听话人却觉得不知所云、毫无反应。相反，冷笑话“捉弄他人”的功能在现实生活中却受到很多年轻人的喜欢，被访问的19～40岁对象中基本都听过、看过，甚至亲身体验过被冷笑话捉弄，但是相对而言40岁以上的人群却极少接触冷笑话的这一功能。

三、讨论

通过对冷笑话认知范围、幽默程度、受喜爱程度和功能的调查和分析，我们发现冷笑话正逐渐受到大众的认可和喜爱，尤其是年轻的一代。虽然在一定程度上冷笑话需要人们花更多的时间来反应、体会，令人理解起来存在一定的障碍，而且冷笑话极尽恶搞而产生的“笑果”与人们的期待十分不同，但大部分人对冷笑话语言中所蕴含的冷幽默是支持的。人们通过冷笑话来打发时间、调节气氛、捉弄别人，这些功能都充分说明了冷笑话对人们的生活正产生越来越多的影响，同时只有少部分不喜欢冷笑话的事实也证明了冷笑话存在的价值。因此，我们不能因为冷笑话无法达到使人立即发笑的目的就否定它的价值，更不应该用简单的言词对冷笑话进行定性。

如今人们的生活压力越来越大，需要释放的情绪也越来越多，冷笑话虽然不同于传统的笑话，但是在这个“历史和现代时空交流，动物和人类没有界限，高尚和低微相互转化，狡辩与机智相映成趣”的世界中，人们可以通过随心所欲地自由发挥和想象来解压，这也是冷笑话带给人们的一大福利。黑格尔曾说“存在即合理”，语言的发展都是顺应需求而生，受社会和个体影响而演变，冷笑话作为一种新的语言现象，还需要我们更多的研究和探索。

参考文献：

[1]刘玥玥. 冷笑话的语言学分析[D]. 武汉：武汉理工大学， 2011.

[2]李展，李胜道. 社会因素对语言的影响及社会语言学的应用[J]. 信阳农业高等专科学校学报，2006，16（4）：79-81.

[3]毛向樱. 浅谈“冷笑话”[J]. 赤峰学院学报（汉文哲学社会科学版），2011，32（10）：170-171.

[4]陈莉. 从语用学角度分析流行冷笑话[J]. 语言研究，2012（2）：103-104.

家族成员持股与董事会结构对家族企业价值影响的研究

2013 级　管理科学与工程　刘鑫然

摘　要：本文选取 2007 年到 2010 年连续四年上市，实际控制人为自然人且第一大股东为个人，第二至第十大股东中有至少一位自然人的 78 个企业样本，运用实证分析的方法对家族成员持股、董事会规模对中国家族企业价值影响的研究假设。通过实证分析，得出结论股权集中度与托宾 Q 值呈负相关，董事会规模与托宾 Q 值呈负相关关系。

关键词：家族企业；家族成员持股；企业价值

一、引言

Villalonga（维拉隆加）和 Amit（阿米特）（2006）检验了美国家族企业与托宾 Q 值的关系。连燕玲等（2011）认为家族企业的管理方式对家族企业的经营效率存在显著影响。魏明海、黄琼宇和程敏英（2013）发现家族成员在董事会中的规模与公司价值存在负相关关系。

二、研究假设

中国家族上市企业的价值受到很多因素的影响和制约，企业家族成员的持股比例及其集中程度会影响企业的价值。股权的高度集中，形成“一股独大”的局面，影响企业的价值。大量文献认为董事会规模对公司价值产生负面的影响。研究证实独立董事对公司治理有积极作用。

假设 1：股权集中度与公司价值呈负相关。

假设 2：董事会规模与公司价值呈负相关。

假设 3：独立董事规模与公司价值呈正相关。

基于家族企业公司价值实证研究所选用的变量及上述理解和思考，建立并运用下列模型，运用多元线性回归方法进行分析，模型如下：

$$D^2_{MJ}=\frac{1}{2}D^2_{KJ}+\frac{1}{2}D^2_{LJ}-\frac{1}{4}D^2_{KL} \tag{1}$$

其中，TQ 是公司价值（Firm Value）的衡量指标，为因变量。自变量为前三大股东持股比例（top3）、董事会规模（BD）、独立董事规模（ID），控制变量为资产负债率（LEV）、公司规模（SIZE）。β1，β2，β3，β4，β5 是参数，α 为常数项；ε 为随机误差。

三、研究假设的实证分析

本文数据来源是 CCER 中国经济金融数据库。选取 78 个企业样本，均符合 2007 年到 2010 年连续四年上市，实际控制人为自然人，且第一大股东为个人，第二至第十大股东中有至少一位自然人的要求标准。

（一）描述性统计分析

利用 SPSS19.0 统计软件对 78 个 2007 年至 2010 年连续四年上市的中国家族上市企业前三大股东持股比例进行了描述性的统计分析。对样本的总体描述，结果如表 1 所示。

表 1　描述性统计结果

年度	样本数	最小值	最大值	均值	峰度
2007	78	13.33	88.22	50.5913	-0.025
2008	78	11.55	75.31	48.6690	-0.298
2009	78	11.55	75.31	45.5670	-0.456
2010	78	13.33	88.22	50.5913	-0.025

通过表 1 可以看出在样本企业各持股比例中，前三大股东持股比例无论是最大持股比例还是平均持股比例基本在一个较高的稳定的水

平上，进行内部的波动。这说明家族成员持股对家族企业具有稳固的控制权。峰度值均小于零，说明该数据的正态分布较平缓，后文在分析相关性时采用 Pearson 相关系数更为适宜。通过对比董事会规模与独立董事规模（表格略），发现 2007 年至 2010 年间，董事会的规模以 6 人居多，最多为 7 人；独立董事的规模以 3 人居多，且最多为 4 人。值得我们注意的是，董事会为偶数的情况远大于为奇数的情况，这对于决策的有效性有消极的影响，不利于决策的制定和实施，这是家族企业面临的主要问题之一。

（二）相关性分析

表 2　各变量之间的 Pearson 相关性分析

	TQ	top3	BD	ID	LEV	SIZE
TQ	1.000					
	(0.000)					
top3	-0.145*	1.000				
	(0.010)	(0.000)				
BD	-0.122*	-0.114*	1.000			
	(0.032)	(0.044)	(0.000)			
ID	-0.029	-0.066	0.537**	1.000		
	(0.611)	(0.248)	(0.000)	(0.000)		
LEV	-0.189**	-0.227**	0.089	0.082	1.000	
	(0.001)	(0.000)	(0.115)	(0.150)	(0.000)	
SIZE	0.136**	-0.370**	0.159**	0.109	0.503**	1.000
	(0.006)	(0.000)	(0.005)	(0.055)	(0.000)	(0.000)

注：表中“*”、“**”表示在 5%、1%的水平下双边检验显著。

通过表 2 看出，前三大股东持股比例（top3）与托宾 Q 值（TQ）之间有显著的负相关性。董事会规模（BD）与托宾 Q 值（TQ）之间的相关性是显著的。独立董事规模（ID）与托宾 Q 值（TQ）之间无明显的相关性。资产负债率（LEV）与托宾 Q 值（TQ）二者呈现高度显著的负相关性。公司规模（SIZE）与托宾 Q 值（TQ）二者呈现高度显著的正相关性。前三大股东持股比例（top3）与资产负债率（LEV）之间存在高度显著的负相关性，前三大股东持股比例（top3）与公司规模（SIZE）二者之间有高度显著的负相关性。董事会规模（BD）与公司规模（SIZE）之间有高度呈显著的正相关性。通过回归分析，我们发现假设 3 不成立，其他假设均成立。所以得出结论：股权集中度与托宾 Q 值呈负相关。董事会规模与托宾 Q 值呈负相关。独立董事规模与托宾 Q 值无相关性。资本负债率与托宾 Q 值呈负相关。公司规模与托宾 Q 值呈正相关。

（三）回归分析

通过对模型拟合程度的检验，发现其系数为 0.629，说明其拟合程度还是可以接受的，拟合效果较理想。在方差分析中，回归模型的 Sig. 值为 0.005< α =0.01，说明该模型有显著的统计意义。

表 3　多元线性回归结果

Model	Unstandardized Coefficients		Standardized Coefficients	t	Sig.
	B	Std. Error	Beta		
(Constant)	-89.970	32.504		-2.768	0.006
top3	1.550	1.276	0.039	1.656	0.012
BD	-1.813	0.955	-0.167	-1.899	0.059
ID	2.883	1.774	0.143	1.625	0.105
LEV	-0.038	0.018	-0.136	-2.094	0.037
SIZE	4.993	1.535	0.220	3.252	0.001

由为标准化的回归系数可知拟合结果为：

$$CSRD_i = \beta_0 + \beta_1 LNDR_i + \beta_2 MECP_i + \beta_3 LNS_i + \beta_4 LNB_i + \beta_5 YEAR_i +_i \xi$$

从 Sig.值可知，在该模型中，前三大股东持股（top3）的统计学意义不明显，即前三大股东持股比例（top3）与托宾 Q 值（TQ）之间的关系并不紧密。前三大股东持股比例对家族公司价值的影响并不显著，而董事会规模（BD）的 Sig.值接近 0.05，说明其与托宾 Q 值（TQ）

之间存在相关性。独立董事规模（ID）的 Sig.值接近 0.1，说明其与托宾 Q 值（TQ）之间存在相关性，但并不显著。资产负债率（LEV）的相关系数为-2.094，相关系数的 Sig.值为 0.037<0.05，其与托宾 Q 值（TQ）有显著的负相关性。公司规模（SIZE）的相关系数为 3.252，相关系数的 Sig.值为 0.001<0.01，其与托宾 Q 值（TQ）有高度显著的正相关性。

通过多元回归共线性检验，发现特种根均不为零，除了公司价值（SIZE）以外，其他变量的条件指数符合常规要求。虽然公司价值（SIZE）的条件指数大于 30，但在管理活动中，这是因为会人为的主观因素对起作用，只要将其控制在一定范围之内，还是可以接受的。

四、研究结果与讨论

在建立研究假设的前提下，本文运用 SPSS19.0 统计学软件对所选取的 2007 年至 2010 年连续四年间在中国上市、并且前十大股东中至少有三个为家族成员的家族企业的 78 个样本数据进行描述性分析、相关性分析和回归分析，发现股权集中度与托宾 Q 值呈负相关，说明在中国家族公司中，无论其大股东的性质如何，都会为了自己的利益，运用自己强势的控制能力，干涉公司的经营活动，侵占中小股东的利益，从而可能降低公司的价值。董事会规模与托宾 Q 值呈负相关，这说明随着董事会规模的扩大，协调和组织过程的损失将超过董事会规模扩大所带来的收益，降低公司价值。独立董事规模与托宾 Q 值无相关性，说明在现阶段中国家族公司的公司治理水平还有待提高，这样会提高独立董事规模的变化对公司的价值所带来的影响。公司规模与托宾 Q 值呈正相关，因为与小公司相比，大公司一般从事着多元化程度和复杂程度更高的经营活动，所赚得的利润也会更多，从而使得公司的价值有所提高。中国家族企业的公司价值受多方面影响的同时，以家族成员持股比例对其影响更为深远。但作为具有“家”味道的家族企业，如果想通过主观能动因素来使自己的企业可持续地科学发展，最直接的就是通过拥有大份额的股权，对企业的重大事项和决定拥有话语权，这样虽有些许的“一股独大”的味道，但是却能在如企业转型、重大项目决策上为自己的企业做出符合家族整体利益的决策，实现公司价值最大化。

参考文献：

[1]连燕玲，贺小刚，张远飞. 家族权威配置机理与功效——来自我国家族上市公司的经验证据[J]. 管理世界，2011（11）：105-117.

[2]魏明海，黄琼宇，程敏英. 家族企业关联大股东的治理角色——基于关联交易的视角[J]. 管理世界，2013（3）：133-172.

[3]Villalonga, B., Amit, R.. “How do Family Ownership, Control and Management Affect Firm Value?” *Journal of Financial Economics* 80 (2006): 385-417.

董事薪酬、媒体关注与企业社会责任
——基于中国A股上市银行实证研究

2013级　管理科学与工程　刘鑫然

摘　要：本文基于利益相关者理论，运用2009年至2011年沪深两市A股上市银行的数据，研究董事薪酬、媒体关注对于企业社会责任信息披露水平的影响。研究发现，董事薪酬与银行社会责任信息披露水平存在正相关关系；市场导向媒体关注与银行社会责任信息披露水平存在负相关关系；政策导向媒体关注与银行社会责任信息披露水平存在负相关关系。

关键词：利益相关者理论；董事薪酬；媒体关注；企业社会责任

一、引言

企业社会责任是提升企业声望、减少管理风险和法律风险的有效工具。所以在资源有限的竞争市场环境中，企业的管理者需要慎重地做出投资决定，同时还要考虑如何履行企业对于社会和环境的责任。企业在实施社会责任行为时，不仅是为了创造社会价值，而且是为了企业的经济价值的更好实现。学术界对于银行社会责任与董事薪酬之间关系的研究是有限的。媒体关注研究在沟通学和管理学两个领域均已经开展（Fiss & Zajac, 2006）。对于许多利益相关者来说，媒体是降低信息不对称的主要合法渠道，所以公司依然很依赖媒体对他们的报道和评价。

基于以上文献和分析，本文基于利益相关者理论，围绕董事薪酬和媒体关注二者对于企业社会责任行为的影响开展研究。本文的贡献在于在研究董事薪酬与社会责任关系时，将媒体关注纳入其中进行假设的建立并使用面板数据尝试衡量董事薪酬、媒体关注与企业社会责任之间的关系。

二、文献综述与研究假设

（一）董事薪酬与社会责任

斯坦特（Kostant，1999）提出董事担当公司利益相关者之间的沟通管家，这是一个提高效率和加强合作的必需的角色。然而，我们更加关心的是董事在企业社会责任信息披露中的作用。瑞安和威金斯（Ryan & Wiggins，2004）发现董事薪酬与企业社会责任存在显著的正相关关系。董事薪酬的增加，在一定程度上对董事产生激励作用，促使董事更加积极地参与银行的治理事物中，降低了管理的机会主义，履行了更多的社会责任行为。基于以上分析，我们提出如下研究假设：

假设 1：在其他条件不变的情况下，董事薪酬与银行社会责任水平存在正相关关系。

（二）媒体关注

管理学中，媒体关注可以被解释为媒体知名度（Fiss & Zajac, 2006）。在研究媒体知名度对企业的影响中，发现高度知名的公司要比不知名的公司更倾向于投资更多的企业社会责任行为。在媒体披露某个特定企业存在的社会问题之后，这个企业将有可能着手解决所披露的问题（Deephouse & Heugens, 2009）。媒体的存在表明利益相关者了解一个公司的问题从而期望公司对这些问题进行披露。因此，企业管理者会在他们暴露于媒体宣传时，通过调节披露机制来提高合法性与合理性。面对负面宣传时，企业可能会试图表现得更加透明，来提高信息披露的质量并影响公众的认知。因此，我们提出以下假设：

假设 2：市场导向媒体关注度对银行社会责任水平存在正相关关系。

假设 3：政策导向媒体关注度对银行社会责任水平存在负相关关系。

三、研究设计

本文采用润灵环球责任评级（RKS）对银行企业社会责任的评级方法，该评价体系评分采用的是结构化专家打分法，满分为100分，其中整体性评价权重为30%，满分为30分；内容性评价权重是50%，满分为50分；技术性评价权重为20%，满分为20分。

在媒体关注指标的选取上，参照陶莹和董大勇（2013）的分类方式，将媒体关注度分为市场导向媒体关注与政策导向媒体关注两大类。其中，市场导向媒体关注选取《中国经营报》、《经济观察报》、《21世纪经济报道》、《第一财经日报》作为衡量标准；政策导向媒体关注选取《中国证券报》、《证券日报》、《证券时报》、《上海证券报》作为衡量标准。通过单一年度内上述报纸中发表的题名中带有同一银行名称及简称文章数量作为媒体对某个公司关注度的替代变量。其他变量名称不再赘述，详见表1。

表1　变量的定义与命名

变量分类	变量符号	变量含义	替代变量	数据来源
因变量	CSRD	企业社会责任指数	企业社会责任水平（RKS）	RLCCW 数据库
自变量	LNDR	董事薪酬	前三名董事薪酬之和的自然对数	CSMAR 数据库
	MECM	市场导向媒体关注	对应报纸媒体对企业相关报道数量的自然对数	CNKI 中国重要报纸全文数据库
	MECP	政策导向媒体关注		
控制变量	LNS	银行规模	总资产自然对数	CSMAR 数据库
	LNB	董事会规模	董事会人数	
虚拟变量	YEAR	年度	三个年度设置两个虚拟变量	

资料来源：作者整理。

四、模型建立

本文采用多元线性回归方法进行建模。我们建立模型（1）对假设1、假设 2 进行检验；模型（2）对假设 1、假设 3 进行检验。模型设置如下：

$$D^2{}_{MJ} = \frac{1}{2}D^2{}_{KJ} + \frac{1}{2}D^2{}_{LJ} - \frac{1}{4}D^2{}_{KL} \quad (1)$$

$$CSRD_i = \beta_0 + \beta_1 LNDR_i + \beta_2 MECP_i + \beta_3 LNS_i + \beta_4 LNB_i + \beta_5 YEAR_i + \xi_i \quad (2)$$

五、实证检验

（一）描述性统计分析

本文以 2009 年至 2011 年连续 3 年在我国 A 股上市的银行作为研究对象，共筛选出 42 个样本。表 2 的数据中，各变量的均值与中值的大小相近。在标准差中，除企业社会责任指数（CSRD）大于 10 外，其他变量的标准差均在合理范围之内，表明数据不存在严重的偏离。具体数值不在这里赘述，详见表 2。

表 2　连续变量的描述性统计

	样本	均值	中值	标准差	最小值	最大值
CSRD	42	59.178	63.755	14.047	31.980	78.140
LNRD	42	15.401	15.526	0.807	12.670	16.796
MECM	42	2.983	3.255	0.983	0.000	4.727
MECP	42	3.752	3.806	0.819	1.792	5.142
LNS	42	28.555	28.424	1.173	25.731	30.370
LNB	42	2.270	2.250	0.408	1.610	3.258

资料来源：作者对 SPSS16.0 输出结果进行整理。

（二）相关性检验分析

如表 3 所示，企业社会责任指数（CSRD）与董事薪酬（LNDR）、市场导向媒体关注（MECM）、政策导向媒体关注（MECP）、董事会规模（LNB）等变量在0.05水平下显著；与银行规模（LNS）在0.01水平下显著，具有十分显著的正相关关系。解释变量中，银行规模（LNS）与董事会规模（LNB）的相关系数为0.194，不存在严重的多重共线性问题。

表3 变量的Pearson相关性检验

全样本	CSRD	LNDR	MECM	MECP	LNS	LNB
CSRD	1	0.245*	0.244*	0.240*	0.537**	0.247*
		(0.021)	(0.029)	(0.036)	(0.000)	(0.019)
LNDR		1	-0.389*	-0.426**	-0.421**	0.167
			(0.013)	(0.006)	(0.007)	(0.303)
MECM			1	0.885**	0.780**	0.216
				(0.000)	(0.000)	(0.180)
MECP				1	0.807**	0.151
					(0.000)	(0.353)
LNS					1	0.194
						(0.231)
LNB						1

注：**、*分别表示在0.01，0.05水平显著（双边）。

资料来源：作者对SPSS16.0输出结果进行整理。

（三）回归分析

我们依次对上述2个模型进行回归检验。从表4中两个模型的修正R方可以看出模型的拟合度较高，Durbin-W值均约等于2，表明模型中各变量间不存在严重的多重共线性问题，与上文一致。在模型（1）中，董事薪酬（LNDR）与企业社会责任指数（CSRD）的t值为2.982且在0.01水平下双边显著；在模型（2）中，董事薪酬（LNDR）与企业社会责任指数（CSRD）的t值为3.023且在0.01水平下双边显著，表明董事薪酬与银行社会责任水平存在显著的正相关关系，假设1成立。在模型（1）中，市场导向媒体关注（MECM）与企业社会责任指数（CSRD）的t值为-2.047且在0.05水平下双边显著，表明市场导向媒体关注与银行社会责任水平存在显著的负相关关系，假设 2 不成立。在模型（2）中，政策导向媒体关注（MECP）与企业社会责任指数（CSRD）的 t 值为-2.275 且在 0.01 水平下双边显著，表明政策导向媒体关注与银行社会责任水平存在显著的负相关关系，假设 3 成立。

表 4　模型回归结果

	模型（1）		模型（2）	
	估计系数	*t* 值	估计系数	*t* 值
Constant	-380.668	-4.952***	-388.160	-5.084***
LNDR	7.092	2.982**	7.083	3.023**
MECM	-5.596	-2.047*	-	-
MECP	-	-	-7.789	-2.275**
LNS	12.028	5.197***	12.881	5.327***
LNB	1.694	0.389	-1.034	-0125
YEAR	已控制		已控制	
Adj.R^2	0.459		0.472	
Durbin-W	2.010		2.149	
F test	9.270***		9.719**	
Obs	42		42	

注：***、**、*分别表示在 0.001、0.01、0.05 水平显著（双边）。

资料来源：作者对 SPSS16.0 输出结果进行整理。

在稳健性分析中，将总样本按照银行控股属性分为国有控股银行与非国有控股银行分类后，分别纳入模型进行检验，发现结果与上述检验结果基本一致，表明本文建立的模型具有较强的稳定性。因篇幅有限，检验结果不在这里列示。

六、研究结论与启示

本文对董事薪酬、媒体关注与银行社会责任的关系进行了实证检验，研究结论如下：（1）董事薪酬可能会对银行社会责任披露产生积极影响。通过薪酬激励机制，董事的能力在一定程度上得到更大程度的发挥，有助于董事在银行社会责任上的决策与实施，有助于银行治理机制的长效发展。（2）媒体关注可能会对银行社会责任信息披露产生消极影响。根据利益相关者理论，其中的原因可能是银行希望通过披露更多的信息来博得利益相关者的满意，但即使银行积极从事社会责任方面的活动，有时媒体对于银行社会责任行为的披露也可能不是正面的，所以银行的初衷并不会让公众对于银行的认同度提升，反而产生负面影响。在另一方面，这有助于银行不断改善自身的治理机制，更多地从事社会责任事业，保持良好的声望。可以看出，媒体关注对于银行社会责任披露，为我国银行业的发展起到了监督和促进的重要作用。

参考文献：

[1]陶莹，董大勇. 媒体关注与企业社会责任信息披露关系研究[J]. 证券市场导报，2013（11）：20-33.

[2]Deephouse D. L., Heugens P. P. Linking Social Issues to Organizational Impact: the Role of Infomediaries and the Infomediary Process [J]. *Journal of Business Ethics*, 2009, 86(4): 541-553.

[3]Fiss, P. C., Zajac, E. J. The Symbolic Management of Strategic Change: Sense Giving via Framing and Decoupling [J]. *Academy of Management Review*, 2006, 49(6): 1173-1193.

[4]Kostant, P. C. Exit, Voice and Loyalty in the Course of Corporate Governance and Counsel's Changing Role [J]. *Journal of Socio-Economics*, 1999, (28): 203-247.

[5]Ryan, H. E., Jr., Wiggins, R. A., III. Who is in Whose Pocket? Director Compensation, Board Independence, and Barriers to Effective Monitoring [J]. *Journal of Financial Economics*, 2004 (73): 497-524.

浅析“营改增”对服务业产生的影响

2013 级　世界经济　乔平平

摘　要：目前大部分国家将服务业纳入了征收范围，部分国家采取了逐步“扩围”的方式，也有许多国家开征初期就将增值税覆盖了大部分服务业。本文从国外将服务业纳入增值税征税范围入笔，论述我国“营改增”历程，并分析营改增对避免重复征税，促进服务业发展，改变经济增长方式等方面产生的影响。

关键词：营改增；服务业；影响

一、国内外增值税向服务业的“扩围”

（一）国外“增值税扩围”经验

法国增值税产生于 20 世纪 50 年代，其产生的基础是当时的流转税制度。1954 年法国开征增值税时仅限于商业批发和工业生产，1966 年扩大至农业和零售业，1978 年以后逐步扩大至服务业。

OECD 成员国，尤其欧盟国家增值税“扩围”过程主要受到 1977 年颁布的欧共体《增值税第 6 号指令》的影响，这项指令要求所有成员国必须对所有非金融服务业实行增值税，对某些特定的服务业则实行免税。

受到发达国家影响，许多发展中国家开征增值税时就将服务业纳入了征税范围。印度于 1994 年开始对服务征增值税，起初仅对电信、保险和股票经纪三个行业征收，随后扩大至 100 多个服务项目，并于 2011 年 4 月 1 日起对商品和服务全面征收增值税。

（二）我国“营改增”历程

增值税征收范围扩大至服务业，是充分发挥增值税消除重复征税、实现公平税负作用的必然要求，也是世界税制发展的趋势。因此，我国采取了积极的措施推进营业税与增值税的改革，即“营改增”，消除重复征税，促进服务业发展。

与世界税制格局的一般情形有所不同，出于历史原因，诞生于1994年的税制体系，同时植入了两个一般流转税税种——增值税和营业税。前者主要适用于制造业，后者主要适用于服务业。这种税制使后者有重复征税现象，税负相对较重。

我国于2009年1月实施增值税转型改革，作为反危机的一项宏观经济政策安排。这背离了调整经济结构的时代潮流，抑制了服务业的发展。而这一轮金融危机是由结构性因素所导致的危机。因此，使经济走上持续健康发展的轨道，就要加大经济结构战略性调整力度，转变经济发展方式。于是，作为推动经济结构调整的一项重要的宏观经济调控操作，2012年1月，“增值税扩围”首先在上海的交通运输业和6个现代服务业（包括研发和技术服务、信息技术服务、文化创意服务、物流辅助服务、鉴证咨询服务和有形动产租赁服务，故被简称为“1+6”）开始试点，并且“增值税扩围”也被改为“营改增”。2013年8月1日起，交通运输业和部分现代服务业营改增试点扩大到全国。广播影视服务也纳入试点，扩大了现代服务业范围。2014年1月1日起，将铁路运输和邮政服务业纳入营业税改征增值税试点，至此交通运输业已全部纳入营改增范围。2014年6月1日起，电信业被纳入营业税改征增值税试点范围。

二、将现代服务业纳入增值税范围的必要性

在新的经济发展形势下，将增值税征税范围扩大至服务业，以增值税取代营业税，既符合国际惯例，同时也符合我国的国情，更有利于我国市场经济的进一步发展，所以说营业税改征增值税改革是十分必要的。

（一）服务业对国民经济的重要影响

目前，在世界 GDP 总量中，服务业产值已超过了 60%，一些发达国家的服务业产值占 GDP 的 70%，个别国家接近 80%。服务业的就业比重方面，发达国家已高达 70%左右，中等收入国家为 50%～60%之间。世界经济已经进入了“服务经济”时代。中国服务业对 GDP 的贡献率 2013 年为 46.1%，虽然“营改增”后有所提高，但是仍长期低于 OECD 国家 2000 年就达到的 70%左右的水平。我国服务业发展较慢的一个重要原因就是流转税税制结构不合理，加重了服务业的税负，限制了服务业的发展与升级。

而服务业对一国国民经济发展具有重要影响。首先，服务业对转变经济发展方式、促进产业结构有重要影响，世界发达国家的服务业发展水平充分表明一国的服务业的发展能够促进产业结构升级，使国民经济又稳又快地发展；其次，第三产业的发展能够有效地带动一二产业的发展，更能够缓解就业压力，促进就业；再次，服务业的发展有利于提高国际竞争力，从而提高我国面对国际风险的能力。因此，从服务业对经济的影响方面看，“营改增”具有必要性。

（二）流转税的税制结构对服务业的不利影响

首先，现行流转税税制结构加重了现代服务业的税负。在流转税方面，服务业适用于营业税法，按照适用税率计算缴纳营业税。但从流转税的适用范围看，服务业和工业分属增值税和营业税的范畴。因此，生产性服务企业就承担了增值税和营业税的双重税负。其次，现行税制结构对现代服务业的发展也有不利影响。由于我国服务业是营业税的征税项目，因而出口时无法实行出口退税，就会使我国在国际贸易中处于劣势。

因此，无论是从服务业在经济发展中所起到的重要作用来讲，还是从流转税的税制结构对服务业的不利影响方面讲，“营改增”将服务业纳入增值税征税范围既具有必要性，又具有合理性。

三、将服务业纳入增值税征税范围产生的影响

（一）避免了重复征税

增值税的税收负担与纳税人的收入水平和纳税人成本中可以抵扣的项目有关，这是增值税与营业税的最大区别。实行“营改增”后，服务行业是企业可以开具增值税发票，使得客户可以进行增值税进项税额抵扣，最后降低了客户的购买服务成本。与改革之前的税制相比，解决了之前营业税体制下服务业分包环节的重复征税问题。营改增试点后，试点企业总体上实现减税，同时，试点企业下游企业由于抵扣增加也普遍减税。我国2013年减税规模超过了1400亿元，比上一年的426亿元的规模高出近1000亿元。税收的减少可有效地增加企业的积极性，促进服务业的发展，同时可以提供更多的就业机会。

（二）促进现代服务业的发展

从产业结构调整角度讲，“营改增”为服务行业构建一个适宜的税收制度环境，为服务业营造一个有利于发展的经济环境。尽管中国还是发展中国家，经济发展水平也与发达国家有一段差距，但是东部沿海地区却处于工业化后期。在这一时期，服务业的地位也越来越突出。服务业的发展和壮大，可以增加工业附加值，优化社会资源配置，同时提供更多的就业岗位。2013年，第三产业占GDP的比重则明显提高，达到46.1%，比上年提高1.5个百分点，比第二产业比重高2.2个百分点，这是第三产业比重首次超过第二产业。这也说明了营改增对服务业的发展产生了积极的影响，更对国民经济的发展以及经济结构的调整意义深远。

（三）改变经济增长方式

我国自1994年开始实行分税制，税收爆发式增长，税收增长率高，由1995年6380亿元增加到2013年110497亿元，年均增长20.9%；其增长率高，持续时间长，是我国税收爆发式增长的特征。这种长期持续的增长形式所形成的国民收入，在国家税收、企业利润以及个人收入之间的此消彼长，是不利于经济可持续发展的。服务业的营改增通过结构性减税，有利于减轻企业税负，促进税收向稳健可持续增长。

我国进行营改增的时间虽然不长，一部分服务业还未纳入营改增范围，但却对服务业产生了深远的影响。“营改增”一定能够提高国民经济水平，促进产业结构的调整，使我国的服务业发展与发达国家水平逐步靠拢。

参考文献：

[1]冯秀娟，魏曼．增值税“扩围”改革对现代服务业发展的影响分析——以上海“营改增”试点政策为例[N]．北京市经济管理干部学院学报．2013(11)：47-52.

[2]高培勇．“营改增”的故事，一个梗概[C/OL]．(2013-08-06)[2014-05-04]. http://www.dss.gov.cn/News_wenzhang.asp?ArticleID=335678.

[3]魏琳．“营改增”对第三产业的影响[J]．现代商业．2013（11）：167.

[4]张旭．转轨时期服务业发展对国民经济的影响研究[J]．商业时代．2011(9).

基于SPSS聚类分析的各地区住宿业企业的经济发展研究

2013级　世界经济　史姗姗

摘　要：随着经济的快速发展，各地区的住宿业都有不同程度的发展，为了了解不同地区住宿业企业的发展程度，以2012年各地区住宿业企业的统计数据为实例，基于SPSS统计软件对31个地区的住宿业进行系统聚类，聚类结果表明，这31个地区可以划分为两类。住宿业发展薄弱的地区可以借鉴发展程度较高的地区的经验，采取相应政策促进当地住宿业企业的发展。

一、聚类分析概述

从统计学的观点看，聚类分析是通过数据建模简化数据的一种方法。传统的统计聚类分析方法包括分层聚类法、有序样品聚类、系统聚类法、动态聚类法、模糊聚类和重叠聚类等。另外，根据其算法原理的不同，又可以分为基于密度方法、基于网格方法、基于层次分类方法聚类等等。其中，采用K-中心点、K-均值等算法的聚类分析工具已被许多著名的统计分析软件包所采用，如SPSS、SAS等。从聚类分析的数理特性来看，同类中的指标往往具有相似的统计特性，因此可以通过同类指标的选择，达到指标分类及筛选的目的。

聚类（clustering）就是将数据对象分组成为多个类或（cluster），而聚类分析则是一种对样品或指标进行分类的多元统计分析方法，主要有分层聚类法和迭代聚类法，聚类分析也称群分析、点群分析。聚类分析可以应用在很多方面，像模式识别、图像处理、数据分析，以及市场研究等。在商业上，通过聚类，人们可以发现不同的客户群，并且根据他们的购买模式刻画出他们的不同特征；在生物上，人们可以利用聚类分析对动植物和基因进行分类来获得对种群固有结构的认识；在保险行业上，聚类分析可以通过一个高的平均消费对汽车保险单持有者进行分组，同时根据住宅类型、地理位置、价值来鉴定一个城市的房产分组；在因特网应用上，聚类分析被用来在网上进行文档归类来修复信息。

通过聚类，人们总能够识别密集的和稀疏的区域，从而发现全局的分布模式，以及数据属性之间的有趣相互关系。聚类的目的是把大量数据点的集合分成若干类，使得每个类中的数据之间最大程度地相似，而不同类中的数据最大程度地不同。面对特定的应用问题，如何选择合适的聚类算法是聚类分析研究中的一个重要课题。迄今为止，已经提出了众多的聚类算法。

二、K-均值方法

本文主要使用的是基于划分的方法中的K-均值算法，下面来介绍K-均值算法。

给定一个有n个对象或元组的数据库，将其划分为k组，每个划分就代表一个聚簇，并且k≤n。同时满足要求：每个组至少包含一个对象；每个对象必须属于且只属于一个组。典型的此类算法如K-means算法、K-中心点算法等。用p个变量（也称属性）来表示n个对象，如用年龄、身高、性别、体重等属性来表现人，这种数据结构是关系表的形式，或者n*p（n个对象*p个属性）矩阵。

K-means算法是以k为输入参数，把n个对象的集合分为k个类，使得类内相似度高，类间相似度低，类的相似度是类中对象的均值度量，可以看做类心（簇心）（the cluster's centroid）。

K-均值算法描述如下：

算法：K-means

输入：类的数目k和包含n个对象的数据库。

输出：k个类，使平方误差最小。

方法：

（1）从 m 个数据对象中任意选 k 个用来作为初始的类中心；

（2）通过每个聚类对象的均值（中心对象）来计算每个对象与这些中心对象的距离，并根据最小距离对相应对象重新进行划分；

（3）重新计算每个簇的平均值；

（4）反复执行（2）、（3），直到 E 的值不再发生变化（即准则函数收敛）。

K-均值算法试图确定 k 个划分达到平方误差最小。当聚类结果是密集的，并且类与类之间有明显的区别，则表示聚类效果良好。在处理大数据集时，这个算法是相对可伸缩的和高效的，计算的复杂度为 O（nkt），在这里，n 代表数据对象的数目，k 是类的个数，t 表示迭代的次数。一般情况下，k<<n，t<<n。

K-均值算法适合发现凸状的或者球状的类，或者是大小差别很大的类。除此之外，它对噪声和离群点是很敏感的，所以少量的这类数据容易对均值产生很大的影响。

三、分析

在本文中，针对 4 个经济指标属性变量，我们使用 K-均值算法进行聚类。如表 1 所示：将 4 个属性变量导入“Variables”，将“城市名称”变量导入“Label Cases by”，从而得到表 2，将 31 个城市分成两类（1 代表第一类，2 代表第二类）：

表 1 2012 年各地区住宿业企业的经营状况 单位：万元

地区	客房收入	餐费收入	商品销售额	其他收入
北京	1712774.00	1074761.00	97273.00	615467.00
天津	185726.00	139850.00	7570.00	46120.00
河北	327708.00	406733.00	17376.00	63107.00
山西	289585.00	286840.00	18835.00	47426.00
内蒙古	220790.00	211702.00	14335.00	26249.00
辽宁	516925.00	416455.00	18579.00	91837.00

续表

地区	客房收入	餐费收入	商品销售额	其他收入
吉林	138169.00	135442.00	3954.00	23744.00
黑龙江	185192.00	112760.00	11883.00	12740.00
上海	999058.00	671144.00	35759.00	247107.00
江苏	833252.00	1050328.00	92738.00	161339.00
浙江	1204884.00	1438997.00	41755.00	232973.00
安徽	295704.00	311581.00	22356.00	42768.00
福建	505099.00	558527.00	54661.00	84990.00
江西	253817.00	186906.00	17015.00	30143.00
山东	831174.00	848112.00	73271.00	129035.00
河南	609005.00	469726.00	57165.00	86881.00
湖北	450559.00	321280.00	23367.00	68934.00
湖南	592436.00	558962.00	37847.00	85350.00
广东	2071403.00	1800722.00	80241.00	56747.00
广西	274393.00	232717.00	22117.00	40866.00
海南	597389.00	279173.00	10796.00	67630.00
重庆	271245.00	256938.00	17462.00	63462.00
四川	665313.00	451990.00	39757.00	114631.00
广州	157576.00	95786.00	5705.00	16397.00
云南	349957.00	202767.00	19597.00	64867.00
西藏	27860.00	12787.00	769.00	6581.00
陕西	421704.00	393472.00	26171.00	54985.00
甘肃	126387.00	89525.00	4956.00	16862.00
青海	38896.00	20140.00	1109.00	4429.00
宁夏	35570.00	27133.00	3874.00	5269.00
新疆	163655.00	156557.00	12327.00	35604.00

表2 31个省市通过聚类分析进行分类

Cluster Membership			
Case Number	地区	Cluster	Distance
1	北京	1	4.833E5
2	天津	2	2.575E5
3	河北	2	9.854E4
4	山西	2	8.779E4
5	内蒙古	2	1.871E5
6	辽宁	2	1.793E5
7	吉林	2	2.984E5
8	黑龙江	2	2.810E5
9	上海	2	7.447E5
10	江苏	2	8.748E5
11	浙江	1	4.643E5
12	安徽	2	7.721E4
13	福建	2	2.784E5
14	江西	2	1.783E5
15	山东	2	7.074E5
16	河南	2	2.860E5
17	湖北	2	8.077E4
18	湖南	2	3.289E5
19	广东	1	5.986E5
20	广西	2	1.300E5
21	海南	2	2.310E5
22	重庆	2	1.164E5
23	四川	2	3.287E5
24	广州	2	3.115E5
25	云南	2	1.171E5
26	西藏	2	4.626E5
27	陕西	2	9.167E4

续表

Cluster Membership			
Case Number	地区	Cluster	Distance
28	甘肃	2	3.377E5
29	青海	2	4.498E5
30	宁夏	2	4.474E5
31	新疆	2	2.637E5

如表 2 所示：31 个省市通过聚类分析分成了两类：北京、浙江、广东为第一类省市，其他的为第二类省市。显然，第一类省市的数量很少，仅仅有三个，这说明这三个省市的住宿业企业发展情况明显区别于其他省市。根据表 1 中的数据可以得出结论：与第二类省市相比，第一类的这三个省市住宿业企业发展较快，同时也是经济发展速度比较快的省市，工作效率比较高，收入水平高，居住条件好，教育条件高，在交通、人均工资、生活质量上都高于其他的省市。

表 3　两类省市的均值中心

Initial Cluster Centers		
	Cluster	
	1	2
营业收入	2.07E6	2.79E4
餐费收入	1.80E6	1.28E4
商品销售额	8.02E4	769.00
其他收入	5.67E4	6581.00

表 3 表示的分类的聚类中心，也就是两类省市的均值中心或者是质心的 4 个属性值。从表 3 的聚类结果可以看出，第一类的省市的营业收入、餐费收入、商品销售额、其他收入这四项都远远超过第二类的省市。因此，第二类省市应该及时寻找其住宿业企业发展过程中存在的问题，像品牌意识不浓、整体实力不强、服务水平不高等，并采取措施切实解决这些问题，提出有效的对策，使住宿业企业走上快速健康发展的道路。

四、结论

通过这些分析我们可以发现北京、浙江、广东这三个省市的住宿业企业的发展速度明显快于其他省市，并且这三个省市的经济发展速度也是相当快的。对于住宿业发展相对比较慢的其他省市来说，应该积极借鉴发展速度较快的这三个省市的发展经验，从根本上实现住宿业企业的快速健康发展。

参考文献：

[1]吕敬堂，吕大明，张浩. 基于 SPSS 的农业功能聚类分区方法[J]. 中国农业资源与区划，2010: 68-74.

[2]秦寿康. 综合评价原理与应用[M]. 北京：电子工业出版社，2005.

[3]法建华. 中国区域经济发展水平的综合评价[J]. 云南财经大学学报，2003，19（5）：65-66.

[4]范金城，梅长林. 数据分析[M]. 北京：科学出版社，2002.

[5]苏金明，傅荣华，周建斌等. 统计软件 SPSS 系列应用实践篇[M]. 北京：电子工业出版社，2002.

[3]王小鲁，樊纲. 中国经济增长的可持续性[M]. 北京：经济科学出版社，2000.

浅析卡普拉的生态哲学观

2011 级　外国哲学　田璐阳

摘　要：生态问题是全球问题，也是世界性的难题。人类向何处去，何处是人类的家园，这本身就是一个哲学问题。卡普拉，一位集科学家、哲学家和生态学家等特质于一身的学者，以西方最新科学理论成果和东方的哲学思想作为学理背景，对笛卡尔-牛顿（Descartes-Newton）机械世界观进行了客观批判，提出了新旧范式的转折点，形成了以文化生态观、宇宙生态观和系统生态观为特征的卡普拉生态哲学思想，并对全球面临的种种危机提出尝试性的主张和见解，为世界和平和人类共享繁荣奠定了理论基础。

关键词：生态哲学；文化生态观；宇宙生态观；系统生态观

我们已经进入 21 世纪，世界文明高度发达，然而，人类却面临着一系列发展的难题，如基于国家利益之争的核讹诈和核威胁甚嚣尘上，局部战争连绵不断，全球气候变暖，粮食危机，能源危机，资源枯竭，环境安全，领土争端以及意识形态和价值观念的冲突等问题日益凸显。尽管人类探索宇宙的脚步从未停止过，但至今尚未找到适合的星球。因此，在目前人类共有的同一个地球上，我们需要什么样的价值观，怎样运用价值观，才能给人类以智慧和启示，从而提出解决上述问题的方法呢？

弗里特乔夫•卡普拉（Fritjof Capra，1938- ）就是一位研究和解决此类问题的美国著名学者。他从宇宙观切入，以相对论为背景，作出了宏观世界和亚微观世界“归一（同一律）（统一性）”的结论，揭示了物质世界“存在与不存在”看似矛盾、其实一致的客观存在特征。本文试图就这些问题做系统地探讨。当然，对于卡普拉生态哲学思想，我们还要从其特征上去理解它、把握它。

一、全球面临的危机和问题是生态危机，出路在于文化转型

卡普拉是一位智者，也是一位勇者。面对全球发展遇到的各种问题和危机，他经过严肃冷峻的思考后，通过东、西方和古今文明的对比，以富有见地的学识分析问题，敏锐地发现了通往未来的文明之路，找到了克服危机的文化生态观。他在 1975 年出版的《物理学之“道”》中写道:“关于现代物理学的思想与东方哲学智慧之间存在着具有和谐性的深刻认识，看来只是一场更大的文化变迁的不可分割的组成部分之一。这场文化变迁将导致一种对于实在的新的观念的出现，将从根本上改变我们的思想、看法与价值观。”在这本书中，卡普拉不但揭示了现代物理学与东方哲学这两种不同的文化精神存在着惊人的一致性，而且提出了“世纪末在科学和社会领域世界观的根本性变革——那是一种关于现实的新见解展现的变革——这一文化转型对于下一世纪的社会意义”。[①]在《转折点》一书中，他从文化角度分析了全球面临的种种危机，认为“父权制的衰落，化石燃料时代的结束，在感觉的文化没落时出现的规范转变，共同促成了这样一个全球性进程”[②]。他还强调，目前的危机，不仅仅是某些个人的、政府的或者社会制度的危机，而是一次全球范围的转变，无论是作为一个人、一个社会、一种文明，还是一个全球生态系统，我们都正在达到这一转折点。可见，从文化视野看待生态问题、解决生态问题依靠文化观念是卡普拉一贯秉持的立场。他曾这样说过，“揭示笛卡尔规范在自然科学和社会科学的局限是为了帮助科学家和非科学家们改变他们的哲学基础，从而参加到目前的文化变革中去”。

① 弗·卡普拉. 物理学之“道”：近代物理学与东方神秘主义. 朱润生译. 中央编译出版社，2012：第四版序言第 2 页.

② 弗·卡普拉. 转折点：科学、社会和正在兴起的文化. 卫飒英，李四南译. 四川科学技术出版社，1988：15.

面对过多的人口和工业技术以不同的方式所导致人类赖以生存的自然环境严重恶化的局面，卡普拉担忧全球生态系统和地球生命可能在一场大规模生态灾难中完全毁灭。而且，他更忧心空气、水和食物的污染对人类健康的危害。他认为，这种危害是人类技术对自然环境最明显、最直接的影响。他认为："我们的技术却正在严重地干扰着甚至毁灭着我们自身赖以生存的生态系统"。对于这些问题，政治家和各个领域的专家无力去解决国家所面临的各种最紧迫的政策问题。对于这些问题的解决，他认为，应当从隐藏在多种问题和危机之后的原动力上去思考变革的方向。因而，他把全球面临的危机称为文化危机。在这里，生态问题已不是单纯的技术问题，而是包含着思想、概念、价值观等在内的文化问题。生态是表现，文化是实质，解决生态问题不能就生态论生态，还要从隐藏在生态问题背后的文化因素上寻找对策，就此卡普拉的文化生态观呼之即出：生态问题不能单靠生态技术来解决，树立文化生态观是根本出路。

二、微观世界的发现和宏观世界的表现，激发了卡普拉生态哲学宇宙观的形成

卡普拉的确是一位了不起的传奇天才人物，他以物理学的精明才干和出色的专业才能，广泛涉猎政治、经济、社会、文化、生态、生物、心理、医学、商业等诸多领域。"宇宙的动态本质不但表现在微观世界里，而且也体现在宇宙空间中"，[①]就是按照这样的思路，他把物理学研究发现中发现的现象和东方古老智慧结合起来，把小宇宙（微观世界）和大宇宙（宏观世界）结合起来，从中悟出了两者在物质世界上的殊途同归和高度的一致性，从而确立了人和自然界同属一个整体、不可分割的有机生态观（包含系统生命观），并取得了一定的成就。其代表性著作有《物理学之道》和《转折点》。他提出了互补观、整体观、动态观、因果观、动态观和自举理论，构成了卡普拉的系统宇宙观。

① 弗·卡普拉. 物理学之"道"：近代物理学与东方神秘主义. 朱润生译. 中央编译出版社，2012：译者前言第 4 页.

受量子力学的冲击，20世纪新物理学在对原有的空间、时间、物质、客体、因果等概念都发生了深刻变化，原有的物理学基础已经动摇，与笛卡尔的力学世界图景相反，有机的、整体论的和生态的力学图景展现在世人面前，完全颠覆了传统的世界观，宇宙不再被看作是许多零件所构成的一台机器，而是一个不可分割的、动态完整的整体。这个整体的各个部分只能被作为一种宇宙过程的模式，具有相互联系和相互作用的特性。新的宇宙生态观以系统观为基础建立起来，世界从此迈入了以生态方式为主导来解决问题的新时代。一种崭新的理念是："人类由地球、宇宙的主宰者变为与地球、宇宙共存共生"，互为一体、不可分割、相互联系、相互依赖，且在自我组织的网络中进行活动。实际上，卡普拉本人通过对物理学和新物理学研究结论的深入思考，诱发了他个人新的宇宙生态观形成，进而辐射到他所关注的各个领域，这是不争的事实。在对其他领域所展开的针对性研究中，他以宇宙生态观为指导，指出了牛顿力学模型的绝对时空观念、基本实心粒子、基本构建块、物理现象因果性，坚持用经典力学分析各领域存在的问题和矛盾，并运用建立在新物理学基础上的生态哲学观做指导，适时提出自已对所涉领域的研究事项正确且合理的主张，对各个领域未来展开研究工作做了一些力所能及的方向探索努力。

卡普拉生态哲学思想的出现，是现代科学技术特别是现代物理学发展成果在人文科学领域的体现，也是东西方文化碰撞、交流、融合的结果，更是跨越时空的现代学者与古代先哲的心灵对话。其关注生命、关注人类前途、关注宇宙的人文精神和人伦思想以及相应的哲学观，无论对东方，还是对西方，都是一种有益的启示。

参考文献：

[1]弗·卡普拉. 物理学之"道"：近代物理学与东方神秘主义[M]. 朱润生译. 中央编译出版社，2012.

[2]弗·卡普拉. 转折点：科学、社会和正在兴起的文化[M]. 卫飒英，李四南译. 四川科学技术出版社，1988.

“天猫”品牌营销策略研究
——“双十一购物狂欢节”背后的启示

2013 级　管理科学与工程　王文静

摘　要：2013 年 11 月 11 日，天猫购物狂欢节支付宝总成交额突破 350 亿，相当于中国日均社会零售总额的 5 成。这不禁让人思考，如此的销售奇迹是如何创造的？本文主要从品牌营销的角度，研究天猫商城的成长历程和营销体系，从如今电子商务的竞争主流出发，探索天猫商城在品牌营销和节日营销方面的趋势，并对其营销前景做出展望。

关键词：天猫商城；品牌；营销策略

一、引言

近年来，随着我国信息时代的到来，人们的生活越来越离不开互联网，电子商务在我国的发展更是突飞猛进。根据中国电子商务研究中心发布的数据，2013 年上半年中国网络零售市场交易规模占社会消费品零售总额的 6.8%，这一比例还将保持扩大态势，今年年底有望突破 7%。截至 2013 年上半年，中国 B2C 网络零售市场，天猫以 50.4%份额排名第一；京东排名第二，占据 20.7%份额；排名第三位的是苏宁易购，占据份额为 5.7%。目前，天猫商城有 7 万多商家和 10 万左右的品牌。本文通过对天猫商城塑造品牌的历程进行回顾，总结了其在品牌营销方面的优势，针对目前电子商务网络零售商竞争白热化的现状，对其未来的发展走势进行展望。

二、天猫商城的历史回顾

天猫的前身淘宝商城诞生于 2008 年，是淘宝网打造的在线 B2C 购物平台。当时的淘宝网占据中国网购市场份额的 80%。经过淘宝网 5 年的培育，国内网购的基础设施与环境已经成熟，以支付宝为代表的网络支付体系搭建完毕。淘宝商城 B2C 购物平台因其高效率和低成本的特色开始为传统品牌所认识，并进行电子商务尝试。2011 年 11 月 1 日，淘宝商城宣布启用独立域名 www.tmall.com。2012 年 1 月 11 日宣布更名为“天猫”，天猫二字来自 Tmall 的中文谐音，加上猫生性挑剔，挑剔品质、挑剔品牌、挑剔环境，代表的就是时尚、性感、潮流和品质。这恰恰是天猫想要打造的品质之城。天猫塑造的是品牌的独特，来源于淘宝而又不同于淘宝。自此淘宝商城完成了破茧成蝶的品牌蜕变。

三、天猫从平台到品牌

在电子商务网购平台竞争日趋白热化的情况下，单纯坚守做平台的角色，已经不足以在竞争中突围。天猫塑造其独特的品牌，其优势主要表现在以下几个方面。

（一）商品品质高、服务好

2011 年 10 月，天猫商城即当时的淘宝商城在其官方网站发布了《2012 年度淘宝商城商家续签及规则调整公告》，其内容是明确将商城卖家进入天猫商城开设专营店铺所需缴纳的保证金由 1 万元起，调整到 1 万～15 万元不等，相应的技术服务年费由 6000 元起，调整到 3 万元或者 6 万元。天猫商城意在利用这个机会使淘宝商城成功转型为天猫商城，提高商家进入天猫商城的门槛，阻止假货、水货、商品质量有缺陷的卖家进入商城，同时吸引不介意支付较高管理服务费的有实力的卖家进入天猫商城，努力为消费者提供更高水准的服务和更高质量的商品，以保证消费者的相关权益。天猫商城的这一举措，有利于营造其在消费者心中的正面形象，进一步提高其品牌的高度，进而扩大天猫商城的品牌声誉。

（二）信任评价体系完善化

天猫商城的服务对象主要是大型卖家和部分品牌卖家或授权卖家，将淘宝的品牌价值和品牌意识提高到了新的高度。天猫商城采用的是店铺动态评分体系，通过动态评分的宝贝与描述相符、卖家的服务态度、卖家发货的速度、物流公司的服务四项指标来评判店铺状况。天猫商城一方面运用较广泛的针对商品的总体印象进行评分，当某个商品的评价累计到一定数量之后，商品描述评分旁便会出现商品评论中的关键标签，以供消费者检索商品评价的关键内容。另一方面，运用有公信力的评价，避免虚假评价，会公布买家的信用等级，买家详细信息依据个人意愿可以选择公开或者匿名。

（三）形成“滚雪球”效应

所谓的“滚雪球”效应指的是，天猫商城准入门槛提高后，可以使某些不诚信的商家因为管理成本升高而被拒之门外。同时，留下的大部分卖家都是对消费者有责任感的商户，他们获得了更多的商业机会，可以分享更多的客户份额，而且能够保证为消费者提供质量优质的商品，并且在七天无理由退货、正品保证、标准物流等方面的服务给予保证。对于消费者来说，也可以享受更为安全、有保障的购物体验。从而形成天猫商城平台更为靠谱、商户口碑得以建立、消费者购物更为放心的共赢局面。

四、天猫与“双十一购物狂欢节”

回顾历年“双十一”，其成交额呈几何级增长，2009 年，淘宝在 11 月 11 日发起“品牌商品五折”活动，当天销售额 1 亿元；2010 年同一天，销售额翻了 9 倍，增至 9.36 亿元；2011 年，成交额飙升至 52 亿元；2012 年，阿里双十一实现 191 亿成交额，仅天猫就达成了 132 亿元。而 2013 年 11 月 11 日，天猫购物狂欢节支付宝总成交额突破 350 亿，相当于中国日均社会零售总额的 5 成。销售额的层层突破和天猫的品牌建设是息息相关的。

天猫在品牌塑造过程中成功创造了“双十一”全民网购狂欢节这个特有品牌，是整个电商产业链协同配合的结果。商家的大力度折扣及送券支持、天猫的娱乐及游戏化营销策略让单纯的送红包、送现金活动充满趣味性及娱乐性，同时也自然会形成集群效应与口碑效应，技术方面云计算平台对海量流量系统的支撑也对活动成功起到了支撑作用。天猫对品牌的追求在于打造网购的三个确定性：第一个确定性就是商家承诺的，和消费者拿到的是一模一样的；第二个确定性是库存，网上挂了商品的图片，消费者下订单时得保证商家有库存；第三个确定性涉及物流，商家和消费者约定什么时候送到就得什么时候送到。近几年的购物狂欢节，天猫商城取得成交额的层层递增，与其尽全力遵守这三个确定性是分不开的，同时也是整个电子商务产业链共同合作的成果。

五、天猫的未来发展趋势

天猫商城自建立以来，在品牌塑造和消费者服务方面有了很大的改进，为其以后的发展打下了良好的基础。在此基础上，天猫商城的未来发展趋势主要包括以下几个方面。

（一）更加注重用户体验

天猫和淘宝分开也是为了满足消费者的不同网购需求，天猫和淘宝共享 4.7 亿多的消费群体，而每个消费者又有不同的偏好，对商品质量、价格、品牌有不同的喜好。天猫吸引众多的品牌商进驻商城也是为了满足其用户群的不同购物需求。针对用户需求进行精准的营销，注重用户群的购物体验，是其形成品牌塑造的持续推动力量。

（二）B2C 业务属性更加清晰

天猫是基于淘宝 C2C 发展起来的，而淘宝 C2C 平台积累的庞大的流量对于天猫是一个很好的数据支撑。传统的 C2C 类似于集贸市场的小商贩，在电商平台竞争日益激烈的今天，想要持久生存下来，塑造品牌形象是其必经之路。而在 B2B 领域，很难建立品牌优势和口碑，不易形成客户忠诚度。面对 B2C 竞争加剧的局势，淘宝商城拆分出来专营 B2C 是必然的。B2C 是商家对客户的电子商务模式，是商家直接面对终端的消费者，因此商家的诚信、商品质量与口碑就显得格外重要。

（三）进一步打造高品质商场

据相关调查显示，在休闲服装品类，淘宝网和淘宝商城是76%网络购物者的默认购物渠道，而在高利润的电脑品类，只有近半数的网购者使用淘宝和淘宝商城，这说明对可靠性和质量要求较高的品类，专营性的网站更具有优势，只有高品质的商品才能赢得消费者的青睐。天猫商城在未来会进一步提升商品质量，从源头上杜绝低劣商品的出现，天猫商城的监管力度将成为用户选择天猫商城的一个重要原因。在此基础上，在消费者中形成良好的口碑，进而拥有更庞大的用户流量。

（四）提升服务体系

天猫比其他购物网站更有吸引力之处在于其高品质的服务，天猫商城不仅是大品牌的集中地，而且拥有独特周到的服务，比如七天无理由包退换、正品保证、标准物流等相关的服务。天猫商城通过把技术服务保证金提高，一方面，有利于将服务得不到保证的商家拒之门外，另一方面，可以利用多获取的费用作为维护消费者权利的保护基金，并研究了一整套消费者保护机制，使消费者把天猫商城作为一个更放心更方便的购物平台。

（五）升级营销体系

对于营销体系，在诸如打折降价的传统营销模式的基础上，天猫致力于打造全新的营销体系，按照行业生命周期提供服务和商品。商家端，会采取多种营销方式，比如专门的品牌特卖渠道、潮流品质新品发布等；消费端，会针对不同类别商品的消费特点设计出单独的垂直市场以适应不同的消费模式。同时，在与消费者的沟通上，也会采取多样化的方法。

参考文献：

[1]中国电子商务研究中心数据库[OL]. http://www.100ec.cn.

[2]薛娟. 淘宝商城变“天猫”阿里巴巴深耕 B2C[N]. 中国经济时报，2012-01-18（009）.

[3]黄雅. 天猫“双十一”：品牌化生存成为电商竞争主流[J]. 广告大观（综

合版)，2013（1）：81-82.

[4]杨浩，瞿冬栋，晏珺馨，张光辉．"天猫"管理体系升级后前景分析[J]．合作经济与科技，2013（13）38-40.

[5]王博轩．天猫双11总成交额350亿元占中国日均零售5成[J]．和讯科技，2013.

生态女性主义形成初探

2012级　外国哲学　魏欣荣

摘　要：20世纪七八十年代以来，随着野生动物屠杀、栖息地的缺失、动物食品工业性生产等全球性危机的到来，环境正义、粮食安全等问题日益突出，女性主义与生态问题研究相结合的双重维度为女性主义迎来了第三次发展浪潮。本文试图通过探究生态女性主义的形成以揭示其在应对后现代工业化时期环境危机的重大意义。

关键词：生态女性主义；后现代性；环境危机

一、生态女性主义起源

人们普遍认为，瑞秋·卡森（Rachel Carson）在其1962年出版的《寂静的春天》一书中发起的环保运动促成了世界地球日的诞生。然而，由于60年代的女性主义更具自我认同性，而在多重反文化运动中呈现出的激进主义推动了反战和反核运动，又一度遮盖了卡森的应用女性主义，导致她并未在其专业及文学生涯中提及该词。生态女性主义起源于多学科研究的交叉性成果，其中包括女性主义研究、社会公正和环境健康的各种运动，以及苏珊·格里芬（Susan Griffin）的《女性和自然》（1978）、卡洛琳·麦茜特（Carolyn Merchant）的《自然之死》（1980）等基础性文本中对于性别、生态、种族、物种和国家之间互相制衡的研究。在激进女性主义早期的著作《妇科/生态》（1978）中，玛丽·黛莉（Mary Daly）揭示了女性在历史上不同文化中遭受的困扰，这些困扰的根源在于，各种各样针对女性的摧残和压迫被由男性所主导的宗教、文化、医学和科学机构宣布为合法化（比如印度殉夫、中国缠足、非洲割礼、欧洲焚烧女巫、纳粹医学等）。她将女性的身体健康与环境保护和以女性为中心的语言和思想的重建联系了起来。

格里芬对于女性化地位的探究要早于当今的性别研究，她在《女性与自然》一书中提到，女性、动物和自然以及其他（儿童、有色人种、农民、奴隶与身体本身、情感和性取向）的女性化地位是孤立的、低级的，他们是由男性精英主导的暴力社会的附属品，不得不遵守其中的规则。麦茜特在《自然之死》一书中也主张将社会主义女性主义和生态联系起来，为探究女性和自然的统治与科学和资本主义的逻辑之间的共同根源提供了历史性的文献。麦茜特认为科学和资本主义的逻辑是经济学和理性主义融合的产物，她一直从1716年追溯到了1484年，其中最具创造性的一点是，她将种族主义、物种歧视、性别歧视、殖民主义、资本主义及种族主义的历史共存性同动物和陆地的殖民主义者在“发现之旅”中所构建的科学-社会模型等不同领域联系了起来；欧洲长达三个世纪焚烧女巫的历史使得女性草药医生、助产士等社会角色得以根除；随之而来的是动物实验，助产术的消亡和西方医学科学的崛起——所有这一切都是由于土著人、女性、动物、自然将决策权移交给精英男性而导致的结果。由此可见，在文献历史研究方面，麦茜特远远超越了格里芬和黛莉，为20世纪80年代及以后的行动主义和生态女性主义的理论化提供了唯物主义的女性主义基础。除此之外，在德国和澳大利亚，早期的生态女性主义学者如玛丽·梅丽（1986）和阿里尔·萨尔（1984）也为女性主义奠定了唯物主义基础。

二、生态女性主义的兴起

20世纪80年代，女性主义的行动主义者联合反对核武器声明与和平运动，为军国主义、社团主义和不可持续能源产品创建了生态女性主义的视角。在英格兰的格林汉姆科门，“地球上女性的生命”这一女性阵营开启了持续时间最长的女性和平阵营（1981年～2000年），她们表示“非常担忧孩子的未来和一切生物赖以存在的世界的未来”（库克和柯克），并给皇家空军施压，使其停止核巡航导弹的运行和测试。爱丽丝·库克（Alice Cook）和格温·柯克（Gwyn Kirk）在《格林汉姆世界各地的妇女》（1983）一书中记录了运动最初两年的情况，并提供了照片和采访摘录；与此同时，利昂·考尔德科特（Leonie Caldecott）和斯蒂芬妮·利兰（Stephanie Leland）在《改造地球》（1983）这一文集中将女性五角大楼运动、女性和平阵营与女性健康、贫穷、粮食安全、林业、城市生态、土著居民和环境、科技以及女性主义同动物权利的关联、分娩与女性溺婴、工作、休闲、军国主义、哲学和精神性等联系起来，为女性和生态学的跨领域研究提供了国际化的女性主义视角。考尔德科特和利兰的文集成功地将理论和行动主义联系了起来，里面不仅囊括了诗歌、学术著作，还有诸多女性主义学者包罗万象的研究成果，如旺格·马塔伊（Wangari Maathai）（肯尼亚）关于绿色带运动的研究、罗莎莉·博特（Rosalie Bertell）（加拿大）有关核能和健康的研究、威尔特·布朗（Wilmette Brown）（英国/美国）对黑人聚居区的生态研究，马尔塔·萨巴莱塔（Marta Zabaleta）（阿根廷）对在五月广场的母亲们的研究、马努斯团体（Manushi Collective）（印度）对女性溺婴的研究和安妮塔阿南德（Anita Anand）（印度）对抱树运动的研究。

随后，1980 年和 1981 年在美国五角大楼前举行了两次妇女罢工并召开了以“女性与地球上的生物”为主题的相关会议，这使得对军国主义、核能和核武器运动及压迫女性的批判在大西洋的东海岸通过了法案。主要的女性主义活动家和作家——伊内斯特拉·金（Ynestra King）、格蕾丝·佩里（Grace Paley）、谢尔·赫勒（Chaia Heller）——以社会生态学为基础并且直接和默里·布克金（Murray Bookchin）一起研究创造出了“社会生态女性主义”，对经济、政治、社会和性别、阶级等结构相关的异化、等级制度和统治进行了唯物主义的分析。随后，该观点引起了东海岸的文化共鸣，为实现完全自治、小型社区及直接参与式的民主提供了经济和政治层面的研究方案。

到 20 世纪 80 年代末，随着加利福尼亚的索诺玛州立大学相关会议及南加州大学会议（USC）的举行，生态女性主义在西海岸也得到了阐释。女性主义者用行动在不列颠哥伦比亚省为沿海温带雨林进行辩护，朱迪·巴里（Judi Bari）在北加利福尼亚的红杉林阐述了生态女性主义在推动性别、阶级、土著、生态等跨学科领域研究中的作用。此外，南加州大学会议的组织者将与会者的论文和陈述进行了编纂，其中《重构世界》［艾琳·戴梦得（Irene Diamond）和格洛丽亚·奥伦斯坦（Gloria Orenstein）］一书对生态女性主义做了详尽的阐述。该书囊括了林·纳尔逊（Lin Nelson）、辛西娅·汉密尔顿（Cynthia Hamilton）对种族、有毒废物的研究，阿里斯加·拉萨（Arisika Razak）、艾琳·戴梦得（Irene Diamond）对分娩、助产及殖民主义的跨学科研究，范德娜·史娃（Vandana Shiva）对非西方国家殖民主义和父权“发展”的研究，查伦·斯普瑞特奈克（Charlene Spretnak）、瑞安·艾斯勒（Riane Eisler）、卡罗尔·克里斯特（Carol Chris）及斯塔霍克（Starhaw）有关宗教在塑造人与自然关系的作用的探索，卡洛琳·麦茜特（Carolyn Merchant）、伊内斯特拉·金（Ynestra King）、李·奎恩比（Lee Quinby）对人类中心主义理论的批判，马蒂·基尔（Marti Kheel）、迈克尔·齐默尔曼（Michael Zimmerman）对以男性为主导的西方环境论、深层生态学以及朱迪·勃朗特（Judith Plant）的生物区域主义的探究。在温哥华，朱迪·勃朗特在《治愈创伤》中阐述了一种更加关注社群和生物区的生态女性主义，明确了格里芬的西方“分裂”文化和金的社会生态女性主义等研究的中心地位，并进一步肯定了范德娜·史娃对第三世界国家的殖民主义发展的批判、马蒂·基尔对医学科学的批判，以及斯塔霍克和罗斯玛丽·雷德福·路德阐述的生态女性主义在以地球为基础的精神信仰中的重要地位。《改造地球》、《治愈创伤》和《重构世界》这三部国际性论文集的编著标志着生态女性主义的初步形成[①]。

三、生态女性主义展望及意义

随着后现代工业化时代的来临，野生动物屠杀、栖息地缺失、动物食品工业性生产等全球性危机日益蔓延，环境正义、粮食安全等问

① 非西方文化国家如肯尼亚、印度、智利、巴西、日本等，要了解生态女性主义相关学说请参见海德·伊顿（Heather Eaton）及洛伊斯·安·洛伦（Lois Ann Lorentzen）共同编著的《生态女性主义及全球化》一书。

题日益突出，可以肯定，对生态女性主义的研究有着广阔的前景。作为女性主义的“第三次浪潮”，生态女性主义是对以人类中心主义批判为基础的两次浪潮的一大转变，为女性主义与生态主义的跨学科研究以及应对当今世界的环境危机提供了理论指导。

参考文献：

[1]李银河. 女性主义[M]. 山东人民出版社，2005.

[2]吴琳著. 美国生态女性主义批评理论与实践研究[M]. 人民出版社，2011.

[3]（美）罗斯玛丽·柏特楠·童，艾晓明等译. 女性主义思潮导论[M]. 华中师范大学出版社，2002.

[4]Garrd, Ecofeminism Revisited: Rejecting Essentialism and Replacing Species in a Material Feminist Environmentalism, *Feminist Formations*, 2011, 23 (2): 26-53.

[5]Warren J. Karen. *Feminism and Ecology: Making Connections,* Environmental *Ethics*, 1987.

我国区域经济聚类分析

2013 级　政治经济学　袁凯宇

摘　要：聚类分析是一组将研究对象分为相对同质群组的统计分析技术，下文即选取《国家统计年鉴》中能够反映各区域经济水平的5个2012年的经济指标作为原始数据，在SPSS软件中进行具体聚类分析的操作，将我国31个省（市/直辖市）的经济水平划分为四类，根据不同类别对我国经济发展现状提出相关建议。

关键词：聚类分析；SPSS软件；区域经济

近年来，我国各地区经济都取得了巨大发展，但地区间经济发展水平依旧不平衡[①]。为调节我国各区域的经济发展水平，缩小区域间经济发展差距，促进各区域协调发展，将我国各区域经济现状通过SPSS软件做出聚类分析，进行分类治理显得很有必要。

一、聚类分析方法介绍

聚类是把属性相近的样品归为一类的过程，同一类内的数据对象相似度较高，而相似度通常表示各对象之间的距离。聚类分析即研究样品分类问题的一种方法。

按照分类对象不同，聚类分析可以分为：Q型聚类（对样品进行分类），它是根据被观测的样品的特征，将特征相似的归为一类；R型

① 数据显示，2007年东部地区人均GDP相当于中、西部地区的1.98倍与 2.58倍，2010年缩小到1.70倍与2.21倍。然而2010年，东部12省人均GDP为6964美元，是西部地区的两倍多，因此区域间相对差距有所减小的提升绝对差距依然很大。

聚类(对指标或变量进行分类)，它是根据被观测的变量之间的相似性，将特征相似的归为一类。本文采用的为后一种。

计算类与类之间距离的方法有多种，其中系统聚类法和迭代聚类法是应用最广泛的两种。而在系统聚类法中主要又有类间平均法、类内平均法、最短距离法、最长距离法、重心法、中间距离法和离差平方和法这 7 种。

本文采用的是中间距离法，即指类和类之间距离不选取最近距离，也不选取最远距离，而取其中间值。如果在某一步将 GK 与 GM 合并为 GJ，考虑由以下边长所组成的三角形（如图 1），其中，取 DKL 边的中线作出 DMJ。那么，DMJ 的计算公式为：

$$D^2_{MJ} = \frac{1}{2}D^2_{KJ} + \frac{1}{2}D^2_{LJ} - \frac{1}{4}D^2_{KL}$$

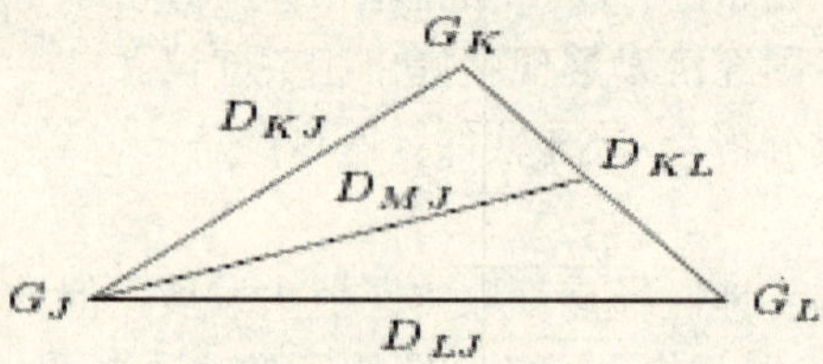

图 1①

二、数据来源及选取

本文根据我国各地区经济实力的实际情况选取了 5 个经济指标来进行我国经济发展水平综合评价。

X_1：地区居民消费水平，反映区居民的生活水平和购买能力。

X_2：政府税收收入，反映该区域政府财政收入的主要情况。

X_3：地区生产总值，是区域内各产业增加值之和，反映出其经济发展整体水平。

X_4：城乡居民人民币储蓄存款，反映区域内物价水平及居民收入

① 图 1 来源于薛毅，陈立萍. 统计建模与 R 软件[M]. 清华大学出版社，2007：474-475.

状况。

X_5：人均地区生产总值，反映区域经济发展的一般水平。

本文数据来源于《国家统计年鉴》2013 年的各省市的主要经济数据统计结果（见表 1）。利用 SPSS17.0，对搜集的数据进行分析，并利用聚类分析对我国各区域经济水平进行分类。

表 1　2012 年我国各地经济水平主要指标

省市	地区居民消费水平/元	政府税收收入/亿元	地区生产总值/亿元	城乡居民人民币储蓄存款/亿元	人均地区生产总值/元
北京	30349.5	3124.75	17879.40	21644.9	87475
天津	22984.0	1105.56	12893.88	7055.4	93173
河北	10749.4	1560.59	26575.01	20665.1	36584
山西	10829.0	1045.22	12112.83	11997.0	33628
内蒙古	15195.5	1119.87	15880.58	6597.2	63886
辽宁	17998.7	2317.19	24846.43	17785.9	56649
吉林	12276.3	760.57	11939.24	6875.1	43415
黑龙江	11600.8	837.80	13691.58	9269.2	35711
上海	36892.9	3426.79	20181.72	19506.7	85373
江苏	19452.3	4782.59	54058.22	30057.2	68347
浙江	22844.7	3227.77	34665.33	26406.8	63374
安徽	10977.7	1305.09	17212.05	11178.6	28792
福建	16143.9	1440.34	19701.78	10507.4	52763
江西	10572.9	978.08	12948.88	8471.9	28800
山东	15095.0	3050.20	50013.24	26343.3	51768
河南	10380.3	1469.57	29599.31	17469.0	31499
湖北	12283.0	1324.44	22250.45	13419.7	38572
湖南	11739.5	1110.74	22154.23	12578.3	33480
广东	21823.3	5073.88	57067.92	45533.8	54095
广西	10519.5	762.46	13035.10	7900.8	27952
海南	10634.5	350.80	2855.54	2172.7	32377
重庆	13655.4	970.17	11409.60	8361.6	38914

续表

省市	地区居民消费水平/元	政府税收收入/亿元	地区生产总值/亿元	城乡居民人民币储蓄存款/亿元	人均地区生产总值/元
四川	11280.2	1827.04	23872.80	19438.3	29608
贵州	8372.0	681.66	6852.20	4806.1	19710
云南	9781.6	1063.90	10309.47	7744.7	22195
西藏	5339.5	70.07	701.03	403.9	22936
陕西	11852.2	1131.55	14453.68	10770.0	38564
甘肃	8542.0	347.78	5650.20	5050.1	21978
青海	10289.1	146.69	1893.54	1275.3	33181
宁夏	12120.4	207.02	2341.29	1679.4	36394
新疆	10675.1	698.93	7505.31	5281.8	33796

三、聚类分析在 SPSS 软件中的操作

本文采用SPSS17.0统计软件来进行聚类分析，打开SPSS软件后，对需要统计的数据，在 SPSS 主菜单中选择“分析”命令，单击“分类”选项，由此可以进入“系统聚类”子命令或者“K-均值聚类”子命令。“系统聚类”子命令可以实现层次聚类分析，而“K-均值聚类”子命令则可以实现迭代聚类分析，具体操作步骤如下：

1. 选择“系统聚类”，将弹出系统聚类分析的主对话框，在“变量”框中分别指定参数与聚类的变量，在“分群”选项中指定聚类对象（对变量聚类或是对样本聚类），在这里选择“样本聚类”选项。

2. 在“方法”子对话框中的“聚类方法”对话框中指定聚类方法。“区间”对话框选择距离测度方法以及在“转换值”对话框中指定标准化数据的方法。SPSS 软件在“聚类方法”对话框中提供了中位数聚类法、组间联接法等 7 种聚类方法；在“区间”对话框中有明科夫斯基距离、欧氏距离、平方欧氏距离等 8 种距离测度的方法可供选择；“转换值”对话框中也提供了 6 种数据标准化的方法。本文在“聚类方法”对话框中选择“中位数聚类法”选项，在“区间”对话框中选择“平方 euclidean 距离”选项，在“转换值”对话框中选择“Z 得分”选项，

在“转换度量”对话框中选择“重新标度到 0-1 全距”选项，以做到对观测数据进行标准化，并点击“继续”返回上级菜单。

3. 在“统计量”子对话框中可以选择输出聚类进度表、相似性矩阵和聚类结果，将需要项打勾，选择完毕后可点击“继续”返回上级菜单。

4. 在“绘制”子对话框中可以实现树状图、冰柱图的输出以及显示图的方向，打勾完毕后可点击“继续”返回上级菜单。

5. 所有选项选择完成后，在“系统聚类分析”主对话框，按“确定”，SPSS 软件即可自动实现聚类分析，并输出聚类结果。

四、统计结果分析

根据以上步骤，得到聚类分析的树状图，如图 2 所示：

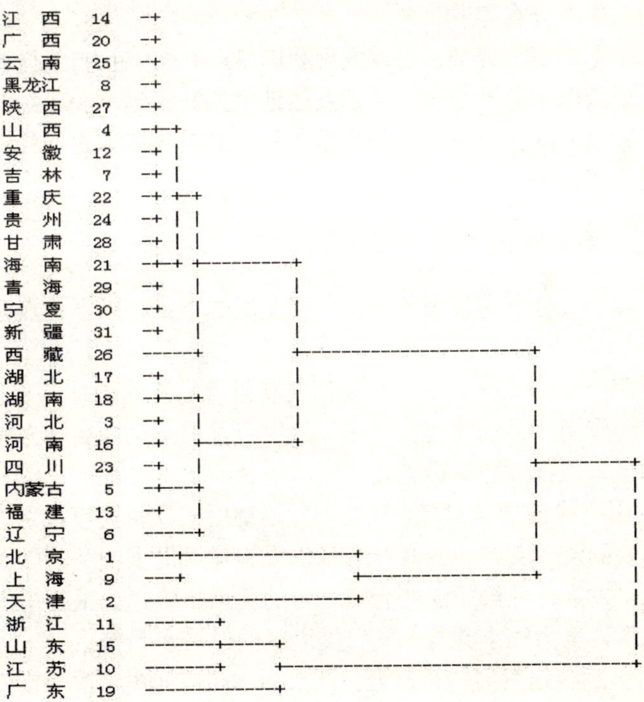

图 2

通过上述的聚类分析并分析图2,可以将我国31个省(市/自治区)大致分为4个类别:

第一类：北京、上海、天津。此类别仅有的3个区域的经济发展水平普遍较高，并且3个地区均属于直辖市，政府扶持力度较大。

第二类：浙江、山东、江苏、广东。此类别4省份的经济发展水平也很高，从地理位置上看均处于沿海地区，交通便利。

第三类：湖北、湖南、河北、河南、四川、内蒙古、福建、辽宁，此类别区域的经济水平较上两类地区较低，省市数量稍有增加并以内陆省市居多。

第四类：江西、广西、云南、黑龙江、陕西、山西、安徽、吉林、重庆、贵州、甘肃、海南、青海、宁夏、新疆、西藏，此类别区域虽拥有丰富资源，但经济发展水平显得较为滞后，并且是省市划分数量最多的一类，分布零散。

综合上述四个分类，可以发现我国31个省（市/自治区）的经济发展水平依旧十分不平衡。经济发达地区的数量远远少于经济发展落后地区数量，除了沿海几省和直辖市外，其余大多省份的经济发展水平需要大幅提升。

五、相关建议

针对上文分析中我国各省市经济发展的不足，以下几点建议可供参考：

1. 第一、二类区域省市在稳健发展自身经济的同时，应发挥出辐射、带动作用，推动周边省（市）的经济发展，例如实行人才交流、资源共享、项目共建等措施。

2. 国家应该加大对三、四类不发达地区的扶持力度，为这些地区提供必要的财政支持，为其社会基础设施建设提供便利，以吸引更多企业前来发展；并给予这些企业一定的优惠措施，如银行提供成本较低的融资，努力缩小其与一、二类地区的经济水平差距。

3. 鼓励各地发展特色产业。例如划分在第四类中的海南省，应该以其旅游产业为依托，不断发展具有特色的旅游经济以带动其他产业健康发展。

总之，利用聚类分析的方法，根据各类经济指标，客观、公正地将我国 31 个省（市/自治区）的经济发展水平进行划分，可以使得经济发展相关政策得以分类制定，使方案的实施更具科学性与有效性。

参考文献：

[1]蒋和. 中国区域经济发展的聚类分析[J]. 商（Business），2013（13）：333.

[2]彭文松. 主成分聚类分析在广东省区域经济综合评价中的应用[J]. 廊坊师范学院学报（自然科学版），2013（02）：61-65.

[3]史燕茹，冯德显. 河南省县域经济发展水平聚类分析[J]. 管理科学与经济学，2013（02）：234-235.

[4]张晓红，马广奇. 区域经济发展水平的聚类分析——以陕西省为例[J]. 经济纵览，2013（05）：69-72.

[5]庄秋梅. 用聚类分析法研究重庆市区域经济[J]. 财经界（学术版），2012（27）：67-68.

禅宗美学研究综述

2013 级　中国古代文学　张强

摘　要：中国禅宗美学，不仅是中国古典美学思想的重要组成部分，其自身也是一个相对完整，有着起源、发展、演变过程的独立的美学分支体系。本文就学界关于禅宗美学本身的研究方法、基本思想、独特性质及意义做一梳理与归纳。

关键词：禅宗美学；基本思想；独特性质

中国的禅宗美学思想，作为中国古典美学思想的一个重要组成部分，不但构成了独立的思想演变发展史，其蕴含的丰富的美学思想也对中国文化史、思想史产生了广泛而深远的影响。自 80 年代中期以来，关于禅宗美学的研究开始得到重视，内容涉及禅宗美学自身的研究及其与诸文艺领域的关系研究等等。本文则选取学界关于禅宗美学研究的主要学术论著，从研究方法、基本思想、独特性质及意义几个方面对其做一梳理与归纳。

一、禅宗美学的研究方法

关于禅宗美学的研究方法，刘方在《中国禅宗美学的思想发生与历史演进》一书中就已提出应当“以现代的美学思想去观照、反省、考察传统禅宗史料”[①]。因为现代美学不仅涵盖了极为丰富的内容，同时其新颖的美学方法论也为我们研究传统的美学思想提供了多维视

---

① 刘方. 中国禅宗美学的思想发生与历史演进[M]. 人民出版社，2010.

角；而禅宗美学研究的另一个重要方面，便是在尽可能详尽占有资料，加以辨析、考证的基础上，结合微观分析和对个案的深入研究，来对一些新的禅学理论、方法所蕴涵的美学意义、价值等，做多角度、多方面的挖掘和研究。[①]

二、禅宗美学的基本思想

可以说，禅宗的真正建立，是从唐代六祖慧能算起。惠能不仅是南禅宗的开创者，也是禅宗的革新者，而他提出的“即心即佛”“无念为宗”“顿悟成佛”三大主张，也成为了禅宗美学的基本思想。

（一）“即心即佛”

杨雅娟在其《简论禅宗美学的基本思想特点及其本质》一文中简述了“即心即佛”思想：“慧能在《坛经》中明确指出众生皆有佛性，人人都可成佛，正如《坛经》所言‘菩提般若之智，世人本自有之’，‘佛是自性作，莫向身外求’，即‘即心即佛’。”[①]她认为既然“人人可以成佛”，也就没有所谓的“佛”，这在一定程度上就消解了佛的权威性，缩小了佛与众生的距离，将平常人提升到了与佛平等的地位，这不仅为禅宗赢得了大批信徒，同时也使禅宗打上了中国本土化的烙印。

（二）“无念为宗”

禅宗美学的另一大思想，即是慧能提出的“以无念为宗，无相为体，无住为本”。葛兆光先生在其著作《中国禅思想史：从六世纪到十世纪》[②]中解释了其含义，认为“无念”，即不取善、不取恶，但也不千方百计地去排除各种念头。“无相”，是慧惠能所说的“于相而离相”，也就是不把这些“相”当作“相”来对待。而所谓的“无住”，就是心灵不执着于任何思想。虽然各种纷至沓来的情感、欲念、喜怒哀乐在生活中是不可避免的，人无法回避这种种的心灵波动，但是人可以做到对其不挂于心。所以，慧能说：“念念时中，于一切法上无住，一念若住，念念即住，于一切上念念不住，即无缚也。”[③]可见，心中没有

---

① 杨雅娟. 简论禅宗美学的基本思想特点及其本质[J]. 宜宾学院学报，2005（10）.

② 葛兆光.中国禅思想史：从六世纪到十世纪（增订本）[M]. 上海古籍出版社，2008.

③ 郭朋. 坛经校释[M]. 中华书局，1983.

分别与执着，心镜才会是清净无垢的。

（三）“顿悟成佛”

关于禅宗美学思想中的“顿悟成佛”思想，任继愈先生在《汉唐佛教思想论集》中写道:“顿悟成佛即是要人依靠实践主体自身的力量，去探寻自身潜在的真如本性。”[①]慧能可以说是不识文字却能“悟道”的开山典范。他主张不要背诵佛经，不累世修行，只要主观上有觉悟，就可以成佛。可以说这一简单速成的捷径，对于当时那些陷于困苦，又找不到出路的广大群众来说，有着极大的诱惑力；而对于反动统治者来说，这种宗教学说，恰好投其不劳而获的阶级性格[⑤]。刘方在《中国禅宗美学的思想发生与历史演进》一文中对这一思想也有论述，他认为“这种以心传心，不立文字的心灵顿悟，摆脱了语言表达所造成的限制，可使自性体验通达无滞。而慧能顿悟成佛的禅修方法，也成为禅宗美学的根本方法”[①]。而马奔腾则在《当代禅美学研究述评》一文中进一步提出，“‘悟’是禅与文艺交流、禅美学产生的基础。禅宗‘悟’的思想成果被文艺创作、文艺欣赏和文艺批评所吸收，‘悟’也因此成了一个重要的美学概念”[②]。

三、禅宗美学的独特性质

基于对禅宗美学基本思想内涵的研究，皮朝纲在其《关于禅宗美学的逻辑起点、研究对象与理论范式的思考》一文中对禅宗美学的性质有着其独到的见解，他认为，“禅宗美学并非通常意义上的美学，也不是一般的艺术哲学，而是对人的意义生存、审美生存的哲学思考，或者说它是对生命存在、意义、价值的诗性之思，是对于人生存在的本体论层面的审美之思，因而它在本质上是一种追求生命自由的生命美学”[③]。他将其独特性质概括为以下几个方面：

首先，他认为作为佛教中国化的禅宗，表现出十分强烈的生命意

① 任继愈. 汉唐佛教思想论集[M]. 人民出版社，1973.

② 马奔腾. 当代禅美学研究述评[J]. 北京大学学报（哲学社会科学版），2001（3）.

③ 皮朝纲. 关于禅宗美学的逻辑起点、研究对象与理论范式的思考[J]. 四川师范大学学报，1999（3）.

识。如慧能所说："佛是自性作，莫向身外求。"即是说佛性不能离开生命而存在[1]。当代著名禅师耕云就指出："禅是生命之学，因为人生最大的问题，是生死苦乐的问题。"[2]可见，禅宗哲学不仅是人生哲学，更是一种生命哲学。

其次，他指出从慧能开始，就将"禅"作为代表"本性"的本体属性的概念。这里的"禅"既指一种随缘任运、自然适意的禅境，也指力图塑造一种完美的理想人格。而"道由心悟"这一命题，把"道"（禅）"心""悟"等重要范畴有机地组合在一起，呈现出了禅宗美学思想的内在逻辑结构，同时也展现了禅宗美学是生命美学的丰富内容[9]。

再次，皮朝纲认为禅宗以佛陀作为理想人格的化身，作为自己毕生所追求的最终目标，是力图实现生命的两重超越，使生命存在的意义和价值得以升华。他指出禅宗人生价值取向的最终目的，是要发掘生命的潜能，以期达于诗性的栖居之所[9]。

最后，他还提出无论是北宗禅的清净境界还是南宗禅的自然境界，都是一种心灵境界，都是期望使心灵从焦虑、困惑中解脱出来，使生命获得超越与升华，更加趋近或达到佛陀的境界[9]。

四、禅宗美学的意义

从以上对禅宗美学思想内容和独特性质的分析不难看出，禅宗美学并不是一种纯理论的美学思辨，而是一种要落实到现实生活中的实践美学[1]。对于禅宗美学的深厚意蕴，李泽厚在《中国古代思想史论》[3]中提出了自己的观点，他认为正是通过禅宗美学对中国传统美学的深化，中国美学精神中由庄子开启的诗性栖居的人生理想，才从精神世界的逍遥游落实到现世人生之中，并加以日常化。同时，禅宗美学以"悟"的方式，为人的生死问题这一重要问题的解决提供了可能。并且，正是在这一生命的直观、体验与洞见中，人获得了某种生

① 皮朝纲. 禅宗美学的独特性质、人生意蕴及其当代启示[J]. 西南民族学院学报（哲学社会科学版），2001（1）.

② 皮朝纲. 禅宗美学思想的嬗变轨迹[M]. 电子科技大学出版社，2003.

③ 李泽厚. 中国古代思想史论[M]. 人民出版社，1986.

命的永恒感。

潘知常在其《禅宗的美学智慧——中国美学传统与西方现象学美学》一文中也更加深入地论述了禅宗美学的影响。他认为正是由于禅宗美学的加入，才弥补了中国传统美学旧有的某些根本性不足与缺失；同时，后期的中国美学也展现出了一种新的美学风貌，如从“退隐”“归田”到“心灵的超然”；从“山川草木造化自然”的“实境”到“因心造境，以手运心”的“虚境”；从“不假悟也”到“透彻之悟”等等，而其中的关键，则是从对“神思”的关注转向了对“妙悟”的关注。因此，传统的确定、有限的形象便不足以表现，其结果便导致了向不确定、空灵的境界的转变。

但皮朝纲先生在其《禅宗美学的独特性质、人生意蕴及其当代启示》一文中也指出，中国佛教禅宗，同传统佛教一样，对于当代人的精神世界和美学的价值取向虽然具有启示作用，但其“万法皆从心生，心为万法之根本”等观点，是明确主张客观存在的物质世界，皆由“心”所派生，皆是“心中之物”，可见其唯心主义的观点是十分鲜明的。因此，我们在分析禅宗美学所包孕的深厚意蕴时，这一点必须加以分辨。

参考文献：

[1]刘方. 中国禅宗美学的思想发生与历史演进[M]. 人民出版社，2010.

[2]葛兆光. 中国禅思想史：从六世纪到十世纪（增订本）[M]. 上海古籍出版社，2008.

[3]皮朝纲. 禅宗美学体系的逻辑结构与历史发展线索[J]. 四川师范大学学报增刊，1994（11）：10.

[4]皮朝纲. 禅宗美学的独特性质、人生意蕴及其当代启示[J]. 西南民族学院学报（哲学社会科学版），2001（1）：56-62.

[5]潘知常. 禅宗的美学智慧——中国美学传统与西方现象学美学[J]. 南京大学学报（哲学·人文科学·社会科学），2000（3）：78.

南开大学出版社网址：http://www.nkup.com.cn

投稿电话及邮箱：022-23504636　QQ：1760493289

QQ：2046170045(对外合作)

邮购部：022-23507092

发行部：022-23508339　Fax：022-23508542

南开教育云：http://www.nkcloud.net

App：南开书店 app